法律和社会科学

LAW AND SOCIAL SCIENCES

第11卷 2013年 苏力主编 汪庆华 执行主编

法律出版社
LAW PRESS CHINA

法律和社会科学　　第11卷　2013 年

投稿信箱：lass@ideobook.com
本刊主页：http://lass.ideobook.com
主办单位：北京大学比较法和法律社会学研究所

Law and Social Sciences Vol. 11(2013)

Symposium on "Private Life and Law"

Articles

Reviews

Book Reviews of "the Story of a Small Village"

《法律和社会科学》(2013)
第11卷,第1~68页

独子家庭的财产继承

——清代至今家产制的形态及其变迁

杨　龙*

内容摘要:独子家庭在过往的研究中基本被忽视,并且其财产继承问题在"同居共财"、"父家长"、"父子一体"等论争中,也被视为"理所当然"的事实而不予讨论。本文的研究表明,清代以来独子家庭的财产继承严格恪守"父—子财产继承的伦序",这体现在财产继承只能以父—子、父—子的方式进行继承,而不能跳跃或隔代继承。土改后,家产的形态发生巨大改变,从原来的父家长对财产的处分逐步转变为多种形态的财产处分,尤其是独子结婚后父、子各自形成独立的财产处分的中心,可称为独子家庭的"非正式分家"。这使得在财产继承上,父亲虽然仍将财产交由儿子继承,但支撑其继承的伦理和秩序已发生根本的转变。

* 作者单位:搜狐网,电子邮箱:yangzhongxian9@sina.com。感谢汪庆华老师对我田野调查的指导和帮助,一直鼓励和支持将此文写出来,并容忍我保留自己的观点;感谢李典蓉和张思老师细致而重要的修改意见,学识有限,未能全部采用;同时感谢李湘宁、徐书鸣、桂涛、何琴和周子崴提供的必不可少的帮助,尤其在日常讨论中所给予我的灵感;感谢李知尧在日文翻译上提供的帮助。文责自负。

在以往的研究中,关于中国的家产较多地重视多子家庭分家与财产继承、分割的关系。即有两个或以上儿子的家庭,如何实现分家和财产的继承;或者探究女性在家产中的位置。本文则是将独子家庭(只有一个成年儿子的情形)作为单独的一类家庭形态进行讨论。这是因为独子家庭在以往的研究中被视为不分家的典型,且认为这一形态从清代持续至今。这一认识现今仍具有支配性的地位。王跃生对冀南农村的调查指出:只有一子家庭中,儿子婚后一般与父母居住在一起。① 即使在阎云翔长期调查的下岬村,他也仅仅是发现了当代两个年轻的家庭独子分家的事例,并感慨称这在过去是难以想象的。② 从这些直接的经验观察中,显示出独子家庭几乎不分家的事实。但笔者对侯家营村的再调查和《惯调》第五卷关于侯家营部分的记录,③以及1992年至2012年6月镇司法所家事纠纷的调解记录,都显示出独子家庭不通过订立正式文书的方式来分家这一核心事实。

当问及独子家庭是否分家时,一般的回答均是:"一个儿子分什么家"、"一个儿子哪有分家的"、"就那么凑合着过呗",可见在他们的生活世界里,独子分家是不太可能发生之事。

这些经验上的事实,似乎揭示出自清末至今,即使经历了20世纪这场影响深远而重大的革命,独子家庭不分家,似乎在财产继承上显示出完全相同的继承原则和逻辑,支配独子家庭继承的原则也完全没有任何改变。但是,当我们一旦把目光聚焦在独子家庭这一具体的经验,并进行历史纵深的考察,辅之以长时间获得的田野调查材料时,这些似乎显而易见的问题却有了全然不同的面貌。本文通过对经验材料深度的挖掘,希望揭示在"想当然"的事实之后,蕴含着怎样的家产继承原

① 王跃生:《社会变革与婚姻家庭变动》,三联书店2006年版,第225页。

② [美]阎云翔:《中国社会的个体化》,陆洋等译,上海译文出版社2011年版,第102页。

③ 关于侯家营村再调查的简要说明,参见杨龙:"承续与断裂:分家单里外的养老",载黄宗智主编:《中国乡村研究》(第九辑),福建教育出版社2012年版。而对侯家营村历史情况、地理位置等的说明,参见张思等:《一个华北村庄的现代历程:侯家营》,天津古籍出版社2010年版。

则及其历史变迁。

故而本文立足于这一点，整理清末至今独子家庭财产继承方面的若干事实及其变化，并解释这一形态的家庭财产继承上存续与变化的原因，以便于我们从经验上更整体地把握中国家产的形态、继承原则。与此同时，在考察家庭财产权时，本文并没有将家庭财产仅限于可继承的不动产（房屋、土地和借贷等），而是将家庭财产视为两部分：一部分是日常劳动所得和消费所去的财产，另一部分是可继承的动产或不动产。

一、独子家庭的财产继承：问题的起源

（一）独子家庭的比例

仁井田陞、内田智雄、滋贺秀三、Wakefield 等对清代和民国时期家产的研究，一般从多子家庭的分家来探讨财产继承，[①]抑或如白凯则从无子家庭来探讨家庭财产权这一议题，[②]而对独子家庭的财产权很少予以讨论，这并不表示独子家庭的财产权是无关紧要的。有一种说法可能代表了比较普遍的认知，即有家产的独子家庭是存在的，只能实行直接继承，但是这类家庭在总体上来说是少数。[③] 然而仅仅在比例上，独子家庭占有很大的比重，以华北大北关村 1825 年至 1940 年的 233 个家庭人口构成为例，每个家庭平均拥有儿子 1.65 个，只有一个儿子

---

① 这以仁井田陞、内田智雄、滋贺秀三、David Wakefield 为代表，四位学者都主要运用了满铁的《惯调》。参见［日］仁井田陞：《中国の农村家族》，东京大学出版会 1952 年版；［日］内田智雄：《中国の分家制度》，岩波书店 1956 年版；［日］滋贺秀三：《中国家族法原理》，李力等译，法律出版社 2003 年版；David Wakefield，Fenjia：Household Division in Qing and Republican China，University of Hawaii Press，1998。

② 参见［美］白凯：《中国的妇女和财产》，刘昶译，上海书店出版社 2007 年版。（该书主要是对宋代到民国的无子家庭财产权的继承进行分析，当然这本著作的重点不在无子家庭的男性财产权如何继承，而是各种不同角色的女性（未嫁女、妻、妾、寡妇等）因无子而生出的财产权问题。）

③ 张研、毛立平：《19 世纪中期中国家庭的社会经济透视》，中国人民大学出版社 2003 年版，第 16 页。

的家庭比例是39.9%,[①]王跃生对20世纪30~90年代冀南地区家庭的调查也显示只有一个儿子的家庭比例为30%,[②]因此可以初步得出这样的事实:清代到民国时期30%~40%的家庭只有一个儿子。这在一定程度上可以代表华北乡村独子家庭的比例,亦可以作为我们论述侯家营村独子家庭的数据基础。

显而易见的是,20世纪80年代,伴随着计划生育政策的严格推行,无子家庭(未生育或只生育有女儿的家庭)和独子家庭的比例有了更大幅度的增加。

在这种情况下,单就比例而论,独子家庭的财产继承有着怎样的历史实态,独子家庭与多子家庭、无子家庭的财产继承之间的异同,就不是一个可以忽视的问题了。

(二)概念的界定

为了讨论的便利,在展开论述之前,有必要交代文中经常使用的四个概念,不过在这里只是对其进行一个初步的描述性界定,而关于这些概念的具体指涉、内涵则留待后文具体的论述。还需要交代的一点是,这里所用的概念,与其在之前研究中所指涉的事实不尽相同,原因在于本文所讨论的经验事实与之前有所不同,概念使用只是为了更好地呈现经验事实的面貌,所以只好暂时重新赋予概念新的含义

本文所指的独子家庭是就父、子这样的两代而言,父亲在一生中只育有一个儿子,且儿子活到成年并结婚;或父亲育有多个儿子,但将其余儿子都过继出去,而只留下一个儿子的情形。这不包括父亲因为担心无子,而在生育有儿子之前立嗣子或让兄弟儿子兼祧的情况。[③] 当然,在本文中,暂时不考虑有无女儿这一问题,因为清代至今的家产继承,在有一个儿子的情况下,女儿几乎是没有财产继承权的,至于女儿

---

① Qiren Zhou(周其仁), Population Pressure on Land in China, Ph. D. dissertation, University of California, Los Angeles, 2000, p. 81。

② 王跃生:《社会变革与婚姻家庭变动》,三联书店2006年版,第225页。

③ 俞江对清代分家文书的整理发现,存在父亲担心没有儿子而立嗣子,最后又生育儿子。在这种情况下,嗣子与父亲所生的儿子有相同的继承权,故这类家庭已不属于独子家庭的情况。参见俞江:"家产制视野下的遗嘱",载《法学》2010年第7期。

有继承权的情形,绝非这样一篇小文所能完成。

父—子财产继承伦序是衍生自五伦中父子之关系,父子是天属之亲,且具有双向的互动性。而家庭财产继承则按照父—子的天属伦序,依次进行传递。一般情形下,父亲不可剥夺儿子的财产继承权,儿子也不可以否认父亲在财产处分上的支配位置。这还表现在子亡的情况下,父亲的财产不可直接传递给子的儿子,而是要先传给儿子的代表儿媳,然后再由儿媳代表儿子传递给自己的儿子。在财产继承上,始终恪守着这一伦序。这有别于父子一体之处在于,一是若子先于父死亡的情况下,父—孙之间的关系与财产继承存在怎样的关系;二是父—子关系能否扩展到曾父和孙、曾祖和曾孙等一切祖先和子孙的关系,①其实在财产继承上是不能的,这种关系只是由一个个的父—子、父—子、父—子关系构成,而非是由一个父子关系衍生出来的;三是父—子这种关系在财产上具有不可逆性,父子一体给人造成了这种财产关系似乎双向性的错觉,而在财产继承上,父—子关系具有不可逆性,只能从父到子。

父家长所有是在父—子财产继承伦序成立的前提下,包含了父亲对财产的一系列处置权,而且这些处置权只具有单向性,故而父亲可对财产保有、使用、处分,与此同时子所得的财产要交给父亲占有和处分,但这有一个前提:父不可以剥夺子的财产继承权,也不能通过遗嘱、赠予等方式自由地处分财产,因为"父家长所有"在财产的位格上是低于父—子财产继承伦序这一原则的。

本文所使用的同居共财,②主要是指家庭在同居的前提下,家庭所有成员进行共同的消费,而且不区分同居下家庭成员的关系,都可以满

---

① [日]滋贺秀三:《中国家族法原理》,李力等译,法律出版社2003年版,第108页。

② 滋贺秀三对同居共财的界定如下:同居共财,是收入、消费以及保有资产等涉及各方面的共同计算关系……若有剩余则作为共同的资产加以储存、如果出现不足则坐吃资产以保全生命的那样一种维持共同会计的关系。参见[日]滋贺秀三:《中国家族法原理》,李力等译,法律出版社2003年版,第63~64页。在此,之所以将收入从共财中剥离出来,其实是因为儿子的劳动所得归父家长所有,如果以一年为限,家庭收入除去日常开销外还有剩余,剩余的部分显然不是家庭所有成员共同的资产,而是由父家长保有,最终由子按照父—子伦序而能继承。

足与父、子同等的消费需求。而同居是指家庭成员共同居住在同一地理空间中。而在以往的研究中,同居共财主要是指财产的共有关系、保有方式和共同消费等。① 在文中不再如此宽泛地使用这一概念,只因对家产原则有着相当不同的认识。

(三)材料的来源

独子家庭在清代和民国时期不分家的普遍性,致使有关独子家庭财产继承的文献材料特别有限,也没有系统的分家文书、诉讼档案、县志、日记之类的材料可加以利用。到目前为止,对独子家庭财产继承权问题进行分析的文献也十分鲜见。

幸而《中国农村惯行调查》在这方面有着丰富的问答记录,并且就独子家庭劳动所得的所有、家庭消费、家庭的不动产的处分(房屋、土地等)等诸多问题都有着很细致、可信的调查。与此同时,笔者及合作者于2009年7~8月、2010年2~3月、2010年8月、2012年1~2月、2012年5月~6月、2012年9月~10月进行了六次追踪性的入户调查,这些调查一是在时间上,接续了《惯调》的调查,可以呈现出民国至今独子家庭家产的历史和现实状况;二是可以检视《惯调》资料的可信程度,并在一定程度上弥补该调查资料的不足。② 由于满铁调查人员的专业性和深入程度,使得这批资料在家庭结构、家庭财产等无关乎政治生活方面的内容上,有着相当高水准的呈现,这也是其他民国时期的乡村调查资料所无法企及的。

再者,为了弥补资料使用过于局限,本文还参考了契约文书、20世纪50~60年代的法院民事档案,这些文献材料为我们把握家产的历史形态提供了更多的可能。

同时黄宗智也指出,满铁的实地调查资料和清代县级法庭的记录

---

① [日]仁井田陞:《中国法制史》,牟发松译,上海古籍出版社2011年版。

② 张思亦曾指出这一点,参见张思:“国家渗透与乡村过滤:昌黎县侯家营文书所见”,载《中国农业大学学报》2008年第1期。(张思及其学生也多次在侯家营村从事田野调查,已出版著作有张思等:《侯家营:一个华北村庄的现代历程》,天津古籍出版社2010年版;出版资料集有张思主编:《20世纪华北农村调查记录》(第4卷),社会科学文献出版社2012年版。)

显示了在村庄中，法律的作用和内容的大致不变，[①]而滋贺秀三在使用《惯调》这批材料时，更加大胆地将其视为传统中国村庄和村民的实态记录，[②]虽然民国时期确立了新的法典，但是对于乡村社会而言，尤其是继承制度方面，并没有发生实质性的改变。[③] 这就可以把满铁的调查材料作为理解清代至民国时期独子家庭家产的基础，并结合其他的调查资料、诉讼档案和县志，来阐述独子家庭财产继承的历史。笔者及合作者共同进行的调查，加之从镇司法所搜集到的《李镇司法所调解档案》，[④]这些资料可以比较完整地呈现土改至今家产的形态，故此，通过这些材料，来把握清代至今的家产在一定程度上还是比较适当的。

（四）独子家庭的学术史

在过往对家产的研究中，独子家庭并没有很好地进入研究者的视野。这一方面是由于缺乏这方面的材料，从家产分割文书来看，很难找到父亲和一个儿子分家的；[⑤]另一方面父亲和一个儿子不分家之后，它

---

① [美]黄宗智：《清代的法律、社会与文化：民法的表达与实践》，刘昶、李怀印译，上海三联书店2007年版，第4～5页。而梁治平在处理清代的习惯法问题时，也大量地引用了《民事习惯调查报告录》这一资料。参见梁治平：《清代习惯法：国家与社会》，中国政法大学出版社1999年版。比较《报告录》和《惯调》也不难发现，在乡村社会，家产在多方面都保持了很好的延续性，因而民国时期独子家庭所呈现的家产继承形态及其原则，并不是这一时期的独特现象，而是深植于清代以来的乡村家庭，故具有较高的历史延续性。

② [日]滋贺秀三：《中国家族法原理》，李力等译，法律出版社2003年版。

③ 民国时期的乡村调查，显示了家庭继承并没有因新法典的施行而改变。参见费孝通：《江村经济》，商务印书馆2009年版，[美]杨懋春：《一个中国村庄：山东台头》，张雄等译，江苏人民出版社2001年版；黄宗智对比清代和民国时期的诉讼档案，也指出了乡村的继承制度并未因新法典而改变，参见[美]黄宗智：《法典、习俗与司法实践：清代与民国的比较》，张家炎译，上海三联书店2003年版。当然城市的情况会有所不同，以女性财产权为例，城市家庭的女儿相较于清代就享有一定的财产继承权了。参见[美]白凯：《中国的妇女与财产》，刘昶译，上海三联书店2007年版。

④ 关于李镇司法所档案情况的介绍以及对其中婚姻家庭纠纷的初步研究，参见李湘宁、徐书鸣："离婚纠纷中的情感、财产与'正义'——基于李镇档案的研究"，载苏力主编：《法律和社会科学》（第十一卷），法律出版社即出。

⑤ [日]滋贺秀三：《中国家族法原理》，李力等译，法律出版社2003年版，第152页。（以公开出版的《民事习惯调查报告录》为例，在继承一编中，就没有任何关于父亲和一个儿子进行家产继承的询问和答话记录，似乎独子不分家这个问题在调查者意识中是很自然的。参见前南京民国政府司法行政部编：《民事习惯调查报告录》，中国政法大学出版社2005年版。）

显然也很难构成一个问题,似乎是不言自明的。[①] 而到目前,对独子家庭财产继承问题进行考察的还是滋贺秀三,他认为独子家庭不能分割家产,而且独子家庭的财产权形态恰恰证明了家产分割是兄弟们之间的问题,不是父亲和儿子之间的问题。[②] 显然滋贺秀三之所以会如此地分析独子家庭财产权,还在于滋贺将独子家庭划为直系亲属的一个家长仍然存在的一类,[③]所以他的着重点在于父家长存在的情况下,父亲与儿子们之间财产的继承和处分原则,独子家庭的财产继承能从一个侧面反映多子家庭财产的继承和处分原则,反而对独子家庭财产继承这一事实本身的探讨忽视了。

考察侯家营村的独子家庭财产继承,一方面,是华北乡村30% ~ 40%的家庭在不分家的情况下进行着财产的继承;另一方面,独子家庭的财产继承本身也包含着家庭财产继承方式和原则,也显示了在家产的占有、处分等具体财产处置的形态。分析独子家庭,可以完整地呈现它财产继承的形态。并且,将侯家营村的财产继承放诸清代至今的历史脉络里,还能够从中发现财产继承方式和原则的历史事实及其变迁轨迹。

二、清末至民国时期侯家营村的独子家产形态

虽然《惯调》第五卷关于独子家庭的记录称不上完备,但调查人员在侯家营村对家族制度进行了专门的调查,这足以帮助我们认识清末至民国时期独子家庭的家产形态及其继承原则。在滋贺秀三的杰出研究中,他自身也处在一个矛盾之中,在《中国家族法原理》的第一章,他

---

① 俞江:“论分家习惯与家的整体性”,载《政法论坛》2006年第1期。

② [日]滋贺秀三:《中国家族法原理》,李力等译,法律出版社2003年版,第151 ~ 152页。

③ 滋贺秀三从家产上将家庭划分为两类,第一类是对于全体家族成员来说相当于直系尊属的一个家长生存的家(父家长型);第二类是上面那样的直系尊属已经死亡,剩下来的子孙依然继续同居的家(复合型)。参见[日]滋贺秀三:《中国家族法原理》,李力等译,法律出版社2003年版,第119页。

从父子一体、夫妻一体这些方面去探讨了中国家产的继承原则，进而指出，首先继承的本质是人的继承，继承人是对故去的人的人格进行继承，使之在这个世界延续；其次这一继承是通过祭祀来加以确认公示的；最后，这种继承的具体表现是财产的继承。但是在该书的第二章中，滋贺秀三在对家产问题进行具体的历史考察时，则主要是从父家长对家产处分、分割和制约几个方面入手，指出在分家之前，无论是不动产的卖出还是以家产作为抵押的借债等对家产进行处分性质的行为，都是只根据父亲的意思就可以成立的。[①] 这显示了在家产形态方面是父家长所有的，父家长在财产上处于一个决定性的位置。需要注意的是，滋贺秀三在《中国家族法原理》第二章中的认识是为了对仁井田陞进行批评，[②]回应“同居共财”一说，故而十分突出“父家长所有”这一论述。在滋贺秀三的结论中，其实也包含了在日常生活的消费中，家庭成员没有区别，是共同消费，在这个方面是共财的这一点。这些分析上的矛盾自然还因为前后写作时间的不一致导致了论述上的差别；也可以说是在处理不同材料时引发了这样的矛盾，在该书第一章中，滋贺秀三主要是处理有关家产的历史文献，而在第二章中则在集中处理《惯调》这一实态调查，所以难免有不一致之处。

其实在滋贺秀三对中国家产继承原则进行总结时，为了进一步确认父家长所有的认识，他指出不能混淆法律上的家庭财产关系与作为

① ［日］滋贺秀三：《中国家族法原理》，李力等译，法律出版社2003年版，第170页。

② 参见［日］仁井田陞：《中国法制史：奴隶农奴法 家族村落法》，东京大学出版会1962年版，第375～378页；仁井田陞：《中国法制史》，牟发松译，上海古籍出版社2011年版，第170～175页。仁井田陞指出在家产上的共有关系（在分家时）其分配份额是可以变动的，是一种伴随着生存者财产权的合伙共有关系。所以南宋时期的“诸户绝财产，尽给在室诸女”就体现了一家因无男子继承而户绝时，根据生存者财产权，家产应该由家产共有者之一的在室女继承。在仁井田陞的认识里，家产不是任何一个人专有的，它是在家庭男性生存者中保持着一种合伙共有的关系，而男性生存者均无或死亡的情况下，在室女作为共有者之一也可以继承财产。而就父家长与家产的关系而言，父家长不过是家产的管理者，不能随意地处分家产，故父家长非家产的所有者，家产自然更不是家长一个人的专有财产。当然，在一些场合也反映出父家长的强大权威，比如父家长对家产的处分，子女挣的钱要交给家长。因此家产是徘徊于家族共有和父家长专有之间的，只是在不同的历史时期有所不同，不过整体而言，家族共有更为普遍。

一种经济关系而共同消费的家庭,从法律意义上的家庭财产关系来看,父家长对家庭劳动所得进行占有、对家产可以进行处分,[①]这显示了财产的父家长所有这一特性。基于这样的认识,本文选择从独子家庭的财产继承入手来审视中国家庭财产继承的问题。

由于之前的研究,较少涉及独子家庭,致使在经验上对独子家庭的形态、独子家庭财产的处分原则和继承原则都缺乏细致的描述和分析,故为了呈现出独子家庭及其财产形态的面貌,有必要以类型化的方式,以父—子这一根本关系为出发点,来整理和归类数种形态不同的独子家庭,以初步地展现其面貌。

(一)独子家庭的形态及财产继承

独子家庭只是就一个家庭的父—子两代关系而言,在清代至民国时期,乡村民众的生活世界里,诸多不可抗拒的原因,经常出现其他诸子死亡而仅存一子、子先于父死亡等情形,这些原因致使独子家庭有着不同的形态,且在家庭结构上有着很大的不同。它是否会影响到独子家庭的财产继承则是需要留意的问题。

父亲一生只育有一个儿子,也没有提前立继,且儿子在父亲之后死亡的情形,在日常生活中是相当正常的情况。这种情况下,无非是儿子继承父亲的财产,似乎也无多少可争议的地方,故而在此不单独列举这一形态的独子家庭。

同时,兄弟多人,只有其中一人育有儿子时,民国时期侯家营村村民惯常采取的措施是"一子三不绝",这意味着一个儿子同时要兼祧多门。在村中,就有一实例:王金生家一子四不绝,同时兼祧兄弟四人的血脉。[②] 这种情形也不在此讨论,而放在另一篇关于无子家庭的财产

---

① [日]滋贺秀三,*Family Property and the Law of Inheritance in Traditional China*, David Buxbaum ed, Chinese Family Law and Social Change, University of Washington Press, 1978, pp. 109 – 150。

② 《惯调》,5:61。(本文所引用的《中国农村惯行调查》版本为岩波书店1981年再版,第一个数字表示所引卷数,第二个数字为具体的页数,以下引用时不再一一注明,而统一简称为《惯调》。其详细的版本信息是中国农村调查刊行会编:《中国农村惯行调查》,岩波书店1981年版)。

继承中予以详细的探讨。

本文只对独子家庭的类型中带有一定特殊性的进行具体列举，并分析其财产继承的原则。

1.1　因兄弟夭折形成的独子继承

侯定义的父亲侯凤吉，在家中是第四子，生育有两个儿子，长男（大儿子）婚后不久于1895年二十一日死去，妻子同年八月二十九日去世了，其儿子也于同年九月三日去世，在这种情况之下，其长子的家庭相当于户绝。侯定义作为次子，虽然在长兄去世的同一年，侯定义自己的第一任妻子在十一月份也不幸去世了。① 家里遭逢此变故之前，侯定义和自己的哥哥显然还没有来得及分家（若是分家，其兄长的财产将不能交由侯定义，而必须为其立继），他的长兄及其儿子去世后，侯定义又新娶了一房妻子，并生育了三个儿子。

侯定义长兄24岁去世，其儿子岁数自然很小，由于当地之惯例未成年者不得入家族坟地（一说结婚后即为成年，另一说到了一定岁数后即为成年），②而其长兄显然已经成年，在坟地中可为父亲接脚，那在这种情况下，侯定义是否应该过继一个儿子给长兄接脚呢？对于这一点，似乎调查人员并没有去加以深究，故而也就无从知道了。

但是侯定义的三个儿子情况各异，长子及其妻子长期在外，生死未卜，家里土地由二子、三子均分耕种，但并未分家，且侯定义认为长子若返家，家产将均分为三份。从这样的安排中不难看出，侯凤吉并没有为自己的长子立继子，否则依照昭穆相当的原则，侯定义应将其中一子过继给自己的兄长，这样家里的土地必然不可能是三子均分。这就意味着在侯凤吉的长子及其妻儿去世后，侯凤吉与侯定义父子之间形成了一个新的独子家庭。最终，侯定义继承了父亲所有的财产，也并未（直接的）给其兄长立继，因而我们可以把侯定义与其父亲在财产关系上构成的家庭称为独子家庭。

虽然有关侯凤吉和侯定义之间财产关系的资料留下不多，但是依

---

① 《惯调》，5：115。

② 《惯调》，5：134。

然可基本还原其家庭财产的状况。在侯定义及其父之间,并没有分家的问题,这其实可以追寻分家的原因,在生活中,最容易让家庭难以维持同居的原因,侯定义自己认为分家一方面因老娘们(女人)爱吵闹,并形象地说:“不怕人间缺了种,天下妇人都该杀。”[①]可见他是深受两个儿媳争吵之苦(其长子长期在外,音讯全无),而另一方面是兄弟之间劳动勤勉程度的差异导致对家庭贡献的差异,同时还可能因为一个兄弟无所不为、放浪不羁对生活几无贡献。[②] 因而这里显然将分家原因指向了兄弟之间的矛盾或者兄弟的妻子之间的矛盾,而没有将其认为是父子之间可能存在的矛盾。当然不可忽视的是,南满洲铁路株式会社和东京帝国大学(东京大学的前身)的调查人员,主要是询问岁数较大的村民,而非对家庭主要成员进行访谈,就难免会有所遗漏,而作为家长的父亲在表述自己时,自我形象也会相应高大些,家庭里父子之间的矛盾也被隐藏了不少。但显而易见的是父亲在只有一个儿子的情况下,是没有分家理由的。

1.2 因兄弟过继形成的独子继承

还有一类家庭,也可在财产形态上,归入独子家庭一类,即一个父亲有两个儿子,但是自己的兄弟无子嗣,而将其中一个儿子过继给自己兄弟的情形。在此,本文使用了一个20世纪50年代初的个案,以弥补民国时期资料的不足。

1953年,19岁的侯元芹过继给了自己的大妈(即其父亲兄长),他的婚事是他大妈一手安排的,并且在他大妈过世以后,财产也由侯元芹继承了。

这并非要讨论的重点,而是侯元芹的父亲只有两个儿子,在侯元芹过继出门后,意味着他在财产关系上只有一个儿子了。

事实上,侯元芹的父亲之后一直与自己的小儿子居住在一起,共同消费。而且其所有的财产也交由自己的小儿子继承了。侯元芹未能继承任何其生父的财产。虽然两兄弟在生活中依然维持着兄弟的关系,

---

① 《惯调》,5:144。

② 《惯调》,5:138。

但是在财产上，却完全属于两个不同的父—子财产继承的伦序，侯元芹大伯——侯元芹、侯元芹父亲——侯元芹弟弟这两个财产上的伦序是并行的，而且无交集。[①]

这个实例足以说明，在一个父有两个儿子的家庭中，由于父的兄弟绝嗣的情形下，如果依照同宗昭穆相当的原则进行过继，则这个父在财产伦序上，相当于只有了一个儿子，姑且也可以将这类家庭视为独子家庭。

以上讨论的两种独子家庭，可以图示如下：

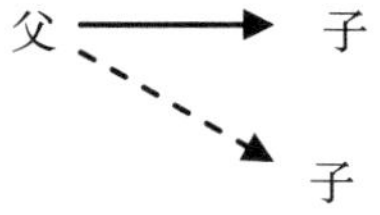

图 1　独子家庭—— 两子家庭中一子死亡或过继

（说明："--->"表示由于未成年的子死亡或过继出去，父子关系中断，"——>"则表示留下的一子与父的独子家庭关系）

这类形态的独子家庭，实则是普遍的父—子两代，因子死亡和过继，而让本非独子的家庭，变成了一个独子家庭，其财产继承自然遵循着父—子财产继承的伦序。

2. 父—子—孙：两代单传的继承问题

侯廷文、侯廷武两兄弟于 1925 年分家，此时二人父母俱已去世。在兄长侯廷文的提议下，将家产做两股均分，哥哥侯廷文育有三子、弟弟侯廷武育有一子侯连青，侯连青育有一子侯永强。就侯廷武一家三代而言，均是独子家庭。[②] 在侯廷武与侯廷文分家之前，侯廷文在外做工，是杂货店的掌柜，故由侯廷武留在侯家营村当家。从居住格局来看，在一个共同的院子里，分家之后，居住格局几乎没有发生什么变化。在华北农村，由于普遍缺乏木材，修建新的房子并非易事，分家后依然在一个院子居住是常态。在侯家营村，"同居"的形态，尤其是几代"同居"的形态广泛存在，所以同居与否和家产是否共财的形态没有多少

---

① 对侯元芹的访谈（2012－5－26）。本文所引访谈内容皆是笔者数次访问侯家营村所得，所注人名为访谈当事人之姓名，所注日期为访谈时间，以下皆同。

② 《惯调》，5：77～78。

直接的关系。

侯廷武分家后,与自己的独子并未分家,而且调查人员详细询问了其孙子侯永强结婚一事。侯廷武决定为孙子娶一个妻子,委托女方的姑姑作为媒人,并且侯廷武夫妇和侯连青夫妇四人共同商议达成了一致的意见,[①]并且这门婚事很快就谈成功了。

显然,满铁的调查一旦得知不分家之后,就不再继续询问下去,或许他们也认为独子家庭不分家是想当然的事实。这给我们理解独子家庭形态的具体处境带来了一定的困难,不过参考村民对其自身日常生活的论述,我们还是可以略知其中的一二。

在侯廷武的家庭里,侯廷武居于家长的位置,由于不需要考虑分家,也就没有养老等问题的焦虑了,自然新进门的孙媳妇对于维持家庭内部的关系非常重要。正如侯廷武自己认为的:兄弟之间分家多是因各自妻子之间的喧嚣和争吵。[②] 在家庭内,亲等关系的界限自然是存在的,但是脉脉的温情中,也难免一阵又一阵的冲突,而这自然不是侯廷武一个人能够决定的,每个家庭成员身处其中都无可避免地面对着这些问题,故而在婚姻问题上,总是充满着家庭成员之间相互的交流和沟通,而非一种直接的决断。但是在家产问题上,显然是父家长侯廷武决定,而且这个两代独子家庭并没有分家,即使在侯廷武孙子结婚以后,依然维持了这一点,这也足以说明独子家庭里,维持不分家的状态在两代独子家庭中也是同样的事实。

这种类型的独子家庭,是父—子、父—子关系的一个结合,它显然是不能简化为一个父子关系的,而是需要从这两个父—子关系着手来加以理解。

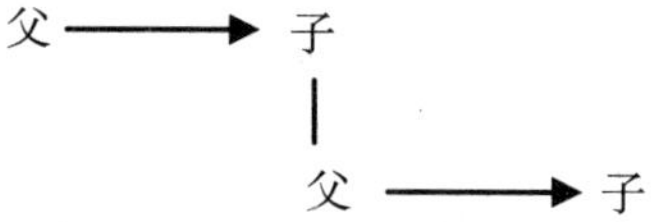

图2 两代独子家庭

① 《惯调》,5:80。

② 《惯调》,5:77。

在这样的家庭中,第一个父在财产的保有和处分上,居于一个至关重要的位置,从其孙子结婚一事,也能看得出来,在这样的家庭中,侯廷武作为父的财产处置权并未向子有所转移的情况下,其子在财产上就很难构成自己儿子的父。这是需要申明的,而这类家庭财产继承的原则只能通过父死亡或子死亡才能完整地体现出来。

3.1 父—子—孙:子死亡后的财产继承

侯连发在宣统三年(即 1911 年)分家(第一次),在分家单里写着:"立分单永远执照人侯连发,因子去世多年,遗有三孩俱各自成立,今已老迈,无能操持家务,情愿清除自己夫妇与儿媳养老地,待百年后所余多寡均按三股分给……自己夫妇养老地……儿媳冯氏养老地……长孙元章名下分得……"①这份分家单显示侯连发成年的儿子只有一个,且早于其去世,留下了儿媳冯氏,其儿子在生前共育有三个儿子,就侯连发与其儿子构成的家庭而言,也是一个独子家庭。

侯连发的这次分家非常独特,其实相当于包含了一个家庭的两个财产继承,一是侯连发与儿媳冯氏(代表儿子)之间的财产继承,二是儿媳(代表儿子)与三个孙子之间的财产继承,其实第二个分家不能认为是侯连发与三个孙子之间展开的。而是儿媳冯氏(代表儿子)与自己的三个孙子之间的财产继承。从下面的两个事实中可以更清楚地看到这一点:一方面,因 1933 年冯氏又立分家单将自己的养老地均分给三个儿子(第二次),从土地数量的变化来看,第一次分家侯连发夫妇自留的养老地为 35 亩,儿媳冯氏保有养老地 32 亩,冯氏的 32 亩地还包含了未出嫁的两个女儿的嫁妆。1933 年第二次分家时,冯氏名下的养老地为 65 亩,而在两次分家间隔的十余年里,在起初的几年里,这些养老地由冯氏自己雇用短工耕种,后来就在三个儿子家中轮流吃饭,显然新增加的 33 亩土地是继承自侯连发,而非通过财富积累得来的。因此三个孙子一共所得的 55 亩土地,应该看作是侯连发让儿媳冯氏代表其儿子继承的土地,再分别给三个孙子继承的,而非直接继承自侯连

---

① 《惯调》,5:93。

发。否则侯连发的养老地也可以直接分给三个孙子,而非先由儿媳冯氏(代表儿子)继承。另一方面,侯连发作为父家长,在这次包含两个分家过程的第一个分家中,侯连发夫妇与儿媳冯氏各自都保留养老地,似乎显示独子家庭在这种特例里也会有分家的可能。其实不然,这次分家的重点,不在侯连发让儿媳(代表儿子)来继承财产,而是要解决三个"已各自成立"的孙子侯元章、侯元文、侯元功如何分家的问题。他们三人结婚后,必然带来亲情的紧张和冲突。

依照财产继承的原则,侯连发在死后,其财产应该由儿子继承,儿子的财产再行让三个孙子继承并分割。在这个家庭中,因侯连发的儿子先于自己去世,他只好用折中的办法,一次两个继承,先留自己的养老地,让儿媳冯氏继承自己的财产,再让三个孙子从儿媳冯氏那里继承相应的财产,进行均分。既解决了自己夫妇和儿媳冯氏的养老,又可让三个孙子顺利继承财产并分家,这显然没有改变财产继承的伦序:侯连发→儿子(儿媳冯氏)→孙子侯元章、侯元文、侯元功。

3.2 父—子—孙:父、子均死亡后的财产继承

在民国初年山东的一份分家文书中,显示了在一个两代独子家庭中,由于父、子均已死亡的情形下,家庭财产继承的状况:

"立分书李于氏,因年老衰迈,不能理论家务,同内弟、叔弟、族侄,于(与)子媳单氏析□各居,土地房屋具以均分,阄下探定,不许争论反复,谁自违命,送官以不孝论罪。恐后无凭,立分书存照。

北屋两间、场院北一半、南屋两间;

单氏死后,将屋(由)李成子收存;……"①

在这个家庭里,由于李于氏的丈夫和李单氏的丈夫都已经过世,而且于氏只有一个儿子,即单氏的丈夫,李单氏也只有一个儿子,是一个典型的两代独子家庭。这份分家单显示:李于氏(代表父)和李单氏(代表子)之间是分家,而且是财产均分,它似乎有违于父—子之间财产是继承而不分割的事实。实则不然,这份文书的开头为"立分书李

① 转引自唐致卿:《近代山东农村社会经济研究》,人民出版社2004年版,第340~341页。

于氏”，这说明了于氏的丈夫去世后，李于氏成为父家长的代表。她将一半的财产以“均分”的名义交给儿媳单氏，理由是一般化的托词“年老体衰，不能理论家务”，这当然是可能的原因，但是李于氏完全可以将家务之权交由儿媳单氏，而完全不用以分家的名义来提前实现财产的继承，但是资料的限制，让笔者无法去探究其提前分家的具体原因。

需说明的是，李于氏和李单氏身处独子家庭这一构造中，本无分家之说，却采用了分家的文书形式，实现财产的提前继承，而这只是用来明确双方在财产占有和使用中的处置权罢了。这次“分家”在婆婆李于氏和儿媳李单氏之间展开，而且重点在李单氏死后，要将财产留给自己的儿子。虽然在这份文书当中，没有提到李于氏死后财产的处分问题，但是通过李单氏死后财产留给自己儿子的规定，已经说明了李于氏死后财产应该传给李单氏，李单氏再传给儿子。

这样，在这个两代独子家庭里，财产的继承才能得以合理地解释，所以没有单独规定李于氏死后的财产继承。这个独子家庭的财产传递依然遵循了婆婆李于氏（代表父）→儿媳李单氏（代表子）→孙子（孙）的顺序，而没有进行隔代的财产继承。

可见，清末至民国时期，独子家庭不管是何种形态，在财产继承上都显示了同样的方式和原则，并不通过分家，而是父亲与独子共同居住和生活，待父亲死后，财产就自然完成了从父亲到儿子的传递。而侯连发的35亩养老地在死后，也是自动地留给了儿媳冯氏（儿子）而非三个孙子，也同样显示了独子家庭财产在父死后自动传承这一基本的事实。即使有在特殊情况下进行“分家”的，也不会改变财产继承的原则：父→子→孙。

独子家庭由于一般情况下不分家，财产的传递原则是极简单的，在正常情况下也不能分割财产，但是在家庭生计中，依然有几个问题值得深究。

“问：即使一个儿子的场合也有和父亲分家的吗？

答：有，分家的原因是父子感情不好，所以有分居的情况。”①

---

① 《惯调》，5：472。

因为即使在独子家庭里,父亲和儿子的关系也不可能是一片和睦的,也会有亲情的紧张和冲突,这虽然不足以影响独子家庭的财产继承方式,但会对家庭日常生计产生诸多的冲击,并且可能带来财产提前继承的结果。

父或子死亡后发生财产继承的独子家庭,更为完整地展现了独子家庭财产继承的原则。

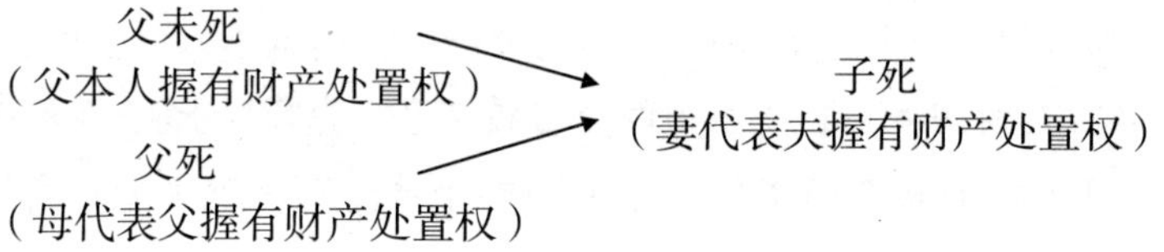

图3　独子家庭——独子死亡

父或子死亡,这一情况发生后,其财产继承必须严格地按照父—子、父—子的原则进行传递,即使在两代独子家庭中,也不可以进行跨代的财产继承,这显示了父—子关系是不能够扩展的。与此同时,通过对以上三大类五小类独子家庭的描述,不难发现,在一般情形下,独子家庭的形态根本不影响独子家庭的财产继承原则。这显示了父—子财产继承伦序具有秩序上的支配效力。

而家庭财产除了在特定时间点上的继承之外,其日常消费的形态、劳动所得、土地买卖和借贷等也都是需要加以整理的问题。

(二)独子家庭财产的日常形态:父家长所有和同居共财

独子家庭在财产继承上,遵循着父—子财产的伦序:父—子之间在财产继承上是一种传递的逻辑,父亲必须要把财产传递给自己的儿子。而在日常生活中,必然会因家庭消费、婚丧嫁娶、土地买卖而伴随着财产处置权的变动和转移。这在家庭财产处置权上是不可以忽视的问题:一是家庭财产的积累、消散都始终是在日常生活中展开的;二是在日常生活中对财产的处分、遗赠等处置权也直接关乎子从父那里继承财产的多寡;三是在日常生活中,财产的处分、遗赠等处置权是否会与父—子财产继承的伦序发生冲突呢?

正是基于这一点,笔者将财产的占有、处分和日常消费等都纳入考察的范围,从作为整体的历史经验出发,来再现家产的整体面貌。

1. 父家长所有

清代至民国时期,家庭财产在具体的占有、处分和赠与等处置权上,也有着一套原则,即父家长所有。具体地说,在独子这一类家庭中,一般而言处于父的位置的人,具有占有、处分的处置权,但是父家长所有不能有违于父—子财产继承的伦序,这意味着父不可以通过赠与、遗嘱等方式将财产交予他人。

就具体的实态而论,父家长所有主要表现在对家庭成员劳动所得的占有、在土地买卖中的主导角色、在借贷中的重要位置,因而,有必要对这些具体的情形进行一番考察。

(1)劳动所得

人和财产(主要指土地)是中国乡村家庭的两大支柱。① 而就男性家庭成员作为劳动力对家庭财产的贡献,则视其年龄和家庭土地所有状况而定。其在未具备完全的劳动能力之前和老年体衰之后,是作为辅助劳动力存在的。在具备完全劳动能力的情况下,左右劳动力收入的关键是租佃和雇佣之间的比例差以及家庭土地所有的情况。在华北农村,劳动力的雇佣比例大约在10%,其余的90%都属于家庭劳动,在生活压力之下,劳动力相较于土地越多,会使得农民家庭选择在边际报酬递减的情况下,继续投入劳动力,以增加土地的总产出,来维持家庭的生计。② 不过,华北农村在清代至民国,虽然总体上家庭是维持在糊口水平,但是由于不同的家庭人口构成不同、土地所有的数量不同,不同的家庭,如不发生意外的话,劳动力多少与土地的多少直接相关,并

① [美]杨懋春:《一个中国村庄:山东台头》,张雄等译,江苏人民出版社2012年版,第43页。

② [美]黄宗智:《华北的小农经济和社会变迁》,叶汉明译,中华书局2000年版,第79~81页。唐致卿运用土改及相关调查材料,也指出山东租佃关系很普遍,但雇农也仅占山东农村总户数的5%。参见唐致卿:《近代山东农村社会经济研究》,人民出版社2004年版,第5页。对此问题该书的第六章和第七章在资料上有着更细致的呈现。

且影响着劳动力对家庭财产积累的贡献,[①]劳动力在家庭财产中除去日常消费后,构成了家庭财产积累的重要部分,也是家庭财产的再生产过程。故而不可不详加辨析。

本文考察的仅仅是独子家庭的财产权,所以这里也仅仅论述“独子”劳动力所得之财产,尤其是在其父亲依然为家长之时。当独子自己成为家长,角色从子变为父,则这种情形又回归到其父亲为家长的情况,就无须再单独考察了。

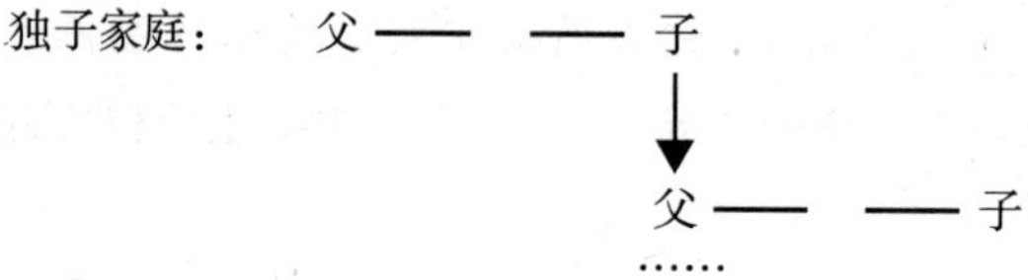

图4　当子成为父时,财产处分相应进入新的父—子关系中

因90%的男性劳动力都是投入家庭自有土地和租佃的土地之上,因而在这样的家庭生产中,虽然调查人员没有询问,但也可知道,作为家长的父亲显然是无须单独为自己儿子的劳动投入支付现金或实物报酬的。

“问:在解放前那阵,家里只有一个儿子的,儿子在家里的土地上干活,家里给支付报酬不?

答:那要什么报酬,给自己干活。

问:那有没有这样的例子?

答:没有。他自己不去干,那家里活怎么弄,就得出钱佣工呢,那还成?

问:那倒是这么回事。如果儿子结婚了,给家里干活还要支付报酬吗?

---

① 周其仁在分析中国1900~1950年的微观人口压力时,将家庭土地和人口作为两个相关的变量,发现土地的多寡与人口生育存在这样的关系:(1)拥有大量土地的家庭倾向于多生孩子,部分原因是需要较多的劳动力以有效地经营他们的土地;(2)拥有中等数量土地的家庭倾向于适中地生育孩子,因为他们依靠自己来经营有限的土地;(3)拥有少量土地的家庭倾向于多生育孩子,因他们要靠自己的劳动力生存,来弥补土地的稀少,这也包括从事非农业的劳动。参见 Qiren Zhou(周其仁),*Population Pressure on Land in China*, Ph. D. dissertation, University of California, Los Angeles, 2000, pp. 21 - 22。

答：这个也不给，就算是分了家，也不给报酬。

问：一个儿子有分家的吗？

答：也有呗，现在那个侯子贤只有一个儿子就分家了。现在啊，小辈的尤其是媳妇跟老的过不到一块去，就分呗。

问：这种情况多吗？

答：有还是有，大多都不分。”①

比较独子在家内的劳动和在家外的劳动所得情况，或许能更有助于说明这个问题：

“问：在外劳动所得的酬劳每年都要交给家里吗？

答：是的。

问：所有酬劳全部都要交给家里吗？自己可以留一部分使用吗？

答：全部都要交给家里。

问：自己需要一定钱财的时候呢？

答：要得到老人家的许可才行。”②

清代和民国时期，“独子”不管是在家里还是家外的劳动报酬，不管是结婚前还是结婚后，都要交给家长，以供整个家庭消费、使用和储蓄。“独子”的劳动力清晰地显示了劳动虽是附着在个人身上，劳动所得却归家长所有。家长对于财产的所有不等同于一种绝对所有，因为家长对财产的处置不能影响到儿子的财产继承，这一继承权几乎是不可剥夺的。③

---

① 对侯振春的访谈（2012-2-27）。

② 《惯调》，5：69。

③ 这主要表现在两个方面，一是乡村家庭的父家长可否通过立遗嘱而剥夺孩子的继承权，答案显然是否定的。二是乡村家庭的父家长生前的赠与行为也受到非常大的限制，这也是为了保障儿子的继承权。参见［日］滋贺秀三：《中国家族法原理》，李力等译，法律出版社2003年版，第160～169页。俞江在对滋贺展开批评时，主要针对滋贺秀三论述的“财产的父家长所有”，其实他严重忽视了滋贺秀三对“父的财产处置权的制约”这一至关重要的论述，滋贺的精到之处在于从父—子的财产继承中，把握住了财产继承的核心。而同居共财，并不意味着家庭男性财产共有，也不意味着父—子财产共有，而是同居而共同消费而已。中国的家庭财产也非父家长全能所有，而是财产父家长有着使用和支配的处置权，但是父家长却不可以剥夺儿子的财产权，否则父的人格就无法延续。

劳动所得非个人所有的性质,是否意味着劳动归父家长所有呢?家庭在日常生活里,是共同生活、共同消费的,在这个意义上是共财的,而劳动所得首先是满足自身家庭的消费,剩余的部分财产能不能直接等同于劳动所得的财产是家庭共有的,显然要看到不管是家内土地所得还是在外佣工或经商所得,都要交给家长,而且自己保留的部分也必须得到家长的同意。

而且父家长对义子劳动所得财产的保有也可说明这一点:

"养子归宗时,养父不得向其求偿抚养费用。至义子对于原有产业,亦不许其携带归宗。"①

"查义子归宗,多系得义父之同意,故本县习惯不许向其索偿。既不许养父索偿,则义子产业亦即不许携带。此则恩义分明,并不许其告争要矣。"②

义子在征得义父同意的情况下归宗,义父不能索要抚养费,同时义子平时积累的财产也不能携带归宗。而其能携带多少财产,义子自身不能决定,而取决于作为父家长的决定。故而,子劳动所得的财产确实为父家长所保有。

家长对劳动所得财产的保有权利,是不是就等同于父家长的个人所有呢?滋贺秀三是部分反对这种认识的。父家长对财产的保有至少受到两个方面的重大制约,一是日常生活,日常的消费日日支出,无可避免,家长将这一处分的职责交给了当家的;二是中国家产继承的原则:财产继承本质上是人格在世间的延续。独子家庭在父未死亡前一般不进行财产继承,恰恰可以说明中国家产的继承原则,父家长在让出家长位置之前,儿子是无权处置财产的,而为了人格的延续,父家长也不能随意地立遗嘱或者通过赠与的方式影响儿子对财产的继承。《中国家族法原理》在第一章和第二章上,对财产继承问题的讨论存在较大的不同,在第一章中,滋贺秀三将财产视为父子一体的,而在第二章

---

① 《报告录》:625。(本文所引《报告录》系指前南京司法行政部编:《民事习惯调查报告录》,中国政法大学出版社2005年版。)

② 《报告录》:627。

中又格外地突出财产的父家长所有，以至于表现出了前后的矛盾，当然他还认为父子一体是可以上下无限扩展的，这种认识其实不能成立，前面已经多有论及，在此不再复述。

因此，父家长对财产保有，不等于父家长的个人所有，滋贺秀三在《中国家族法原理》的第一章中极具说服力地论证了这一点。中国财产制的准则也不是父家长所有，当然更不是财产与作为整体性的家一致。[①] 而这一准则的核心在于"父—子财产"并非是一体的，而是以代际位序的方式传递的，这一代际位序的基础就是五服制。虽然五服是以我为中心，上杀、下杀、左杀、右杀而展开的，而财产继承则仅位于"下杀"这一位序之中，即父—子……父—子。中国的财产继承原则是嵌在这一秩序和规则之中的，而非一种简单的地方惯习或者习惯，也非对自我想象式的"地方性知识"。

不过，由于资料的局限，对有一种情形的儿子劳动所得，并未进行相应的考察，即在一个独子家庭中，当独子离家在外工作时，和父亲因各种原因失去了联系，尤其是财产上的联系，独子无法将自己劳动所得除去日常消费后剩余的部分交给父亲。在这种情况下，独子对财产的占有、处分等行为显然不可能得到父亲直接的处分意见，也就更无法直接得到父的同意。以常情而言，子似乎也可以占有、处分财产，当独子归家后，所有的财产也应该交给父亲保有，然后待父亲死后再进行继承。当然这一特殊的情况，唯有待新资料的发现之后，才能对历史的具体情形加以讨论。

(2)土地的买卖与借贷

土地多寡和人口数量直接决定了一个家庭的生活状况。在侯家营村，土地的占有状况如下：[②]

① 俞江整理诉讼档案和徽州文书后，认为从财产形态来看中国家庭是整体性的。参见俞江："论分家习惯与家的整体性"，载《政法论坛》2006 年第 1 期。

② 《惯调》，5:5。

表1　20世纪40年代侯家营村土地占有情况

土地亩数	户数	百分比
5亩以下	5	4.6
5～10	19	17.7
10～20	29	26.9
20～30	22	20.4
30～40	15	13.9
40～50	5	4.6
50亩以上	13	11.9

这一土地数据呈现了土改前侯家营村土地的所有状况,它大致从一个方面反映了侯家营村村民在财产上的构成情况。《惯调》调查人员因重视村庄的经济结构,为此专门制定土地占有状况一表,也足以显示土地在农民家庭财产中举足轻重的位置。

土地买卖中,最频繁发生的行为是"典"和"卖",典地在华北农村市场有着一定的比例,典地也主要是在村庄农户之间发生。在富农和中农家庭,典地在频次和比例上都较贫农家庭更多地发生,而且并非是高利贷渗入的结果。[①] 在侯家营村,总户数105户,在调查人员调查时约有30户家庭有典地行为,[②]在土地出典时,何人有权决定土地可以出典,土地在何种情况下又可以不按家庭财产原则出典呢?

当然,典与卖之间并非是绝对的界限,在这个谱系的一端是作为借贷担保的短期的出典,另一端则是永远出典,即为绝卖。而在乡村中,最常见的还是作为担保的出典,典地多因家庭一时缺乏现金,需要通过土地来实现借贷,而且这种借贷多发生在村内家庭之间,为了借到钱,需要物品作为担保,"指地借钱"讲明利息就是最通行的方式。这种情况下,出典的土地时限都较短,一般是两三年,且并没有出让使用权,而只是抵

---

① 方慧蓉:《民国时期的土地典当:理论与实践》,香港科技大学人文社会科学部2002年博士学位论文,第3章。

② 《惯调》,5:157。

押，这是乡村土地出典最常见的情况。[1]显然，短期的以不出让使用权为特征的典地行为，基本上是一种借贷行为，这一行为的作出，基本上还是家长。调查人员以一个例外来询问了村民：

“问：母子二人，儿子仅六岁的时候，土地卖出谁来决定？

答：母亲当家的时候可自己决定土地的卖出。

问：卖地时地契书写谁的名字？

答：（儿子）十岁以下不写自己的名字，十岁以上写自己的名字。十岁以下写母亲的名字。

问：儿子二十岁的时候土地卖出是什么情况？

答：十五岁以上写自己的名字，卖出契书上写明‘母子议妥’就表明商量了。”[2]

调查人员用这个特例的目的，显然是要询问在家产处理时，谁具有决定性的权力。在父亲死亡的情况下，母亲能够决定土地的卖出，这是因调查人员问题设置存在较大的问题，比照相关回答可知土地买卖还要受制于“小股”（丈夫的五服亲属），必得征求他们的意见，而且他们也是优先购买者。[3] 而丈夫即家长去世后，妻子在儿子年幼之时，获得财产的监管权，儿子作为未来的家长才拥有土地的处分权。在儿子年幼的情况下，或者生活艰难的情况下，母亲（当家）的决定很重大以至于不容忽视。原因在于母—子在财产权的处分上，不仅关涉家长的处分，还有家庭内亲情的协调。当家的维持日常生活，在生活困苦和艰难之时，有处分财产的举动，儿子的附议或同意也是一种尊重和维护亲情的表现。

68 岁的侯治成，家中只有一子侯振山，这是一个最平常的独子家

---

① 参见方慧蓉：《民国时期的土地典当：理论与实践》，香港科技大学人文社会科学部 2002 年博士学位论文，结语部分。至于黄宗智所讨论的典，则是与绝卖相对的典卖行为，这与作为借贷担保的典还有较大的分别。参见黄宗智：“中国历史上的典权”，载《清华法律评论》第 1 卷第 1 辑。

② 《惯调》，5：205。

③ 杜赞奇认为买卖要先问宗族，有失于笼统和简单，而没有注意到土地买卖与小股（服制）的关系，而宽泛地运用了人类学的宗族概念，而未能把握宗与服制等所包含的真实内涵。参见［美］杜赞奇：《文化、权力与国家》，王福明译，江苏人民出版社 2006 年版，第 67 页。

庭。侯振山也在1940年出典了土地。

“问:是否将土地作了抵押?

答:去年春天作了抵押。

问:抵押给谁的?

答:以一百元的金额抵押给了侯大文。

问:为什么要抵押?

答:新金堡有位姓朱的人与侯大文向施各庄的常老同卖牛的时候,自己的孩子(振山)担任了保人。但是,买主在交付金钱前去世了,并且该人没有任何子孙,因此,该金钱必须由孩子和两人的保人承担。由于没有金钱,所以将土地作了抵押。”①

侯治成之子侯振山在和他们一起贩卖牛的过程中,不幸因意外而赔本。侯治成为此而出典家中的土地,来弥补儿子侯振山造成的损失。在这一出典行为中,具有决定性的还是家长的决定。

是否因儿子欠债,父亲的归还行为,就可以将家庭财产理解为是整体性的,而非父家长支配的——如果是家长具有支配的处置权,那儿子的债务父家长就可以不予承认呢?显然并非如此,正如滋贺秀三的研究所揭示的,父亲所欠下的债务,儿子有偿还的责任,这其实是与财产继承连带的继承,相当于继承了数额为负的财产。而儿子的债务是否也应该由家长来承担呢?从各方面的情况来看,在父亲知情的情况下,儿子的债务,父亲具有偿还的责任,在不知情的情况下,儿子不管是正常原因产生的债务,还是因为吸鸦片、赌博而负债累累,家长都有归还的责任,原因在于儿子变成坏人是家长的责任。② 显然,儿子负债的情况,在独子家庭里,财产继承的顺序是父→子,这一过程具有不可逆性。儿子在外欠债,父亲负责偿还,是否意味着财产从父到子的继承具有双向性呢?

在独子家庭里,这个问题依然要放回到两个问题中加以讨论,一是交易的有效性问题,二是父—子在财产责任上的关联问题。

---

① 《惯调》,5:243。

② [日]滋贺秀三:《中国家族法原理》,李力等译,法律出版社2003年版,第132~141页。

从交易的有效性来看，在一般情形下，写立文书的交易，都只能由父家长签署确认后才是有效的。正如寺田浩明在研究明清土地交易时指出的，只有出典人或出卖人身份的合法性，才能导出买者购买行为的合法性，这是中国土地交易认可的“惯例”。[①] 这意味着土地交易的有效性必须是源于父家长身份的合法性，因而在一般情形下，具体的财产交易要遵循父家长所有的原则。但是在父死亡的情形下，有效的财产交易又遵循何种原则呢？正如前文已经述及的，在子年幼的情况下，可以由母亲代为交易，一旦儿子达到一定岁数，则交易文书必须写立儿子的名字，这也是在父死亡的情况下，一种折中的方式。

概而论之，交易的有效性首先是源于交易人身份。在明清时期的中国，文书在未分家前而且父未死的情形下，父是唯一具有法律效力的交易人。[②] 在父死亡的情形下，可能由寡居的母亲授权其子来签署文书，以保证交易的有效。[③] 这些惯例使得现实生活中，家庭大宗财产的交易由父家长所支配。

但在日常生活中，小额交易行为或临时性的经济变故是不可能通过写立文书进行的。比如上文提到的“指地借钱”、“贩卖牛亏本”例子，当子在这些行为中产生债务，父在的情形下，父是否有责任归还，就牵涉父—子财产继承伦序下，儿子的债务父是否有连带责任。

首先，儿子由于继承了父亲的人格，故而其财产继承权是不可剥夺的，父亲也不能因为是家长而限制其继承，或通过遗嘱、赠与来变相地剥夺其财产继承，这表现出财产继承的严格位序，可将其称为父—子财产继承位序下的父家长所有？

其次，人格的继承是通过财产继承实现的，财产继承又具有不可逆性，父亲显然在儿子逝世以后是不能继承其财产的，而是继续传给孙子或为其立继。在父亲为儿子归还债务这一点上，是否恰好可以否定这一

---

① [日]寺田浩明：“日本对清代土地契约文书的整理与研究”，董笔、贲永中译，载《中国法律史国际学术讨论会论文集》，陕西人民出版社1999年版。

② 曾小萍：“对战前中国产权的评论”，载[美]曾小萍等编：《早期近代中国的契约与产权》，李超等译，浙江大学出版社2012年版，第28页。

③ 孔迈隆：“晚清帝国契约的构建之路”，同上，第42页。

点，显示出了家庭财产整体性的一面，而非父—子财产继承伦序下的父家长所有。

其实不能如此去解释，而应该理解为儿子对财产的提前继承或者提前消费。如在多子家庭中，除了妯娌之间的纠纷导致分家之外，其实最容易导致分家的，恰恰是一个兄弟懒惰而对家庭生计无贡献，并可能有赌博、吸鸦片的恶习，而另一个兄弟勤奋的场景。父亲安排提前分家的原因，在于一个兄弟对财产的消耗已经严重地破坏了财产继承的原则，过多并且过早地继承了财产，并很可能在这个行为中占据或耗费了部分另一个兄弟的财产继承份额。① 因而父亲给儿子的还债行为，可以理解为父—子财产继承位序下部分财产继承的提前或提前消费，这并没有改变父—子财产继承伦序下的父家长所有。

最后，透过独子家庭可以看到，就算是在两代单传的家庭里，财产继承的原则并非是爷—父—子一体的继承，而是严格的父—子继承原则。在这里，财产继承的原则是不可跳代的，在爷—父—子三者的关系里，爷—子继承显然是不被认可的，即使在父已经死亡的情况下，爷也要先将财产让父的遗孀（代表父）继承，之后再传给子。

2. 家庭的日常消费：同居共财

在侯家营村独子家庭的日常生活里，财产的日常消费与财产继承有着同等重要性，毕竟财产继承有着固定的规则问题，但是财产的日常性消费却始终伴随着一个人、一个家庭。一般在家长被称为“当家的”之外，同时被称为“当家的”还有主妇，日常消费都由“当家的”负责。②

费元亭的家庭同样是独子家庭，在调查人员访问他时，父亲已去世，母亲和其一起居住。在他家里，爷们（家中的成年男性）都在外面做事，娘儿们（即家中成年女性，主要是其母亲和妻子）负责家内的事务。其母亲衰老以后，才改由自己的妻子当家。而需注意的是费元亭的母亲在

① 儿子的财产继承自父亲，而诸子均分的形态是一个显而易见的历史事实，但这不悖于父—子财产继承伦序，而诸子之间的均分又是如何形成，并成为普遍的财产分割形态，而又受何种原则的支配，则是另一个需要讨论的问题，而不能简化为地方习惯，因此而忽略了其历史演变。参见杨龙、李湘宁：“诸子均分考”，未刊稿。

② ［日］仁井田陞：《中国法制史》，牟发松译，上海古籍出版社2011年版，第186页。

其丈夫死后依然当家这一事实。[1] 这显示了在独子家庭的日常生活的管理里,“当家的”处置权从费元亭母亲的手中转移到妻子那里,和其父亲过世与否没有关系。

作为日常消费管理者的“当家的”,主要负责三大事项:一是平时食物的安排和购买,二是掌管着购买生活所需物品的现金,三是婚丧嫁娶时去随人情,以维持亲友之间的关系。[2] 在平时,家庭吃喝的安排、衣物的制备,看似简单,却极容易引发家内女性之间的抱怨。

当然在日常消费里,当家的一般只是负责食品、衣物等大小事项,而涉及较大额度的现金开销时,还是需要老爷们(即作为家产保有者的父家长)来决定。[3] 家庭的日常开销看似简单,实则非常重大。一是在清末至民国的华北农村,人均粮食几乎仅有360斤,只是够勉强糊口之用,[4]节衣缩食是财产积累的重要手段,在这个时候,女性作为当家的对日常衣食的安排就变得至关重要。二是家庭的人口处在一个循环的过程,恰亚诺夫恰当地说明了一点,一个家庭的经济状况取决于劳动人口在家庭总人口中的构成状况,在土地等条件相同的情况下,劳动人口比例越大,家庭生活状况自然更好,反之亦然。[5] 一个独子家庭也面临着这个循环过程,也当然会有生存上的压力。三是一个家庭的财产不可能处于不变动的状况:在正常的情况下,结婚和丧葬是乡村土地“典”和卖最主要的时刻,一个家庭的财产积累既来源于家庭成员劳动、经商和土地产出,还仰赖于在日复一日的家庭消费中的节俭。

在独子家庭的日常消费里,父家长的母亲或妻子扮演了“当家的”角色,并支配着日常消费的财产。家庭和家庭财产也因为家长与当家的协作,才得以构成一个整体,并保证了家庭生活正常运转下去。如果要把家庭的日常消费,也归于受制于家长的意志,并非由当家的决定的话,也有一定的说服力。不过考虑到家庭生计的艰难,以及当家的具有长久

---

① 《惯调》,5:59。
② 《惯调》,5:62。
③ 《惯调》,5:64。
④ [美]珀金斯:《中国农业的发展》,宋海文等译,农业出版社1985年版。
⑤ [俄]恰亚诺夫:《农民经济组织》,萧正洪译,中央编译出版社1996年版。

持家的经验,家长无法来决定每一日的生活安排,因此,可以肯定的是独子家庭的家长是财产的保有者,却不能不依靠“当家的”来安排日常的生活支出。

首先,日常消费是所有家庭成员共同进行的,而不会因为代际关系或对家庭贡献不同而有所不同,每一个人在日常消费中都被予以接近或相同的消费,这显示了在财产消费方面,家庭成员之间是共同所有。故而可称之为同居共财:家庭消费的共同性。

其次,家庭共同消费是否可以作为家庭财产是全体家庭成员共同所有的呢?就每个人的消费而言,是每日生活之必需,为了维持家庭的存续,保障家庭成员的基本生活,是必需且必要的,这与财产所有权的形态没有关系,而是人类日常生活的处境决定的。

最后,在日常生活的消费里,家长—当家的结合,实则不是财产形态的结合,而是在财产的日常处分中,当家的因为对日常消费的有效安排有着丰富的经验,而习惯性地保有了这一处分的事实,实则不过是为家长代行这一职责罢了。而非家长—当家对财产的共有,离婚和大额财产的处分都足以说明这一点,就离婚的财产分割而言,清代至民国时期的乡村,妻子与丈夫在无通奸等显著的罪过下离婚,她对于夫家(父—子财产)财产的权利就完全失去了,①但可以带走自己的随嫁财产,②这足以说明妻子即使成为“当家的”,她只能在婚姻维系时,处分日常消费部分的家产,而一旦离婚,她就完全失去了对夫家(父—子)财产处分的权利。就劳动所得、土地的处分和借贷等财产处分而言,就更清晰地显示出这一点。父家长具有很大的处分自由,但是依然受制于父—子财产继承的伦序,也可说明家长—当家不是一种财产形态的结合,而是家庭日

① [日]滋贺秀三:《中国家族法原理》,李力等译,法律出版社 2003 年版,第 387 页。

② [日]滋贺秀三:《中国家族法原理》,李力等译,法律出版社 2003 年版,第 425 ~ 426 页。至于民国时期城市的情况则有所不同,妻子有可能在丈夫死亡后通过遗嘱继承而获得财产,参见白凯:《中国的妇女和财产》,刘昶译,上海书店出版社 2007 年版,第 99 ~ 101 页。而在离婚时,1930 年的新民法典,让妻子可以运用赡养费和扶养费条款,争取到一笔经济补偿,确保自己的财产权益。参见郭贞娣:“配偶的经济权利和义务:民国赡养案件中的婚姻概念(1930 ~ 1949)”,李彤译,载黄宗智、尤陈俊主编:《从诉讼档案出发——中国的法律、社会与文化》,法律出版社 2009 年版。

常生活的管理和分工方式而已。

综上所述，从清代至民国时期，独子家庭财产形态及其继承的原则可归纳为“父—子财产继承位序下的父家长所有”，即从父亲到儿子的财产继承顺序是固定的，父—子财产在继承位序上也是不可变更的，它不仅蕴含着父亲人格的延续，也代表着家庭秩序的延续；而且父亲为了保证这种延续，是不能剥夺儿子继承权的。在这个原则之下，从家庭生产、消费、土地买卖和借贷中，却看到了在日常生活中，财产权是由父家长所支配的；也会在父家长的认可和支持下，由当家的来安排日常消费，使得家庭得以生存和延续下去；更或者在父家长的支持下，儿子运用财产来从事经营活动。财产的父家长所有，包含了在其为家长期间，对财产进行使用、占有和处分，但必须注意的这是在父—子财产继承伦序的约束下展开的。

伴随着整个经济、政治和观念的转变，在土改之后，家庭财产权，尤其是独子家庭的财产权形态发生了很大的变化，原来支配着家庭的秩序，决定着财产继承的原则也在发生一系列新的变化，家产的这场变革深刻地改变了家庭关系、乡村社会结构乃至政治构造，因而不可不着力于此，细致整理家产变革的原因。

三、土改至集体化时期侯家营村家产的变迁

1963 年在昌黎发生的一起离婚案，这对夫妻的婚姻只维持了两年多，且已经生育有 个女儿。原判决双方不离婚。女方上诉到唐山地区中院后，改判当事双方离婚后，对家庭财产作了如下细致的分割：“男方在女方家的木板一块，木料一根归男方所有。女方在男方家的柜一个、小缸两口，门帘一个，竹篾子一个，木盖子一个，饭桌一个，铁锹一把，镐一把，归女方所有。”①

① 昌黎县民事诉讼档案 1963 年第六册，第 42 页，藏于昌黎县法院档案室。

这一离婚时的财产分割,至少包含了两方面的含义:一是在集体化时期个人和家庭财产的数量,上面列举的几乎是一个新婚后家庭的所有财产,这当然未包括房屋;同时,女方来自农村,男方则在1962年也下放回原籍的农村了,此份档案没有提及男女双方的土地;二是集体化时期所有人家庭财产的变化,显然,法官在分割双方财产时,基本上采取了男方财产归男方所有,女方财产归女方所有,而不同于清代和民国时期的乡村,离婚时女方只能带走自己的嫁妆。从判决情况来看,男方在结婚时,还给了女方一床被子、一身棉衣、79元钱,①男方要求女方归还,女方以已经使用且孩子抚养也需费用为由,不同意归还,最后法院采纳了女方的意见,作出了以上的判决。

从诉讼档案中反映出来了家庭财产的新变化,这些变化既关乎家庭财产数量的增减,也涉及家庭财产形态的转变。故而在展开土改至集体化时期家产继承原则讨论之前,必得要先论述家产数量和形态的变化,从中方能为家产的历史变迁提供较为完整的图景。

根据《昌黎县志》的记载,1947年至1948年,昌黎县各地区陆续纳入共产党的控制范围,并且同时开展了土地平分运动。② 至此侯家营村的乡村结构和农村财产形态开始有新的变化,并直接影响了家庭财产的继承原则和家庭财产的占有、处分等方式。

土改以家庭人口为基础平均分配、抽多补少的原则重新分配了土地。③ 以人口为基础的土地分配模式,土地在初级社之前,它的属性是私人所有的,但相比于之前,土改已经改变了原来土地作为父—子财产的基础,至少在形式上已经被个人所有了,毕竟土地是按人头而非家庭分配的(在农业初级社以前,土地依然以家庭为单位进行耕作),因而具体到财产处分、分割和保有上,尤其是在离婚时的财产分割,土地已经作为个人财产而存在。1953年到联产计酬和土地联产承包,土地和劳动

① 昌黎县民事诉讼档案1963年第六册,第41页,藏于昌黎县法院档案室。

② 陈雨时主编:《昌黎县志》,中国国际广播出版社1992年版,第24~25页。

③ 杨奎松对新解放区土改的研究揭示:土改从温和到过激的变化。其实从财产的角度上讲,普遍的土地均分改变了家庭原有的财产形态,也改变了村庄的阶层结构。参见杨奎松:《中华人民共和国建国史研究》,江西人民出版社2009年版。

力作为财产的属性又开始被重新调整，这伴随着两个过程：一是土地逐渐被纳入集体所有，即不再归个人所有，其作为个人或家庭财产的性质也就不存在了；二是土地集体所有的同时，副业和商业等都纳入了国营，[①]虽然劳动力的流向和使用被大队和小队严格地管理，但是依然保留了部分财产的属性，因而集体化时期土地和劳动力在个人和家庭财产的属性的转变，值得做一番探讨，以厘清中国家产的“现代转型”。

（一）土地作为财产剥离于家庭

1953年的农业初级社、1956年的高级农业生产合作社、1958年的人民公社、1961年调整大队和小队规模并终结了公共食堂，但是土地自人民公社以后就不再归个人或家庭所有了。乡村社会的这次历史变革改变了乡村家庭财产的形态，以至于也深远地影响了乡村家庭财产继承和处分的形态。

在1953年年初级社之前，土地虽然均分，但是并没有影响到农村独子家庭的财产继承，原因在于土地和劳动力，依然只是个人和家庭拥有的，父亲的财产也依旧交给儿子继承。同时，独子家庭在这短暂的几年时间里（1947～1953年），也没有发生分家行为，而是维持了现状，因而以人口或者说个人为基础的土地均分，至少还没有改变独子家庭财产的形态。[②] 不过在土改至人民公社之前，从离婚时的财产分割来看，土地作为家庭财产的属性已经发生了根本性的改变：

“判决张殿荣与张氏脱离夫妻关系……关于张氏自己土地物资，归张氏所有。”[③]

“一、兹判申请人与被申请人离婚。二、女方自己财物及自己分得土地归女方所有。”[④]

“1.准予原告与被告离婚，个人的东西为个人所有。2.小孩暂为女方抚养，男方应补助女方土地三亩（中等地），作为小孩的生教费用。

① ［美］施坚雅：《中国农村的市场和社会结构》，史建云译，中国社会科学出版社1998年版。

② 对侯永深的访谈（2012－5－27）。

③ 昌黎县民事诉讼档案1949年第一册，藏于昌黎县法院档案室。

④ 昌黎县民事诉讼档案1950年第一册，藏于昌黎县法院档案室。

3. 男方家中应给女孩劳动所得费人民币八十×元,分两期交付……”①

侯家营所属的昌黎县,其在新中国成立初期的离婚判决书中,清晰地显示了土改之后,土地作为财产而言,其在最终的含义上是以人头为基础的,一旦财产分割,这一属性就会表现出来,而不是作为整个家庭的财产而存在的,夫妻作为两个个体,实质上都对各自的土地享有完整的所有权,只是在日常耕种中还表现为共同耕种而已。

而且即使是未成年的孩子(不管是男孩还是女孩),也对土地享有一定的所有权。这至少说明在这一时期,土地是完全作为个人财产而存在的,已经和民国时期土地作为父—子财产的特性完全迥异了。

只是在婚姻维系时,土地看似作为共同财产,而进行共同的耕种罢了。这种共同耕种的性质不能等同于财产的共同所有,进而将共同耕种引申为“同居共财”,这是一种不符合历史事实的过度解释。

虽然土改将土地这一财产从父—子财产中剥离出来,而转变为个人的财产,但是1953~1958年的农村基本制度变化,又逐渐地将农村土地从个人那里剥离出来,而纳入集体所有的范畴。② 从财产所得的形态来理解土地,最直接的变化是土地产出在家庭收入中的变化:

“问:从初级社到高级社,粮食是咋分配的?

答:初级社的时候,是土地占六成,劳动力占四成;高级社的时候,土地占四成,劳动力占六成;人民公社的时候,大家一起吃大锅饭,就不分粮食了。大家一起吃食堂懂不?

问:懂的,那时候大家都吃的一样吗?

答:一样,有啥区别呀。开始还好,后来都没吃的。

问:不吃大锅饭以后,土地还分成吗?

答:不分呗。分啥呀,那以后各家自己做饭了,粮食是按生产队分的,一般是人七劳三,土地不分,都是集体的罗。”③

---

① 昌黎县民事诉讼档案1954年第十三册,藏于昌黎县法院档案室。

② 杜润生:《杜润生自述:中国农村体制变革重大决策纪实》,人民出版社2005年版;周其仁:《产权与制度变迁》,北京大学出版社2004年版。

③ 对侯永深的访谈(2010-7-30)。

土地从家庭总收入中逐渐消失，也意味着作为家庭财产的土地也从家庭里消失了。这从笔者及合作者收集的诉讼档案中也能看出这一变化，即1953年以后越来越多的民事诉讼集中在房屋纠纷中，而在离婚诉讼中，判决离婚的，都不再提及土地的分割。1958～1980年的离婚诉讼档案中，则完全没有关于对请求土地分割的记载。

显然，从初级社到人民公社的过程，家庭的财产形态、家庭的消费都在发生根本性的改变，即由于逐步地扩大了公有制的范围，而减少乃至取消了私人的财产，唯一保留的是房屋和部分的劳动所得。

在人民公社之前，家庭消费的中心显然还是在家庭。家庭得自土地的产出因土地集体化而减少，家庭消费也更多地依靠家庭劳动力所得。

1958～1961年，全国的村庄都成立了公共食堂，当然各村庄公共食堂存在的时间有差异，这一时期个人和家庭的基本食物消费就转移到了村庄一级，土地归集体所有，也不进行相应的劳动分配。

支撑家庭消费的财产权——土地——已发生根本性的变化，这一变化的直接结果是人民公社的大锅饭制度，这一时期已经没有严格意义上的家庭消费了。此种状况要到1961年《农村工作六十条》颁布以后才得到改善。

概言之，就家庭的财产形态的变化而言，在人民公社之前，土地在粮食收入分成中的比例越来越低，乃至最后消失，意味着土地也不再是家庭财产了。1958年年底，全国的公社增加至26576个，参加农户占到农户总数的99.1%。[①] 1958～1961年，由于大锅饭的制度，劳动力与粮食分配基本脱钩了，也预示着在这3年里劳动力也失去了财产的性质，可以确定的是：在1958～1961年这三年中，除了房屋以外，几乎已经没有家庭财产可以分割的了，分家与否也不影响家庭的消费了，也不影响家庭财产的继承了，因为除了房屋以外确实没有财产可继承了。而且大部分的家庭职能已经转移到人民公社，在调查中，也没有发现有在这一时期分家的。

---

① 薄一波：《若干重大决策与事件的回顾》（下卷），中央党校出版社1993年版，第749页。

相较于清代和民国,独子家庭在家庭劳动所得和日常消费上,已经发生显著的变化:一是清代和民国构成家庭财产的除了劳动所得之外,还有土地的收益,而1961年以后家庭财产只有劳动所得;二是在家庭消费上,虽然在华北地区都处在糊口水平,但是糊口的来源却发生了根本性的改变,清代和民国时期是由一代又一代继承的土地多少直接决定了家庭经济的状况。

而1961~1981年,侯家营村保持了这样一种状态:村庄的土地不再是家庭收入的一部分,劳动所得几乎成了家庭收入的唯一来源。

(二)劳动、借贷和家庭的日常消费

1958~1961年的饥荒,大批村民像民国时期那样跑东北以度过饥荒。[①] 因为土地不再作为家庭财产,家庭消费也转移到大食堂;[②]村中的一些男性壮年劳动力,因基本生存的压力,抛下妻儿,逃离到东北当盲流,以保住自己的性命。

“问:吃食堂那阵生活怎么样?

答:咋样?没多久我就去东北沈阳当盲流了……在那边干一天活自己能吃饱了。

问:家里的人怎么办?

答:那还管得着啊。老娘们和娃都吃食堂,她们吃那点还中,我就不中呗,不跑都得饿死啰。”[③]

很快,由于农民生存上的原因,大锅饭被解散了,但是土地作为家庭收入的支柱角色并没有恢复,而是在制度上变为:兼顾人口和工分的双重分配体制。[④] 即人口是重要的分粮食指标,侯家营大队的口粮分配基

---

① 吴家虎:“近代华北乡村人口的流动迁移——以河北省侯家营村为个案”,载《中国农业大学学报》(社会科学版)2007年第2期;张思等:《侯家营:一个华北村庄的现代历程》,天津古籍出版社2010年版,第248页。

② 1958年河北徐水县按照毛泽东的设想,打破了家庭结构,将农民组织起来,分成男营女营过集体生活,吃大锅饭,实行军事化、战斗化、纪律化。参见杨奎松:“毛泽东是怎样发现大饥荒的?”,载《财经》2012年第15期。

③ 对侯元芹的访谈(2010-7-30)。

④ 张乐天:《农村人民公社制度研究》,上海人民出版社2005年版;辛陵:《农村公社分配制度史》,党史出版社2005年版。

本采取“人七劳三”的比例，但也有波动，具体的分配原则是每一年村庄干部根据各小队的收成状况而定。① 不过在侯家营村，总体趋势是朝向劳动分成比例逐步提高的方向发展。② 在1972年，国家开始提倡计划生育之后，侯家营的粮食分配也发生了一个巨大的变化，即由原来的“人七劳三”变为“劳七人三”，这是当时抑制人口生育的策略，因在其之前，村民普遍的认识是“干一年活不如生一个娃”。

在大多数时候，人口分配占据口粮的七成，不过由于满足一个人口基本的口粮为360斤（180公斤），而由于1959～1976年，全国农村人口一年人均粮食消费徘徊在155公斤（310斤）到185公斤（370斤）之间，③显而易见，一个家庭所分的全部粮食也仅够维持家庭的基本消费。如果以一个人标准的360斤粮食计算，没有来自工分的那三成（30%）粮食分配，则一个人减少的粮食就为108斤，那么家庭的基本生存都将遭受严峻的挑战。

侯增扬是侯大允的独子，侯大允也是家中独子，二人同在沈阳。因侯增扬奶奶年迈，急切希望年少的侯增扬能回到家中。侯增扬回家后，奶奶为其安排了一门亲事，婚后生子。作为父亲的侯大允希望儿子能离开农村回到沈阳，但是侯增扬发现，如果自己离开的话，家中无壮年劳动力，还有4个嗷嗷待哺的孩子，虽然侯增扬的父亲在沈阳的工厂里，一月能往家里寄回一些现金，但是没有工分只有现金，也无法分到足以维持家庭生活所必需的粮食，其孤苦的奶奶和妻儿因为没有稳定的工分，家庭将因为没有基本口粮而陷入绝境。所以侯增扬选择留了下来，以保证

---

① 华东师范大学中国当代史研究中心编：《一个村支书的工作笔记》，东方出版中心2012年版。该书详细记录了从1967年开始，集体化时期每一年粮食分配的具体比例，是极为宝贵的材料。

② 张思等：《侯家营：一个华北村庄的现代历程》，天津古籍出版社2010年版，第192页。（在1961年到1976年，全中国都实行人七劳三的粮食分配制度，只是在不同的地区略有不同而已。参见温铁军：《中国农村基本经济制度研究》，中国经济出版社2000年版，第262～263页。

③ [美]马克·薛尔顿：《中国社会主义的政治经济学》，翁仕杰译，台湾社会研究丛刊1991年版，第31页。

整个家庭的基本生活。①

这个事例也足以说明,在1961年以后,制约家庭收入和消费的最重大因素之一乃是家庭劳动力与家庭非劳动之间比例的多少。② 其实在集体化时期,劳动力所得和借贷是密切关联的,我们可将其初步分为两种情况:一是有劳动工分而无现金;二是有现金而无劳动工分。

当然,这也包括介于劳动力和非劳动力之间的半劳动力;还包括由于集体化时期的不同阶级成分,"地富反坏右"五类分子在干相同或更重的劳动前提下,反而挣更少的工分(这只是一段时间如此,而非整个集体化时期都如此)。

"问:61年以后工分是怎么计的?

答:一般一个男的一天十个工分,女的少一点,18岁以下的看干啥活,有挣四个工分的,有挣六个工分的。四类分子一般比其他人一天少两个工分。

问:为什么四类分子要少工分呢?

答:因为那是四类分子呢。他那就劳动改造,跟一般人不一样。

问:他们活干的少些吗?

答:他们得多干活,要不然咋叫改造呢,对吧,他们还要扫大街,清粪啥的,得多干。"③

不管劳动力或半劳动力,其所得的工分都会折算成现金与粮食的基本配额,以保证整个家庭的基本消费。

在现实生活中,一个家庭所在的小队可能会出现收成欠佳的情况,这时候家庭反而需要支付额外的现金给小队和大队,来换取相应的粮食。④ 这种情况可称为有劳动工分而无现金,实际上是小队经营效益太差,工分不仅不能分到现金,反而出现对工分进行现金倒贴,工分越多,需要倒贴的现金越多,以至于缴纳给工分现金,就无法获得基本的口粮。

① 对侯增扬的访谈(2012-1-25)。
② [美]李怀印:《乡村中国纪事》,包蕾译,法律出版社2010年版。
③ 对侯元芹的访谈(2009-7-26)。
④ 侯永禄:《农民日记》,中国青年出版社2006年版。

家庭在没有现金的情况下,只能采取两种办法,一是借贷现金,二是向大队或公社借粮食,以度过生活困难。在1961年以后,乡村家庭的现金都是有限的,亲朋之间的借贷几乎为零,主要是向公社借贷。

“问:61年以后村里有借钱的吗?

答:有呗。那阵有的小队一年下来还要倒交钱的,不然分不着粮食,就借呗。

问:主要跟谁借?

答:跟公社借呗。在我(侯元芹为大队会计)这写个条子要借多少,然后我看了中,给盖个章,拿到公社去,公社给借钱。”①

可见,集体化时期家庭的借贷行为主要发生在小队效益不佳、需要倒贴现金的情形,因而集体化时期的借贷和劳动力的分成密切相关。至于能否归还这些借贷的现金,则基本取决于来年小队的收入状况。

在现金借贷之外,家里粮食不够吃的状况下,最直接的办法是向生产队或公社借粮食。因为一般秋收以后,各生产队都会分配基本口粮,②这些粮食需要一个家庭合理地分配,方能够一年食用。当然,家庭总有粮食难以糊口的状况,这时为了解决家庭生活的基本消费需要,向小队和公社借粮食食用的情况也时有发生;而且是否借贷现金和粮食不单是取决于家庭劳动人口与非劳动人口的比例,还在于不同生产小队的生产收益。

“问:集体化那会,一个人要吃饱大概要多少粮食?

答:360斤。

问:那61年以后一个人能分到多少?

答:这要看情况。家里劳动力多的能多点,再说了,各队还不同,多的能分到400斤,少的只有280斤。”③

在低于360斤的情况下,个人的基本温饱就会有很大的问题,小队就需要以生产队的名义向生产队借粮食,以供小队内的家庭食用。

---

① 对侯元芹的访谈(2010-7-26)。

② 对侯振元的访谈(2012-1-27)。

③ 对侯元芹的访谈(2010-7-30)。

第二种情况是有钱而无工分,这种情况下,家庭会因为工分数量不足而分不到所需的基本口粮。如侯增扬家,虽然父亲在沈阳是一名工人,能为家里寄来现金,父亲一再让侯增扬返回沈阳,接替他成为一名工人。却受制于家里两代单传,男性劳动力仅侯增扬一人,如果再返回沈阳,则意味着家庭工分数已经不足以分配到足够食用的粮食,而且有再多的现金也解决不了这个问题。

不管是有工分无现金,还是有现金无工分,家庭的劳动所得配合借贷(包括现金和粮食)还是基本只够一个家庭勉强糊口之用。在这种情况之下,家庭劳动力的重要性就凸显了出来,财产积累的重要性已经不复存在了,所有劳动所得几乎都投入维持家庭的生存性消费中。

集体化时期人口分配、劳动力所得和借贷,构成了支撑一个家庭消费的三角。家庭人口是生物性的事实存在,而劳动力所得和借贷紧密地扣在了一起,借贷某种程度上是在劳动力所得不足的情况下的辅助性手段。

至于家庭消费的具体安排,也开始出现一些新的变化:

问:集体化的时候,家庭平时吃什么谁来安排?

答:商量来呗,主要是老娘们。

问:男的不管吗?

答:你咋管啊?一家人能一年到头有的吃就不错了。男的早上要上早班挣工分,晚上还要开会啥的。①

问:集体化那阵,家里平时吃喝谁安排?

答:老娘们呗。

问:男的为啥不安排?

答:男的要在生产队劳动。再说了,那时候也没啥好管的,一家人凑合着过,都吃不饱。

……

问:那现金不够的时候,要向公社借钱谁来决定?

① 对王兴巨的访谈(2010-2-19)。

答:不分谁跟谁,都要吃饭,不然哪来的吃啰。办的时候一般都男的出面。[①]

在集体化时期,在维持家庭生计上,家长和当家的区别已经变得不那么重要了,父—子的财产继承伦序其实也被湮没在维持家庭的基本生存中。在生存压力面前,绞尽脑汁维持一家人的生活是共同的事情,也是最紧迫的问题。因而,围绕家庭最重大的问题是维持基本的消费,而且这一维持本身和家庭财产的处分已出现了事实性的剥离,劳动力的重要性反而凸显了出来。

1961 年以后,壮年劳动力对家庭生计的贡献才是决定性的。而且,由于基本生存的压力,原来维持家内秩序的"家长—当家的"关系已经不复存在了,全家的重点都放在了维持家庭生存上,家庭中拥有劳动力的年轻人作用凸显,改变了在现实经济状况中原来家长—当家的角色和作用,而且家长—当家的社会、经济基础显然已经不存在了,这一改变对家产的影响留待后面部分详述。

(三)家庭的财产:房屋

华北地区的土改,其实房屋也伴随着土地进行了平均分配。[②] 根据村民的回忆,在当时房屋基本实现了按家庭进行均分,均分的原则不是按人口,而是按户均分,即一户基本分得一间半的房屋,而不兼顾一户具体有多少人口。[③] 房屋均分之后,就成为了家庭财产的一部分。

这些分配或已有的房屋,在名义上由户主保有其所有权,并且在集体化时期,家庭的财产当中,唯一保留下来的是房屋,房屋的处分权也依然保留给了家庭。在 20 世纪 60 年代,昌黎县法院的民事诉讼档案,除了离婚之外,则主要集中在继承和房产纠纷上,而且继承纠纷也多半是由房产分割不均引发的,这从另一个侧面说明了集体化时期房产之于家庭而言,乃是唯一的私有财产。

---

① 对刘志发的访谈(2009 - 7 - 23)。

② 杜润生:《杜润生自述:中国农村体制变革重大决策纪实》,人民出版社 2005 年版,第 12 页。根据村民的回忆,当时的房屋基本上实现了按家庭进行均分(对侯大义的访谈 2012 - 1 - 24)。

③ 对侯永深的访谈(2012 - 1 - 20)。

“问:集体化时候家里有现金吗?

答:一般家庭没有,我有1500块的现金,家里谁也不知道。

问:连老太太(妻子)也不知道?

答:不知道。

问:哪来的这么多钱?

答:哈哈哈。

答:那阵啊,那个有人要卖房子给我,我也不敢买,不敢说自己有钱。”①

问:集体化时期房屋归谁所有?

答:个人呗。

问:可以自由买卖吗?

答:可以是可以,就是一般都没钱,也买不起。

问:卖房子这事一般谁决定?

答:家里男的呗。②

在集体化时期,房屋依然是可以买卖的,只是受制于乡村普遍的穷困,因而这种情况很少出现。但这却足以表明,乡村的房屋还是家庭所有的财产。这一财产继承、买卖的处置权还是保留在了家庭之中。只是由于鲜见房屋买卖的真实情况,以致我们无从得知房屋买卖的决定权在集体化时期是否有所变化。

集体化时期房屋所有权的状况,还可以从两个方面加以考究,一是独子离婚时,其妻子是否有请求房屋所有权的可能;二是在独子家庭中,由于土改后的新变化,女儿是否对房屋也拥有继承的权利。

关于房屋的所有权,我们从离婚时的分割中,则能看到集体化时期关于房屋财产权一个侧面的具体安排。侯永国是家中独子,婚后与父母一起生活并未没有分家,是一个典型的独子家庭。因为侯永国母亲对其妻子意见很大,时常挑刺,村里人称她是“封建婆婆”,导致妻子无法忍受,最后这段婚姻以离婚告终。

---

① 对刘斌相的访谈(2010-2-25)。

② 对齐景生的访谈(2009-8-2)。

“问:侯永国是哪年离婚的?

答:我记得是地震(指唐山大地震)前那阵。

……

问:离婚后,女的带啥走了?

答:自个的衣服、被子,平常用的。

问:他们生孩子了吗?

答:有一个男孩,归侯永国了。孩子可惨了呀,三岁多点。

问:房屋归谁了?

答:当然是侯永国呗,女的自个回家了,还能把房子带走?”①

二人离婚之时,女方只是带走了自己的衣物和日常用品,而作为家庭主要财产的房屋没有进行任何分割,完全留给了男方侯永国。

在侯永国的家庭里,其与父母构成一个独子家庭,与妻子和儿子又构成一个独子家庭,是一个典型的两代独子家庭。在离婚时的财产处分上,房屋显然没有被视为夫妻的共同财产,而是男性(侯永国父亲)单方的财产。在清代至民国,房屋、土地都是父—子的财产,即使在分家后,夫妻离婚,妻子能带走的也只是嫁妆,而不能带走父—子的房屋和土地。

在80年代至今的离婚纠纷中,房屋也是被理所当然地视为男方的财产而不进行分割。② 集体化时期,独子家庭的房屋的处分权仍然归家庭,在父亲未去世的情况下,处分权是否归父家长(父亲)所有,则因为缺乏有效的实例而很难加以判断。

“问:集体化时期,家里有一个儿子也有女儿的情况,女儿能继承财产吗?

答:有儿子的都儿子继承。

---

① 对尹英的访谈(2010-2-20)。

② 参见李湘宁、徐书鸣:“离婚纠纷中的情感、财产与‘正义’——基于李镇档案的研究”,载苏力主编:《法律和社会科学》(第十一卷),法律出版社即出。另笔者与一位昌黎县派出法庭的法官座谈时,他也表示,根据他个人十年处理农村离婚案件的经验,房屋都是作为男方个人财产,而不会被视为夫妻共同财产,不管夫妻结婚多久[对顾法官的访谈(2012-6-2)]。

问:女儿嫁到本村的也不能继承吗?

答:不管嫁到哪儿都不继承。女儿继承了儿子能依了,最后还都得靠儿子养老。”①

集体化时期在有儿子的情况下,女儿依然没有财产继承权。在独子家庭里,无论有多少个女儿,也没有改变儿子继承家庭财产这一点,儿子的财产继承权依然具有排他性(集体化时期无子家庭的财产继承问题则要另当别论)。但是,从问答中不难发现,儿子的财产继承很大程度上因为父母对养老的需要,为了保障养老,多子家庭在分家之时,一般会在分家单或口头上约定每年儿子转给父母的工分数量,以确保父母丧失劳动能力后能够分到基本的口粮。② 独子家庭的父母如果把财产——房屋——分给女儿,极有可能带来自己老无所养的问题,因而在这一点上,反而强化了父亲把财产——房屋——交给儿子的现实性,财产继承在集体化时期已经变成了一种生存选择策略。而原来支配着家庭财产继承的父—子伦序已然被残酷的现实所撼动。

集体化时期财产的变动,无疑对家庭财产继承的原则产生了若干方面的冲击,虽然在形式上,独子家庭依然保留了儿子作为父亲唯一的财产继承人的传统做法,但是就其实质而言,已发生诸多的改变。

首先,集体化时期独子家庭财产继承的排他性与之前基于父—子财产继承伦序的原则有着事实性的不同。清代至民国时期,独子家庭的财产继承首要是基于严格的伦序,而后才是对现实存在的养老问题的安排;而集体化时期,财产继承更多是与养老问题联系在一起的,伦序的意义已经开始在其日常生活中消退了。其次,清代至民国时期,由于在集体化时期,家庭财产的大幅度萎缩,父家长可支配的财产除房屋以外,几乎所剩无几,这在事实上消除了父家长所有的财产性基础,父家长所有在事实上也就不再明显地发挥作用了。最后,由于集体化时期,家庭生

① 对侯振春的访谈(2012-2-27),另据《昌黎县志》载:“建国后分家,女儿依法有权分得家产,但在农村多数出嫁女儿仍不享受这种权利。参见陈雨时主编:《昌黎县志》,北京广播电视出版社1992年版,第608页。

② 杨龙:“承续与断裂:分家单里外的养老”,载黄宗智主编:《中国乡村研究》(第九辑),福建教育出版社2012年版。

活主要是在劳动——维持温饱之间往复，故而独子家庭的生产和家庭共财(即共同消费)成为了家庭生活的核心，家庭生产以工分计算，无疑强化了年轻人在家庭中的作用，提高了年轻人对家庭财产的贡献程度，这无异于更加削弱了独子家庭父家长的作用和支配基础。

集体化时期，父—子财产伦序因制度性的经济安排而消退，①父家长所有的财产性基础也受到极大冲击，似乎唯一保留下来的是家庭共同消费。但由于政治、社会、经济形态的转变，支配着家产继承和处分的原则受到冲击的同时，独子家庭财产的具体实践也在事实上发生了改变。因而有必要再从每一个独子家庭入手，深究其家产和家庭消费的转型。

四、集体化时期侯家营村的家产形态

集体化时期的家产形态已经发生了较为突出的改变，主要是家产的减少，以及劳动力所得在家产中位置上的提升。表现在具体的家庭中，则主要是两个问题，即独子结婚以后，独子家庭是否还保持共同消费，以及父与独子之间的财产是否分立，形成两个不同的财产中心。这是独子家庭财产继承原则转变与其事实形态转变之间有何种关联的问题。对于共同消费而言，是一个极易判断的问题，而对于财产是否分立而言，在此还将继续讨论三个方面的问题：劳动所得的保有、财产处分和借贷，以此来审视独子家庭财产是否分立的问题。

从形式上看，即以是否写立文书或明文约定分家这一点来看，集体化时期的独子家庭，其答案似乎也是固定的，独子家庭几乎不分家。村民也普遍认为独子家庭不分家：

“问：人民公社以后，只有一个儿子的家庭分家吗？

答：不分家。

---

① 在另一篇文章中，笔者将论述集体化时期家庭祭祀的消灭与制度性的经济变革具有很强的同步性，二者的共振共同打破了父—子伦序。参见杨龙：“祭祀、墓地形态与家庭财产继承原则”，未刊稿。

问:村子里有哪户人家分家了吗?

答:一个儿子的,在我印象中没有。那阵也没啥好分的,除了房子分一分,其他也没啥了……一个儿子的,就一块凑合着过。"①

"问:人民公社那阵,只有一个儿子的,父亲和儿子分家不?

答:基本都不分,一个有啥好分的,死了都是小的。"②

独子家庭的家庭结构,在形式上却没有发生多大变化,依然保存了下来。但审视每一个独子家庭的具体处境时,不难发现,在独子家庭财产形态发生转变的同时,财产的具体安排也在发生变化。

在集体化至今的独子家庭中,最核心的两个问题是共同消费与否和父子之间是否财产分立,这两点在清代和民国时期的独子家庭中是一体的,但是在集体化时期,却发生了若干的变化,因是之故,笔者姑且将共同消费和财产分立视为家产的两个面向,以此作为基础,可将集体化时期的独子家庭家产分为以下四类:

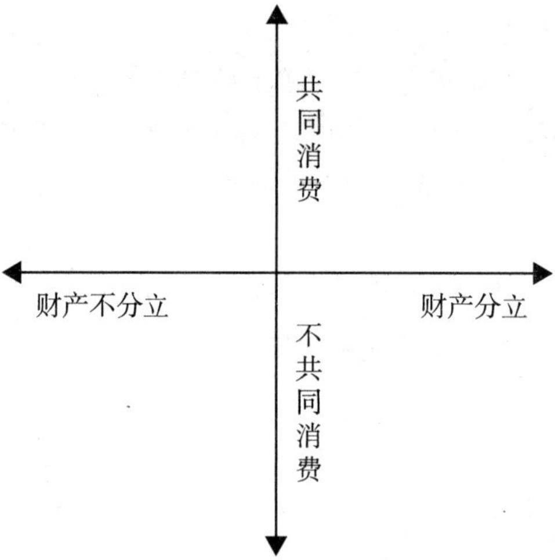

图5　当代独子家庭:财产与消费

① 对刘晓顺的访谈(2012-1-24)。

② 对侯振春的访谈(2012-2-27)。

表 2 集体化至今独子家庭分类谱系图

财产消费 \ 财产保有	共同消费	不共同消费
财产分立	财产分立且共同消费	财产分立且不共同消费
财产不分立	财产不分立且共同消费	财产不分立且不共同消费

当然,在集体化时期,其特殊的处境决定了消费在家庭财产处分中所占据的位置,这也是在分类时不得不着重突出的原因所在。

在具体讨论时,还是需要从财产形态的角度,对集体化时期独子家庭做一个简单的分类,继而分论之。一是父死亡的情形,因在这种情况下,叔伯或母亲将父亲遗留下来的独子抚养长大,结婚后,他自动就脱离了原来的家庭,因而在财产和共同消费上,也就相对简单了;二是父未死亡情形,需要对此种情况下家庭财产和消费情况做一个初步的分析。

(一)独子家庭中父死亡后的财产继承

1. 父母离异,父死亡后的独子继承

侯元宝的父亲侯永忠,在 20 世纪 50 年代初,带着侯元宝回到了侯家营,但是侯元宝的母亲并没有一起回来。据村民们估计,是因为侯永忠身体上出了问题,所以和妻子离婚了,而在沈阳那边也待不下去了。

侯元宝的父亲回来不久就去世了,从侯家营人口普查登记表来看,侯元宝生于 1940 年。① 因而可以断定,在其父亲去世时,侯元宝并未结婚成家。而且村民回忆:当时侯元宝和自己的叔叔一起生活,并且叔叔为他办理了婚事。同时,侯元宝的叔叔也生育有一个儿子,故而侯元宝在叔叔家生活,并非是过继给自己的叔叔,而是暂时性的抚养关系。

根据现有的资料,侯元宝的父亲是一个军人,他回到侯家营后,在政府部门的帮助下,在老房子的基础上修盖了四间房子,并将其中两间交给了自己的弟弟。

① 张思等:《侯家营:一个华北村庄的现代历程》,天津古籍出版社 2010 年版,第 552 页。

“问:侯元宝结婚以后怎么过的?

答:结婚后他就从他叔叔那里分出来单过了,他媳妇还是他叔叔给兴的。

……

问:如果他(侯元宝)借了钱,能问他叔叔要吗?

答:不能这么做呗。

问:为什么?

答:你想啊,他和他叔叔分家了,就个人管个人了。要是这个,遇到脾气不中的,直接给你骂出去。

问:那要是他叔叔借了钱能问他要吗?

答:也不能。分开了,啥都个人管个人的。”①

侯元宝成家以后,就和自己的叔叔分开单过了,自己从中分得了两间房子。至此侯元宝的父母皆已故,故而没有是否和父母共同消费的问题;结婚后,侯元宝又和自己的叔叔分家,显然其劳动所得的保留、财产的处分和借贷,其处置权都归属于他自己。

因此,在父亲死亡的情况下,独子一旦结婚,在和抚养者脱离共同消费的关系后,就和自己的妻子形成了一个新家庭,独立地进行消费,并保有财产和处分财产的处置权。

2. 父死母在的独子继承

侯孟春的父亲侯翼飞(侯贺祥)也只有他一个独子。在1960年之时,由于无法忍受饥饿,侯翼飞跑到东北成为了盲流的一员。更不幸的是,他在一个煤矿工作了3个月,就遭遇矿难而身亡了。侯孟春的母亲赶到那里,煤矿作了极为有限的赔偿之后,就将此事了结了。之后,母亲将侯孟春拉扯大,直到1980年前后她去世。

侯孟春一直和母亲生活在一起,所以可以肯定在这个家庭中,进行着共同的消费。

因在侯孟春结婚时,其母亲年岁已高,所以实际上由侯孟春夫妇自

① 对侯大义的访谈(2012-5-26)。

行管理家里的财产。可以想到的是，因其母亲的高龄，已经丧失了劳动的能力，也不太可能再去进行借贷等行为，故而只是和儿子进行共同的消费，至于劳动所得的保有、财产的处分和借贷等处置权，自然都保留在了侯孟春那里。

这样的独子家庭，在父死亡后，侯孟春结婚前，显然是母亲履行劳动所得的保有、财产的处分和借贷等处置权。[①]

故可知此类家庭在儿子结婚后，依然进行共同消费，财产的处置权已转移到儿子手中。

以上讨论的两种父死亡后的独子家庭，情况均可称为特殊。下面将讨论父子皆未死亡的情形下，其财产与消费不同而衍生出的形态。

（二）父—子：皆未死亡下的财产继承

1. 财产不分立且共同消费的独子家庭

刘继先的父亲刘晓丰，生于1911年；刘继先生于1938年，且育有三女一男，[②]考虑到在集体化时期，有儿子的家庭，女儿不具有财产继承权，这一点在刘继先家的财产继承中是同样的，它排除了女儿作为与儿子同等的继承人位置。所以从刘晓丰、刘继先、刘继先子三代人来看，这是一个典型的独子家庭。

刘晓丰一直与自己的儿子刘继先一起生活，直至其在2010年前后去世。据村民们回忆，刘晓丰对家庭管理甚严，以至于刘继先完全不干涉家务。故到刘晓丰去世之时，也未进行正式的分家，而且一直共同消费。

就其家庭实际的财产运作而言，刘晓丰也一直把控着家庭财产，直到其80余岁，才将财产的管理处置权交给了刘继先的妻子。刘继先作为刘晓丰的儿子，一直以来扮演了这样一个角色：家里的土地如何耕种都由刘晓丰决定，再由刘继先根据其父亲的意见耕种，而后将所有的劳动所得交给父亲；家里财产如何花销，刘继先是无权过问的；至于借贷，刘继先更是唯父命是从，其本人从未在村庄中借过钱。[③] 不过需要注意

① 对侯大义的访谈（2012－5－26）；对侯元祥老太太的访谈（2012－5－26）。

② 张思等：《侯家营：一个村庄的现代历程》，天津古籍出版社2010年版，第574页。

③ 对刘晓顺、侯元祥太太的访谈（2012－5－26）。

的是,刘继先的儿子在结婚后,就和刘继先分开单过,且不用将劳动所得交给刘晓丰保有。

刘晓丰—刘继先构成的独子家庭,还保留着民国时期乡村独子家庭的特点,父—子共同进行消费,在父亲死亡或衰老到无法管理家务前,都由父亲行使对财产的保有、处分和借贷的处置权。

集体化时期和当代,这种家庭财产形态已比较少见,但其包含的是对清代和民国时期家产安排在后续社会生活中的延续。

2. 财产不分立且不共同消费的独子家庭

出身于1946年的侯增扬,其父亲在村庄中是相当有成就的商人。① 侯增扬本来已经离开村庄,同父亲居住在沈阳,但由于其奶奶年迈,而她也只有他父亲这一个儿子,故而希望侯增扬这唯一的孙子陪伴在自己身边,陪伴她走完生命最后的历程。侯增扬的父亲是一个"孝子",就将侯增扬送回了村庄。

之后,侯增扬的奶奶为其说成了一门亲事,他结婚后就不得不留在村庄了。虽然他的父亲一再希望他到沈阳接替其在工厂的工作。

按照侯增扬自己的回忆,其父亲并没有和他分家,他们也并未断绝经济往来,为了补贴其奶奶和侯增扬一家的生活,父亲还经常寄送一些现金给侯增扬。而侯增扬的劳动所得加上这些现金也仅能维持全家勉强糊口,因此侯增扬对财产的处分、劳动所得的保有都支撑着整个家庭,故无从知道其父—子之间的财产处置权关系。不过从其父亲依然寄送现金这一点,姑且可以认为侯增扬与其父亲并未分家。

而在家庭消费上,由于侯增扬和自己的奶奶以及妻儿生活在侯家营村,其父亲单独在沈阳,已经在事实上将家庭消费分开了。

但到20世纪80年代以后,侯增扬的父亲动员他到沈阳经商,他就和自己的大儿子、二儿子一起做买卖,此时经商所得已不必交给侯增扬的父亲了,②因而可以在此时将其父子视为事实上的财产分立了。不过这些都是集体化之后的事情了。

---

① 对侯振春的访谈(2010-2-24)。

② 对侯增扬的访谈(2012-1-25)。

侯增扬家的情况在集体化时期的乡村社会，并非常见的实例。一般的独子家庭也鲜有财产不分立而且不共同消费的，因为在集体化时期，家庭生活的重心就是维持基本的生存，财产不分立的家庭，都会进行共同消费。

3. 财产分立且共同消费的独子家庭

刘志发的父亲刘占元也只有他一个独子，刘志发于 1972 年结婚。婚后，刘志发也没有和自己的父亲分开单独生活。

问：您什么时候开始下地干活的？

答：十六七岁吧。（结婚前三四年就开始下地了）那阵领十工分，结完婚就领十工分了。

问：结婚后还跟父亲生活在一块？结婚前谁管工分？

答：对。那阵一年才下来百八十块，有时还没钱……工分啥的还是交给父亲管。

问：分开过了吗？

答：始终没分开（过）。后来父亲老了，就是我们两个管钱了，就是我们两个的日子了……我们“夺了老人的权”。①

刘志发虽然戏谑地称自己从父亲手上“夺权”，实则是讲明了家产处置权的转移。刘志发在结婚前还需要将自己的劳动所得交给父亲，而且基本不能随便地借贷。结婚后五六年的时间，这个家庭依然保持了这种状况。之后，由于其父亲渐渐衰落，就将劳动所得的保有处置权、财产的处分和借贷等处置权都交给了刘志发夫妇，并且不加以任何的干涉。

刘志发在 1982 年修盖新房子，借贷了 12000 元，都是他自己归还的。当问及儿子的债务可否找父亲讨要时，他坚决地说，到集体化之后，父亲的债务都不能找儿子归还，更不用提儿子的债务由父亲归还了。

这也是集体化时期及之后，一种比较普遍的独子家庭形态，父—子之间共同进行消费，却形成了两个相对独立的财产中心，各自保有自己的劳动所得，并拥有财产处分和借贷的处置权，且相互之间并不干涉，相对独立，当然，这种财产形态多是在独子结婚以后，才展现出来的。

---

① 对刘志发的访谈（2012－5－25）。

4. 财产分立且不共同消费的独子家庭

侯金来亦生于1938年前后,为家中独子;生有一个儿子三个女儿,儿子也只生有一个儿子。在侯金来家,三个女儿出嫁后均未从娘家获得财产,所以其家庭同样可以视为典型的三代独子家庭。

侯金来的父亲也在沈阳从事买卖,他也出生在那里。由于他母亲在坐月子期间,不幸感染破伤风去世了,之后他的父亲再娶了一个妻子。他在十来岁的时候回到了侯家营村。

侯金来于1962年结婚。婚后,就和父母分开单过了,但是当时并没有写立分家文书,只是其父亲将家中一间半的房屋交给他。在他自己看来,分开生活主要是因为继母对他和妻子不好。分开单过后,意味着不再进行共同消费了,一家六口人生活相当艰难。

侯金来分开单过之后,夫妻二人的劳动所得全部自己支配,这些所得的工分不足以应付六口人的基本生活,因而他们不得不向生产队借贷,年年都成为生产队的"欠钱户"。但是他和生产队都无权将这些债务转嫁给他父母。他父母二人的工分则归他们自己使用。

从财产处置权方面来看,这类家庭的典型特点是不再共同消费,与此同时,只是明确地将一半的房屋交给他,由其自主生活。这种非正式的分家(不通过写立文书或邀集亲友明确分家的行为),其实也表示在独子家庭中,形成了两个财产中心:父亲及其妻子,儿子及其妻儿。这两个财产中心可以单独保有自己的劳动所得,可以处分自己的财产,也可以独立进行借贷,且父—子之间在债务上不承担任何的连带责任。

显而易见,集体化时期独子家庭的家产已经在发生着深刻的变动,而其动力主要来自于土改后政治、经济和社会的巨大转变。这不仅冲击着家产的继承原则,也改变了独子家庭财产的具体面貌。在家庭的共同消费、劳动所得的保留、财产的处分和借贷上,集体化时期中国独子家庭正在从共同消费且财产的处置权归属于父家长,转变为消费方式与财产处置权不同形式的分离与结合,产生出了四种不同类型的独子家产形态:财产不分立且共同消费,财产不分立且不共同消费,财产分立且共同消费,财产分立且不共同消费。

但是集体化的终结不意味着家产变革的终结,乡村独子家庭的财产权随着“改革开放”的展开，又在这一历史起点上发生着新的变化。

五、后集体化至今侯家营村的家产变迁

河北省的包产到户要到1981年以后才开始推行，[①]在侯家营村最初的两三年里，施行的还是联产计酬，采取联产地政策，将土地按家庭人口数量分包给农民，农民自行耕种，收获以后，分取一定比例的粮食。[②]之后就开始采取“大包干”的包产到户制度，但是这一时期土地的使用权不是固定的，而是要三五年调整一次，这一制度到了1996年才有了根本性的改变，开始确定土地使用权30年不变。

土地制度的变革背后，也包含着劳动力的释放，而不再如集体化时期那样，劳动力被完全地束缚在土地之上。这场变革的重大意义在于让家庭重新开始拥有财产，并再度改变了独子家庭的财产面貌。

几乎与此同时，国家计划生育政策开始更加严格地执行。政策最直接的结果是让独子家庭的数量急剧增加，也让未能生育儿子的家庭数量大幅增加。而且在侯家营村，20世纪80年代以后，一个家庭生育有两个或更多儿子的仅有3~4户，这是影响独子家庭比例最重大的因素。

独子家庭的财产权在三个方面表现出新的动向：家庭消费、劳动所得的归属和家产所有的形态。

（一）劳动所得的归属：以现金保有为中心

在独子家庭里，集体化时期，由于工分制度的缘故，儿子的劳动所得直接记录在家庭总工分里，劳动所得是用制度性的方式直接划拨给了家庭。而包产到户以后，一方面是劳动力从土地上释放出来，另一方面城乡二元结构的松动也带来了劳动人口的大规模流动。在独子家庭中，儿

① 杜润生：《杜润生自述》，人民出版社2005年版，第130~131页；陈雨时：《昌黎县志》，北京广播电视出版社1992年版，第37页。（根据昌黎大事记的记载，1981年在社队推行各种形式的生产责任制，而1982年冬天到1983年春天就普遍推行“大包干”的农业生产责任制了，这与农民的记忆有略微的出入。）

② 对刘志发、侯元芹的访谈（2009-7-16）。

子若不继续读书,几乎从年少时就开始在外务工,这自然构成了一个家庭财产性收入的重要部分。

"问:家里有几个孩子?

答:就这么一个儿子。

……

问:家里经济状况怎么样?

答:种地一年能下来一两万块钱,家里的猪、耗子、狐狸一年也能有三四万块钱。我儿子一年还要给我3万块钱。

问:他还要给你钱?

答:他不给还中,供他上大学花了十来万,盖房子花了十多万。还要给他买楼,还要给他兴媳妇,这还要花多少钱呢。

问:你儿子还没兴媳妇?

答:别说了,都愁懵了。我们庄稼人兴媳妇都很早,20岁的大姑娘都少,像他这样二十八九的,庄稼人都打光棍了。"①

"问:儿子结婚前在外面做工挣的钱交家里吗?

答:结婚前要交,基本上挣多少交多少,不交不中。

问:结婚后呢?

答:结婚后就不交了,他都有媳妇了,你还把着他的钱,儿媳妇怎么想啊。再说了,我们的儿子孝顺,也不用把着他的钱。"②

侯正宝的独子大学毕业以后在河南郑州工作,每月挣的钱都要交给自己的父亲。当然截至我们访问时,依旧没有结婚,其工作所得报酬大部分都交给父亲,原因在于要积攒起来为他娶妻、买房子。同样如此的是,侯振义的独子也在结婚前,必须将劳动所得交给自己的父亲。但是在结婚以后,就不再将自己的劳动收入交给自己的父亲了。这里需要注意的是,结婚后这个独子家庭并没有分家了,也没有在家庭消费上分开了,但是儿子—妻子的劳动所得的财产不再交给父亲(包括母亲)了,这意味着在独子家庭中,父亲—母亲和儿子—妻子形成了一个财产"双

---

① 对侯正宝的访谈(2012-1-26)。

② 对侯振义的访谈(2012-1-21)。

头”所有的形态，父亲—母亲保有自己劳动所得的财产，而儿子—妻子也保有自己劳动所得的财产，且互相默认这一事实。

“问：儿子结婚前钱要交给家里吗？

答：交呗，结婚前都交。

问：那结婚以后呢？

答：结婚以后就不交了了，儿子和儿媳挣的钱都他们自己管。别说交钱了，就是儿子结婚拉的饥荒（即借贷）也不能转给他们，都得自己还。

问：那和儿子分家了吗？

答：一个儿子不分家，也没啥好分的。以后就指着这么一个儿子养老，死了财产都归他了。”①

侯百昌的独子在结婚前也将劳动所得交给父亲，在结婚后就自己保有夫妻的劳动所得了。侯百昌和自己的独子也没有分家，但就是在不分家的前提下，因为儿子结婚产生的债务，并不由婚后的儿子归还，而是父亲自己归还，这在很大程度进一步明晰了父—子之间的财产关系，相当于儿子在组成自己的家庭后，在不分家的情况下，不继承父亲—母亲产生的债务，而和妻子一起保留自己劳动所得的财产，父亲也默认和肯定了儿子—儿媳保有财产的事实。

但是在独子家庭中，也有特殊和比较例外的情况：

“问：你儿子是哪年结婚的？

答：06年吧。23岁结婚的。

问：你儿子是哪年开始出去做生意的？

答：98年，15岁就出去了。

……

答：刚开始的时候，租那么一个小摊。买哪个钱包啊，化妆品啊，开始本钱也小，我给的本钱……

问：那时候挣了钱交给你吗？

---

① 对侯百昌妻子的访谈(2012－1－27)。

答:不交给我啊。那时候他搞对象需要钱,吃的、花的,我种地下来的钱还去贴他。他出去就没交钱给过我呀,他当时也是小买卖,挣得也不多是不是。"①

可见,刘晓顺的独子15岁就在天津塘沽经商,在未结婚以前,因为做生意的缘故,并没有向父亲提交自己的收入所得,而是全部保留给了自己,作为经商的本钱。这在侯家营村是一个突出的个例,这可能是因刘晓顺的儿子直接从事经商,需要大量本钱的缘故,故而可以视为独子家庭中的独子在结婚前不上交收入所得的一种例外。

在独子家庭之中,伴随着集体化的终结与劳动力的释放,家庭的财产权发生了一个新的变化,即独子结婚前,其收入所得要交给父亲,独子在结婚后,其收入所得基本不交给父亲,而父亲的财产也自己保留,在一个家庭内部,就劳动所得这一面,已经形成了两个财产所有的中心:一个是父亲—母亲,另一个是儿子—儿媳。

(二)家庭消费:共同与分立并行

在后集体化时期至今的独子家庭中,独子婚前不与父母分开吃饭和消费是惯常性的事实。但是独子在结婚以后,劳动所得的财产不再交给父亲,是否等同于父亲和儿子之间在家庭消费上也截然分开了呢?

问:儿子结婚以后还一块住?

答:恩,还在一块住。去年在马路边修了房子。

问:结婚后钱交给你吗?

答:他们的钱?不交,自个把着。我挣的钱也不给他们,交给你大娘把着。

问:那吃饭一起吃吗?

答:一块吃。这个买米买面他们也买。去年他们盖房给了他们两万,这个房子大概要花十来多万。

问:看来两口子有不少积蓄?

答:也拉了些饥荒。②

① 对刘晓顺的访谈(2012-1-27)。

② 对侯振义的访谈(2012-1-21)。

在侯振义家里，他的独子结婚以后，继续和父母生活在一个院子里。平常也共同吃饭，并没有“分灶”（需注意的是，包产到户以后，几乎任何一个家庭的儿子要结婚，都需要新建2～3间房屋，独子家庭的房屋一般和父母一个院子，而儿子的房屋都配备有做饭所需的灶台）。而在生活消费用品的购买上，表现出了比较大的随意性，父亲和儿子在这方面并没有明确的分工和责任划分，也并没有把消费用品的购买作为多大的家庭问题来处理。①

问：他结婚后挣了钱交给你吗？

答：他交给我？哈哈哈……不用他交，他们自己过好了就中了，我们够吃就得了呗。他们孝顺了买点啥就买点啥。

问：现在一块吃饭吗？

答1：在一块吃，他们也挣不了多少钱，买啥了都我们出钱买。

答2：这么说吧。一总买东西花他的钱还有气，花我们的钱他也欢喜，你说对不对？瞎凑合着过呗。②

侯永栋只育有一个儿子，儿子结婚后，也同住在一个院子，并没有“分灶”。父亲和儿子一起吃饭，母亲明显是有一些怨言，认为儿子成婚以后劳动所得的财产自己所有，但是在吃饭上还与父母一块，并且没有在消费品购买上为家庭做多少贡献。而父亲的理解是儿子和儿媳生活也很不容易，在生活上共同消费是可以接受的。

与侯振义的这个独子家庭状况不同的是，侯永栋的这个独子家庭的家庭消费，主要还是由作为父亲的侯元忠来承担。这两个家庭也代表了侯家营村独子家庭在家庭消费上的一种普遍形态，即在不“分灶”的情况下，父亲和儿子在日常吃喝上共同消费，但是消费所需的财产来源并不如劳动所得划分的那般清晰。

当然，在独子家庭中，还有另一种形态，即在不分家的前提下，父亲和儿子“分灶”吃饭，这也就意味着这样的家庭在家庭消费上分离开了。

---

① 正如侯振义自己所言的，包产到户以后吃就不是太大的问题了，也就没必要在这个上面计较什么了。

② 对侯永忠的访谈（2012－1－24）。

问:现在像您这样一个儿子的结婚了就单过吗?

答:结了婚都一个人过。

问:都不跟父母一块过了?

答:不了,都是各人吃各人的。现在都怕不自由,比如吧你想吃干的我想吃稀的,吃不到一块。你咋整呢?①

问:儿子结婚以后还一起吃饭吗?

答:各吃各的……②

侯百昌和自己的独子在结婚后就分开吃饭了,原因是儿媳和父母吃饭口味不同,父母为了不影响儿子的家庭而分开单独吃饭了。而且这些消费用品的购买也分离开了。在独子家庭消费上,这是第二种形态:父一子不分家,但儿子婚后"分灶",双方在一个家庭里,互不影响。独子家庭分灶和不分灶这两种形态在侯家营村同样普遍。

当然,独子家庭劳动所得财产的分开,不管分灶吃饭与否,在村民看来,都不是分家的标准,分家与否关键在于是否将家庭的所有财产进行明确的划分,侯家营村的侯志贤是独子家庭,却在结婚后,将家中的财产和土地进行了划分,这个家庭就被视为分家了。滋贺秀三认为分家的关键在于家庭财产的明确分割,父一子之间的财产关系是继承,而兄弟之间则为分财(分家)。③ 这促使我们要重新地看待后集体化至今,父一子的财产因为这一系列的新变化对家产所有形态的影响。

(三)家产所有的形态:以土地和借贷为中心

后集体化至今,土地包产到户、劳动力释放等诸多因素改变了乡村独子家庭财产制的形态。一是儿子劳动所得在婚后不再交给父亲,而是自己保留;二是儿子结婚后,分灶和不分灶的现象同样普遍;三是土地以人头计算平均分配给各户,在多子家庭里,儿子之间分家,土地不再是作为父亲的财产继承和分割,而是个人的财产,不进行分割(例如一个家庭有两个儿子,相继结婚后,如果大儿子育有一个孩子,而二儿子尚未有孩

---

① 对侯正宝的访谈(2012-1-26)。

② 对侯百昌妻子的访谈(2012-2-27)。

③ [日]滋贺秀三:《中国家族法原理》,李力等译,法律出版社2003年版。

子，家庭一共有7人，土地也就有7份，分家时，大儿子自动地带走3份，二儿子带走2份，而不是土地平均分配），只是按人头数取走各自相应的部分。在独子家庭里，土地的所有权也存在相同的逻辑，它并不是父亲的财产，而是个人的财产。

集体化时期和后集体化时期的家庭财产形态，与清代和民国时期相比，发生了两个显著的变化：一是家长——父亲——所拥有的财产在大幅度地减少，尤其是因为土地制度的变迁；二是儿子——劳动所得的财产在家庭财产中的比重在急剧上升，集体化至今，这两点在独子家庭中都是同样存在的，可以视为一个连续的历史过程。

在清代和民国时期，父—子伦序对财产继承有着决定性的作用，但是集体化至今，家庭财产权在变动，财产继承的原则也在发生根本性的变化。

问：你一个儿子，以后财产谁继承？

答：儿子呗。

问：那要是他现在借了钱，谁来还？

答：他自己借的他自己还。

问：借钱的人会找你吗？

答：不会，为啥找我啊，又不是我借的。要是都找我啰，那他使命地借，那还得了啰。①

父—子的财产，由于劳动所得和土地制度形成了两个财产所有的中心，这意味着原来由父—子财产继承伦序下的父家长所有，在经过集体化的变革之后，已经不复存在了。当然，其原因也并非只是财产的具体形态变化。独子家庭中父亲的财产虽然在死后也依然会让儿子继承，这在多子家庭中也依然如此，但是在无子家庭中，由于集体化时期开始过继被作为“封建迷信”而被迫消亡。不过正如前面已经论及的，集体化至今的父—子继承这一事实，更多是因为养老而成立的，这一存续其实是父—子财产继承更物质化的表征，蕴含着养老—继承财产之间更直白

① 对刘志发的采访（2012-2-25）。

的交换关系,而非父—子伦序存续的结果。由于20世纪50年代至今的巨变,先是彻底地改变了父家长所有财产形态,进而在多重意义上,终结了父—子财产继承伦序的原则,①这才是集体化至今的家产形态表现出模糊多样的特点的原因所在。

这些重大的改变,似乎使今日的家庭和家产形态看上去,部分继承了清代至民国的传统,部分因巨大的政治—经济变革而表现出新的面貌。实则并非如此,今日独子家庭家产的多重而混乱状况:父—子并不分家、劳动所得的财产归属明确、家庭共同消费与分开消费共存,这些是家产在历史的大变动中,自身调适和变动的产物,并且已经改变了中国家产的原则,而还没有形成新的家产形态和家产原则,因而可以把集体化至今的家产形态看作是一种临时的形态,现今的家产依然在变动之中,这意味着要为当代家产形态寻找一般化的解释是不太可能的。

六、后集体化至今侯家营村的家产形态

中国乡村经历集体化之后,独子家庭的家产形态已经在发生改变,从家产变迁来看,劳动力所得在家产中的比重更大,这带动了家产积累在家产中更为凸显,土地又成为了个人财产,因此年轻人在结婚后,也加强了对自己劳动力所得的控制。因此后集体化至今,家产在这一路径上继续发生改变,因而其家产形态也有新的变化,但家产形态的类型并没有出现新的形态。

(一)不分财且共同消费的独子家庭

齐景宽生育一个儿子,儿子也生育一个儿子,这是一个典型的独子家庭。相比其他后集体化至今的独子家庭来说,这个家庭有其特殊性。

问:家里几口人?

答:就五口人,老的前几年都没了。

---

① 由于这一问题的论述已经远远超出了本文的范畴,需要另文专述,参见杨龙:“祭祀、墓地形态与家产继承原则”,未刊稿。

问：跟儿子分家了吗？

答：没分家，在一块混呗。就一个咋分呐？儿子结婚八九年呗，早晚都是人家的。

问：儿子挣得钱给你吗？

答：给，差不多都给。

问：为啥他都给你啊？

答：他花钱都给，要多少给多少。

问：有不给的时候吗？

答：也没有不给的时候。①

在齐景宽的家庭里，他的独子在结婚后，依然和父亲生活在一起，而且保持着共同的消费。特别引人注目的是，他把收入所得交给父亲齐景宽，尽管他已经有了自己的儿子了。而且齐景宽管理家产的同时，儿子是不能随意处分家产的，包括其幼子的花销，都要经过齐景宽之手。在借贷行为上，他也不能在齐景宽不知情的情况下进行，这至少意味着作为儿子的他没有完全的借贷处置权。但是又正如齐景宽本人所说的，儿子虽然把钱交给了自己，但是在儿子—儿媳需要花钱的情况下，齐景宽几乎都会同意给钱，并不会用理由来刁难他们。在独子家庭里，儿子婚后依然要把劳动所得交给父亲，这种情况在我们调查的侯家营村也仅此一家而已。

通过我们对侯家营村长达5次的调查，在后集体化至今的独子家庭中，既保持共同消费，还由父家长继续保有和处分财产的例子，可以说仅此一例。显然，通过集体化和后集体化的家产变迁，清代和民国时期唯一或者说最重要的独子家庭家产形态——共同消费同时父家长保有财产——已经开始基本消亡，代之而起的是父—子之间各自保有财产。

（二）不分财且不共同消费的独子家庭

在侯家营村，后集体化至今的独子家庭中，已经看不到在儿子结婚后，父—子之间依然是父家长保有财产，且不共同进行消费的情形了。

---

① 对齐景宽的访谈（2012-1-24）。

从父—子之间各自保有财产来看,在后集体化至今的独子家庭,在儿子结婚后,已经基本告别了父家长保有财产的情形,因而更谈不上父—子财产互为一体的方面了。

(三)分财且共同消费的独子家庭

在后集体化至今的侯家营村,最常见的两种独子家庭财产形态是父子之间财产分立,保持或不保持共同的消费。

在父子财产分类且保持共同消费这一类家庭中,不乏实例,仅以侯精忠及其独子为例。侯精忠生有一儿一女,儿子在2004年左右结婚,在结婚之前,和侯精忠一起在附近的集市卖货。其劳动所得都归其父亲保有。他们在生活消费上并没有完全分开,还经常一起吃饭,并且侯兴忠的孙女一直以来都跟着侯精忠夫妇,且由其代为抚养,这也可以说明这个家庭还保持着共同消费的形态。

结婚之后,侯精忠就不再保有儿子的劳动所得了,而由儿子夫妇二人保有其财产,[①]虽然侯精忠和自己的儿子也未写立文书,或以其他正式的方式来宣告儿子可以保有自己的财产。这也是后集体化至今独子家庭一种比较普遍的情况,即儿子结婚后或之后不久,即可以保有自己的劳动所得。

除此之外,儿子一旦可以保有劳动所得之后,相应地也就可以处分财产并且自主地进行借贷,父子之间对债务互相不承担连带责任。这也是目前乡村社会共同接受的事实。当然存在这样一种情形,即由父亲出面为儿子借贷,但是放贷人也只能找父亲归还债务,不能找儿子。儿子出面为父亲借贷也适用同样的规则,这套规则已被现在的村民普遍接受。

在财产的处分上,一旦独子结婚,他可以自行保有其夫妇的劳动所得,这也就预示着可以自由地处分财产。当然,至于结婚时,父母为儿子新建的房屋,儿子是否有处分处置权还不得而知,因为还无年轻夫妇卖出父母新盖之房子的实例。不过在后集体化至今的乡村离婚纠纷中,涉

① 对侯精忠的访谈(2012-5-26)。

及财产处分时，房屋依然被视为男性理所当然的财产，妇女也不会主张这一财产。[①]

财产分立而且共同消费的独子家庭，在后集体化至今是比较典型的形态。这不同于父—子财产和共同消费一体，这也是独子家庭历史演变至今的结果。当然还有另一类独子家庭：财产分立而且分开消费。

（四）分财且不共同消费的独子家庭

侯大义有一个儿子，于2001年前后结婚。结婚前，儿子在东北边防当兵，回家不久后即结婚，所以婚前并没有实质性的劳动所得。

结婚后，儿子和儿媳就和侯大义夫妇分开单独消费了。侯大义的太太认为有两个原因，一是两代人之间有生活习惯上的差异，吃饭的口味不同；二是生活习惯不同，年轻人吃饭的时间点等问题，都和上一辈人不尽相同，所以就分开来吃饭生活了。这类独子家庭两代人已不进行共同的消费。

这类家庭消费分开后，其劳动所得自然也就分开了，父母保有自己的劳动所得和各项收入，儿子和儿媳也不用向父母上交自己的收入。

同样，在借贷问题上，父子之间也严格分开，各自对自己的债务负责。不过存在这样一种情形，父亲可以动用自己的亲友资源，在儿子困难需要现金时帮助其借贷。侯大义儿子在2004~2005年饲养貉子的时候，由于急需资金，就委托自己的父亲代其向亲友借贷了1万多元，之后这些债务都是由侯大义归还的。事实的重点在于由侯大义出面借贷的钱，即使在放贷人知道这笔钱是父亲代儿子借贷的情况下，也只能找侯大义归还而不能找其子，当然这仅是通行的惯例而已。

财产分立而且不进行共同消费的独子家庭和财产分立而且共同消费的独子家庭并存于当下，成为了独子家庭财产处置权的最重要形态。

就财产分立而且不进行共同消费这一家庭而言，父—子之间的财产关系实则已相当明晰化了，当然也会存在一些经济上的往来，比如侯大义和自己的独子，虽然财产已经大体分开，但是在电费等零星的开销上，

① 李湘宁、徐书鸣："离婚纠纷中的情感、财产与'正义'——基于李镇档案的研究"，载苏力主编：《法律和社会科学》（第十一卷），法律出版社。

侯大义还是会主动承担。在后集体化至今的独子家庭中,父—子之间在财产上完全泾渭分明的情况也很鲜见。但若以共同消费与否、劳动所得的保有、财产的处分和借贷来加以审视,20世纪的独子家庭财产权确实发生了巨大的转型,只是这一场转型还在进行中。

七、20世纪侯家营村家产的变迁:非正式分家

中国乡村集体化的结束不意味着集体化时期对家产形态的改变没有任何实际性的影响,相反,它构成了当代家产形态重要的历史渊源。

由于中国乡村农民医疗条件的改善,成年或已婚儿子先于父亲死亡的概率已经非常低了,因而当代家庭在父—子类型构造上比较于清代和民国,已少有子先于父死亡的情形、一子或多子死亡的情形等,一般情况下,独子家庭多为父亲只生育有一个儿子。故清代和民国时期,独子家庭的类型已不太适用于集体化至今的家庭形态了。

而就财产权本身的转型而言,相比于清代和民国时期,集体化至今独子家庭的家产可归结为:独子结婚后的非正式分家。从家庭的劳动所得的归属和家产所有的形态来看,在独子结婚以后,虽然不通过正式的方式,即订立文书或者明确约定等方式来分割和继承家产,但是在劳动所得上,父—母的劳动所得归父母自己保有,儿子—儿媳的劳动所得也归儿子—儿媳保有;在家产所有上,儿子结婚后,父—母在财产处分和借贷上也保有全部的处置权,与此同时,儿子—儿媳同样可以处分自己的财产,并进行借贷,而不受制于父家长的限制。而且,父亲借贷所欠下的债务也归父亲自己,且基本不能向其儿子索要。因而,可以说,儿子结婚后,一般的独子家庭在财产保有、处分和借贷上,父—子之间的财产已经形成了两个相当独立的中心。

自乡村集体化开始,父—子财产继承伦序下的父家长所有和同居共财就已然出现了转变,首先是父—子财产伦序的原则已出现根本性变动,财产的继承,不再受这一伦理秩序支配了,而是基于为了养老而将财

产交由儿子继承这一现实的考虑。家庭财产以父—子关系为轴心的模式开始逐渐被父、子各自形成一个财产权中心的模式替代，自然，父家长所有也伴随着父、子各自形成不同的财产权中心而消逝，只是在结婚前，儿子的劳动所得依然归属于父亲，且无财产处分和接待的处置权，但是一旦儿子结婚之后，在财产权上，当代家庭最普遍的模式是父、子以各自的小家庭为中心。不过，也有极个别的例外情形，依然保留着清代和民国时期的家产处分形态：父亲保有、处分所有的家庭财产。

只是在家庭的消费行为上，清代和民国时期，由于父—子财产继承伦序下的父家长所有，必然导致独子家庭会进行共同消费，而当代的家庭则因财产处置权的转变，是否进行共同消费则因家庭而异，即使财产权在家庭中形成了两个中心，依然可能保持共同消费，这一问题在财产处置权上如何解释，则非本文力所能及。

从历史纵向的变化而论，独子家庭的家产形态在20世纪已发生根本性的改变，父—子财产继承伦序已遭遇根本性的危机，代之而起的是父—子在财产上因养老而发生直接的交换关系，只是在形式上保留了父亲的财产依然交由儿子继承的事实。在儿子结婚后，父、子各自保有自己的财产，虽在生活细节上还会有经济往来，但是整体上已经实现了财产分立。故而，在这方面，可以勉强将之归纳为独子家庭的非正式分家。

当然由于本文只是从父—子这一维度上来探讨中国家产的转型，从中发现20世纪中国家产原则的根本性改变，但同时还遗留下来了一个巨大的问题：在父、子各自形成一个财产处置权中心的同时，夫妻是否是这两个新财产处置权中心的主轴，显然，在父—子财产模式转型的同时，不能想当然地认为会形成以夫妻为主体的财产处置权中心。[①] 这是另一个需要解决的问题，也不是这样一篇小文章力所能及的。

---

① 在这一点上，笔者深受麦克法兰的启发，他认为英格兰转型的关键不在于从父权制为中心的财产权模式转向以个人为中心的财产权模式，而是英格兰在13世纪就已经初步形成了以个人和夫妻为中心的财产权模式。参见［英］麦克法兰：《英格兰个人主义的起源》，管可秾译，商务印书馆2008年版。

八、小结

本文从家庭劳动所得、不动产(房屋、土地)继承和处分、借贷、家庭消费等诸方面,考察了河北侯家营村自清代至今独子家庭的家产形态及其变迁。在形式上,清代和民国时期的独子家庭在父未死亡时,基本不通过写立文书来实现财产继承,且由于这一原因,大多数的资料也就没有独子家庭财产的相关记载了,这可能是导致这一家庭形态的财产权长期被忽视的重要原因,而《惯调》详细的实地调查和笔者新的调查为我们重新认识这一问题提供了一种可能。

清代和民国时期的独子家庭,父—子之间在财产权形态表现出了严格的父—子财产继承的伦序,这表明家庭的财产权既非个人所有的,也非笼统的家庭作为整体而所有,其实财产是在父—子之间传递的,它显然否定了家庭内女性与男性在财产继承上具有同等的位置,女性一般只能相应地作为父或者子的代表存在。这也排除了他人通过遗嘱、赠与等方式去获得财产,父—子财产的伦序构成了中国家产继承的脉络。而集体化至今,虽然独子家庭的财产依然是在父—子之间传递,但是其原则却已经发生了改变:主要是由养老问题构成了财产继承的基础,即形成了养老→财产继承这一崭新的继承形态。

清代到民国时期,独子家庭在父—子财产继承伦序下乃是父家长所有,即家长对家庭财产的分配和使用有着决定性的作用,这主要表现在土地的买卖、钱财的借贷、劳动所得归父家长支配等诸多方面,集体化时期,由于制度性的变革,使得劳动力成为家庭财产问题的核心,在工分制度之下,工分—粮食分配以家庭为中心,显著地冲击了父家长所有。后集体化至今,独子在结婚前,其劳动所得归父亲管理,结婚以后,劳动所得归自己所有,在不分家的情况下,在家庭内部形成了两个财产中心,改变了父家长所有的形态。与此同时,在形式上,独子家庭虽然还未分家,但是在事实上已然分家了,这表现在劳动所得的保有、财产的处分和借贷上，父—子之间已经分开来了。当然，还有一小部分独子家庭依然保持着共同的消费，同时劳动所得由父亲支配、财产处分和借贷的处置权也保留在父的手上。而后集体化至今的时期，这一格局又发生了显著的变化，父亲保有劳动所得、财产处分和借贷处置权的独子家庭已相当鲜见，父—子已基本成为了两个财产中心。

清代至民国时期，在分家之前，是所有家庭成员共同消费，因独子家庭不分家，故而家庭消费一直保持着共同消费的形态，也可称之为同居共财（同居共财其实是在同居的情况下家庭共同消费），而在家庭消费的管理上，一般是母亲或妻子担任当家的角色，管理全家人的日常开销。集体化时期，除了1958～1961年“大锅饭”的推行，使得没有家庭消费可言而外，其余时期，独子家庭依然维持着共同消费，只是这一时期并没有明确谁来管理家庭消费了，因为几乎所有劳动所得都投入了维持家庭生存当中。后集体化至今，独子家庭的消费大致上有两种形态，一是独子结婚后，不与父母分灶，还是共同消费，只是日常的消费支出有父子共同承担的，也有主要由父亲承担的，但是没有明确地划分各自承担的比例。二是独子家庭结婚后，与父母分灶，父母和儿子分开消费，各不干涉。可见，由于家庭财产所有形态的变化，导致家庭同居共财的形态也在发生变化，且至今仍然处于变化之中，并未形成一个固定的形态。

从独子家庭来审视中国的家庭，不难发现中国家庭处于一个历史性的悖论之中：但凡家庭都寄望能够烟火旺盛、枝繁叶茂，但是大多来自乡村的分家单都写着：数人分枝，自古皆然。与此同时，几乎每一个独子家庭又不分家，保持着同居的形态，这显示了三代同堂、四代同堂的理想，注定了是在两代单传、三代单传中才得以实现的，多代同堂的理想与子孙众多的大家庭似乎有着天然的冲突。而到了今天，多代同堂的理想在家产变迁中，可能将永远成为一种美好的历史理想了。

之所以独子家庭在清代和民国时期能够保持在父亲未死亡前，子不与父亲分开，家产的形态是一个重大的原因：在清代至民国，父—子财产继承的伦序牢不可破，加之父家长所有和同居共财，保持了家庭财产的有序状态；而集体化至今的家产，由于诸多的历史变因，改变了其继承原则,但是在财产所有和继承上,也有新的调适。集体化时期,工分制度让独子家庭不管分家与否,都改变不了勉强够生存的现实,即使分家以后,也会以转让工分或强制转让工分来满足独子父母的基本生活需要。这让独子家庭可以在单独消费和共同消费之间有了选择空间。后集体化至今,劳动所得的保有、财产处分和借贷在独子家庭内,以独子结婚为界限,独子结婚后即形成两个中心,家庭消费根据实际情况而变动,确实也无正式分家的动力。独子家庭不分家和财产制变动之间的不断调试,是集体化至今独子家庭的现实情境,是一个还有待继续挖掘的问题。

从独子家庭来审视中国家庭财产权及其变迁,可以看到清代至民国时期,独子家庭财产在继承上,严格地依照父—子伦序进行,而集体化至今虽然依然是在父—子之间展开,但是其财产形态和继承原则已经发生了改变,首先,在财产继承原则上,父—子伦序不仅仅是基于现实的养老、祭祀等,还包含了人格、家庭秩序和伦理的继承,而集体化以后,则转变为带有很强现实性的养老—财产继承,即一种现实性的交换关系,①这宣告了中国家庭秩序的重大转变。在财产占有和处分上,父亲由原来的父家长,转变为一个相对弱化的角色,独子结婚后,对财产的占有和处分就受到很大的限制,独子自己就具备了占有和处分财产的处置权。对家产转变的具体历史动力的深入分析,则需留待以后的研究了。

---

① 费孝通认为与西方家庭的接力模式不同,中国家庭是一种哺育和反哺的关系,即反馈模式。其实费孝通先生主要是运用了人类学的交换理论来分析中国家庭的老人赡养问题。参见费孝通:"家庭结构变动中的老人赡养问题:再论中国家庭结构的变动",载《北京大学学报》1983年第3期。

《法律和社会科学》(2013)
第11卷,第69～104页

离婚纠纷中的情感、财产与“正义”

——基于李镇档案的研究

李湘宁　徐书鸣*

内容摘要:李镇司法所的婚姻纠纷和家庭纠纷档案,为分析司法所在婚姻纠纷调解中的具体地位与作用、调解的具体过程与具体规则的实态提供了数量可观的案例。结合满铁《惯调》中地处李镇的一个村庄——侯家营村——回访所得的调查资料以及河北省新的区县志,研究展现出司法所准正式调解机制的独特性,其与社区调解、法院调解共同构成纠纷调解的完整图景。在离婚纠纷调解中,“感情破裂”的表述往往关切着生存、情欲、暴力和无法言说的生活之苦。而在具体实践中,结合正式的法律条文与乡村现状,调解人员也形成了一套相应的评判标准,以解决伴随着婚姻家庭纠纷而产生的离婚与否、子女抚养以及财产分割的问题。这些问题再现了当代乡村家庭婚姻纠纷的真实处境。

---

* 李湘宁的单位:中国政法大学法学院,电子邮箱:xiangning1011@gmail.com;徐书鸣的单位:中国政法大学政治与公共管理学院,电子邮箱:007holmes009@gmail.com。

一、背景

在对南满洲铁路株式会社所调查的侯家营村进行回访时,①我们发现:一旦涉及当代村民间的纠纷及其解决,三个重要的纠纷调解主体就在农民的表述中浮现出来:村委会干部、镇司法所、县法院。这三个主体的频繁呈现,使我们意识到:在调查中,首要任务是呈现经验的总体性和完整性,并从这个意义上去把握纠纷解决的现实状况及法律在乡村的运作形态;而非简单地就一个浮光掠影所得的个案进行无限制的和无休止的理论阐释,并将其放大为一种所谓的普遍性,这是我们调查时一直警惕的。

故而我们在五次田野调查中,不仅在村庄一级围绕纠纷的产生、过程和解决机制进行了长时间的访谈,还访问了县法院并获得部分关于侯家营村的诉讼档案。我们将重点放在了镇司法所这个过去很少被关注的主体,②访问了李镇司法所,③与司法所所长和调解人员进行了两次长谈,还访问了李镇司法所组建时的工作人员,并将其制作并保存的

---

① 南满洲铁路株式会社在民国时期对中国进行了广泛调查,形成了一系列的调查报告,其中使用最广泛的即为中国农村惯行调查刊行会编:《中国农村惯行调查》,岩波书店1981年版,与侯家营村相关的调查报告编辑在该书的第五卷。关于南满洲铁路株式会社在华北的调查情况,可参见[美]黄宗智:《华北的小农经济与社会变迁》,叶汉明译,中华书局2000年版,第31~50页。

② 在现有研究中,主要是从司法所的组织结构、特点等外在特征进行了较多的描述,参见傅郁林主编:《农村基层法律服务研究》,中国政法大学出版社2005年版;另参见刘思达:《割据的逻辑——中国法律服务市场的生态分析》,上海三联出版社2011年版;或集中于司法所调解人的知识——权力关系问题,参见尤陈俊:"嵌入法治现代化进程的乡镇司法所",载罗玉中主编:《法学纪元》(第二辑),北京大学出版社2005年版,第78~89页;或在此基础之上去把握和关注司法所带有"后现代式"的生存状况,参见谭同学:"组织变迁及其生存实践的逻辑",载《华中师范大学学报》2005年第1期;另参见谭同学:"社会人类学视野下的乡村法律实践者——以楚镇司法所为例",载《云南大学学报》2008年第1期。而较新的一个研究,则借助于一份调解档案,去展现了司法所纠纷调解的当代大转型,参见田先红:"乡镇司法所纠纷解决机制的变化及其原因探析",载《当代法学》2010年第5期。

③ 侯家营村在行政上隶属于李镇的管辖范围,李镇是笔者给这个镇所取的学名。

1991～2010年的所有调解档案进行拍照，总计534份，共约6000～7000页。① 当然，在这些数量可观的档案中，有一小部分存在事后制作的问题，也有极少的档案在事实上存在前后矛盾的情况；不过通过通读所有档案并对不同档案进行相互比照，对同类档案进行排列分析，不难发现和规避其中存在的问题。

这批纠纷调解档案只是一般性的工作记录，并非司法所工作人员为了应付上级检查或获取自身政绩而制，因而它们基本保持了当时纠纷调解的原貌，记录下了纠纷双方、调解人以及相关当事人在调解过程中对纠纷事件的陈述和自我辩解的陈词，还保存下来了一些必要的物证（如分家单、孕检单、结婚证书、伤检证明、借据等）。在笔者初读这批档案的过程中，发现了一份一个已婚妇女的悔过和保证书，表达了她对自己多年来与同村多名男子的“不正当男女关系”的深刻悔悟，以及将来要忠于丈夫的承诺。这个纠纷闹上镇司法所，是因丈夫无法遏制妻子偷情所致。不仅是婚姻类纠纷，包括养老纠纷、邻里矛盾或经济纠纷，这批档案都原汁原味地保存了农民生活中纠纷的情态。档案的完整与真实度不仅为我们理解纠纷的发生和解决机制（调解的程序和方法）提供了可能，同时还可将其作为理解农民生活的切入口以及把握当代乡村、家庭、农民与农民的关系的绝佳材料，亦可以部分地弥补口述史的不足。

从这批档案中还可窥见镇司法所在纠纷调解中的重要作用，体现在其调解纠纷的数量占整个乡村纠纷的比重和解决纠纷的有效程度上。李镇下辖36个村，李镇司法所档案记录的纠纷调解数量为每年20～50件不等，一般而言，记录在案的只占整个纠纷调解数量的1/4，② 所以实际的调解数量可能多达80～120件，平均下来每村每年有

① 本次数据统计只包括到2010年8月以前的所有档案，2010年8月以后以及2011年部分档案由于拍照时间较晚，尚未来得及作详细的分类统计。依据学术惯例，笔者对文中所涉档案的人名进行了化名处理。

② 访问日记2010－3－1；2010－8－31。本文所引访问日记皆是第一作者李湘宁在田野调查期间所记，弥补了采访录音在经验记录和情景还原上的缺陷。

2～4个纠纷经由司法所调解；一个村庄一年的纠纷数量在10个左右，[①]就有1/4～1/3的纠纷是经由司法所调解的。而这些纠纷，基本都在司法所得到了解决，只有极少数当事人会选择去法院起诉或到政府部门上访，[②]由此可以看出司法所在纠纷调解中的实质性作用。不过这并非意味着农民会只选择调解，而完全放弃诉讼的可能。

由于司法所的纠纷调解档案几乎囊括了农民生活世界的所有纠纷(宅基地纠纷、生产纠纷、伤害赔偿、婚姻纠纷、赡养纠纷、家庭纠纷和其他纠纷)，以至于要在一篇文章中通过档案对其进行总体考察是不可能的。笔者通读这批档案后，考虑到婚姻和家庭纠纷在司法所的纠纷调解中占有极大比重，也是农民日常生活世界中最习以为常的问题，因此，本文把重点放在了司法所对婚姻和家庭纠纷调解的实证分析上，来展现中国基层法律运作的实态。

本文试图立足于三类材料来展开问题的论述，第一类材料是20世纪80年代以来全国各县文史办公室编辑的新的区县志，由于李镇位处河北秦皇岛市，考虑到资料呈现出的历史事实上能有较大的相关性和同步性，我们以河北省23个区县的地方志为重点；第二类材料是李镇司法所的178份婚姻纠纷档案，同时配合26份家庭纠纷档案，这是本文资料的核心；第三类材料是笔者及合作者于2009年7～8月、2010年2～3月、2010年8月、2012年1～2月、2012年5～6月对司法所调解人的访谈资料、对侯家营村的回访所得的口述资料，以对司法所这一调解主体的调解程序、方法进行初步的实证分析，并借助司法所档案来剖析与婚姻纠纷关联性最高的抚养、财产分割和债务等问题。

---

① 这是与几位80年代至今的几位村主任访谈估算出来的；另外董磊明对宋村这二十多年来纠纷的统计，也接近这个数字，参见董磊明：《宋村的调解》，法律出版社2008年版；另参见[美]黄宗智：《过去和现在：中国民事法律实践的探索》，法律出版社2009年版。

② 由于这些档案制作不够严格，很多都没有单独列出纠纷解决结果。从附录有解决结果的档案来看，调解成功的占据绝大多数。而据司法所工作人员的回忆，纠纷调解成功占极大的比例，未能化解的纠纷当事人一般会选择上诉到法院或者到相关政府部门“上访”(访问日记2010－8－31)。由于哪些纠纷是司法所调解无效后上诉到法院的，哪些纠纷是直接到各政府部门“上访”的很难区分，故很难进行有效的统计。

二、调解的谱系

(一)纠纷解决:从理念到实证

纠纷解决的实证研究在中国的展开,伴随着三个方面的学术潮流:法律社会学、判例研究和ADR。在法律社会学方法的路径中,关注具体纠纷解决是如何呈现出知识—权力之间的关系,法律更多被视为一种包含着权力关系的“知识”,苏力的《送法下乡》是这方面的代表作,他在基层法院在面对案件中的审判与陪审、纠纷解决与规则治理、法官的知识和专业化等问题上都有精彩的论述。[①] 这也是当下法律社会学的重要研究思路之一。二是判例研究的展开,近期的研究以张淇和朱芒为代表。张琪借助大量一手档案,意图在法律科层制的现实中找到对应的、不同层次的判例指导制度;朱芒则与一批青年学者通过分析部门法的具体个案和特定法律规范命题之间的关系,来重新发现“判例”。[②] 三是对ADR的总结和研究,这以范愉为代表,她重点以美国的ADR制度来凸显调解在纠纷解决中的重要性。ADR与中国乡村、司法所的调解之不同在于,它是嵌入在法院讼诉中的纠纷解决。以上仅仅是一个粗浅的回顾,难免遗漏诸多精彩内容。

在过往对乡村纠纷调解的研究中,特别是对集体化时期以及改革

---

① 苏力:《送法下乡:中国基层司法制度研究》,中国政法大学出版社2001年版。从这一理论视角出发的研究众多,其中分析比较精彩的有强世功对马锡武审判方式的分析、赵晓力对一起借贷案件的分析、汪庆华对行政案件的诉讼及信访的分析,不同于前者的是,汪庆华的研究基于大量的行政诉讼档案和田野调查,显示了在坚实的经验基础上进行适度的理论阐释的魅力。参见强世功:“权力的组织网络与法律的治理化——马锡五审判方式与中国法律的新传统”,载《北大法律评论》2000年第2期;赵晓力:“关系/事件、行动策略和法律的叙事”,载王铭铭等主编:《乡土社会的公正、秩序与权威》,中国政法大学出版社1997年版,第520~541页;汪庆华:《政治中的司法:中国行政诉讼的法律社会学考察》,清华大学出版社2011年版。

② 关于判例研究的综述,参见王亚新:“判例研究在中国”,载“新视野与新发展:法律社会学研究在中国”学术研讨会论文集(2011年12月3日),第70~76页。

开放后的纠纷调解的分析中,研究者的目光基本都聚焦在村落内部调解和法院调解的外在特征。早期的研究受到极权主义理论和冷战时代背景的影响,意在突出乡村传统调解乃是儒家文化作用和正规法律体系腐败的结果,[①]对毛时代的调解的分析则试图表明中共是如何借助于调解将政治权力渗透到乡村的,[②]改革开放后的乡村调解某种程度上则展现了向传统调解的复归。[③] 黄宗智对诉讼档案的挖掘转而关注中国乡村纠纷调解的内在机制,他并置了乡村调解和县官判决的分析,在相互的比较中去认识对方,这为我们提供了一个理解调解的新视角。他认识到清代至民国的乡村纠纷调解,其实十分注重依据事实和是非进行调解,当然也会兼顾到人情和国法,并非简单如儒家表达的息事宁人;县官基本不从事调解,而是依例判决。[④] 共产革命时期的法律实践,形成了独特的法院调解的传统;法院调解和社区调解是1949年至今乡村纠纷解决的两个重要面向,并构成了中国法律的独特实践。[⑤]这种跨越历史时段的分析注意到了调解在实践上的连续性,无疑拓展了我们对调解的理解。不过,黄宗智的经验分析基本集中在社区和法院的调解,没有注意到改革开放后,特别是80年代至今镇司法所在调解中所扮演的角色。

董磊明对河南一个村庄近二十年来的调解的分析,借助了村庄一级的调解记录,以及对调解人的长期访谈,呈现出了村庄纠纷解决的诸多细节,并试图通过调解来认识基层政权的状况。[⑥] 同样的问题在于,作者在调查和写作时,似乎自然而然地忽视了司法所在乡村纠纷调解

① [美]科恩:"现代化前夕的中国调解",王红笑译,王晴校,载强世功编:《调解、法制与现代化》,中国法制出版社2005年版,第88~116页。

② [美]陆思礼:"毛泽东与调解:共产主义中国的政治和纠纷解决",许旭译,王红笑校,载强世功编:《调解、法制与现代化》,中国法制出版社2005年版,第117~203页。

③ [美]陆思礼:"邓小平之后的中国纠纷解决",娇波译,王笑红校,载强世功编:《调解、法制与现代化》,中国法制出版社2005年版,第264~309页。

④ [美]黄宗智:《清代的法律、社会与文化:民法的表达与实践》,刘昶、李怀印译,上海书店2007年版。

⑤ [美]黄宗智:《过去和现在:中国民事法律实践的探索》,法律出版社2009年版。

⑥ 董磊明:《宋村的调解》,法律出版社2008年版。

中的作用、忽视了司法所调解与村委会调解的相互关系。

因而,把社区、司法所和法院三者的调解放在同一个时空中进行分析是必要的,这有助于我们更好地理解中国纠纷调解的内在机制,并把握乡村纠纷解决运作的程序和方法。

(二)准正式调解:司法所组织的性质

韦伯在《法律社会学》中,纵论世界各大法律体系,探究了法律的一般特征以及参与法律形成的各种力量如何影响了法律形式特征的形成和发展。在韦伯的分析维度中,一方面是把社会行动——统治类型——法律类型(社会结构)放置在具体的历史经济关系、社会背景、政治支配和宗教观念之中;另一方面通过理想类型——历史事实互为参照,来厘清不同事实间的逻辑。

在对“理想类型——历史事实”的处理中,虽然理想类型在历史上的任何时期都没有完全出现过;[①]就韦伯对形式理性法律的五点预设而言,其实也没有任何法律符合全部的特征,德国的法律只是在最大程度上符合这些标准。但是,要看到韦伯对这些预设和理想类型的分析,有其双重取向:一是将历史事实高度抽离,把握住其中最核心和最本质的部分,进而提炼出理想类型;二是用理想类型的高度概括来反照历史自身的复杂性,为我们理解历史事实提供镜鉴。

显然,韦伯的理想类型与历史事实紧密地勾连在一起。而他对中国法律类型的判断却由于未能深究历史事实和统治形态出现了巨大偏差,认为中国法律乃是实质非理性的法律体系。新近对清代诉讼档案的研究,重塑了我们对中国法律的认识,很大程度上,清代法律是“世袭君主——实体”的表达和“官僚—理性”的实践的结合。[②] 这些对法律类型的新认识还是建立在对统治类型与法律治理的相互关系之上的,韦伯认为对行政权力的规制,乃是法律形式理性发展的重要原因。

---

① [美]白德瑞:“‘非法’的官僚”,赵晗译,尤陈俊校,载黄宗智、尤陈俊主编:《从诉讼档案出发——中国的法律、社会与文化》,法律出版社2009年版,第56页。

② [美]黄宗智:《清代的法律、社会与文化:民法的表达与实践》,刘昶、李怀印译,上海书店出版社2007年版,第190页。

这一点乃是源于韦伯认为行政权力具有天生的扩张冲动,近代欧洲因君主扩张自己权力的尝试和市民阶层对自身利益的追求结合在了一起,最终反而摒除了法律中行政权力的强制性。中国法律因其独特的家产官僚制,深受行政权力的影响,故而在纠纷解决中也相应地具有行政性格。白德瑞在分析巴县衙役的具体实践时,指出衙役的身份虽然是非正式的,但由于政府结构的不完善和地方行政的需要,衙门活动其实有更理性化的一面,衙役获得了一种"非正当的正当性"。① 在此基础上,黄宗智综合分析了一系列清代至今的经验研究,发现由于独特的社会背景、经济条件和制度因素,中国县及其以下的行政更多表现出"集权的简约治理",尽管中央权力高度集中,清代利用准官员和纠纷解决机制进行地方治理,②而非韦伯所称的行政权性格导致权力的恣意妄为。

当代中国中经一个高度组织化的过程,最低一级的行政单位是乡或镇。③ 乡镇司法所的调解介于社区调解和法院调解之间,笔者称之为"准正式调解"。首先,就调解者身份而论,是受薪的正式的官僚制终生职员(不排除非在编的职员),服从于一个固定的政治等级组织,④有自身的正当性;⑤因此作出调解这一行为的主体在展开工作时,自身所具有的官僚制身份在中国基层的实际政治生态里,必然能够发挥一

① [美]白德瑞:"'非法'的官僚",赵晗译,尤陈俊校,载黄宗智、尤陈俊主编:《从诉讼档案出发——中国的法律、社会与文化》,法律出版社2009年版,第59~60页。

② [美]黄宗智:《过去和现在:中国民事法律实践的探索》,法律出版社2009年版,第63页。

③ 乡或镇比县级低一级到两级不等,依各地情况而定,李镇是最低的行政单位,且直接面对下属36个村。

④ 韦伯从工具理性和价值理想的双重性之上去分析了官僚制和行政权威问题,在此,笔者只是从行动者与其所处的结构上,初步地把握行动者身份的"正当性"问题。参见[德]马克斯·韦伯:《经济与社会》(第一卷),阎克文译,上海人民出版社2010年版,第323~329页。

⑤ 由于几十年的征税方式导致司法所的调解人员也会卷入包村征税的工作中,参见田毅等:《他乡之税:一个乡镇的三十年,一个国家的"隐秘"财政史》,中信出版社2008年版。而近几年他们也时常参与到维稳的工作中(访问日记2011-8-31)。本文不是要对司法所的性质进行一个分析,而只是要探讨调解的实际运作。

定的效力。其次,与村委会调解不同,司法所调解会用文书明确记录下整个调解过程,从档案的记录来看,已经形成了一整套相对固定的调解程序:双方各自陈述事实、纠纷的争议点、双方希望的解决办法;寻找村干部或相关当事人,了解具体情况,并进行必要的"取证";在此之后,则会再度来协调双方当事人以达成和解或调解失败。最后,调解人员在调解具体纠纷时,在追究事实的基础上,并非完全依照法律进行调解,而是兼顾地方的习惯和农民的生存状况,尊重双方的意见。这并不意味着司法所的调解是恣意而为,诸多的案例彰明,司法所在调解过程中,其实也形成了一套自身的调解"规则",这些"规则"包含着基层司法的运作实况。在这一点上,它具有非正式、非官僚制运作的一面,因此可以把这种调解称为"准正式调解"。

准正式调解有别于社区调解和法院调解的地方是:从行动者行动的角度上看,法院调解似乎与准正式调解相当,有正式的身份;然而,法院调解与法院判决并行不悖,调解和判决的相互依托乃是法院调解的重要特征,调判的取舍是法院调解这种正式调解的重点;社区的调解是行动者注重在事实的基础上,兼顾地方的习惯和文化[①]而展开的,且行动者自身并不具有正式的官僚制的身份。

三、镇司法所的历史及其职责的形成

纠纷的准官方调解在明清中国,也是十分重要的社会实践。萧公权通过对地方志的挖掘,指出在民间调解外,还存在一类由官方指导的民间调解或官方设立的非官方调解机构,二者共同构成了帝制中国调解的基础。[②] 只是受限于资料,我们无法窥见这类由官方指导的调解

① 关于地方法律习惯和文化的论述,参见梁治平:《清代习惯法:社会与国家》,中国政法大学出版社 1999 年版。

② 萧公权:"调争解纷——帝制时代中国社会的和解",载《萧公权先生全集 9》,联经出版事业公司 1983 年版。

的具体运作实况,难以对其运作的过程、方法展开分析。民国时期,由于政权组织向下延伸,设立镇一级政府的同时也产生了相应的调解机构,①还颁布了相关的调解法,②但是一如之前的准官方调解,材料的缺乏给我们留下了太多的遗憾。

(一)司法所的由来

以河北省昌黎县为例,在1949年以前,并无相关的司法行政机构,1949年以后,人民法院兼理司法行政工作,1980年12月设立司法局,到1985年,昌黎县各乡镇共有司法员42人。③ 可见昌黎县镇一级的司法所在行政建制上,属于有正规编制的部门,且司法助理员数量都记录在案,也足以表明其在官僚制度的序列里有正式的职位。同时,司法所的设立是在1980年以后,应该晚于县级司法局的设立时间。

显而易见,设立司法所是一项政治组织上的变革,有其普遍性:

"河北省保亭县1980年7月成立司法局,当年,全县15个公社均配备司法助理员。1983年至1990年组织不断健全,全县18个乡镇除三道镇、六弓乡和毛感乡外,均配备有司法助理员。"④

"河北省丰润县在新中国成立后,司法行政工作由人民法院兼管。1980年9月成立司法局,1983年4月司法局扩大编制,下设办公室、基层调解股、公证处和法律顾问处,并在40个乡镇配备了司法助理员,1985年,全局共有司法工作人员34名。"⑤

"河北省栾城县1980年11月设立县司法局。1981年3月设立法律顾问处,1981年12月设立公证处,均隶属于司法局。到1993年,全

---

① 朱德新:《二十世纪三四十年代河南冀东保甲制度研究》,中国社会科学出版社2008年版,第77~78页。

② [日]高见泽磨:《现代中国的纠纷与法》,何勤华等译,法律出版社2003年版,第19页。

③ 昌黎县地方志编纂委员会编:《昌黎县志》,北京广播电视出版社1992年版,第199~200页。

④ 保亭黎族苗族自治县地方志编纂委员会编:《保亭县志》,南海出版公司1997年版,第131~132页。

⑤ 丰润县地方志编纂委员会编:《丰润县志》,中国社会科学出版社1993年版,第212页。

县共有16个乡镇法律服务所。”①

这些新县志反映了河北省县镇两级司法局和司法所的历史状况：1980～1981年各县陆续设立司法局，随后开始设立乡镇一级的司法服务所，到1990年前后，乡镇一级司法服务所基本都建立了起来。这是司法所开始具备正式身份的开始，但是其工作人员的来源和构成在地方志中并没有交代。据第一批乡镇司法服务所的人员回忆，早期的司法所人员，多兼职负责法律服务。②

（二）司法所的职责

司法局和司法所有四项基本职责：法律顾问、公证、法制宣传和民事纠纷调解。以下对上述职责的具体履行状况不再详细展开，借助于区县志来呈现其大致面貌。

1. 法律顾问

20世纪80年代，司法局和司法所初创。由于当时中国还没有足够多的律师，司法行政机关承担了大量诉讼代理、法律顾问以及代写法律文书的工作。以昌黎县为例，1980～1985年共接待群众来访2871人次，解答法律询问2318件，代写法律文书379件，代理民事（经济）案件105个，进行刑事辩护272件。

早期的乡镇司法所人员都是兼职或由从未学习过法律的人担任，故而不太可能较多地涉入相对专业的法律问题。代写文书、代理诉讼和解答法律问题这些工作需要一定法律专业知识，因此法律顾问的职责主要属于县级司法局。

2. 公证

司法局在设立之初，就确定了法律公证是一项重要职责，公证所涉及的事项主要为合同、委托及遗嘱等。1979年，国家开始启动经济社会改革，私营经济得到恢复。在市场交易或在财产的处分的过程中，时常需要正式的公证，以确保其法律效力。

---

① 栾城县地方志编纂委员会编：《栾城县志》，新华出版社1995年版，第640页。

② 对陈百林（李镇早期司法所人员）的访谈2012－1－25，本文所引访谈皆是笔者上文中所提及对侯家营村的数次回访中所作的采访，所标日期为采访日期。

河北省赤城县公证处于1982年成立,到1990年年底,已办理各类公证6688件,其中属于民事法律关系的430件,属于经济合同方面的6076件,履约率达到99%以上。①

河北省三河县为了预防纠纷、减少诉讼,于1982年开始在蒋福山公社试行公证工作,共办理各种公证2754件。从1982年到1984年年底,公证处共接待群众来访459人次,办理各种公证4153件。②

河北省大名县1983年建立公证处,据1990年统计,公证处共办理经济合同、民事法律等公证事宜3100余件。③

河北各县司法局的公证处设立时间多在1982~1983年间,其职责范畴大致为民事法律关系的和经济合同的公证;而作出公证行为的主体中,也包括乡镇司法所。我们收集的李镇的调解档案中,就包含有部分的经济合同公证和遗嘱公证。

3. 法制宣传

在司法局(所)成立之初,法制宣传就是其工作职责中不可分割的一部分。在组织结构上,司法局(所)专门设立了宣传股,负责法制宣传工作。

河北省丛台区司法局建立伊始,就进行了普法宣传。1985年前,宣传重点围绕"严打"进行。1990年年底,第一个五年普法教育结束,全区58665名普法教育对象,有53641人参加了"十法一例"(《宪法》、《婚姻法》、《兵役法》、《刑法》、《刑事诉讼法》、《民法通则》、《经济合同法》、《继承法》、《民事诉讼法》、《民族区域自治法》、《治安管理处罚条例》)的学习。1991年,该司法局又开始进行第二个五年普法教育。④

河北省昌黎县司法局从1980年到1985年,有法制宣传员44人、兼职法制宣传员453人。举办法制座谈会4次、法制报告会8次。广泛开展对《婚姻法》、《继承法》、《刑法》、《森林法》、《兵役法》、《治安

① 赤城县地方志编纂委员会编:《赤城县志》,改革出版社1992年版,第405页。

② 三河县志编纂委员会编:《三河县志》,学苑出版社1988年版,第481页。

③ 大名县志编纂委员会编:《大名县志》,新华出版社1994年版,第442页。

④ 邯郸市丛台区地方志编纂委员会编:《丛台区志》,新华出版社1998年版,第176页。

管理处罚条例》等的宣讲活动，使广大群众提高学法、守法、依法办事的自觉性。①

20 世纪 80 年代司法局（所）在司法宣传上的确投入了大量的人力，其具体实施情况则不甚明了。“文化大革命”刚结束不久，以宣传带动社会治理的浪潮并未完全褪去，国家通过法制宣传来进行所谓的“依法办事”、“依法治理”的做法并不难以理解。至于其中更详尽的情况和运作方式，或并非本文所能够承载。

4. 民事调解

《昌黎县志》载：新中国成立后昌黎县无司法行政机构。1980 年单设司法局。在组织建设方面，自 1985 年以来，建立民事调解组织 525 个，不脱产的调解员 1930 人；在民事调解方面，1980～1985 年共调解民事纠纷 1585 个，消除隐患纠纷 2320 个。②

乡镇司法所在民事调解中扮演了非常突出的角色，河北其他几个县的调解状况也说明了这一点：

河北省枣强县 1980 年成立司法局，自此之后，民事调解就改由司法所主管，1981～1988 年，共调解处理各类纠纷 8271 件，其中宅基地纠纷 3218 件，婚姻纠纷 2172 件，家庭纠纷 926 件，邻里纠纷 466 件，生产纠纷 1328 件，其他纠纷 161 件。③

河北省丰润县 1980 年开始民事调解工作，由司法局主管。从 1980 年以来（至何时不明确）共调解民事纠纷 3.15 万件，预防民事纠纷激化 270 起。④

河北省抚宁县 1982～1985 年，全县各级调解组织共调解各类民间纠纷 13831 件，调解成功率达到 91%～98%。1984 年和 1985 年通过

---

① 昌黎县地方志编纂委员会编：《昌黎县志》，北京广播电视出版社 1992 年版，第 200 页。

② 昌黎县地方志编纂委员会编：《昌黎县志》，北京广播电视出版社 1992 年版，第 199～200 页。

③ 枣强县地方志编委会编：《枣强县志》，文化艺术出版社 1994 年版，第 605 页。

④ 丰润县地方志编纂委员会编：《丰润县志》，中国社会科学出版社 1993 年版，第 213 页。

调解，防止矛盾激化103件。①

以上关于20世纪80年代河北省各县民事纠纷调解的状况和数量，并非仅限于为乡村和乡镇服务的司法所，而是包含了各级调解组织（县司法局、乡镇司法所、村级调解组织）。因此，我们无法细致地知道乡镇一级司法所每年所调解的民事纠纷的具体数量；以上统计也必定存在重复的现象（有些纠纷在村级调解组织无法达成和解时，会进入到乡镇一级司法所进行调解，此种情况下相当于有两个纠纷调解主体介入）。需要注意的是，县志对这类民事纠纷调解进行描述时，司法所依旧占据了相当重要的位置。

在当代中国，调解几乎无处不在，司法所因其在调解方面所扮演的重要角色，成为了本文关注的重点。在司法所进行的调解中，民事调解自然是其大头，诸如选举纠纷的调解也存在。

所以有必要对一个司法所的民事纠纷调解进行具体的考察：一是可以展现司法所在纠纷调解中的位置和作用；二是能够呈现出调解的具体过程和纠纷解决的具体规则的实态，也为我们更加整体地理解乡村纠纷的调解和中国基层社会提供可能。由于本文所做的只是尝试性的工作，且希望能够对数量可观的档案有细致介绍的一面，所以在行文上不得不花费较大的功夫来呈现诸多细节，也或许能为其他研究者进一步利用档案提炼纠纷解决的规则提供一点帮助。

四、纠纷的调解过程与方法

一份调解档案一般包含五项内容：村委会的证明信、申诉状、双方当事人及相关人的问询笔录、处理纠纷决定书。这五项内容的顺序排列，基本显示了纠纷调解的过程。

当然，调解档案中偶尔也会存在相关材料缺失的问题。比如近年

---

① 抚宁县地方志办公室编：《抚宁县志》，河北人民出版社1990年版，第391页。

来，一些村庄的村委会逐渐淡出调解，或是村民跳过村委会直接到司法所寻求调解，导致在诸多档案里并无村委会的证明信（证明信的内容一般为“经村委会调解无效，请司法所介入调解”）。

表　李镇档案所载婚姻家庭纠纷统计表

	婚姻纠纷（单位：件）	家庭纠纷（单位：件）	纠纷总计（单位：件）
1992	19	4	45
1993	8	3	19
1994	9	4	26
1995	10	1	31
1996	11	1	23
1997	19	0	39
1998	6	0	25
1999	17	1	34
2000	19	2	48
2001	16	2	29
2002	7	1	37
2003	10	2	32
2004	9	2	39
2005	6	2	21
2006	3	0	23
2007	5	0	21
2008	0	0	13
2009	1	0	17
2010	3	1	12
总计	178	26	534

注 1：2009 年档案为纠纷调解登记，2009 年续的档案为纠纷调解记录，最后的统计数据是在综合上两者的基础上得出的。

注 2：2010 年的档案至拍摄时间 2010 年 8 月 31 日。

从数量上看,婚姻家庭纠纷在司法所调解的民事纠纷中占到了较大比例,接近1/3。2002年前,乡村的离婚请求都必须先经由司法所调解,确实"感情破裂"并调解无效的才可到镇民政所登记离婚。2002年,依照出台的新规定,双方自愿离婚且达成协定的,可不再经由调解,直接到县民政局登记离婚。① 这与上表呈现出的婚姻家庭纠纷历年来的数量变化契合:2002年之后婚姻纠纷数量出现较大幅度的减少。虽然以"和好"为基础的法庭调解的重要性在90年代开始下降,②并且村庄中村委会对婚姻纠纷的调解也在不断下降,但是从档案的统计数据来看,却表明司法所婚姻家庭纠纷调解的重要性下降是在2002年之后。

在婚姻家庭纠纷的调解过程中,调解员一般会先与提出离婚要求的一方谈话,以明确其提出离婚请求的具体原因。调解员会习惯性地询问婚姻双方是自由恋爱还是经人介绍结婚、结婚几年、是否有孩子(或怀孕)、家庭财产状况以及债务情况。离婚的理由当然是询问的重心。调解员继而会向另一方当事人提出相似的问题,并询问同意或不同意离婚的理由。

从笔录来看,这些问题在调解中已经变得相当程式化,而最具变化的是离婚的理由,以及如何去认定"感情破裂"。显然,调解人员的这些询问并不是"技术化"的,而是包含了实际的指向,这些指向特别明显地体现在对是否同意离婚、财产分割以及子女抚养问题的询问中。

当确认感情已破裂时,孩子的抚养问题(是否正在怀孕期间)、财产如何分割和债务如何分担就成为调解的核心。恰如《婚姻法》③第31条所指出的,"男女双方自愿离婚的准予离婚。双方必须到婚姻登记机关申请离婚。婚姻登记机关查明双方确实是自愿并对子女和财产问题已有适当处理时,发给离婚证。"《婚姻法》对于离婚的规定包含了三个要件:自愿离婚、子女安排、财产处理,在此先讨论自愿离婚——感情破裂

---

① 访问日记2010-8-31。

② [美]黄宗智:《过去和现在:中国民事法律实践的探索》,法律出版社2009年版,第79页。

③ 此为1980年颁布2001年修订的版本。载http://www.people.com.cn/GB/shehui/43/20010429/455250.html,最后访问日期:2012年5月2日。

这一要件,而将子女安排和财产分割这两个问题作为后面第四、第五部分内容讨论的重点,以理解《婚姻法》在乡村的具体实践。

由于感情破裂是夫妻双方主观的意愿问题,很难有实际的度量标准,因而在认定感情是否破裂这一点上,实际上有着极多的困难。正如黄宗智在研究法院里的离婚案件时指出,婚姻纠纷调解不等于调解和好,它是运用道德劝诫、物质刺激以及法院强制压力来减少单方面请求的离婚,其核心的观念是感情;①离婚的前提是双方共同认为"感情破裂"(而非单方认为感情破裂),"感情"的主观性为调解提供了变通的基础,并为物质、情欲、暴力和主观化的共同感情提供了交错往来的空间,也使我们对婚姻纠纷调解的实践能有所把握,进而从档案中窥见调解人员是如何去平衡主观的感情与现实的处境的。

《婚姻法》明确规定离婚需男女双方自愿,在现实中,往往会有一方自愿而另一方不愿的情形。在法院调解里,似乎形成了这样的实践:有一方不愿的一般调解和好,司法所调解此类婚姻纠纷时,也试图调解和好,但是并非都能实现。司法所的调解人员在此种情形下也形成了一套自己的认定"标准"。

(一)感情与生存的纠葛

2000 年 7 月,酷暑难当。29 岁的章爱民来到司法所,坚决要求和刚刚结婚两年的妻子李丽红离婚。章爱民觉得已经无法与李丽红继续共同生活下去了。原因是妻子不仅不下地干活,还不擅长家务,时常与母亲歇斯底里地争吵更是让他忍无可忍。从他对财产分配和对女儿抚养的安排上,可以看到他态度的坚决。这次询问很是简短,章爱民似乎熟知调解的程序,多少让调解人有些措手不及。为此,调解人找来了妻子李丽红,当问及她是否愿意离婚时,李丽红坚决表示不同意。问及原因,她信心满满地说夫妻感情很好;却又立刻满腹委屈地说老人的干涉导致夫妻时常吵闹并引发打斗;接着不甘示弱地声称如果丈夫章爱民坚决要离婚,她也同意离婚。调解人无可奈何地询问了家庭的财产状况,发现

---

① [美]黄宗智:《过去和现在:中国民事法律实践的探索》,法律出版社 2009 年版,第 123 ~ 124 页。

这个刚刚建立起来的家庭虽不是一贫如洗,却也好不到哪儿去:所有重要的物件总价值只有9000元,外债却有10000元,且没有任何存款,冬天的取暖设备还是妻子的娘家人帮助安装的。面对此情此景,调解人劝慰夫妻双方要好好过日子,在纠纷决定书里,调解人给出了两条处理意见:"离婚理由不足,感情没有破裂;家庭关系确实存在矛盾,但与夫妻无关。故而不准离婚。"①

在这里笔者无意去建构感情——生存(孩子)的关联,也并不是要说明离婚理由——过错——感情破裂的因果关系,而是试图寻找调解人在面对婚姻纠纷时,是如何平衡农民生活的现实和对感情的理想间的关系的。通过对比司法所在同年夏天对另一起婚姻纠纷的处理,我们可以审视其在对离婚的准许和不准间的取舍。

2000年9月,来自另一个村庄的56岁的农妇许丽红,称要与自己结婚仅半年、61岁的朱向阳离婚。年过半百的双方都是再婚,两人结合的目的是为了互相照顾晚年的生活。② 离婚理由也很简单,因丈夫朱向阳答应给许丽红女儿的三间宅基地,最终没能批下来,许丽红认为两人感情不好,要求离婚。调解人问及朱向阳时,也发现两人的纠纷几乎均出于钱财问题。当问及还能否一起过时,他们给出了一段相近的回答:

"问:你认为和许丽红还能过吗?

答:不能过了。

问:不能过怎办呢?

答:不能过离婚呗,丢人呗。"(朱向阳)

"问:现在你认为你们俩还能结合吗?

答:我认为我们俩不能过。

问:不能过怎么办?

答:离婚呗。"(许丽红)

---

① 李镇司法所档案2000—31,本文所引用的档案表明年份、编号(调解人制作的编号),下文同。

② 对王秀丽的访谈2010-2-26。当然这种老年婚在乡村并非个例。由此可见农民的生存压力是一个举足轻重的问题。

两人的结合只是为了过日子,日子过不下去了就要离婚;两人经人介绍而迅速结婚,因现实的生活无法继续而迅速离婚。详究下来,似乎这段婚姻本就没有太多感情因素。其处理结果却最终写着:“双方感情不和,自愿离婚。”①

在华北乡村家庭生活中,生存的困苦是很多家庭面临的极为现实的问题。从清代至民国,人口的巨大压力,在推动家庭种植更有利润的经济作物的同时,也强化了家庭内部的劳动分工,农民忍受着劳动报酬的减少,因而不得不加大劳动力的投入。② 从土改到当代,这一事实依然没有得到多大的改变。③ 在乡村农民的家庭生活里,物质性因素依然占有很重要的位置。我们可以窥见由这一因素导致的“老年婚”现象、以良好感情为基础的新式婚姻④和农村家庭经济的现实之间存在怎样的紧张关系。从中可以理解,在调解离婚纠纷时,为何镇司法所和法院均形成了必须双方都同意的原则。⑤ 物质上的困苦确实让农村家庭内的夫妻关系相对紧张,下面这个例子就更可以表明在物质、情欲与感情之间的纠葛。⑥

保　证　书

99 年 3 月 15 日

地点:镇司法所

保证人:汪爱兰

保证内容:

---

① 司法所档案 2000—34。

② [美]黄宗智:《华北的小农经济与社会变迁》,叶汉明译,中华书局 2000 年版。

③ [美]黄宗智:《中国的隐性农业革命》,法律出版社 2010 年版。

④ [美]黄宗智:《过去和现在:中国民事法律实践的探索》,法律出版社 2009 年版,第 124 页。

⑤ Diamant 依靠档案对 1950 年婚姻法的分析指出,在婚姻法颁布的一段时期里,农村离婚普遍源于妇女的诉求。原因不在于女性追求自我解放,而在于农村妇女利用离婚法来改善自身贫穷生活的处境,她们要和自己穷困的丈夫离婚。显然,90 年代至今的档案,所彰显的单方提出离婚,法院和司法所要尽量调解和好,也可能有着这一历史渊源。参见 Diamant Neil, *Re-examining the Impact of the 1950 Marriage Law: State Improvisation, Local Initiative and Rural Family Change*, The China Quarterly, Vol. 161. 2:171 - 198(2000)。

⑥ 司法所档案 1999—7。

以后我与李大福好好过日子,不打不闹,也不找别人发生性关系。如果再次发生与其他人发生性关系的话,司法机关可以随时处理,以法律制裁,并且也不闹离婚了,以上是我的保证。

保证人签字:汪爱兰(手印)

这份保证书是汪爱兰在司法所写下的,同样还有一份相关保证书是与其通奸的李立国写下的,内容是保证不再与其通奸,不再骚扰和威胁汪爱兰的丈夫及家人。

事件起因是,汪爱兰在丈夫李大福在外务工期间与多名男子通奸,而其中一名男子李立国还时常恐吓和骚扰李大福的家人,故李大福要求镇司法所介入解决这个问题。同时,他明确表示不愿离婚,只因“离婚以后,我娶不上了”,①还希望司法所在调解时处理因汪爱兰两次闹离婚产生的诉讼费用,前一次费用是李立国垫付的,后一次是外借的,可见这个家庭相当贫穷。

司法所介入后,最关心的是两个问题:一是汪爱兰的这种行为是否以营利为目的,即是否为卖淫行为,或是出于汪爱兰的自愿;显然司法所担心的是丈夫逼迫妻子卖淫,双方因其他原因才产生了这样一个纠纷。② 二是李立国的威胁和恐吓行为是否构成了刑事犯罪。③ 司法所的调解人员其实已经界定了自己的角色,不管是前者还是后者,调解人员都认为超出了自己的调解权限,只能移交公安机关。所以在整个调解过程中,这两个问题始终是他们关心的重点。

从档案资料来看,一方面,汪爱兰和李立国以及另外三位男性的通奸行为,基本是出于自愿的,汪爱兰和李立国都承认一点:是汪爱兰主动去接近李立国的,二人是自愿的。虽然李立国称每次“通奸后,都给汪爱兰钱30元,有时20元,还有时给她买点肉”,而汪爱兰“有时不要,有时

---

① 司法所档案1999—7—2,此处1999、7、2分别表示年份、档案编号、所引档案文字的页码,下文同。

② 在侯家营村,丈夫逼迫妻子卖淫的行为的确是存在的,司法所的这种担心是有现实基础的。

③ 司法所档案1999—7—12。

要 20～30 元钱”，[①]调解人员基于这一点没有把这种行为定为卖淫。另一方面，李立国经常地骚扰李大福，向李大福家扔砖石，还有一次向他家扔了一只死小猪；并威胁其家人，还想过“要给她家的猪、牲口、井口下药”，[②]但最后还是没有下药。调解人员认为这种行为违反了《治安管理处罚条例》，但并未触及刑事法律，也就没把李立国交给公安机关处理。

明确了这两点后，调解人员尊重受害人李大福的意见：一是调解婚姻纠纷，希冀汪爱兰不再闹离婚；二是因第一次离婚是李立国鼓动的，诉讼费用也是他垫付的，希望最终也由其承担，不再向李大福索要。

调解人员鉴于这种情况，分别约谈了汪爱兰和李立国。从档案中，很难把握司法所是如何让她接受这个条件还保证“以后改正，不跟别人。好好过日子，不打架，不生气，不离婚”的。[③] 最后写成的“处理方案”在官方话语表达外，也透露出实质性的内容：调解人员借助于自身对法律的把握，形成对其“违法行为”的解释权，强调通奸问题的严重性；最后让汪爱兰承认错误，对她进行了非常严厉的批评教育，并让她写下书面检讨和保证书。

司法所对李立国也采取了相同策略，首先让他意识到自身问题的严重性（当然包含以可能触犯刑事法律的名义来施加压力），然后让他写下保证书，保证不再向李立国索要第一次离婚的诉讼费用，保证不索要先前给汪爱兰的钱，还要求他保证不再骚扰和威胁李大福一家，并反复强调他这些问题的“性质”。

通过夸大问题在法律上的严重性，从而形成压力和道德性警告，这个纠纷在某种程度上算是得以圆满解决：汪爱兰不再闹离婚，李大福也没有因贫困和妻子通奸成为中年光棍，李立国也暂时不会影响李大福的家庭生活了。

经济上的困苦让李大福不得不忍受妻子的通奸，足见物质性的压力之于一个普通农民而言，是多么的沉重。其实，同样的事实也摆在调解人面前，他们所处理的离婚纠纷，怎么可能完全以夫妻双方感情基础为

---

① 司法所档案 1999—7—7、8。
② 司法所档案 1999—7—8。
③ 司法所档案 1999—7—5。

依据呢。

司法所的调解人员在面对所谓的感情破裂时,其实一部分是面对着双方因贫穷而带来的生活上的困难;在这种情况下,选择夫妻双方都同意离婚的,才准予离婚,是对这个现实问题的一种积极回应。

(二)感情破裂:情欲与暴力

感情破裂这一标准本身有着很强的主观性和模糊性。在乡村,夫妻双方的离婚总是伴随着生活的困苦、情欲和暴力。王跃生对清代中期刑科题本的分析,揭示了在丈夫杀死妻子的命案中,绝大部分不是故意谋杀,而是失手所致。[①] 当然这些档案在制作时故意突出失手杀人这一点,是为了给杀人者争取减轻刑责,[②]不过它依然反映了在乡村社会里夫妻之间暴力的普遍存在。通奸在基层民众的生活中,也属于较普遍的现象,由于生活的困窘,部分家庭更是由通奸至卖奸。[③] 从当代司法所调解的婚姻纠纷案件来看,情欲和暴力时常也会成为认定感情破裂与否的重大标准,与此同时,情欲和暴力在婚姻纠纷中也往往是一方对另一方在离婚理由上压倒性优势的所在。

2001年8月,胡明秀跑到司法所,要求离婚。丈夫郭爱国用小板凳把她打得遍体鳞伤,还用手掐她的脖子,让她差点窒息而死。此前,更是用器具砍伤了她的头部,在医院缝了9针。调解人听后,验看了胡明秀腿部和头部的伤痕,认定这已然构成家庭暴力,明显触犯《婚姻法》第32条的规定。郭爱国来到司法所后,调解人指出其行为构成家庭暴力,虽可以追究其刑事责任,由于他妻子的大度,已经不再追究;并直接声称双方感情彻底破裂。郭爱国痛快地同意离婚,也同意了女方对家庭财产的相关请求。[④]

---

① 王跃生:《清代中期婚姻冲突透析》,社会科学文献出版社2003年版,第68~71页。

② 感谢尤陈俊在阅读这篇论文时提示了这一点。

③ 王跃生:《清代中期婚姻冲突透析》,社会科学文献出版社2003年版。

④ 档案和司法所的调解人员都告诉我们:随着经济条件的改善,暴力引发的伤害赔偿和婚姻纠纷在减少(对魏东的访谈2010-3-1)。而在侯家营村,一个70年代闹离婚的当事人讲述了因他对妻子频繁的暴力,而导致妻子闹离婚的经历,在他看来当时的情况是穷得没办法,遇到问题很急躁,只想打人(对王卫国的访谈2010-2-24)。

在这起离婚纠纷中，因为丈夫对妻子的暴力，让妻子得以轻易地离婚。并且在离婚理由上，妻子声称的“家庭暴力”也得到了调解人的支持。在婚姻和家庭纠纷中，困扰女性的家庭暴力并没有因为《婚姻法》第32条以明确列举的形式反对而消失，暴力确实无处不在，并构成了婚姻纠纷中最常见的离婚理由。[①]

1995年新年，刘昌发和吴红霞夫妇忙碌的不是如何红红火火过年，而是离婚。夫妻俩有一个四岁孩子，家庭本该是幸福的。但吴红霞却在年关时将离婚闹到了司法所，她诉说着自己生活的不幸，与丈夫没有共同语言。让她最不能释怀的是：与丈夫的“性生活达不到（她的）要求”，这多少让调解人有些错愕，不过，调解人并未深究其中的问题，直接将问题转移到孩子抚养和财产问题上去了。之后，丈夫刘昌发也在“性”的问题上向调解人诉苦：“三个多月没有性生活，（吴红霞）不在家里，我怀疑有外遇。”显然，“性生活”在夫妻之间已经成了迈不过的坎。不知调解人是不愿进一步追问，还是没有记录下当时进一步询问的情况，感情破裂的理由在“性”这一问题上戛然而止。调解人最后在孩子抚养和财产分割问题上作出了最后的努力，准许了二人的离婚请求。[②]

2000年年底，新婚不到两个月的李大忠将所有的婚姻苦恼向调解人和盘托出，誓与妻子王秀英离婚。原来从洞房花烛夜开始，李大忠与妻子在“性”这一问题上就矛盾不断。先是新婚之夜，王秀英对李大忠态度冷淡，不让其近身（李大忠称“不让摸也不让碰”），李大忠一怒之下，叫来了媒人和父母，让他们守在新房里直至天明，以证明二人没有发生性行为。随后他才发现在婚前检查中，王秀英已经有了1～2个月的身孕；第二天他即携带妻子到县城的妇幼保健医院进行检查，在检查过程中，医生无意中问及王秀英“你怎么又来了？”这更让李大忠怒火中烧，逼问妻子原因却得不到满意的答案。接着他又与妻子王秀英来到市二院，要求检查处女膜，妻子强硬地拒绝了这一要求，回应说处女膜在学校时无意中弄破了，这更加坚定了丈夫离婚的决心。

---

① 司法所档案2001—17。
② 司法所档案1995—2。

在调解人追问下,王秀英起初的解释是丈夫疑心太重;后来又声称双方本没有感情基础,因为在婚前 8 个月的交往中,主要是媒人说合;最后王秀英才承认在婚前检查中的确已经查出怀有 1 个半月 ~2 个月的身孕,因此急于和李大忠结婚,怕产子时间差太多引起怀疑,结果不想新婚当夜,王秀英生理上正处于经期,加之婚庆当天忙到凌晨两点多,就拒绝了李大忠对性生活的要求,结果引来李大忠一轮又一轮激烈的反应。但是在一次检查中,又显示王秀英没有身孕,至于王秀英有无身孕已经不再是问题的重点了,因为这已然无法平复李大忠满肚子的猜疑了。这也已经不可能挽回这段在猜疑中艰难走过的短暂婚姻。①

暴力和情欲这一问题在乡村广泛存在,在民众听闻传唱的戏曲、民歌和俗语里俯首即拾。② 在上面的案件里,我们可以寻见如此凶猛的暴力、极为坦白的情欲共同构成了离婚的重大的理由,似乎也是感情破裂的重要事实依据。当然,家庭生活中有过日子的一般意义,也有寻求家庭和自身正义的一面,③而在这些例子里,暴力和情欲不再是一个无法表达的问题了,它成了家庭生活里必须面对的实际问题。

司法所的调解人员在面对夫妻双方的暴力和情欲时,在记录上时而躲躲闪闪,时而隐去不记。但是夫妻之间"感情破裂"的背后,其实已经被调解人员还原为了夫妻在暴力和情欲上的纠葛,在这里面,他们找到了认定夫妻感情破裂的依据,"感情破裂"的标准在这个意义上,不再是一种调解人员可以任意使用的策略。

(三)感情破裂:没有共同语言的婚姻?

如果把物质与感情的纠葛、情欲和暴力对感情的冲击,视为有过错的离婚的话,那么在档案中,还存在一类与此毫无关联的,仅仅是坚持"感情不和"为离婚请求的无过错离婚。在这一类的离婚纠纷里,夫妻双方离婚理由都相近,而且都不愿吐露更多的事实,让我们很难去触碰

① 司法所档案 2000—45。

② 李景汉:《定县社会概况调查》,上海世纪出版集团 2005 年版,第 331 ~334 页;[美]欧达伟:《中国民众思想史论:20 世纪初期 ~1949 年华北地区的民间文献及其思想观念的研究》,董小苹译,中央民族大学出版社 1995 年版,第 66 页。

③ 吴飞:《浮生取义:对华北某县自杀现象的解读》,中国人民大学出版社 2009 年版。

此类“感情不和”的离婚纠纷中农民的内心世界。

1993 年 4 月,30 岁的张红英到司法所要求与 30 岁的李红利离婚,原因是“性格不同、没有共同语言、生活不到一块”,李红利也认为:“我们俩性格不同……根本就生活不了,没有共同语言。”①

2007 年 7 月,25 岁的徐明秀和 25 岁的魏爱国一同到司法所请求离婚。双方共同的离婚原因是“感情不和”,在调解人的反复询问下,他们还是同一理由,并不愿意就离婚原因谈太多。②

在这两起离婚纠纷中,调解人百般无奈之下,就孩子抚养和财产问题进行调解之后,就同意了两人的离婚请求。

在众多的婚姻纠纷案件中,因双方共同提出感情不和而离婚的案件有着相当的比例。在这种情况下,调解人不管如何追问,他们也基本不会透露多少感情不和的缘由,偶尔会讲“经常生气、打架”一类的说辞。当然在一些纠纷中,有因两地分居生活不便,同时感情不和的;有生活困难,无法处理与公婆的关系,同时感情不和的;还有家庭暴力与感情不和同时存在的情况。

不过面对感情不和这一问题时,这一主观的情感因素之所以成为农民离婚的主要理由,有其现实背景:改革开放后的乡村社会,因为夫妻之间亲密关系的增长,以及私人空间的不断增加,③情感和亲密关系占据了一定的位置,感情破裂自然也成为离婚的重大原因。当然亲密和隐私关系的增长,也可能导致年轻一代更多地将私人问题言说的空间放置在自己的亲密关系中。在一次田野调查中,④当我们去询问婚姻家庭的相关问题时,年岁较大的长者更愿意为我们讲述村庄里的各种见闻,而他们年轻的媳妇则往往试图岔开我们的话题,不成功后就一直试图打断我

---

① 司法所档案 1993—82。

② 司法所档案 2007—13。

③ [美]阎云翔:《私人生活的变革:一个中国村庄里的爱情、亲密关系和家庭变迁(1949 - 1999)》,龚小夏译,上海书店 2009 年版。

④ 对刘子文及其夫人的访谈 2010 - 2 - 21。

们的谈话,认为公公婆婆不应该讲这些事,最后在婆婆的呵斥下才离开。①

可见,由于私人空间的成长,很多夫妻在陈述离婚理由时,直接将其归结为"感情破裂",而不作出任何实质性的解释。这种情况下,只要夫妻双方都坚持离婚,调解人员也只能同意他们的离婚请求。

生存的困苦,情欲的弥漫,普遍的暴力,没有共同语言,这些理由在离婚纠纷中比比皆是。调解人面对的不仅是夫妻二人生存、道德和欲望的问题,还面对着法律条文,不过他(她)在实践中,对双方都赞成离婚且理由充分的,则会将重点放在抚养和财产问题上,但是那些理由不足,明显只是小打小闹的离婚,则会驳回其请求;②对有一方不同意离婚的情况,调解人尽力地调解和好,但是面对没有共同语言的夫妻,调解人员也只能是在双方都自愿的情况下,同意他们的离婚请求。

在婚姻的确无法挽回的情况下,调解人员会处理好子女抚养和财产分割的问题,以防止发生进一步的纠纷。

五、抚养权与婚姻家庭纠纷的调解

在确认一段婚姻没有挽回的余地后,调解人将面临两个迫切问题:一是如果夫妻有孩子,孩子抚养权归属和抚养费的问题;二是家庭财产和债务的分割。这两个问题是离婚纠纷中常见的问题,处理不当还极容易引发进一步的诉讼;③同时司法所对孩子的抚养和家庭财产的分割这些问题的处理,也有助于我们去理解调解人员在面对日常生活的艰难处境时,如何借助乡村的习惯和法律促成纠纷解决。

---

① 阎云翔在田野调查中也发现年老的一代更愿意讲述关于婚姻家庭方面的事情,而年轻的一代几乎都对此保持沉默。参见[美]阎云翔:《私人生活的变革:一个中国村庄里的爱情、亲密关系和家庭变迁(1949~1999)》,龚小夏译,上海书店2009年版。

② 如2000—31案例中所展示的。

③ 在侯家营村,侯大兴夫妇就因抚养权的归属问题无法解决,而告上了法庭。经过数月的取证和诉讼,这一问题才得以解决(对刘志发太太的访谈2010-2-23)。

在孩子的抚养问题上，调解人会询问双方的意愿。双方已经就此有一致意见的，调解人会尊重他们的选择：一方主张要孩子并得到另一方同意的，孩子的抚养权归主张者一方。而不会强迫男孩一定要归给父亲。正如下面的案例所显示，双方的意愿是主要的，其次是孩子的生活和教育问题。这种既尊重当事人意愿又考量生活的调解方式，其实与地方习惯没有太大的关系，更大程度上应归因于离婚普遍化面对的新问题。传统乡村基本不离婚，自然也就没有孩子归谁抚养的问题了。

1994年，张建国和胡玉玲因"感情破裂"而离婚，他们育有一子一女，对于子女的抚养权归属如何判定，下面的这段询问足以说明问题：

"问：你们的子女是怎么安排的？

答：子女都归她，我出抚养费。"（张建国）

"问：你们的孩子准备怎么办？

答：我觉得咧，将来两个孩子的命运和下场，如果跟着他不会得好的，所以我两个都要。

问：他同意吗？

答：同意，我们俩已经商量好了。"（胡玉玲）

鉴于张建国在昌黎上班，经常十天半个月不回一次家。两人商量后，大概是考虑到张建国的确没有时间照顾孩子，所以胡玉玲才会认为孩子跟着父亲没有"好结果"。双方都同意孩子抚养权归母亲，在孩子的抚养费上，胡玉玲主张先一次性支付4000元，以后给不给由张建国自行决定。张建国也同意这一方案，并答应以后继续支付抚养费。

这一案例中，妻子获得了两个孩子的抚养权，并成功地争取到了一笔抚养费。这 ·安排之所以得到认可，还在于两个孩子的实际生活和教育问题，若交给张建国，他无暇照顾孩子是显然的事实。[①] 调解人员也认可了这一点，尊重了夫妻双方的意愿。

下面这个例子显示了对孩子生活更实际的考虑。2001年，侯家营村吴千胜的妻子邢丽梅提出离婚。虽然邢丽梅已经38岁了，且是带着

① 司法所档案1994—21。

一个女儿再嫁,并又生育一个女儿,在孩子的问题上,她仍主张:夫妻一人抚养一个孩子,也可两个孩子都归她。调解人员在问及吴千胜态度时,吴表示:"有两个女孩,他们跟谁生活让她们自己选择,如果她妈不要,我就都要。"吴千胜的回答是"可要可不要"。在我们对这段婚姻的调查中,村里人普遍认为他是一个"混世魔王",什么事都敢干,[①]在两人准备离婚期间,吴千胜就将刚从其母亲处借来的1万元输光。因而吴千胜可能不会支付抚养费。最后经过协调,调解人员考虑到大女儿是邢丽梅前夫之子,也考虑到照顾两个上学的孩子对于一个女人而言并非易事,加之吴千胜好赌成性,最后裁定16岁的大女儿归邢丽梅抚养,13岁的小女儿归吴千胜抚养。这样的安排是考虑到孩子的生活问题,对于一个务农的女性而言,要供养两个读书的孩子,确实不太可能;吴千胜虽是一个喜欢混日子的人,但是他的母亲毕竟还可以帮助照顾孩子。根据我们了解到的情况,他们的小女儿实则基本是吴千胜的母亲在抚养。[②]

有一方要孩子抚养权的,有双方都主张要孩子抚养权的,在逻辑上还有双方都不要孩子抚养权的情况。但在离婚纠纷中,我们还并没有看见双方都不要抚养权的情况。在上述案例中,调解人员对孩子抚养权的考虑,首先,会尊重夫妻双方的意愿,如果双方已有明确的安排,则调解人不再协调;其次,在夫妻双方还没有达成一致的情况下,调解人员会照顾到孩子实际的抚养问题来确定孩子的归属;最后,保障孩子的实际生活会成为调解时要处理的一个重大问题,一是由于当代乡村收入普遍低下;二是近二十年来,初次离婚率普遍提高,致使孩子抚养成为普遍问题。

另一方面,在夫妻双方离婚时,孩子是要重点考量的问题,调解人甚至会运用《婚姻法》中关于孩子的相关条款来尽量挽回一个家庭,但有时这些策略会产生负面的后果。

1994年,27岁的马玉怀以与丈夫张中强"没有共同语言,感情不和,无法共同生活为由"向调解人提出离婚请求。在询问过程中,马玉怀先

---

① 对侯兴元的访谈2010-2-23。

② 对陈为国的访谈2010-2-27;司法所档案2001—10。

是数落了比自己小3岁的丈夫,最后又表示不愿意离婚,这让人多少有些摸不着头脑;后来才问明白:马玉怀嫌弃张中强脾气和性格不好,要求他改,结果双方大打出手,闹到了要离婚的地步。马玉怀抢先一步申请离婚,其实是希望调解人能够“开导他(张中强),教育他,做他的工作”,阻止可能发生的离婚。马玉怀已是27岁的人了,离婚再嫁虽不是难事,但也有着诸多的苦楚:她有一个刚两岁的儿子,还嗷嗷待哺。调解人抓住了“两岁的儿子”这个关键点拨了马玉怀,进而开始做张中强的工作。[①] 起初夫妻已经协商好孩子归张中强抚养,但是马玉怀却改口一定要孩子的抚养权。张中强的母亲表示,儿子若丢了抚养权自己就不活了。一边是不愿离婚的妻子,却以离婚和儿子的抚养权相威胁,要他改掉坏脾气;另一边是母亲以死相逼,一定要儿子拿到抚养权。在这时,调解人真正体现了自己的“智慧”,他以“根据法律规定:不满三周岁的小孩随他妈”为由,要男方和女方自己协商处理。其实是告诉张中强,如果离婚,孩子的抚养权只能归马玉怀。

张中强因孩子的存在,夹在妻子和母亲之间,不知如何是好。马玉怀抓住了他的软肋,要他必须改掉坏脾气,不改就“不中”(即不行),就要继续离婚。为了消除张中强对马玉怀以孩子和离婚相要挟的芥蒂,调解人此时再度扮演了重要角色:要双方互相谅解,不可再挑剔双方的毛病;以后对家庭事务,双方都要积极主动;共同照顾好孩子。这场闹得不可开交的离婚,孩子却在婚姻的协调中发挥了至关重要的作用。[②]

但是,下面这起离婚纠纷,虽调解人以“孩子”之名未准许离婚,最后却牺牲了一个即将出世的孩子。

2001年9月,正是一个收获的季节。刘春花却要与结婚才五六个月的丈夫离婚,原因仅仅是“性格不合,无话可说,无法继续在一起生活”,

---

① 集体化时期陈大兴也遇到了类似的问题,王卫国和妻子闹离婚,而他们也有一个两岁左右的孩子,王卫国不想离婚。在这种情况下,他给王卫国想了一个办法:让他抱着孩子到妻子的娘家门口待着,直到他的妻子回心转意为止。他这样做了,并苦苦哀求妻子,希望她看在孩子的分上,不要离婚,结果还真是挽回了这段婚姻(对陈大兴的访谈2010-2-20)。

② 司法所档案1994—7。

她的丈夫王建举给出的理由也大致如此,调解人询问夫妻俩刘春花是否怀有身孕,二人均斩钉截铁地说“没有”。当调解人履行正常程序,要求女方到镇卫生院进行检查,检查结果显示刘春花竟然已经怀孕两个月,调解人以《婚姻法》的相关规定:妇女在妊娠期、中止妊娠6个月内及哺乳期不许离婚为由,驳回了他们的离婚请求。或许调解人寄望于二人看在未来孩子的情由上,能够和好过日子,不再闹离婚。未想,没过几天刘春花再次来到司法所,还出示了一份刘台庄镇医院的证明:刘春花已人工流产!调解人震惊了,追问刘春花为何如此急迫地要离婚,她的回答一如之前,调解人似乎也认为毫无挽回的余地了,询问王建举,虽然现在不符合规定,是否愿意离婚,王建举毫不犹豫地同意了。在调解人的主持下,双方对财产进行了分割。本想用未来的孩子的名义阻止离婚,最终却让一场婚姻毫无挽回的余地。①

离婚时孩子的抚养首先遵循自愿的原则,其次根据夫妻双方的状况协商划定孩子的抚养权归属,最后是确定抚养费等问题。因中国乡村家庭是以夫妻二人共同工作、生活并共同抚育孩子的基本单位,而从孩子出生开始,就形成了一个新的三角关系,与此同时,稳定夫妻关系的不仅仅是夫妻自身,还在于亲子关系。② 故而在调解的过程中,也可以看到调解人将孩子作为稳定夫妻关系的重要筹码,但是随着年青一代的独立,以及夫妻关系的增长,一面带来了孝道的衰落,赡养老人逐步弱化,③另一面似乎也带来了抚养的弱化,这部分导致以孩子为条件进行调解时,反而带来了悲剧性的后果。不过如何去理解孩子在家庭中的位置和作用,以及调解人员如何运用孩子来让夫妻双方妥协存在很大的灵活性,要发现调解的“准则”确有困难。

---

① 司法所档案2001—21。

② 费孝通:《乡土中国 生育制度》,北京大学出版社1998年版,第163页。

③ [美]阎云翔:《私人生活的变革:一个中国村庄里的爱情、亲密关系和家庭变迁(1949~1999)》,龚小夏译,上海书店2009年版。

六、财产权的分配

司法所处理的民事纠纷中，婚姻类纠纷占1/3左右，这足以证明离婚问题在90年代至今并不是个别现象。从档案材料中，不难发现财产的分割在所有婚姻纠纷中，是最复杂、烦琐的一项工作。对家庭共同财产的认定，以及对每一项财产的计算，都反映出财产问题在处理婚姻纠纷中的重要性。

从当代财产分割的状况中，我们也可以重新审视中国当代家庭的财产关系，及此前对当代家庭财产——父权制、家庭财产——同居共财——家庭伦理的建构，去把握当代乡村离婚中财产分割的实态，这也显示了司法所在面对财产分割时所遵循的"准则"。

根据白凯的研究，从宋代到民国时期，女性财产权因宗祧和过继的并存，导致无兄弟的妇女逐步丧失了财产继承权，但是又赋予了丧偶守节女性对财产的监管权。① 民国的新民法虽然规定了妇女的财产继承权，但是在乡村基本还是遵循了原有的财产继承习惯。② 即使在1949年后，由于农业的集体化，家庭私有财产大幅度地减少，但如房屋这样最为

① ［美］白凯：《中国的妇女与财产：960—1949》，刘昶译，上海书店出版社2007年版；苏成捷对清代档案的挖掘，则注意到了寡妇财产权问题。他指出清代虽然重视寡妇对于家庭财产的监管权，并希冀以此来保障妇女的基本生活需要，而同时官方则特别重视妇女的贞洁问题，形成了一整套的贞洁话语。参见Sommer, Matthew (1996), *The Uses of Chastity: Sex, Law, and the Property of Widows in Qing China*, *Late Imperial China*, Vol. 17. 2:77－130。其实在妇女生活的保障和贞洁话语之间，则包含了另一个层面的实践，即由于清代经济的商业化和内卷化并存，使得乡村妇女一旦丧夫就有可能失去生活的保障，故而在清代乡村约有50%的寡妇再嫁。参见王跃生：《十八世纪婚姻家庭研究：建立在1781～1791年个案基础上的分析》，法律出版社2000版；另见王跃生：《清代中期婚姻冲突透析》，社会科学文献出版社2003版。

② 费孝通：《江村经济》，商务印书馆2001年版，第81～82页；［美］黄宗智：《法典、习俗与司法实践：清代与民国的比较》，张家炎译，上海书店2007年版，第119～120页。

核心的财产,依然是以赡养为中心的继承实践。① 司法所对离婚时家庭财产的处理,恰好可以窥见家庭财产权的变化和延续。

从司法所的档案来看,调解人员进行财产分割调解时,在夫妻双方都已同意离婚的情况下,调解人员会细致地分别向双方当事人了解财产的状况,一般在确定无争议后,才会进入财产划分的环节。在已经离婚成功的案件中,我们大致可以把财产划分为两类:第一类是结婚不久后离婚的,一般而言,因几乎没有共同财产,所以调解人会弄清楚嫁妆和彩礼的数量,在此基础上进行财产划分。显然,这样做是有对事实的考虑在其中的,随着改革开放的进行,乡村年轻人结婚时,都会向父母索要高额的彩礼,以利于开始夫妻二人新的生活。② 新婚夫妇在离婚时,如何分割这些巨额彩礼就成了财产划分的重点。例如,1999 年结婚仅半年的胡彩花和马自忠离婚时,调解人详细询问了双方父母在结婚所给彩礼的具体名目和数量,这些彩礼几乎就是二人所拥有的全部动产,最后裁决女方父母所给的彩礼全部归女方,还包括女方的被褥、衣物等;男方在结婚时给女方购买的项链、戒指、耳环等也归给了女方。③

第二类是结婚有一些年限的夫妻之间的离婚,往往会先行调查夫妻共有的动产的情况(主要是存款、债务、粮食和贵重家什),明确抚养费用。对动产的分割,其实也不必然是双方均分,而是要考虑到很多实际情况。2002 年,李明忠和夏玉荣离婚时,他们之间的财产分割很简单,一千多元的外债归李明忠偿还,而家里的动产彩电、组合音响和电饭煲归夏玉荣,女方的随身衣物也归女方,可能由于土地归李明忠耕种,女方提出一次性给其两千元。李明忠则以刚离婚为由,暂时无法给钱,并写下借据,承诺两年内给付这笔钱。④

---

① [美]黄宗智:《过去和现在:中国民事法律实践的探索》,法律出版社 2009 年版;杨龙:“承续与断裂:分家单里外的养老”,载黄宗智主编:《中国乡村研究》(第九辑),福建教育出版社 2012 年版。

② [美]阎云翔:《礼物的流动:一个中国村庄中的互惠原则与社会网络》,李放春等译,上海人民出版社 2000 版,第八章;[美]阎云翔:《私人生活的变革:一个中国村庄里的爱情、亲密关系和家庭变迁(1949~1999)》,龚小夏译,上海书店出版社 2009 版,第六章。

③ 司法所档案 1999—10。

④ 司法所档案 2002—13。

对于动产的分割,显示了当代夫妻之间的财产关系,即基本可以认定至少从有档案记录开始,司法所在财产调解上,就已经遵循了这样一条原则:夫妻共有财产是夫妻共同劳动所得的财产,这自然不包含土地和房屋。对于一个农村家庭最重要的财产莫过于土地(使用权)和房屋了。在土地问题上,虽然是包产到户,其实土地是以个人为分配基础的,以侯家营村为例,自1982年开始包产到户,土地使用权虽然三五年调整一次,不过却也基本遵循了“增人增地,减人减地”,家里结婚、生孩子都要增加相应份额的土地(基本口粮田1.8亩,根据各小队土地的情况再分配数量不等的流动地),家里有人过世要减少土地。1995年确定土地使用权长期不变后,依然是按照这种模式分配土地,只是到了2006年左右,由于人口的增加已无土地可分,所以就“增人不增地,减人不减地”了。① 故土地实则是按家庭满足基本生活需要分配的,这也就不难理解在调解离婚时,调解人普遍遵循着“土地使用权个人所有”的方式进行土地分割。1996年41岁王大刚和29岁刘春霞夫妇离婚进行财产分割时,来自东北的刘春霞明确地提出要2亩土地,显然她并不打算回到娘家,而是要继续待在村子里等待或准备再嫁。她的丈夫和调解人完全同意她这一请求。② 这显示土地是个人所有的,包产到户的前提是根据家庭人口数量分配土地,在家庭因离婚发生分裂时,土地自然按个人进行分割。

由于离婚后,女性面临着离开的问题,土地显然是无法带走的,故而在档案中也能看到他们折中的选择。1999年张小忠和吴秀离婚时,吴秀也要求得到自己2.4亩的份地,但由于她要返回娘家,所以她希望将土地交给张小忠耕种,每年补偿给她两袋麦子和两袋玉米,最后按此达成了共识。③

不管是在第一类还是第二类离婚案件中,几乎所有女性都没有对房屋这一财产提出主张;调解人在主持分配时,似乎也自动地将其视为男

① 对刘晓利的访谈2009-7-21。

② 司法所档案1996—6。

③ 司法所档案1999—20。

性所有的财产。90年代中期开始,在这一地区娶妻必备新房开始兴起,以至于到了今日,不能盖三大间新房,就没有办法娶妻。① 1998年郭大国和胡明秀在离婚时,在郭大国愿意抚养6岁的女孩的情况下,达成了这样的协议:女方不负担抚养费,但与此同时女方也不要任何的财产,当然所欠的3500元外债也为男方所承担,并象征性分给了女方三套被子。在这起离婚纠纷里,显然房屋是自动归给了男方。②

与此相关的是,离婚时,有时也将房屋财产权交给家庭中由母亲监管的儿子(当然基本是独子的情况)。1998年吴立邦和张文玉离婚时,张文玉提出19岁的儿子归自己抚养,房屋和家里所有的日用品和农用耕具也都归自己,而让丈夫吴立邦带着摩托车、自行车和衣物净身出户。调解人详问之下得知,丈夫吴立邦爱"糟蹋"钱,妻子张文玉希望房子归她们母子,以后作为给儿子的家产,以免被吴立邦挥霍了。调解人和吴立邦也接受了这一方案,最后将这些都写进了离婚协议里。从这个极端个案中,我们不难发现,女性对房屋这一财产的主张,并非是自己享有房屋的财产权,是因儿子的习惯性继承权获得了房屋的监管权。③

夫妻离婚时对家庭财产的分割,为我们提供了绝佳机会来审视当代家庭内部的财产权关系。2011年婚姻法司法解释三的出台,引发了一系列讨论,尤其是一种认识占据了主流,婚姻法解释三与中国家产制的断裂问题,④在这些论战中,有从家庭财产(家产制)与中国家庭伦理的关联进行论述的,⑤有从家产制与司法能动关系入手的,甚至整出了一

① 对刘为国的访谈2009-7-25;在卢晖临对安徽一村庄的观察中,也发现了同样的事实,但是他把盖新房视为集体化的平等主义与市场化的物质主义结合的怪胎。参见卢晖临:"集体化与农民平均主义心态的形成——关于房屋的故事",载《社会学研究》2006年第6期。可惜的是,他过多地关注了农民意义世界的变化,忽视了集体化和后集体化时期村庄本身经济社会的变迁。

② 司法所档案1998—14。

③ 司法所档案1998—2—4。

④ 如强世功:"司法能动下的中国家庭",载《文化纵横》2011年第1期;赵晓力:"中国家庭资本主义化的号角",载《文化纵横》2011年第1期;俞江:"婚姻法的文化解释",载http://www.21bcr.com/a/shiye/wenhuapinglun/2011/0620/2922.html,最后访问日期:2012年5月3日。

⑤ 吴飞:"当代中国婚姻的价值缺位",载《文化纵横》2011年第1期。

些哗众取宠的词汇，如家产制式微、AA 制契约婚姻、婚姻的再封建化；①还有的讨论则从家产制与资本主义财产制的对立中，去猛烈地批判此一条款导致的后果。概言之，这些讨论认为婚姻法解释三之前，中国家产制在夫妻这一横向的关系上也是共财的。但是这些问题的讨论，却没有哪位学者举出哪怕一个严格的经验证据，没有哪位学者去分析过当代中国乡村离婚时，家庭财产的具体分配方式（尽管他们重点的分析在城市，但他们对家产制的理解却是源于对中国乡村家产的认识），而是从错位的历史和学者固有的逻辑中，去推演中国的婚姻家庭问题。

对这些当代婚姻纠纷档案的挖掘，则表明了中国乡村在面对离婚时，形成了怎样的实践。在实践中，财产的分割，不仅考虑结婚时间的长短，对夫妻共有财产的认定；还顾及孩子的生活和抚养问题；在具体的不动产（主要是房屋）、动产（家中的贵重物品和债务）以及居于二者之间的土地使用权划分时，也有着自身的实践：土地使用权遵循个人所有；房屋基本上是男性所有或父子一体的；动产则照顾到双方的实际生活。

七、结语

农民在寻求离婚的过程中，司法所在在调解过程中，体现出了他们对于情感、孩子和财产的某种“规则性”的把握，形成了他们独特的“正义图景”。社区调解、司法所的准正式调解和法院的调解，三者共同构成了我们理解作为整体而存在的调解的事实。

司法所对离婚纠纷的准正式调解，实际上是在面对当代中国乡村离婚不断增加的现实时，逐渐形成离婚与否、孩子抚养、财产分割的具体准则，这些准则在具体的调解中，表现出了一些共同的特性。

司法所的准正式调解表现在离婚纠纷中，实则形成了这样一个不成文的准则：双方均同意离婚的，则将调解重点放在抚养、财产和债务问题

① 强世功：“司法能动下的中国家庭”，载《文化纵横》2011 年第 1 期。

上;当有一方不同意离婚的,则尽量调解和好,同时运用孩子(抚养权问题)、财产问题、家庭暴力的程度、道德压力和自身的权威进行调解,也会考虑到农民现实的生存处境,来确定是否准予离婚。

在孩子抚养问题上,男女双方的自愿居于第一位,同时兼顾到孩子的未来生活和教育,而非儿子一定要归给父亲的父权制原则。当然调解人也会运用孩子来尽量使双方调解和好,但有时也会适得其反。

在财产分割方面,土地使用权是个人所有的,不动产房屋则是男性所有的(档案中未见到男性入赘女家的情况),动产方面结婚时间长短是一个关键性的因素,结婚时间短的(夫妻双方几乎还没有积累共同财产),则重点在彩礼的分配上;有一定动产积累的家庭,其财产的分配除了考虑抚养问题之外,则多半在考虑双方未来短期生活的基础上,作出双方能够达成一致的分配。

2002年,司法所调解对离婚纠纷的"准正式调解"经历了一个政策性的转变,大大削弱了其从90年代开始实践的婚姻家庭调解职能。这一事实与国家政策变化、夫妻情感亲密化、农村经济的变迁等一系列因素交织在一起,共同构成了司法所调解的真实图景。

值得注意的是,准正式调解在其他纠纷中,特别是"经济纠纷"中似乎开始扮演着越来越重要的角色,对这些变化的探讨,显然需要对乡村农民生活的意义世界、乡村社会经济和结构的变化、整体政治的变化进行必要的把握,对这些问题的分析,则是另一项需要开展的工作了。

《法律和社会科学》(2013)
第11卷,第105~146页

村庄拆迁改造中的家庭关系与老人生活

——以昆明市郊小村为例

孙　超*

内容摘要:位于市郊的小村在急速城市化的过程中被划入城区范围,自2010年起,这里开始面对政府推行的城中村改造。在村民的强力抵制和外部力量的介入下,小村的城中村改造陷入僵局。这种并不多见的以村庄为单位的拆迁僵局,使得城中村改造对村民日常生活的长远影响逐渐暴露出来。本文调查了改造对村庄中家庭和代际关系以及老年人生活状态的影响。研究发现,小村经历的城中村改造不仅是一场对农民的经济掠夺,更是对其生活方式的强行改变。在这场剧变中,高额补偿款和房屋货币化在原本具有模糊性的财产家庭共有观念作用下,激化了成员对家产的争夺。村中既有家庭代际分工的延续使得老人在成为抗争主力的同时生活处境不断恶化,村庄共同体也随之趋于瓦解。

---

* 作者单位:北京大学社会学系,电子邮箱:chaospku@gmail.com。感谢朱晓阳教授对整个田野调查和论文写作过程的指导。一切文责自负。

一、导言

近年来,与集体土地尤其是宅基地相关的征收拆迁成为全国范围的热点问题;拆迁过程中不断出现的暴力冲突引起社会各界的广泛关注。作为西南地区重要省会城市的昆明也不例外,前市委书记仇和从2007年年底开始强力推行大规模城市化的政策,昆明进入"仇和造城"①时期。仇和的主要目标之一便是对昆明市区及其周边的大量村庄进行改造,②我所调查的村庄——小村③也被纳入了改造范围之中。

作为滇池东岸的一个城郊村落,小村社区是昆明市官渡区矣六街道办事处(以下简称"街道办")下辖的一个社区居民委员会,由小村、④金牌和白塔三个居民小组构成。小村北距昆明市中心约14公里,南距昆明市委、市政府的新驻地——呈贡区约9.5公里,西距滇池约4公里。

由于靠近昆明市区,从2003年到2008年,小村的2000余亩耕地被全部征收。其间,自2005年起,小村村委会为了保障村民的长远生

① "仇和造城",载《南方周末》2010年4月29日。

② 按照昆明市政府的定义,"城中村"是指"在城市建成区范围内失去或者基本失去耕地,仍然实行村民自治和农村集体所有制的村庄,以及更名为社区,但土地所有制性质和经济组织性质仍为集体所有制的'翻牌社区'"。参见昆明市城改办:"昆明市城中村改造项目管理办法(试行)"(昆城改领[2008]3号,2008年5月6日)。关于昆明市"城中村"的历史,可参见陈湛,《城市化进程中的城中村问题研究》,云南大学出版社2009年版,第72~84页。

③ 关于小村更早的历史可参见朱晓阳,《小村故事:罪过与惩罚1931~1997》(以下简称《小村故事1》),法律出版社2011年版;《小村故事:地志与家园2003~2009》(以下简称《小村故事2》),北京大学出版社2011年版。

④ 由于该社区(以前的行政村)和小组(以前的自然村)都以小村命名,容易引起理解混乱。下文在可能引起歧义的地方,以小村指代居民小组,村子指代社区。同时为了行文方便,下文将按照小村村民的称呼习惯,将社区居委会称为"村委会",社区小组称为"村小组",社区主任称为"村主任",社区党支书称为"村支书"。

计，决定在预留安置用地①上修建一座统一规划的新村。② 随后，500多户村民批得了新村的宅基地。③ 到2009年秋，④新村基本修建完成，⑤新村楼房的底层统一建成商铺，顶层或最高两层村民自住，其余都租给外来人。小村之前的宅基地区从此被称为“老村”。

2010年春，小村被纳入昆明市城中村改造范围。按照政府规划，整个村庄将在未来变成商业区，全村两千余人则会被集中安置在几栋三十多层高的回迁房中。尽管村干部们迅速表态支持拆迁，但大部分村民们却对改造活动进行了强烈的抵制。到2010年7月底，由于媒体的介入，⑥拆迁活动暂时中止。此后该村一直处于一种“地位未定”的状态：一方面，村庄仍在政府的改造范围之内；另一方面，公开激烈的拆迁动员基本停止。

从2010年年底到2011年冬，我先后3次前往该村，进行了共计5个多月的田野调查。通过调查，我发现这场已陷入僵局的城中村改造

---

① 昆明市规定，对于进入“规划红线”的集体土地，每征收100亩给予村庄15亩转换用途的土地指标，村集体可以在这15亩土地上建设商业用途的房屋。参见《小村故事1》，第97页。

② 关于修建新村，可参见《小村故事2》第三章“居”；于坚、朱晓阳拍摄的纪录片《故乡》，2010年。事实上昆明市城区的周边农村在2004年至2006年普遍出现了修建新村的风潮。参见“昆明市盘龙区城中村状况调查及城中村改造相关政策建议”，载 http://zxbzxb. blog. sohu. com/109128354. html。

③ 当时全村共有2000多个村民，“以本村现有在册户口人数，以四人为一户型”审批一处长9.24m，宽10.64m的地基，因此规划宅基地500处左右（最终确定为503处）。分配地基时“不足四人户型和多余四人户型的，在本村在册人口互相自找调剂（如老人、子女、弟兄、亲戚、朋友……）村上一律不作调整”。参见小村村委会：“小村村委会新村建设实施方案的报告”，2005年8月20日。

④ 2007年6月，村委会找到相关机构对新村的路面、排水、污水、绿化等基础设施进行规划修建。到2009年9月底，新村的水电管道和电视网络完工。在此前后，绝大部分房屋的主体结构和大部分新房的内外粉刷也基本完成。参见小村村小组：“关于新村可否开工建设的指示”，2008年3月9日；小村村委会：“关于新村502户1至3层由村集体统一出租情况说明”，2009年8月20日。

⑤ 2008年年初，昆明市委书记仇和“冻结存量，停止增量”的政策一度使整个新村完全停工，后来突如其来的“金融风暴”则使局面有所松动，新村重新开始修建。参见《小村故事2》，第161页。

⑥ 参见“新村为何要拆迁”，中央电视台《焦点访谈》2010年7月24日。

在使老年人生存处境大为恶化的同时改变了村庄的家庭和代际关系,其影响之深远远远超出了拆迁活动本身。

二、"代签"

2010年6月5日,小村村民刘栋[1]在其一篇名为"拆迁背后的凄凉"的博文中叙述了邻村金牌两位老人的遭遇。这家老两口有70多岁,一直和儿子住;可儿子"平时就对父母不好,动不动就打骂。"拆迁开始后,儿子把父母养老的房子签给了"小村社区推进城中村改造项目拆迁工作分指挥部"(以下简称"拆迁办"),[2]"给了老人3万块钱就不管了,自己去住小区房"。无家可归的老人只得在已被拆成瓦砾堆的村子旁边用"几块石棉瓦和一些破木板"搭了个"窝棚"。老人嫁到外村的女儿闻讯赶回,哭着对碰巧经过的刘栋说她要"找到父母带他们去讨饭"。[3] 直到我做田野调查时,简陋的"窝棚"依然在金牌村的废墟旁,两位老人则已不知去向。刘栋在转述此事时感叹说"再下去不知道还会发生什么样的事"。果然,同样的事情很快就在小村出现了。

6月中旬,80多岁的小村村民黄富和老伴拿着两节草绳冲进拆迁办大厅,对众多工作人员吼道"你们敢拆我的老房子,我们两个今天就吊死在你们拆迁办门口!"田野中,当我向村民问及拆迁对老人的影响时,村民们往往会说,"你看看黄富就知道了,老两口都让逼得上吊去了"。后来我找到黄富本人,重新梳理了"上吊"一事的前因后果。

---

① 本文中涉及的人名均已处理。由于小村城中村改造事件的特殊性,对地名的处理已经失去意义,因此基本不做改变。

② 拆迁办于2010年4月底成立,负责小村、金牌、白塔三个小组的拆迁工作。拆迁办的责任组长为官渡区农业局局长、矣六街道办事处副主任和中豪公司(小村地块开发商)副总经理,日常工作由街道办副主任主持。根据工作内容,拆迁办下设了动迁、测绘、评估、律师等小组。参见"小村社区推进城中村改造项目拆迁工作方案",2010年4月30日。

③ 参见"拆迁背后的凄凉",载http://blog.sina.com.cn/s/blog_683d97040100j1jm.html。

黄富共有二子二女，长子黄大育曾当过村主任，当时虽已下台，但仍对村庄有一定的影响力。黄富的小儿子黄小育则是村里公认的“烂人”。据说他平日会拿着把匕首在村里转来转去，看谁不顺眼、容易欺负就上去骂几句，村民对他唯恐避之而不及。2009 年黄富立下分家协议，把自己的两处房子都分给了小儿子。[1] 2010 年 5 月，黄小育加入拆迁办，之后不久，黄富的两处房子便被他签给了拆迁方。拿到大笔补偿款[2]的黄小育从此离开村庄，直到我田野调查结束时都再没出现过。黄富是直到拆迁办给他所住的房子喷“拆”字[3]时才知道了小儿子签字的事。他坚决不同意拆迁方入户测绘，并很快拿着绳子到拆迁办大闹了一番。

这种家庭成员未经户主同意便与拆迁办就户主名下房屋签订《拆迁补偿安置协议》并取得补偿款的行为被村民称为“代签”。在整个小村拆迁中，此类事情并不少见，而且其中绝大部分都是成年儿子“代签”父母的房子。在我看来，儿子“代签”中包含了很多值得探究的问题：绝大部分父母为什么最终都默认了儿子的“代签”？儿子为什么要背着父母签字？拆迁办为什么会承认“代签”协议的有效性？

分析了大量“代签”事件后我发现，“分家协议”在其中具有相当重要的意义。[4] 即使是“代签”，儿子也会严格遵守分家时划定的财产范围，他们签订协议的房屋都是理论上父母过世后将归其所有的部分。黄富家的情况也是如此，2009 年的“分家协议”里明确写到“黄富将祖上遗留老草房一间一耳包括内外空地”和“瓦房两间一耳分给黄小育

① 参见黄富、黄大育、黄小育“分家协议”，2009 年 6 月 24 日。

② 黄小育在签字、交钥匙后事实上只拿了部分补偿款，因为按照拆迁流程，必须是签字、测绘、验房等流程都结束后才能拿到尾款。参见小村拆迁办：“被拆迁人签订拆迁安置补偿协议流程（附拆迁工作流程图）”，2010 年 5 月。

③ 签订《拆迁补偿安置协议》后，拆迁办会在该处房屋门口用油漆喷上一个红色的“拆”字和签字时间，等到验房结束会再喷上“验”字，然后才会开始拆除房屋。

④ 这部分是因为小村的多子家庭在数年前修建新村时已全部分家，“分家协议”普遍存在。这一点在很大程度上减少了拆迁可能导致的家庭纠纷，因为如果没有修建新村导致的分家潮（其实质是将大部分家产在诸子间进行分配），那么小村在遭遇拆迁时将不得不把原本持续时间较长的多次分家压缩为一次，其中的矛盾无疑将大大增加。

使用和处理”。在子辈们看来,“代签”只是对父母财产的“提前继承”。

刘庆家的例子更为清楚地表明了上述关系。刘庆妈有60多岁,她和倒插门的丈夫(已过世)共有二子一女。刘庆妈的两个儿子在成年后和其父一样都去外村做了上门女婿,只不过小儿子的户口一直没有迁出村子。按照之前的分家协议,老村的房子留给大儿子,新村地基交给小儿子刘庆盖新房,刘庆妈则由大儿子赡养。由于儿子都是上门女婿,两处房子便挂在了刘庆妈名下。开始拆迁后不久,大儿子找到刘庆妈要求把老房子签了,刘庆妈表示两处房子都在她一个人户头下,“签了这个怕会牵扯到那个”,而新村的房子小儿子是无论如何也不愿签的,因此她不同意签老房子。不过大儿子并没有听从刘庆妈的劝告,而是直接找到拆迁办签订协议。失望的刘庆妈只得搬出老房子,一个人住进了小儿子在新村还没装修好的“毛坯房”里。据说事后大儿媳妇曾从补偿款中拿出两万块钱给婆婆,但刘庆妈拒绝接受。好在新村很快“暂缓拆迁”,保了下来,否则“新村让牵扯着签了,我就没脸见刘庆了。”

在这一事例中,刘庆哥哥的户口已经迁出本村,因此从法律上讲,他根本不能享受村集体成员才可获得的宅基地使用权。刘庆虽然也是上门女婿,但户口毕竟还在本村,因此他显然比哥哥更具有资格获得两处房屋的所有权。不过小儿子并没有因此“代签”分给哥哥的老房子,大儿子虽然签了字,但也只签了分家协议中划给他的那部分。可见在他们两人看来,分家协议中关于房屋的划分是比法律政策和户口所属更具合法性的规则。刘庆妈本人“签了这个怕会牵扯到那个”的想法也表明,她其实并不觉得大儿子会去“代签”弟弟在新村的房子,真正让她担心的是拆迁办不按规矩来,非要把两者“牵扯”上关系。① 拆迁中的“代签”事件不少,但儿子“代签”时只能签未来将归其所有的那部

① 这种房屋之间的“牵扯”在小村拆迁中多次曾出现,最典型的例子是某村民在村中有多处房子,他先签了关于一处老村房屋的拆迁协议,到了要拿尾款时,拆迁办告知他必须把另一处老房子也签了才能拿到钱,等两处房子都拆了,还是没拿到尾款,拆迁办又说“你不是还有新房子吗?”该村民大呼上当,并表示“老房子的钱我也不要了,我就要我的新房子”。据村民说,小村村支书在私下场合曾说过:“哪个说不牵扯?你就是签个茅厕,都会把新房子牵扯进去。”

分，这一点被村民普遍遵从。

"代签"的另外一种情况是根本没有分家协议，父母只有成年独子。此时所有财产原则上都将归独子一人继承，儿子"代签"所受的约束一般也更小些。小村"五代表"[①]之一的马大爹便遇到了这种情况。

马大爹家在村史上也算赫赫有名，他的曾祖马会是解放前的小村"五会长"之一。[②] 马会生有三子。与其他两房相比，马大爹所在的长房显得生息不旺：从他的父亲开始，马大爹这一房数代单传。不过虽然人丁稀薄，这一支却被村里人公认为马会子孙中最有出息的一房。马大爹自20世纪50年代起就在外面当干部，1991年退休回村，次年，马大爹和独子分家。又一年后，马大爹的老伴去世。此后20年间，马大爹独自住在马会传下来的"一颗印"[③]里。2007年前后，马大爹的儿子一家搬去新村。开始拆迁后不久，马大爹的儿子背着父亲把祖上传下来的老宅子签给了拆迁办。[④] 马大爹是直到村干部到处说"莫听他[⑤]的，他自己的房子都已经签了"时才知道这事的。就在黄富大闹拆迁办后几天，马大爹带着户口本、身份证和土改时颁发给他家的房产证找到拆迁办领导，说"我是户主，我的房子除了我之外，任何人签字都不算数，就是我儿子也不行！你们要是随便给签，我就要去法院告！"

马大爹在跟我讲述他家的"代签"时，不断地强调国家法律中的相关条款，说"按照《继承法》，等我死了，这房子才能归儿子，只要我还在，这房子就不该他继承"。又特别讲了一则他从报纸上看到的新闻，

---

① 在小村反抗拆迁的过程中，五位积极出头且为众人所推崇的村民被大家称为"代表"。"五代表"于2010年7月基本定型，此后以他们5人为核心，逐渐形成了一个由20来个积极出头的村民组成的小群体。这个小群体慢慢地将以往自发分散的村民抵抗活动协调在一起，并在事实上主导了此后的小村抗争。

② 参见《小村故事1》，第90、91页。

③ 马会死时把他的两处"一颗印"宅子分给了三个儿子，其中较大的一座由长房和三房共享，较小的一个分给二房。"一颗印"是昆明地区的特色建筑，以房屋外形酷似印章得名，参见《小村故事2》，第127～129页。

④ 或许是惮于他的威望，拆迁办一直没敢派人去测绘马大爹的老房子，而开始拆迁后不久便喷在他房门上的"签"字也被马大爹当成是"拆迁办昏搞"而用红漆涂去。

⑤ 指马大爹。——笔者注

大意是说昆明有一个老人在临死时写了遗嘱,把房子留给多年来悉心照顾他的保姆,而不是一直对他不闻不问的儿子;最后儿子把保姆告上法院,法院却判遗嘱有效,房子归保姆所有。在马大爹看来,不但拆迁办"不管谁住着,只要儿子去签字就给签"的行为完全违法,就是黄富拿根绳子寻死觅活的事也是不懂法律的体现。马大爹的说法完全是从现代法律的个体主义原则出发评判"代签",这一点倒是和拆迁办"未受委托不得代他人签字"的规定相吻合。①

不过这条原则并没有得到村民的普遍认可。在谈到"代签"问题时,绝大多数村民都认为,"既然分给儿子了,就是人家的,愿意什么时候签都是人家说了算"。即使是黄富这样以死相逼不让拆房子的人也并没有对"代签"本身提出质疑,他更多的是从自己的生存处境出发解释自己的行为,"我跟他们说你们不能拆,拆了我住哪去?拆迁办也是共产党领导的,你不能不顾老百姓的死活"!甚至是当了多年村主任的黄大育也是如此,他在谈到弟弟"代签"房子的问题时,颇有些得意地跟我说:"我就给拆迁办放话了,我说房子虽然让小杂种②签了,但是我爹还在里面住着,你们要是敢拆,我就把爹妈送到你们拆迁办去,你们给养。他们一听就不敢动了。"

相对于马大爹的看法,村民们似乎更多的还是延续着"父子一体"的传统观念,财产被认为是归属于某个家庭(即使已经分了家)而非单独的个人;③因此即使父母还没有过世,儿子依然拥有处置分家协议中划归自己的家庭财产的权力。只不过以往的研究者更多的是在强调父

---

① 按照拆迁办的规定,拆迁中"经常会碰到由非产权人在协议上签字的情况,为了避免将来可能带来的法律纠纷",解决办法如下:"以土地证、房产证或三级证明上载明的人名为房屋产权人";"由他人房屋产权人签订协议的,需提供产权人的授权委托书(统一格式,经委托人和受委托人签字按手印),委托人和受委托人的身份证复印件";"由他人代房屋产权人领款的,需提供产权人的授权委托书(同上),委托人和受托人的身份证原件和复印件"。参见小村拆迁办:"会议纪要"(第2期),2010年5月16日。

② 指黄小育。——笔者注

③ 参见滋贺秀三:《中国家族法原理》,张建国、李力译,法律出版社2003年版,第105页;高永平,"中国传统财产继承背后的文化逻辑——家系主义",载《社会学研究》2006年第3期。

亲在家庭财产处分上的决定权，[1]而我在村庄中看到的则刚好相反，子辈在这一问题上具有极大的发言权，甚至到了可以不经过父辈同意便作出决定的程度。不过无论彼此权力如何消长，这种以家庭为单位的财产所有观念本身却没有遭到质疑。[2]

换一个角度看，从第一次分家（长子成家）到父母完全丧失自理能力彻底分家之间其实是家庭财产归属的过渡期，成年子女分家时没有带走的大家庭财产此时处于一种未来归子女所有和此时归父母支配的模糊状态，[3]房子尤其如此。拆迁的出现迫使村民将这一模糊地带从产权意义上清晰化，于是才会产生“提前继承”这种看似不合法理、事实上却被普遍接受的现象。

与财产归属清晰化同时发生的是家庭成员间情感的淡漠，一旦产权变得清晰起来，原本维持那种模糊但稳定的财产状态的温情脉脉的东西便显得不再重要了。因此村庄绝大多数遭遇“代签”的父母最终选择了隐忍和退让，希望以此维持已经开始遭到破坏的家庭关系。

刘庆妈在给我解释她之所以拒绝接受儿媳的两万块钱时，说：“不是气签房子，分给人家就是人家的事。就是怕牵扯，他[4]是一点都不顾刘庆，一点都不顾他弟弟啊。”不过等到风头过去，新村不可能被“牵连”后，大儿子给刘庆妈送了台全新的电冰箱，刘庆妈则以此为契机恢复了和他家的来往。与此相似，接受了现代法律观念的马大爹一度打算联合其他有相同遭遇的老人起诉拆迁办，但最终还是不了了之。因为当他找到儿子，质问“代签”房子的事时，“儿子说怕我顶到最后吃亏才偷偷签的，他说他现在也后悔了，我就闷了嘴[5]了。真个去起诉还不

---

① 参见《中国家族法原理》，第 123～132 页。

② 马大爹曾在一次和村干部的谈判中提到“代签”问题，强力推动拆迁的小村村主任在承认“代签”违法之后又否认小村拆迁中出现了这类现象，在他看来，“老子不同意，儿子哪个敢签？”所以“代签”是“代表”而非偷偷“代替”父母签字。

③ 参见费孝通：“家庭结构变动中的老年赡养问题——再论中国家庭结构的变动”，载《北京大学学报》1983 年第 3 期。

④ 指刘庆的哥哥。——笔者注

⑤ 小村方言，不做声的意思。——笔者注

是要把他扯出来,算了”。

只有完全不在乎家庭关系的人才会真的和子女追究起“代签”的事,最典型的便是黄富。但他的不顾及是因为其与次子的关系早在拆迁前就已经完全破裂,甚至到了“父子如仇雠”的地步。据黄富说,黄小育“从小就不服管教,长大了经常打骂我们两个老的”,对当了村主任的黄大育也毫无敬意,有次甚至在别人的挑唆下,带着棍棒冲进村委会,把正在开会的哥哥打了一顿;此事发生后不久,黄大育就声明放弃对黄富财产的继承权,黄小育将在黄富死后继承包括一新一旧两处房子在内的所有财产。当时黄富老两口住在较新的房子里,黄小育住在父母的旧房子中,不过他很快在老村批得了一块自己的宅基地,并用父母的钱盖起了房子。没过多久,已经有了房子的黄小育将黄富夫妻赶到旧房子,说准备把父母本来居住的房子租出去。黄富因此与小儿子起了争执,但很快便被黄小育推倒在路边的水沟里。黄小育甚至“抡着铁锹,准备要我的老命”,最终是在路过村民的劝阻下才作罢。“让自己的儿子打,在我家村子算是已经没脸了”的黄富在村民提点下,决定去法院起诉次子。黄小育在收到传票后拿着刀找到黄富,逼他撤诉,说不撤的话,就要取黄富、黄大育和黄大育的儿子3条人命。迫不得已的黄富撤下讼状,并立了书面协议将两处房屋和所有财产都分给黄小育。[①] 此后黄富老两口一直住在旧房子里,平时靠女儿的接济过活,直到拆迁。

正是因为和儿子已完全闹翻,所以黄富在得知我想了解他家的“代签”情况时,不但没有像一般村民那样讳莫如深,反而十分主动地向我展示他被迫撤回的起诉书和被逼签字的分家协议。在整个访谈中,他不断强调自己“已经是没脸的人了”;显然黄小育的行为已使他和黄富的父子关系完全崩解。也只有在这种家庭情况下,父母才会撕破脸皮

① 参见黄富:“民事起诉状(附事情经过)”,2009年5月19日;“民事裁定书”,2009年10月28日。

去追究儿子的“代签”。①

调查中我没能找到关于“代签”情况的总体数据，但仍能从一些侧面材料进行推断。新村 409 名村民曾在 5 月底联名寄上访信给国务院，要求停止拆迁。经过层层文函往复，拆迁办在 7 月底被要求对此事件向上级进行书面汇报。按照拆迁办的统计，联名者中有 21 户已经转变态度签订《拆迁安置补偿协议》。拆迁办的用意是“联名信的内容并不一定是小村广大村民意愿的真实反映”。不过从他们对这 21 个签字者的情况说明中，我吃惊地发现只有 9 个是由本人签字，其他 12 人都是其家庭成员代为签字。而且 12 人中只有 2 个被标为“户主”，这意味着剩下的 10 户很有可能都是由非户主的家庭成员“代签”房屋。② 考虑到老村的签字率要远远高于新村，“代签”问题在老村无疑更为严重。

当然，“代签”的普遍出现并不能完全归因于拆迁，毋宁说它是补偿款的巨大诱惑、③不算成功的家庭教育和长期个体化趋势合力之结果。不过无论怎样，“代签”的确是对村庄家庭关系的巨大考验，而且一旦走到这一步，不管最终如何处理，家庭成员间的亲密关系事实上已

---

① 在我第一次田野调查期间，昆明当地影响力颇大的《生活新报》报道了一起发生在小村的邻居——五腊村的相似事件。五腊村和小村一道被划入城中村改造范围，并很快被夷为平地。拆迁开始后不久，五腊的一位七旬老人将自己的女儿告上法院，称其未经自己同意，便“代签”了老人名下的房屋。这一家的情况与黄富相似，老人与女儿已断绝往来十余年，所以能撕破脸皮打官司。参见“为要回迁房 七旬老人告女儿一家三口”，载《生活新报》2011 年 4 月 14 日。

② 参见小村拆迁办：“新村 21 名联名群众签订的拆迁补偿安置协议情况统计表”，2010 年 7 月 27 日。

③ 按照拆迁办的标准，补偿面积“计算至四层，以一至四层面积按实际测量面积计算赔偿”，不足四层的计算“空气房”，即“按底层面积计算补到四层”。补偿面积在 300 面积以内的按照“框架结构 3500 元/平方米，砖混结构 3400 元/平方米，砖木结构 3300 元/平方米，土木结构 3000 元/平方米”补偿；超出 300 平方米的面积按照 900 元/平方米补偿。以一处占地 90 平方米的三层砖混结构住房为例，如果完全选择货币补偿，可得 $300 \times 3400 + (4 \times 90 - 300) \times 900 = 1074000$ 元补偿。再加上奖励费、附属设备补偿，总共能拿到 110 多万元，显然不是一笔小数目。参见官渡区政府办：“昆明螺蛳湾国际商贸城片区五个城中村改造征地补偿、安置实施方案”，2010 年 4 月；小村拆迁办：“昆明螺蛳湾国际商贸城片区小村城中村改造有关问题的解答”，2010 年 6 月 21 日。

经被难以挽回地破坏了。

三、从房屋到货币

拆迁办发给村民的宣传手册中写道,"官渡区小村、五腊村片区城中村改造征地拆迁项目既是一项'民心工程'、'德政工程',又是一项'惠民工程'"。[①] 不过这和社会舆论的总体趋向多少是相悖的。征地拆迁在全国范围内已成为一个负面词汇,每每出现必无好事。但我认为并不能因此完全否定征地拆迁的积极作用,至少就小村的例子看,对老村的拆迁的确为大部分村民提供了一个提高生活水平、改变生活方式的机会。因此村民们从一开始着力反对的也是某些具体的拆迁政策(如何拆迁)而非拆迁行为本身(要不要拆迁)。

初入田野时,我将村民的反抗理解为对补偿标准的不满,事实上也的确没有村民会反对"赔得越多越好"的说法。但随着对小村了解的深入,我渐渐发现对具体的家庭来说,"不患寡而患不均";村庄家庭矛盾的产生大半不是因为补偿标准太低,而是由于家庭成员无法就巨额补偿款的"公平"分配达成一致意见。在某些家庭中,巨额资金的出现恰恰加剧了成员间原本并不那么严重的矛盾分歧。从这一点上看,拆迁对小村村民来说是机遇,更是挑战。

在谈到拆迁时,70多岁的马义不止一次地跟我说"我唯愿他莫拆",又说他和老伴现在是"过一天算一天,等闭了眼,他们愿怎么分就怎么分"。马义所说的是他三个儿子争夺老房子的事。他家的事闹得如此之大,以至于当我问到村里谁家因为拆迁闹矛盾时,村民们十有六七会立刻说"老马义家"。

马义是马会最小的孙子,也是马大爹的叔叔(尽管他比马大爹小7岁),有三个儿子。最初马义有两处房子,一是马会分给三房的半边老

---

① 小村拆迁办:"官渡区小村、五腊村片区城中村改造征地拆迁项目问答",2010年4月30日。

宅子，[①]一是马义父亲所建的砖房。20 世纪 80 年代初，大儿子结婚，马义把马会的老宅子分给他们做新房。几年后，大儿子盖起了自己的房子并搬出老宅子，马义付给大儿子 4000 元建房费并立下分家协议：老宅子分给小儿子，砖房给二儿子，大儿子不再分房，老两口由小儿子赡养。数年后，二儿子成家，因为小儿子还没成年，马义便让二儿子先住进老宅子。不久之后，马义又买了一处房子。到了 20 世纪 90 年代，三儿子成家时，马义让二儿子搬去新买的房子，将腾出来的老宅子作为三儿子的新房，而马义和老伴则住在其父所盖的砖房里。[②]

开始拆迁后不久，马义的儿子和儿媳们围绕老两口所住那处房子的归属发生冲突：大儿媳[③]认为公公事实上一共有三处房子，老二和老三已经各得一处，剩下的这个应该给她家；小儿子认为老人以后要由他赡养，因此二老所住的房子应当归他；二儿子则提出把老房子签了，三家平分补偿款。马义大概还是倾向于把房子给老三，因此当小儿子提出让马义搬去新村跟他们住，顺便把老房子签了时，他并没有完全反对，只是说“先量两边，正屋留着；我们晚上去新村，白天还是在老房子待着”。二儿子知道部分老房子被量的事后，登门要求马义将房子天井旁的一块狭长空地量给他，并保证如果获准则以后不再掺和老房子的事。马义觉得“那点过道怕也没得几个钱，你要量就量么”，二儿子由此得到了大约 6 万元的补偿款。大儿媳妇得知老二也量了一部分房子后异常愤怒，从那时起，她每隔两三天就会登门吵闹一番，要求老两口把剩下的所有面积给他家，并要老二家交出 6 万元钱由三家平分，否则“别看只是几万块钱，为了这点钱，拼了一条命也值得！”到我第一次田野调查时，马义大儿媳的闹骂依然在继续。

马义家的问题看上去是普通的家庭财产纠纷，却与拆迁有着密切

---

① 严格地说，三房只分得小半边，另外半边和正堂被马会分给长房，20 世纪 90 年代开始，马大爹便独居于此。

② 2005 年，马义的三个儿子都在新村申请了宅基地，老两口把自己的户头给了二儿子和三儿子，补给大儿子 1 万元钱；此后，马义又给了三个儿子每人 15000 元的建房款。2008 年前后，三个儿子陆续搬进新村。

③ 马义的大儿子在拆迁前不久去世。

的关系。拆迁的到来使得以往无人在意的老房子顿时变得奇货可居，之前的分配方案此时显得有失公平。但这又不仅仅是重新调整分家协议所能解决的。马义遭遇的困境在于，随着房子意外地变成巨额补偿款后，能够为几个儿子共同接受的“公正”事实上已经不存在了。换言之，拆迁使得原本并不被人们过分看重的房屋急速“增值”，而家庭内部又不可能对此意外“增值”部分的分配原则事先达成协议，同时，在村民生活经验所及的范围内也没有什么相同情况下的先例可循，于是家庭内部的纷争变得不可避免。

与“代签”不同，此类家庭纠纷和分家协议的关系不大，关键在于各个儿子从分家中获得的房屋“增值”是否相对均衡。马义的例子正是如此，大儿子得到的4000元钱和二儿子、三儿子分到的房子在分家时是基本等价的，因此在拆迁之前，他们家“也没怎么闹过”。但拆迁开始后，4000元与上百万元的补偿款相比显得相去甚远。马义大儿媳反复强调她公公“偏心，分得不公”，正是说这个。

遭遇这一状况的村民如果足够“现代”，能够将分家时得钱或得房视为一种风险投资，或者他们仍相当“迷信”，会将这种意外的“相对损失”归结于冥冥中注定的命数，那么这一问题倒都还可以解决。① 不过麻烦在于，包括马义大儿媳在内的大部分村民似乎都处于这两者之外，他们既不愿意承认自己应当对这一损失承担某些责任，又一定要在现实之中找到一个具体的使其“吃亏”的元凶，于是这类各执一词又无法裁断的糊涂账大多变成了经年累月的吵闹咒骂，或者家庭成员间的拳脚相向。马义家最终大概会变成前者，而老宝则无疑是后一类的代表。

在我做田野调查时，老宝被儿子痛打一顿的事情已经传开。村民

① 我在和小村副主任谈起这事时，他说，有些村民就是不讲理，做不到“愿赌服输”，“分的时候你不说，现在又来闹！”不过以村民小马为代表的一些村民则属于后一类。小马在2003年放弃了一块宅基地，用当时本来“可以盖个三层楼”的6万元钱租下了村子北侧公房里的铺面，到2010年拆迁时，他的铺面被勒令停业，村委会按2003年的协议退给他3万多块钱。在谈到这事时，小马的老婆在一边不停地抱怨说：“当时要是盖了房子，现在一签，随随便便就是百十万，结果开铺面，最后还成了这样！”小马则很不高兴地让他老婆闭嘴：“你跟我都没有那个发财的命，莫废话！”

在转述他的故事时往往会边说边笑，他们大约觉得老宝的遭遇里除了不幸和丢人外也多少带着些滑稽的色彩。

近50岁的老宝结过三次婚，三个老婆分别为他生下了大儿子、小儿子和女儿。老宝的第一个老婆在离婚后又嫁到邻村，大儿子跟老宝过；第二个老婆离婚后留在村里招了外村人上门，小儿子跟母亲过。到2010年，大儿子已经去外村做了上门女婿，老宝和第三个老婆以及十来岁的女儿住在新村。开始拆迁后不久，大儿子找到老宝，要他把老屋分给自己，认为"是你生的就该分"。大概是因为老宝一直不答应，两人争到最后打了起来。年老体衰的老宝不是儿子的对手，直到数天后村民还看见他脸上青肿了一大块。刚挨打没几天，老宝的二儿子又放出风来，说要是分不到老房子，"饶不了老宝"。最后的妥协结果是，老房子划出一间给老宝的第二个老婆，剩下的签字后分给大儿子30万元。不过两个儿子并未就此罢手，而是放话说以后拆新村的话，"还有新房子要分呢"！据说老宝被这句话吓得不轻，从此不敢在村里露面以避着两个儿子。

与"代签"相比，拆迁导致的财产分配"不公"并不算普遍，像马义和老宝那样闹得鸡飞狗跳以致人尽皆知的例子更少。不过村民们普遍承认，补偿款的巨大诱惑使得村庄家庭成员间的关系变得比以前脆弱得多：每个人都开始敏感地紧盯着房子的归属，一些以往不大可能引起注意的细节在拆迁之后都有可能变成巨大纠纷的导火索；为了得到房子，有的人甚至开始挑战长久以来的财产继承原则，用村里老人常常感叹的话说："拆迁动着经济了，社员①都变复杂了，村子也乱了。"

田野调查期间第一个邀我去客堂②吃饭的是陈庭贞，当时她的丈夫老赵刚去世，陈在为其丧事请客。陈庭贞是陈洪的女儿，已经70多岁。她家在村里也颇有名气，陈洪也是新中国成立前的小村"五会长"

① 小村的中老年人仍习惯于用这种集体时代的称呼指称村民。——笔者注

② 滇池沿岸农村中一般每个自然村都会有一个供村民操办红白事时请客的公共场所，称为"客堂"。2011年秋之前，小村的客堂在老村的大寺（老客堂），之后则搬往拆迁办大厅（新客堂）。关于大寺的历史，参看《小村故事2》，第184～186页。

之一,土改中被划为“破落地主”。[①] 大概是因为吃了成分的亏,陈庭贞下定决心要嫁给党员。后来符合她要求的老赵当了陈家的上门女婿,两人生了一子二女。陈庭贞家的特殊之处在于她的两个女儿都是招姑爷,唯一的儿子反倒长年在外地工作。到开始拆迁时,陈庭贞和老赵的三处房子中一处已经分给大女儿,一处陈庭贞自住,面积最小的一处由老赵住。2011年年初,老赵去世,一个多月后在老客堂出殡、请客。[②] 不过让人意外的是,老赵的独子并没有回村参加父亲的丧礼。[③] 因此我第一天去吃饭时,给每桌发烟酒、招呼客人的都是死者的女性家属:妻子陈庭贞、大女儿、小女儿和儿媳妇。到第二天作“正客”时,同桌的村民告诉我,陈庭贞等人“中午为了‘点主’,一家人在客堂里打了一场”。[④] 具体是说,由于老赵的独子不在,儿媳妇主张省去“点主”环节,直接抬灵;大女儿认为“点主”不能省,并自告奋勇由她来点;二女儿和陈庭贞一方面认为环节不能省,另一方面又觉得此事历来只由男的办,因此她们主张让二女儿的丈夫代替老赵的儿子点主。[⑤] 吵嚷的结果是四个戴着孝的女人在老赵灵前厮打一场,儿媳妇随后哭着带孩子回了外地娘家,大女儿此后也不再参与老赵的丧事,二女婿则在陈庭贞的坚

---

① 参看《小村故事1》,第90、117页。

② 按照小村的风俗,红白事请客有5天。第一天“帮忙”(主要负责确定菜单、买菜做菜和收拾客堂等)的人在完成请客准备工作后会先吃一顿,一般不过两三桌,也只有下午一顿;第二天近亲、邻里和私交较好的村民会被提前请去吃一天席,这天到场的人会达到三五十个;第三四天是“正客”,所有沾亲带故的村民都会被请去,酒席最多时会开到七八十桌;第五天“正客”结束,主人会邀请“帮忙”的人和关系好的亲戚、邻里、朋友再吃一天,以示酬谢,这天的人数和请客第二天差不多。不过虽然吃饭会绵延5天,但婚礼和丧礼则只在第三天“正客”时举行。在老赵丧事上,我被邀请从第二天起前去吃饭。

③ 村民普遍认为此事不合规矩,并大多将责任归到陈庭贞身上,认为她应该等儿子回来再决定办丧事的日期。另据陈的儿媳说,老赵独子之所以没能赶回来,是因为去了省外,不好联系,后来又没能买到回昆明的车票。

④ “点主”是滇池沿岸地区丧礼中的一个环节,指孝子用笔将灵位上缺笔画的字补全。参见胡庆钧:《汉村与苗乡——从20世纪前期滇东汉村与川南苗乡看传统中国》,天津古籍出版社2006年版,第176、177页。

⑤ 陈的大女儿数年前已离婚,此时尚未再婚,因此陈家当时的男人只剩了二女儿的丈夫。陈庭贞的儿媳一开始曾提出让她三四岁的儿子“点主”,但由于这个小孩是儿媳与前夫所生,并非陈家血脉,陈庭贞和两个女儿都不同意儿媳的建议;陈的儿媳随后主张省去“点主”。

持下得以“点主”。

“点主”这种可有可无的仪式[1]之所以会在陈家引发巨大冲突，是因为当地是由继承人在丧事上为死者“点主”，换句话说，“点主”成为一种继承人身份的象征。陈庭贞儿媳和女儿们所争执的与其说是“点主”的规矩，不如说是老赵死后留下的那间房子的归属。虽说只有独子的家户，老人全部财产应当由儿子继承，但这并不是绝对的，陈家发生的事实际上已经使得这一习惯法遭遇挑战。

按照村民的说法，陈家是典型的“阴盛阳衰”，老赵生前就完全做不了主，耄耋之年还被陈庭贞赶到小房子独自过活。陈的两个女儿继承了母亲的性格，连老村主任黄大育都说陈家的女儿“比男的还厉害”。更为麻烦的是，陈的两个女儿并未外嫁，而是留在小村招姑爷，因此多少也获得了些分财产的合法性。[2] 照田野调查结束时的情况看，老赵留下的老房子很可能由二女儿继承，陈庭贞所住的房子则大概会留给常年在外的儿子。这样的话，他家将变成三个子女各从父母那分到一处房子，村庄长期以来“出嫁女不分家产”的原则将在他们那里被改变。[3] 至于陈家成员间未来的关系，村民们普遍认为，“等老赵儿子回来了，还有得闹”！

如果说陈家的纠纷根源于其家庭成员间长期以来颇为奇特的地位

---

① 村民在谈到此事时大都认为，陈庭贞儿媳的说法最有道理，要“点主”就应该让老赵儿子点，现在儿子不在，那就宁可省掉“点主”的环节。而且“点主”也没有想象中那么重要，有村民私下评论说，陈庭贞连死者“五七”之内家属不能随便串门的禁忌都不在乎，成天穿得花花绿绿地在村里唱花灯戏，还干吗要死守着“点主”的规矩？

② 按照村里的规定，两种情况下可以招上门女婿，一是家里没有儿子，二是女儿超过25岁还嫁不出去；陈庭贞的两个女儿都属于后者。在没有儿子的家里，“娶”了上门女婿的女儿等同于儿子（他们所生的第一个孩子一般要随母姓），因此可以继承财产。第二种情况下的女儿是否能够分到家产则没有明确的规定或共识，村民说这种情况下只能“靠家里人自己商量”，或者说基本取决于儿女和老人在家中的性格地位。前文提到的刘庆妈也是第二种情况下招的姑爷，但因为她的嫂嫂比较强势，刘庆妈没能从父母那里继承到任何财产。陈的大女儿则不同，“厉害”的她很早之前就从父母那分到了一处房子。

③ 马大爹对陈家的事一再表示担心，他觉得问题倒不在于陈庭贞的子女们会不会闹矛盾，而在于“陈庭贞这么搞，恐怕嫁出去的女儿以后都会回来要房子了”，而且“按照《继承法》呢，女儿也可以跟儿子一样分房子。但村子这么多年就不是这么搞的。要真回来要了，国家法律还支持，村子就彻底成烂摊子了”。

关系,那么老齐的例子则表明某些偶然因素也会在关键时刻对家庭财产继承产生重大影响。

60岁出头的老齐十分嗜酒,几乎达到了“酒疯子”①的程度。不过村民大多认为他的嗜酒是有原因的,老齐的妻子在20世纪70年代去世,留给他一双还在咿呀学语的儿女。老齐一个人把两个孩子抚养长大,喝酒成了他几十年间最大的爱好。到开始拆迁时,老齐的女儿已出嫁多年,儿子也搬到新村去住,老齐一个人住在老村。此后的一年多,老齐一直坚持不签老房子,儿子也并未对此表示反对。到了2011年冬,独居多年的老齐突然从村外带回个女人一块过日子。这桩风流韵事迅速传遍村子,据知情村民说,那个女人是牛街庄②的,有50多岁;“烟抽得、酒喝得,跟老齐一样”,于是俩人便一块过了。就在大家还在嘲笑老齐“老了还作怪”时,老齐的儿媳登门威胁老齐说,如果不把“野女人”赶出去,她就要和老齐的儿子离婚。没过多久,老齐的儿子也找上门,拖着老齐去签老房子。父子二人在拆迁办门口由争吵升级为动手,打了一场之后,老齐仍坚持不签字,无可奈何的儿子放了些狠话后返回新村。到我离开小村时,父子二人已经断绝来往,那个外村女人则还留在村里。③

在我2011年夏回访期间,老齐家的这件事正是村民热议的话题之一。大家普遍认为父子二人应当各打五十大板,老齐不该老了还弄出这么一桩荒唐事,儿子则无论怎样也不应在大庭广众之下和老子动手。对于整个事件中我最难以理解的老齐儿媳提出的离婚要求,村民解释说,他儿媳是担心“野女人”分了老齐的财产,尤其是那处还没签字的房子,一气之下才会说出离婚的话。老齐儿子逼着他签老房子、立刻分钱也是同样的意思。在老齐的儿子看来,老齐和他之间原本清晰明确

① “酒疯子”是村民对极度嗜酒、酒后又容易乱来的人的称呼。在我田野调查之前,村里已经发生过“酒疯子”喝酒致死的事情。参看《小村故事2》,第190~193页。

② 牛街庄在小村东北方约8公里处,那里离市区较远,靠近山区,生活水平与小村差很多。

③ 这个女人白天和老齐过,晚上则一直住在村中空着的公房里。据说这是为了打消老齐儿子、儿媳对她“想分家产”的怀疑。

的财产传递关系随着“野女人”的出现变得充满不确定性，这个女人随时有可能偷偷地从老齐那里获得财产，[①]但他却无法对此进行监督。既然老齐的儿子从来不认为“野女人”可以成为他们家的一员，那么当财产可能流失到家庭成员以外的人手上时，他唯一可做的就是逼老齐签字，“提前继承”家产。

小村已经出现的众多实例表明，家庭的财产分配和继承关系是处于变动之中的，即使是村里普遍认为最稳定的“独儿子家”，也可能因为或内或外的因素在财产继承上出现混乱。而拆迁的到来无疑扩大了这种财产传递上的不稳定性——巨额补偿激发了家庭成员间的猜忌之心，使得一方面原本可能并不严重的分配不公被扩大，另一方面每个成员倾向于尽快“套现”，[②]这反过来加深了其他人的猜忌，在这种“自证预言”的过程中，家庭矛盾也愈演愈烈。

四、房子与老人

田野调查期间我和村干部只有过几次交谈，在这些谈话中他们几乎一致认为政府推行拆迁力度过大和村民思想转变过慢是导致小村拆迁困局的最主要矛盾。他们所说的思想转变过慢，是指“老百姓没有商品经济观念，思想上转不过弯，就觉得房子和地好。现在都搞市场了，房子跟补偿就是一回事，他们不认这个，就要房了”。因为一直只

---

① 之所以强调偷偷获得财产，是因为这个女人从国家法律规定和小村地方习俗等公开方式获得老齐财产的可能性很小。从《婚姻法》的角度看，只有当老齐和“野女人”结成夫妻关系后，外村女人才会成为老齐的法定继承人之一，从而在老齐死后与他的儿子争夺财产。不过事实上老齐并未与外村女人结婚，村民也一致认为“老齐再胡搞，也不会跑去结婚，丑死了”！而从小村的舆论来看，即使外村女人有霸占老齐房子的念头，将整个事件视为一场闹剧的村民们也不大可能支持或同情她的做法。因此外村女人在老齐死后获得财产的可能性即使有，也是微乎其微的。

② 从房屋到补偿款的变化加大了家庭成员间的相互监督成本。用村民经常说的话就是“房子我能看见，钱我可看不见”。因为无法确知其他人是否从父母那里获得现金，每个成员都倾向于将家产折现后立刻进行彻底的分配。

是和村民打交道,所以我在初次听到这番话时顿觉耳目一新。村干部的解释在某种程度上可以看作对农民心态的文化解读,而且和我之前读到的不少研究颇为相契。不过随着时间的推移,我越来越觉得这种说法似是而非,说它“似是”,是因为不少村民,尤其是中老年人的确对土地和房屋表现出执著的依恋;[①]说它“而非”,是因为这种依恋并不能简单地归结为某种不可还原的情结或心态,相反,其更多地应当被视为一种可以在现实中寻找到具体表现形式的生活方式。

近年来,征地拆迁已经成为全国范围的热点,经过媒体的大规模报道,社会各界基本形成了对此现象的共识性解释:“土地财政”导致的农民权益严重受损。[②] 我同意这一分析,并认为小村完全可以成为一个例证。[③] 不过,在小村见闻的诸多事例让我感到村民拒绝接受“房屋换补偿”[④]的原因可能比上述逻辑更复杂些。征地拆迁不仅仅是一个对房屋和土地进行不平等买卖的故事,更是一种以市场和法律的名义对一部分人生活方式的强行改变。如果拆迁问题最终被简化为补偿标

---

① 小村自2008年之后就完全丧失耕地,到我田野调查时,村民已经逐渐适应了无地的状态。但是从大家积极开垦村边荒地的行为之中可以看出小村村民(至少是中老年人)对土地本身仍有一种深厚的感情。至于对房子的态度,自拆迁以来村民自发进行的坚决抗争大概已经足以表明他们的依恋和不舍。在拆迁初期,小村副主任的父亲的事曾经引来大家的一片慨叹。这位老人在看到自己的房子被挖机拆除后,精神突然失常。据说他骑着自行车在村里转来转去,每次停下来,都会指着周围的房子说“这是我家的房子,这也是我家的房子。”

② 参见周飞舟:《以利为利:财政关系与地方政府行为》,上海三联书店2012年版,第207~246页;张千帆:“农村征地制度亟须改革”,载http://zgjjsb.blog.sohu.com/151037886.html。

③ 村民在多份上访材料中详细地说明了他们为什么无法接受拆迁办给出的补偿标准,简言之,拆迁办“房地合一”的补偿价是42万/亩,但小村周围片区当时的土地的拍卖价格已达到200万/亩。村民所得的补偿款只够在同地段买一两间商品房,“一栋楼拆了只能换一间房”,村民无法维持原有生活水平。参见“对《行政复议申请》材料的补充”,2010年8月1日。

④ 此处强调“换”而非“买卖”,是因为我国特有的二元土地制度使得征收集体土地成为一种政治行为而非市场行为。村民拿到手的是对他们失去土地、房屋的“补偿款”而非根据市场行情平等协商后达成的“卖房卖地钱”。另一方面,村民接受“换”本身也反映了一种特殊的带有互惠色彩的公正观。参见折晓叶:“合作与非对抗性抵制——弱者的‘韧武器’”,载《社会学研究》2008年第3期。

准与市场价格是否一致，那么众多无法归入此类的东西将被彻底忽略；而这些东西从某个角度来说，并不比补偿款轻贱多少。

在我看来，要了解拆迁对村民生活方式的影响，最直接的办法便是观察对此最为敏感的老年人群体。

2011 年 10 月 2 日清晨，十多个村中的老年人聚集到了离村口不远处的废墟旁聊天，"五代表"之一的刘述戎打开前一天的《春城晚报》并很快看到一条整版刊登的新闻，大概内容是说同在滇池边的福海村前段时间被拆迁，失去房子的村庄老人变得无家可归，①因为外面的"房主嫌老人年纪大了或者体弱多病，觉得老人在租房期间在自家房子里去世会不吉利，拒绝老人们租房"。几十个老人不得不回到已成废墟的村子，栖身于猪圈、柴房之中。② 刘述戎把这条消息拿给周围的老人看，大家并没有显示出特别惊讶的表情，不过附和几声"是的嘛，搬出去咋个整！"③对小村的老年人来说，这类消息和实例已是司空见惯了。

其实福海的老人租房问题在我第一次田野调查临近结束时就已经被报道过了，④不光是福海，昆明其他进行"城中村"改造的地方也出现了类似情况。⑤ 小村当然也不例外，村民在 2011 年 5 月的一份材料中就明确提到"60 岁以上老人，一般户主都不愿意出租，怕老人病亡在屋内"。⑥ 可以作为证据的是，拆迁开始后的一年半中，小村有三四个签

---

① 昆明的城中村改造实行"原地回迁"政策，也就是拆迁结束与回迁房建成中间会有一个相当长(3 年左右)的租房过渡期。参见"昆明螺蛳湾国际商贸城片区五个城中村改造征地补偿、安置实施方案"。事实上，昆明自 2008 年开始城中村改造，截至 2011 年年底，235 个通过审议的城中村改造项目中只有"121 个村启动安置房建设，16 个村安置房交付使用"。其他大多因资金、规划等问题一拖再拖。参见"昆明 84 城中村完成拆迁整理"，载《昆明日报》2011 年 12 月 28 日。

② 参见"福海 28 位老人栖身猪圈柴房"，载《春城晚报》2011 年 10 月 1 日。

③ "小村影视资料"，北京大学社会学系影视人类学基地资料库，2011 年 10 月 2 日，编号 241～243。

④ 参见"拆迁后难租房 高龄老人住猪圈"，载《生活新报》2011 年 4 月 22 日。

⑤ 参见"城中村拆迁群像谱　昆明'后城中村时代'特征"，载《云南信息报》2010 年 7 月 2 日。

⑥ "关于老村现住老年人的情况调查及今后的安置意见"，2011 年 5 月。

字搬出村子的老人在病重时又被房主赶出房子,①这些老人最终只能被家人送回村子,在废弃的破房子(有的甚至只有临时搭起的窝棚)里凄惶去世。

不过总的来说,和其他遭遇拆迁改造的滇池沿岸村庄相比,小村拆迁带来的老人去世现象虽然存在,②但并不是十分突出。③ 对老年人影响更大的是搬出老村之后的生活问题,前面说到的生活方式变化在这里体现得尤为明显。

搬出老村的老年人有两种去向,大部分会搬去新村和负责赡养他们的子女同住,少部分老人的子女把新房子也签了,此类人便会全家搬到村外去住。这两种情况下老人的生活状态有所不同,但总的来说,完全搬出村子的老人需要改变的地方更多,不适感也更强。

我在2011年年底对仍居住在老村的老年人进行了调查,有57户、共计97位老人明确表示不管"给多少钱都不让房子","不挨儿子住",宁愿自己在老村单过。这在仍居于老村的老人中占有很高比例。④ 在

① 和周边其他农村一样,小村老年人很忌讳死在医院里,他们普遍相信只有在家里过世,灵魂才得超度。

② 小村最早因拆迁去世的老人是马莲,她的事例在后来不断被村民提到,对激发老年人的抗争情绪起到了相当大的作用。根据马大爹的记述,5月下旬,村里的老人在开会时质问村支书:"你自己有住所,我们到哪里去住?"支书回答:"你们去跳楼!"86岁老人马莲在绝望情况下,手捶胸膛大叫:"我到哪里去!"从此卧床不起,一个星期后去世。参见"要求政府严令查处违法拆迁",2010年6月9日。

③ 邻村五腊和小村人口规模接近,且同时开始拆迁,可以作为一个对比的例子。从开始拆迁到2011年夏,一年多的时间里,五腊村老人的死亡总数是小村的一倍多。参见"滇池东岸的生与死",载http://blog.sina.com.cn/s/blog_4c06b5040100u2tf.html;滇池沿岸福海村拆迁后的老人死亡状况,参见"请救救我们农民",载http://blog.sina.com.cn/s/blog_70a9af970100qths.html。

④ 根据村民在2011年5月的统计:"老村居住的老人家庭共94户(即实际生活在一起的成员只有老人),其中老年夫妻两人一户的共57户,孤寡老人单身的共38户,此外还有一户为3个老人(一人已近百岁)。按年龄,80岁以上10人,70岁以上39人,60岁以上104人。"考虑到2011年下半年签字搬出老村的老年人家庭不超过10户,因此将5月的数据作为参考仍然是有意义的。参见"关于老村现住老年人的情况调查及今后的安置意见"。

那次调查中，不断有老人闻讯从新村跑来找我，让我把他们“挂上”，[①]同时表示“新村不好在，老房子是签了，但还没拆，我想扫出一两间，还是回来住”。在问到“为什么不愿搬出老村”或者“为什么又想回老房子”时，老人们的回答显得十分零碎：“吃不惯”，“爬不动”，“处不好”，或者干脆说“不方便”。后来试图重新理解这些难以归纳的理由时，我才发现，这些看似琐碎的事情其实已构成了老人日常生活的全部。

作为老人们经常提到的一个理由，“吃不惯”其实包含了多重含义。一方面，与“牙口好，吃得硬”的子女相比，老人大多只能吃些较软的食物。大概正是因为这一点，昆明虽然是传统的稻作区，但小村老人们倒是经常吃面食。另一方面，老人们一般睡眠少、起得早，因此他们大多一天吃三顿饭——七八点吃早饭，十二点吃午饭，下午六点多吃晚饭。而村里无所事事的年轻人则不同，由于晚睡晚起，他们会每天上午十点或十一点吃中饭，四五点吃下午饭，晚上十点左右补一顿宵夜。由于吃饭时间不同，搬去和子女住的老人要么改变自己的饮食甚至作息习惯，要么就只能“每天早饭么，就把儿子头天的剩饭热热，中午赶早一点跟他们一块吃，晚上再热剩饭吃”。

新村的居住结构无疑加大了老人在饮食上的不便。由于房屋要用来出租，绝大多数住进新村的老人只分到一两间房子做卧室，没有单独做饭的厨房，[②]不得不和子女“伙着吃”。即使获准使用子女的厨房，大部分老人也完全不知道应该如何操作那些“先进”的煤气、电力炊具。在这一点上，田碧兰的故事给我留下的印象最为深刻。70来岁的她和老伴都是村里的老党员，田碧兰老伴的胃病很严重，吃饭见不得“大料”，[③]每天还要喝中药。据田碧兰说，开始拆迁后，有次区领导来小村“下访”，她抱着给老伴熬中药的瓷罐跪在区领导面前说：“我是有四十

① 小村方言，登记的意思。我年底那次对老人居住意愿的调查在村民的相互转告中变成了“小孙在登记老房子，不挂的以后不拆迁了也不能回老村住”。于是有很多老人从新村跑来找我。

② 这部分也是因为子女嫌老人“做惯了大灶”，怕有了厨房之后，老人仍按以前的方式做饭，把新房子的墙壁、地板弄脏。

③ 小村方言，指葱、姜、蒜等刺激性调料。

年党龄的老党员，组织要拆迁，按说应该带头；可要把老房子拆了，老倌的病咋个办？”大概区领导并不清楚她家的情况，弄不清拆迁和熬药有什么关系，因此把她看成是在“胡搅蛮缠”，所以田的跪求最终没产生什么效果。但在我看来，田碧兰所说的“熬药”这种看似不成问题的问题恰恰表明了拆迁对老人生活方式的改变是何等剧烈。对田碧兰来说，老房子已经和她老伴的病情，和她每天的生活作息，甚至和如何寻找木柴、如何生火熬药、①如何让老伴晒太阳等问题联系在了一起。拆迁看上去改变的只是一个居住地点，但她却需要因此重新安排自己的全部生活。这种改变显然已经大到70多岁的田碧兰无法承受的地步。

老人们所说的“爬不动”也与新村的特点有关。平均6层左右高的新房子中村民自住的只有顶层或者最上两层（其他楼层用来出租）。这样的居住格局给老人的出入带来极大不便，大部分老人根本没有体力每天在五六层的楼房里上上下下。“五代表”之一刘杰的母亲有80多岁，被村民公认为精神矍铄的老人，重要例证就是她能不用人搀扶，自己抓着楼梯爬上儿子六层高的新房子。但即使这样，刘杰妈也只是一两个月去一次而已，因为“儿子经常喊，不去不好”，但是也不能经常去，毕竟“楼太高，去多了吃不消”。大部分老人就没有她这么好的身体了，我在一户村民的新房子顶层吃饭时，该村民的一个长辈也被邀请到场。这位老人尽管比刘杰妈还小几岁，但身体显然不如后者康健，已经只能坐在椅子里被儿孙们抬着上楼了。

此外，大概由于常年做农活的缘故，小村不少老人到晚年都得了关节病。对这些老人来说，新房子更是难以忍受。20世纪70年代曾当过生产队队长的老谭在开始拆迁时有70来岁，他先是跟女儿去了村外

① 田碧兰在和我的谈话中对熬药方式表现出了异乎寻常的执著，去新村后不能生火、得学着改用电磁炉或煤气灶的技术性变化对她来说并不是最大的问题，更关键的差别在于，她相信用生火以外方式熬成的中药会失去灵验的效力，一旦搬出老村，不能生火，他老伴的病将难以治愈。因此她才会不断强调“把老房子拆了，老倌的病咋个办”？

某小区租房子,[1]过了几个月实在受不了,又搬回新村跟大儿子住。但老谭的一条腿有残疾,上下楼时很费力。每次都是上几个台阶歇一会,一共要20多分钟才能从楼下爬到他住的五层。出于多方面的考虑,[2]老年人很少会被子女安排在新房子的低层居住,于是对他们来说,搬去新村基本意味着出门变成个极重的体力活。"爬不动"的直接结果是老人尽量减少自己的出门次数。刘庆妈一个人住进新房子后,由于楼层高,不得不"每天吃了中饭才出来一次,买买菜,到处转转,找人款款,[3]到五点多回去做饭,做一顿管一天","晚上就不出来了"。

出门次数减少事实上使得老人不得不告别以往那种整天走家串户的生活,转而学习对着电视混日子或者在发呆中打发时间。这种改变对小村老人的生活来说是相当剧烈和颇为彻底的。我在田野调查中注意到,仍然居住在老村的老人们每天除了吃饭,大部分时间都是在村里转来转去。从大清早起,老头们就会在几个固定的地点聚集起来打牌、"吹牛";[4]午饭之后又会去打麻将、看花灯、[5]抽水烟。老奶奶们上午基本是在农贸市场附近,一边买菜一边与碰到的熟人"款款",下午则大都带着一堆做"皮鞡踏"[6]的材料,聚集在不同的村民家里聊天做鞋。

---

① 老谭家的情况比较特殊:根据分家协议,老谭的两处老房子分别给了两个儿子,但两个儿子很快又都把房子转手卖给了老谭在村里招姑爷的女儿。因此当女儿把老房子签了之后,无家可归的老谭便只能跟着她搬出去住。

② 一方面,新村的房子楼层越低租金越高,因此从经济收入的角度讲,子女会倾向于让老人住高层。另一方面,住在低层不但意味着老人要和外来租房户混住,而且也会离子女较远,不利于相互照应。更为重要的是,由于老人不能在新房子单独开伙,必须要和子女同吃,所以即使住在低层,到每天吃饭时老人依然要上上下下,并没有方便多少。正因如此,小村只有两三个老人住在新村低层的例子,而且这些老人无一例外地在老村还有房子;他们只是由于担心老村晚上不安全才在新村过夜,白天仍回老房子做饭。

③ 小村方言,聊天的意思。

④ 小村方言,聊天的意思。与"款款"相比,"吹牛"更强调谈话内容本身的随意和漫无边际,大概相当于四川话中的"摆龙门阵"。

⑤ 花灯是云南地方戏剧,俗称"簸箕灯",大约产生于清中后期。参见曹善:"官渡区花灯滇戏的历史概况",载昆明市官渡区委员会文史资料研究委员会编:《昆明市官渡区文史资料选辑》(二);《官渡区志》,云南人民出版社1999年版,第701~703页。

⑥ 昆明人手工制作的凉鞋,皮鞡踏一词大约源于彝语,本指用红火草编成的鞋子。参见周亮:"官渡区汉族民间服饰文化",载《昆明市官渡区文史资料选辑》(六)。

晚饭之后的老人会前往"桥头",①碰上周三聚会②了就听马大爹讲话,别的日子则是一群人乱哄哄地"吹牛"。除此之外,有时相熟的几个人临时约一下,老人们也会很随意地去附近赶一整天的集。③ 总之,住在老村的老年人虽然不再种地,但仍过着长久以来的村庄公共生活。而一旦搬去新村,"爬不动"的问题将使他们不得不减少与其他村民的交流次数。④

我田野调查期间借住在村民刘贺家中,刘贺老两口都已60多岁,住在老村,他们的独子则住在新村。他家也面临着相似的问题:老两口多年前已和儿媳闹僵,如果老村被拆,不得不搬去新村,那么以后的生活确实"处不好"。马大爹在解释老人为什么不愿搬走时也总结说,

---

① 由于新、老村间隔着一条南北向的三米宽水渠(广普大沟),村民们在水渠上铺设了十几处水泥板作为连接通道(桥),其中最宽阔的一处通道位于水渠中间部分,有十米左右,被称为"桥头"。拆迁开始后,这里逐渐成为村民们约定俗成的每晚聚会场所。到2011年冬,村委会对面的空房子又成为村民们新的集会点,聚在那里的人以老奶奶居多。她们每天早上就开始在空房子门口生火、烤土豆、聊天,断断续续持续到晚上。空房子成为新聚集点后不久,每晚在"桥头"聚集的村民也逐渐转移到这里。据说这是因为新村租客太多,以至于村民在"桥头"生好火堆后,很快便聚起一圈圈的外来租户,本村人反而无法取暖,于是不得不改换地点。

② 从2011年秋起,马大爹每周三晚上会在"桥头"给村民普及与拆迁有关的法律政策知识,这被村民们称为"桥头聚会"或"桥头讲话"。

③ 尽管村子周围已经有了很多大超市,但老年村民仍习惯隔三差五地赶集。他们常去的是官渡街、小板桥和呈贡龙街三处。其中官渡街每天都会开(那里已经把集市做成了旅游景区的一部分),龙街要"逢三逢八"(每月三号、八号、十三号、十八号、二十三号和二十八号)开集,小板桥的集期是每周日。除上述三个集市外,村民也会不时去较远的大板桥、小街子甚至马街赶集,不过那多是碰上某些特殊的日子或需要购买一些特殊的物品。小村老年人始终对赶集充满热情,除了多年习惯外,也与昆明市规定60岁以上老人乘公交车时可以享受极大优惠有关。

④ 失地农民融入城市过程中普遍存在"同质性的社会网络规模较小,异质性的社会网络尚未建立起来"的问题,参见张海波、童星:"被动城市化群体城市适应性与现代性获得中的自我认同——基于南京市561位失地农民的实证研究",载《社会学研究》2006年第2期。老人群体在这一点上表现得尤为突出。事实上,昆明当地媒体对城中村改造后老人难以适应小区生活的报道中主要强调的也是这个方面。参见"拆迁户生活调查 百万身家的清洁工",载《生活新报》2010年6月30日;"城中村拆迁群像谱 昆明'后城中村时代'特征",载《云南信息报》2010年7月2日;"从村子搬进小区 老爹迷路了",载《生活新报》2010年7月29日;"单人房到单元房 那些孤单的背影",载《生活新报》2010年7月30日。

"有的相处不融洽，有的积怨已深不容易解决"。[①] 这种"家庭内摩擦"[②]用村民的话说就是"处不拢嘎，处得拢当初就不用分家了。你望望，村里可有哪家没分家？不住在一起大家都好，住一块了，三五个月就要出事，还是老早分开好"。日常生活的复杂和琐碎使得同在一个屋檐下的家庭成员不可避免地要发生摩擦，因此普遍存在的子女成年即分家（包括分房、分灶、分财）恰恰是为了最大限度地避免两个家庭间的冲突与纠纷。小村长期以来也是如此，除非老人完全不能自理，否则一般不会与成年子女同处一室。但对老村的拆迁却迫使老人与子女合住，[③]这些家庭由此产生了前所未有的内部纠纷。

2011 年冬回访时，我得知陈招富的老伴刚刚过世。在之前的田野调查中，我曾和这个 60 多岁的老奶奶有过多次交谈，当时并未发现她有什么疾病症状，因此对她去世的消息不免有些错愕。后来我从陈招富本人和其他村民那里凑全了事情的大概经过。陈招富的老房子在开始拆迁后不久就被两个儿子签了。按照之前的协议，老两口由小儿子赡养。在我第一次田野调查时，陈招富和老伴已经搬到小儿子的新房子住，不过陈的老伴每天得自己掏钱给小儿子家买菜做饭。半年过去后，小儿子认为当初分家的时候并没有拿到什么特别的好处，而且当时"只说要管吃喝，没说要管住"，又觉得陈招富有私心，没有把钱全都拿出来分，[④]所以对老两口颇多怨言。同时，陈的大儿子认为老两口成天和弟弟住在一块，"肯定偷偷给小的好处了"，于是逼老两口做财产公证，"现在有多少钱都拿出来平分，以后老倌[⑤]的工资也要平分。"陈招富老伴去世前的一段时间，两个儿子几乎天天登门，要老两口拿钱出来分。用陈招富的话说，"我们就跟面一样，让他们捏来捏去"。事情的

---

① "关于老村现住老年人的情况调查及今后的安置意见"。

② 参见麻国庆：《家与中国社会结构》，文物出版社 1999 年版，第 48 页。

③ 小村拆迁几乎没有出现子女在老人签了老房子后，为其单独租房子或买房子的事。除了方便赡养、照顾的考虑外，也是因为昆明房价飞升，子女不愿花这笔不菲的"冤枉钱"。

④ 陈招富是退休工人，每月有工资。

⑤ 小村方言，此处意同"老头"，指陈招富。——笔者注

导火索源于一顿饭。那天陈的老伴买了些熟羊肉,二儿子看到后指责她不会过日子,“买肉怎么不顺便要些汤?”老奶奶便又拿着大铁锅去农贸市场要羊肉汤,等她抱着铁锅上楼时,听到二儿子正对陈招富说“只要你们肯搬走,莫说20万元,200万元我都愿意掏!”①陈招富的老伴听到这话,气昏过去并摔下楼梯,随后被送往医院。因为没有查出特别的病症,陈的老伴一周后出院。不过回家仅仅十来天后,老奶奶便在二儿子家中郁郁而终了。

村民事后普遍认为,陈招富的老伴是“给儿子活活气死的”,“要是莫签那点老房子,人还不会死”。当然,陈招富老伴的去世归根结底是源于家庭成员的彼此猜忌和由此带来的两个儿子对家产的激烈争夺。但毫无疑问,失去老房子、住进新村使得老两口再也无法用回避的方式缓和冲突,而日常生活中的频繁接触则增加了事态激化的可能性。

村民在谈到陈招富老伴时,往往将其与村中同时发生且情况相似的另一桩事——孔光老两口——做对比。60多岁的孔光夫妇在搬去新村和儿子同住②时坚持“先莫签老房子”。几个月后,孔光老两口与儿媳关系破裂;③但由于仍有容身之地,他们及时搬回了老村,从而避免了陈招富老伴那样的不幸。

在我看来,老人们所说的“吃不惯”、“爬不动”、“处不好”其实极其形象而精准地概括了他们日常生活中最重要的三个方面:饮食作息习惯、村落人际交往和家庭成员关系。搬出老房子与子女同住使得老人

---

① 盖新村时陈招富给了两个儿子一人20万的建房款。此时陈的二儿子提到建房款是因为陈招富责怪他不该让老奶奶一个人去要羊肉汤,并放出狠话说“你要是实在看不惯我们,就把盖房子的20万退了,我们拿这钱出去租房子住”。

② 据孔光说,他们之所以搬去新村,是因为老房子的四邻住户都签了字,“周围到了晚上连个灯都没有,我们两个住着害怕”。

③ 孔光儿子的新房子装的是电子锁,需要一个特殊的塑料圆片才能开锁。老两口习惯了老村的门锁钥匙,有时出门会忘了带电子锁的塑料片,回到楼下发现进不去便不停地叫喊儿子、儿媳下楼开门。这样的事情在半年内发生了两三次,本来就对二人心存不满的儿媳因此让老两口“滚回老村去”。不过也有和孔光关系很好的村民透露,老两口被赶回老村的根本原因是“儿子当时接老的过去就是想探探底,看还有多少油水,等把老的的钱榨干了就轰走了”。

生活中的这些方面都发生了巨大变化，老谭称他在城市小区中几个月的生活"简直就是集中营"，"跟坐监一样"。这种对生活本身的改变所带来的苦痛其实发生在每个被拆迁村民身上，只不过在老人那里体现得最为明显罢了。不过这种苦痛虽然深切而具体，但在完全以市场语言进行的拆迁中却无法得到任何补偿，甚至根本不被考虑，[①]最终只能由每个个体及其家庭默默承受。

更进一步看，拆迁的到来其实人为地提前了成年村民对父母财产的彻底分配。[②] 根据学者的研究，中国家庭的财产分割不是一次完成的，而是自长子成家后多次进行的，最终在老人失去自理能力的濒死期完成。[③] 拆迁在对老人财产进行彻底分配的同时，也使这些仍具有自理能力的老人被迫进入濒死期，他们搬出老村后表现出的强烈不适正是这两个完全不同的人生阶段间巨大反差的体现。但政府在以拆迁强行改变村庄固有养老模式的同时又拒绝承担因此导致的老人问题，[④] 这无疑在加剧家庭冲突的同时恶化了老人的生存处境。

---

① 小村拆迁中，除了补偿款和奖励款，对选择回迁安置村民的补偿只有两种：每户每月 3000 元的过渡费和每户 1000 元的一次性搬家费。参见"昆明螺蛳湾国际商贸城片区五个城中村改造征地补偿、安置实施方案"。

② 徐聪颖在研究中指出"农民上楼"实际上是迫使村民提前分家，这一点极具启发性。参见徐聪颖："农民上楼过程中的家庭财产关系研究"，北京大学 2011 年硕士论文。不过小村的情况与"农民上楼"有所不同，新村的修建实际上已经使村民进行了一次大规模的分家运动。到开始拆迁时，绝大部分家庭的财产已经在子女间分割清楚，但老人仍保留了部分最基本生活资料（包括房子、日常用品等）的使用权。拆迁的出现实际上是用巨大的经济诱惑促使成年子女将老人的基本生活资料迅速分割"套现"。

③ 参见阎云翔："家庭政治中的金钱与道义：北方农村分家模式的人类学分析"，载《社会学研究》1998 年第 6 期；邢铁：《家产继承史论》，云南大学出版社 2000 年版，第 12～19 页。

④ 马大爹在多次谈判中都向街道、村干部提出了村庄的养老问题，并建议将已经不再使用的村小学改造成老年公寓，供那些没有老房子但仍具有自理能力的老人居住。但他的方案没有得到什么积极回应，对方的理由是：(1) 到处都在拆迁，别的村子为什么没有提出养老问题？(2) 拆了老村还有新村，老年人可以搬去跟儿子住。(3) 实在住不下去的可以提出来让村民开大会讨论，大家都同意的话这家老的没有儿子养，村里可以出钱把他们送去养老院。

五、客堂与抗争

"老人问题"在小村是个经常被提到的话题,但以"五代表"为核心的村民和包括村委会在内的拆迁方在说到这一点时又各有侧重。在前者看来,"老人问题"主要是指由于拆迁后的老年人在租房、居住和日常生活等方面都将面对极大的困难,因此反对拆迁办的"租房过渡"方案,要求由政府完成"老年人安置后,方可进行拆迁"。① 在拆迁方看来,"老人问题"更多的是指当老年人成为小村抗争活动的坚定主力后,如何在既定政策基础上尽快推进拆迁的问题。两者的共通之处是都承认村庄老年人与拆迁有着极为密切的关系。

事实上,我在田野调查中也发现,小村不同年龄群体在抗争活动中的参与度存在明显差异。大概可以以30岁和55岁作为两个分界点,②将2010年的村民分为青年人、中年人和老年人三类。其中,青年人的参与程度最低,无论是与拆迁方发生的正面冲突还是村民自己召开的群众大会,他们都极少参加。与之相反,老年人一直积极地从事抗争活动,到我做田野调查时,他们已经成了小村抵抗拆迁的主力。中年人的参与情况则介于前两者之间。

老年人异常坚定的抗争态度部分可以归因于拆迁对他们的影响最为剧烈,但在我看来,老人事实上依然保持着或至少是在习惯性地履行着某种"村庄守护者"的角色,这使得他们会在小村面对外来威胁时挺

---

① "确保新村和有序拆迁老村的原则与委托",2010年6月15日。

② 在我和村民们就此问题进行的多次讨论中,他们认为"耙过多长时间田"和"新村有没有房子"是区分抗争参与程度的两个重要标准,由此可以将村民按年龄分为三类。一方面,由于改扩建后的昆洛路使沿线灌溉渠道遭到毁灭性打击,小村事实上在2005年前后就已基本脱离农业。参看《小村故事2》,第80~85页。因此1980年(部分人在讨论中认为可以提前到1975年)后出生的村民基本"就没有耙过田",而是"从十几岁就开始在城里上学,上完了就在外面晃"。和"大半辈子都在地里耙"的长辈相比,这些人显然具有相当不同的生活经验。另一方面,2005年新批宅基地时绝大部分1955年前出生的村民已经有了孙辈,因此他们会将自己的户头转到儿女名下,助其申请宅基地,自己则留守老村。

身而出捍卫“家园”。更进一步说，我认为老年人的存在对脱离农业的小村在拆迁的巨大冲击下仍能基本维持共同体形态有极大的意义。与其他村民相比，①老人通过小村“圣神之地”②——客堂实现了对村庄人际关系的传递、成员矛盾的缓和及违规行为的惩罚，从而不断再生产着这个共同体。③

因为一直是在城市长大，小村的很多见闻让我颇感惊异；尤其是刚到村子不久，我发现几乎所有和我聊天的人都能毫不费力地讲述其他任何村民的成长经历、家庭状况甚至奇闻逸事。一段时间后，我逐渐习惯了他们的这种知识储备，并将其视为一种“天生”的能力。但一个偶然事件改变了我的看法。那天我和房东刘贺 15 岁的孙子在村里闲逛，突然碰到了一个曾聊过天的老爷爷，他很热情地跟我打招呼，并问刘贺的孙子“上学可好在”之类的问题。我一时想不起他的名字，便问刘贺的孙子那是谁；可小孩却撇撇嘴说，认不得。他的回答让我突然意识到，即使是“生于兹长于兹”的村民，恐怕也需要长期学习才能辨清全村两千多人，更不用说他们之间那复杂的宗亲、姻亲、干亲关系。我之前“村民天生掌握大量村庄信息”的错觉只是因为自己接触的都是些中老年村民罢了。

从那之后，我开始很感兴趣地追究一个问题：村民如何学习、记忆关于村庄人际关系的海量信息？在我看来，对其他成员个人、家庭信息的掌握是形成村庄共同体感的基础。或者说，村民也需要在成长过程

---

① 和之前的几十年一样，日常生活中的公开斥责、流言蜚语仍是小村村民对其他成员施加压力的主要方式。参看《小村故事 1》，第 202～213 页。后来很多被村民广泛引用的与拆迁有关的典型故事（如某位老人被村支书支持拆迁的话气死，某位老人因为跪求拆迁办不要进新客堂而昏倒，有的村民被逼签字差点跳楼，等等），正是在这种日常传播中形成并情节化的。老人们以客堂为中心的一系列行为也可以看作这种长期传统的某种延续。

② 参见朱晓阳：“转：滇池东岸近况”，载 http://blog. sina. com. cn/s/blog _ 4c06b5040100vzkz. html。

③ 客堂虽然是全村的“圣神之地”，但其日常管理却是由老年人进行的。就在 2011 年 8 月新客堂正式使用的第二天，小村的老人协会也从大寺门口搬到了新客堂里。此后，“五代表”安排了两位老人专门负责协调村民的请客时间并看管客堂的桌椅碗筷。

中不断地学习村庄特殊的风俗习惯、人际关系等,与一般的社会化相比,这可以称之为"村庄化",分辨其他村民显然是"村庄化"的第一步。不过村子毕竟太大,除了熟悉的亲戚邻里外,村民并不会带着小孩随便串门,因此他们认识陌生村民的机会也很少。①

经过观察,我认为在客堂举办的红白事请客是村民"村庄化"最为重要的途径。首先,小村请客相当频繁,平均不到一周就会有一次。②其次,参加的村民相当多。一般"正客"会有 50 桌左右,到场人数在 400 以上。最后,吃席流程便于村民交流。客堂最主要的特点是空旷,③几百个村民同时在一个大厅中吃饭,桌子之间隔得很近。这样虽然在吃饭时会显得很嘈杂,却便于大家相互聊天和敬酒。同时,由于小村请客时习惯人到场了再做菜,所以大家在到达客堂和吃上饭菜之间还会有一个相当长的等待期。④ 在这段时间里,村民会教小孩⑤跟周围的人打招呼,如看到关系好的朋友或长辈亲戚,还会带着孩子去问好。坐下的村民并不闲着,他们往往紧盯着客堂大门或桌边的过道,一见有

---

① 这种机会较少的另一个原因是村里的小孩大半都在村外上学,白天不在村里,晚上也很少出门。

② 根据新客堂的请客记录,自 2011 年 9 月 13 日到 12 月 20 日,村民在新客堂共请客 17 次,平均每 5.82 天就会请客一次。考虑到小村的红白事请客一般会持续四五天,这几个月的请客几乎是前后相连进行的。

③ 老客堂修建得较早,房屋面积不够大;因此请客的村民会在三个房间同时摆席,每个房间大约有 20 桌。如果参加人数太多,大寺中间的空地上也会临时摆上桌凳加席。新客堂大厅的面积足够大,可以同时放下 80 桌,基本能满足请客的需求。到 2011 年年底,村民又准备把大厅旁边一个较小的房间开辟出来,因为"请客的人太多,时间排不开",另开一个房间就能使两家人同时请客了。

④ 以"正席"中的晚饭为例,主人会下午五点左右在客堂门口放鞭炮,之前收到请柬的村民听到炮声后开始前往客堂,厨房也会在炮声后开始做菜。不过一桌席一般有 13 个菜,尽管多个灶同时做,但也得到五点半才能凑齐前几桌。如果去得较晚,坐在远离厨房的位置,那就很有可能得等到六点多才能开席。2011 年 2 月陈庭贞为丈夫的丧事请客时,由于"点主"纠纷影响了下午的饭菜准备,所以我所在的一桌尽管最先开席,也已过了 6 点。据说排在后面的甚至到了 7 点才吃上饭。这场过分延迟的酒席在后来被村民议论不已,大家普遍认为陈庭贞"不守规矩,请客也昏来"。

⑤ 值得注意的一点是,虽然平时生活中小孩基本都是和父母同住,极少会由祖辈抚养。但到了去客堂吃席时,小孩们却往往主动与祖父母甚至曾祖父母同桌。这大概是因为他们觉得父母在吃饭习惯上管得严,祖辈则会宽容他们的挑食。

人经过便向周围的村民说道，“唛，某某也来了”，或者“那不是某某么，咋个一向①也不见”？然后周围村民开始就着这个刚看到的村民议论不已，并相互拼凑一番此人的个人、家庭状况；这时如果有村民在某些信息上显得比较含混、甚至有舛误，那么旁边更为了解情况的人便会主动澄清这方面的内容，帮他补充更正相关知识。村民们关于某个到场者的讨论几乎会很快牵扯出其他很多人，于是相似的聊天方式会一直延续到请客结束。可以说，除了红白喜事本身的礼俗含义外，请客为成年村民大规模“共享”和“更新”自己的村庄个人家庭信息库提供了宝贵机会，同时也是儿童“村庄化”的重要场所。②

2011年3月初的“伸脚房”风波③中，村民李琴④一度放出风说想在自家老房子旁边的空地上搭棚子。尽管后来由于拆迁办和“五代表”公开表示不承认“伸脚房”，⑤李琴不得不暂时放弃了占空地的打算，但这却让不少村民对其产生疑虑，“李琴是个乱性子，怕是要变”。这个担心在月底多少得到了证实。这时一家村民在客堂为独生女的婚礼请客，大家

---

① 小村方言，好一阵子的意思。

② 我曾给刘贺的老伴讲述了她孙子不认识村里人的事，她也表现出某种担心，说“他是不认人，别人叫他他都认不得”，而且将此归结为：“上学太远了，两个礼拜才回来一次”和“跟别的娃娃不一样，他就是不爱做客”。我后来又就“做客”的事询问刘贺的孙子，他表示“一吃就是两三个小时，我奶她们不停地说别人的事，我又不晓得，没意思”，反正“我不去，我奶也会把好吃的给我带回来”。

③ 伸脚房是指村民在老房子宅基地以外的空地上挨着自家房子砌起的房间。按照拆迁办的说法，小村的公共面积等于村庄总面积减去宅基地总面积，加之“房地合一”的补偿方式（即“不补地价，含室内外装修补偿”，将集体土地的征收补偿费摊入各户房屋一并计算），如果“伸脚房”被算做签字户宅基地的一部分，那么将有大量本来应由全村平分的公地补偿款被私人占有。因此这成为全村村民一时间关注的焦点。

④ 李琴在拆迁开始的几个月里是小村“抵抗活动”的核心人物之一，曾多次参与上访，因此她在此时的立场转变格外引人关注。

⑤ 拆迁办在2011年3月5日贴出“告村民通知书”，表示“凡于小村城中村改造实施方案发布之日后，改造范围内房屋所有权人新建、扩建、改建的违章建筑，安置补偿过程中坚决不确认，一律不予补偿”。为了进一步表明立场，拆迁办还给盖了“伸脚房”的5户村民下发“责令限期改正通知书”，要求他们“于2011年3月12日前自行拆除以上违章建筑（恢复原貌）”。另一方面，“五代表”也多次在公开场合表示对“伸脚房”不予承认。参见小村拆迁办：“告村民通知书”，2011年3月5日；官渡区综合执法分局：“责令限期改正通知书”，2011年3月5日。

发现与这家并不沾亲的李琴也去做客了,而且和刘高妈[①]在客堂里打得火热。在此之前,李琴为了拆迁的事曾和小组支书刘高发生过多次口角,据说之后两家关系一直很僵,没有什么来往;因此李琴态度的突然转变成了大家议论的话题。后来听说,是刘高妈做主传话给李琴,邀请她去客堂帮忙的;以此为契机,两家重归于好。告诉我此事的村民最后评价说刘高妈太狡猾,"拿人家的客做人情";意思是说,村里请客时并不是随便找人帮忙的,因为去帮忙本身算是给了对方一个人情,而这是早晚都要还的。请人帮忙时要先想好自己是否有机会偿还人情,如果不太熟却请了人家来帮忙,以后对方请客时并不照样回请你去帮,那么这个人情就算一直挂着没偿还。所以一般请客时帮忙的人都是亲戚朋友,除了人熟好说话外,也是为了尽快还人情。刘高妈代这家人请李琴去帮忙本身相当于主动示好,这样李琴即使不愿意和刘高家恢复关系,也要考虑到请客这家人的感受。[②]更何况李琴此时对签老房子的态度已经有些摇摆,不像拆迁开始时那么坚决了,所以刘高妈这个以人情和面子[③]为代价的复合方式才得以见效。不过总的来说,假别家请客之手帮自己与李琴恢复关系,而且目的还是"拉李琴去签字",这在村民看来多少有些不厚道,所以转述此事的村民才说刘高妈"狡猾"。不过从另一个角度看,请客和帮忙倒是成了有矛盾的村民之间恢复关系的一种有效方式。只要双方都有和好意愿,那么含有很大礼节和人情性质的请客帮忙无疑成为一个很好的台阶和借口。可以说,客堂和请客本身带有的"神圣性"为村庄成员在日常和世俗中产生的矛盾提供了一种消解渠道,这在某种程度上也提升了共同体本身的凝聚程度。

除了传承和恢复作用外,客堂中的请客还成为对不守规矩的村民进行

---

① 刘高是小组支书,在2010年5月中旬就把新、老村的房子都签了。因为新村房子并没有怎么破坏,刘高妈2011年年初从外地回村后又住进了刘高的新房子。刘高妈回村后除了给他儿子"洗冤屈"(据她说,刘高签房子都是被迫的,而且刘高在保下新村中也"出了大力")外,还到处劝村民签老房子。3月底请客中要结婚的人是刘高的表妹,因此当姑姑的刘高妈被请去帮忙。

② 拒绝别人帮忙的请求在大多数情况下是很无礼的,这一般会被主人看作一种不愿继续保持关系的信号,最终导致两家人关系的断绝。

③ 如果李琴拒绝了这家人的帮忙请求,那么不但发出邀请的这家人将丢个大面子,提出建议的刘高妈也将因此欠下弟弟家一个极大的人情。

惩戒的一种重要方式。这里所谓的规矩,既有礼尚往来的传统习俗,也包括了在拆迁中形成的不能“卖村背祖”①的新道德。回访中,村民给我讲述了过去半年在新客堂发生的几件大快人心的事。其中一件与小谭有关。

小谭是老谭留在村子招姑爷的女儿,她的小儿子有些“憨气”,②见了谁都会朝对方吐口水或冲上前厮打。养了这样一个儿子让小谭两口子心力憔悴,此外小谭丈夫在离小村四五公里的小板桥镇做生意,他们一家经常住在外面,因此从很多年前起就逐渐淡出村庄共同生活,很少参加村民的请客活动。到了2011年秋,小谭的大儿子要结婚请客。③据说由于平时和村民很少来往,村里愿意去客堂帮忙的人很少,两口子只得出钱从村外雇了几个厨子负责请客的事。尽管之前已经在村里散出几百张请柬,但到了“正客”当天,提前安排好的40桌酒席中只坐满了十来桌。到场村民人数之少使得小谭夫妇不得不在第二天将一些不相干的人也请来吃饭,但即使这样,到散场还是有大量没人动过的饭菜被倒掉。“雇人帮忙”和“一半桌子空着没人”成了村民在讲述这一事件时不断强调的两个特点,以证明“几十年都没见过请客请成这样的”。小谭夫妻之前常年不怎么参与村民间的请客,看上去是与大家没有人情往来、两不亏欠,实际上却是断绝了与村民的感情关系,将自己变成了游离于共同体之外的陌生人。④ 因此到他们请客时,长期没

---

① “卖村贼”是村民对那些积极配合拆迁办工作,劝说其他人签字的村民的统称,有时也会特指村干部。2010年夏一份由村民自编的歌谣体反拆迁传单中写道“村中内奸真可恨,上窜下跳逼你签”,“卖村贼们想一想,会有什么好下场,先卖全村你祖宗,后是要卖你的娘”。参见“歌谣宣传材料”,2010年6月。

② 小村方言,傻子的代称。

③ 按照小村习俗,准备红白事请客的村民要先找风水先生算出几个吉日,然后去客堂预订场地。等日期和场地确定了再写请柬,大约提前半个月到一个月将请柬送到被邀请者手中(近亲和近邻需要主人亲自送,关系一般的可以找人代送),想请对方帮忙的话则需在请柬左上或右上角标明“帮忙”二字。

④ 与小谭夫妇形成对比的是一户在新村买下地基并建起楼房的四川人。这家的男主人姓邓,50岁左右,从事铝合金门窗生意,被村民称为“邓师”。他虽然是外村人,却积极参与村庄的人情往来,经常会去客堂吃席。2011年4月邓师在官渡为孙子摆满月酒时专门邀请了近百名小村村民参加。我在田野调查中第一次见到邓师时,旁边的村民就介绍说,他“除了说话不一样,别的都跟我家村子的人一样了”。

有什么感情交流的村民们大多选择了回避的态度。对于仍希望得到某种村庄认同①的小谭夫妇来说,这无疑是一个很大的羞辱和相当严厉的惩罚。

如果说小谭的例子彰显了“礼尚往来”这种传统习俗在村庄生活中的重要性,那么老何的经历则表明,客堂请客本身具有很大的变通性,可以随着村民生活内容的改变而作出调整。

老何是马大爹的外甥,有 50 多岁。2011 年 9 月,老何为了给儿子举办婚礼向管理新客堂的老人提出预约场地。面对老何的申请,村民们,尤其是管理新客堂的老人们议论纷纷,迟迟不予安排。这是因为老何在 2010 年拆迁开始后便“代签”了老房子,这使得他近 80 岁的父亲不得不住进养老院,以致很快病故。此外老何还“在拆迁办上班拿钱,到处动员社员签字,还说村子保不住,让大家莫顶了”,名声很坏。因此很多老年人认为客堂不能给“卖村贼”用,“他不是要拆村子么,那就莫在村子办席”。眼看越拖越久,焦急的老何找到了自从拆迁后已经不再往来的舅舅马大爹,表示自己以后再不参与拆迁了,让马大爹为等着结婚的外孙着想,帮他说说话。不过马大爹表示这事他不好出面,只能看村民的意思。大概是考虑到老何有了悔过的表现,以及多少顾及了马大爹的为难状况,大家终于同意让老何在 10 月底使用客堂,但同时要求他支付远高于一般村民租用标准的 2000 元租金②作为对其曾经“卖村背祖”行为的处罚。与村民自发回避小谭夫妇的请客相比,高额租金更多的是一种临时性的惩戒措施,这也表明不能“卖村背祖”虽然已经成为大家普遍认可的道德准则,但毕竟还没有像“礼尚往来”那样内化到村民日常行为规范之中。相对于小谭夫妇,老何虽然犯了严重错误,但毕竟还是村庄共同体中的一员。

如果将之前的保持传承人际关系和促进村民消解矛盾看成客堂维

① 在客堂举行婚礼可以看作村庄共同体对其成员婚姻关系的一种确认仪式;小谭夫妇坚持在新客堂请客本身表明他们虽然已经不再参与村庄的人情往来,但仍在某种程度上遵从着小村的礼俗,并希望他们儿子的婚姻得到村庄其他成员的承认。

② 一般村民在新客堂请客的租金为 800 元/次(不含水电费)。

护共同体作用的柔性展示，那么此处的两个案例则表明老人主持下的客堂还有刚性的一面，它以相对有效的惩罚措施迫使那些仍希望生活在村庄中的人们按照一些基本的道德规范约束自己的行为。从这一点上来看，小村倒是依然保留着几丝长老政治下礼俗社会的色彩。

特别值得指出的是，新客堂（即之前的拆迁办大厅）本身发生的变化。2011 年 8 月之后，村民的请客地点由大寺转移到新客堂。与此同时，“五代表”和老人协会排除了村委会对客堂的控制，①将其纳入自己的管理之下。与“圣神之地”的紧密结合，强化了老人们守护小村的责任感和能力。除了请客外，村庄其他重要政治事件（村民大会、与政府的谈判等）也开始转移到这里进行，老人管理下的客堂成了拆迁抗争活动的中心场所。另一方面，村民们从收回客堂起就对其进行了改造，用抵抗拆迁的横幅代替了之前“早签约、早搬迁、早享受”之类的旧标语。2011 年年底，一张几个月前拍摄的村民合影在加上了“为保卫我们的家园”的题目后被放大悬挂在客堂正中央。据说之后每到请客时，经常有村民聚在照片前寻找自己的头像。与此相反的是，拆迁办当初贴在墙上的已签订《拆迁安置补偿协议》的村民名单，尽管已经被“榜上有名”的村民反复撕刮，但不少残片上的姓名依然隐约可辨，引得来此吃席的人们指指点点。正如马大爹所说，在以往的请客作用之外，客堂又逐渐被赋予新的意涵——小村的“拆迁展览馆”。②

小村拆迁越到后来越像是一场发生在拆迁方与村庄老年人之间

① 老客堂（大寺）中负责安排请客顺序和保管桌椅碗筷的村民一直由村委会指派。2011 年 8 月新客堂被收回后不久，由于村干部试图“量大寺”卖公房，村民们用电焊封死了老客堂的大门。2011 年 10 月，村干部一度找到负责新客堂日常管理的老人，要求他向村委会汇报请客收入情况，不过这在随后赶到的村民的阻止下未能实现。此后村委会虽坚持不承认“代表”们和老年协会管理新客堂的合法性，但也没有再公开争夺客堂控制权。

② 2012 年年初，新客堂内又悬挂了一幅新的有近 500 人的村民合影。需要指出的是，这些合影的展示对象不仅仅是小村村民。我在回访中对已被拆平的五腊等邻村的部分村民进行了访谈，好几个被访者主动提到了去小村做客时（小村和邻村多有婚姻往来）看到大照片的事。在他们看来，“小村真个可以呢，唛唛，那上面怕有七八百人！难怪拆不了，不仿我们村，人家一冲就散了”。这时旁边的小村村民则会很自豪地附和说，“咋个不是，我家村子没有别的，就是心齐”。此外，马大爹也提到以后上面领导再来村子谈判时，要带他们到“客堂里看大照片去”。

的战争,造成这一结果有两方面原因:老人成为抗争中最为坚定的群体不仅是由于其自身在拆迁中所受冲击最为剧烈,也是因为他们自觉地意识到以客堂为代表①的“圣神之地”对村庄共同体的重要意义。② 另一方面,中青年人的淡出可以部分归结于他们的生活方式和思想观念已经开始发生变化,对他们来说,村庄共同体的意义有所降低;更为关键的是,村庄对拆迁的抗争仍以家庭而非个人为单位。

在田野调查的几个月里,我几乎每周三都去参加村民的“桥头聚会”;不过每次都会发现到场的全是中老年人,尤以老年人居多。问到村里青年人去哪儿了时,桥头的人会无可奈何地说“年轻的一下都不来”,因此我也逐渐将小村年轻人的缺席简单归结为他们的“不懂事”。直到3月底的一次“桥头聚会”上,我很偶然地看到了一个20来岁的小伙子。他不停地和其他村民打招呼,显然自己也是小村人。等小伙子走近了,站在我旁边的刘述戎叫着他的小名,问道:“你咋个来了?你爹你妈呢?”年轻人回答说:“去版纳玩了,下个礼拜回。家里没人,我就过来看看,可有哪样新消息?”我在和他攀谈了几句后发现,这个年轻人对村子抵抗活动的了解程度远比我想象中深入,据他说:“我爹我妈每次听到哪样话了,都会跟我讲。”这使我意识到,村民中老年人(父辈)的参与事实上意味着年轻人(子辈)不必到场便能从前者那里了解拆迁状况。

更进一步,村庄中的父辈出于对子辈的爱护往往会劝阻子孙不要

---

① 拆迁事实上已经造成了部分对村庄共同体具有重要意义的场所的消失,最有代表性的便是2010年6月被撤销的村小学。随着村里的小孩不得不分散到附近其他学校学习,他们熟悉村内同龄人的机会已经大为减少;对这一辈人来说,村庄将变得越来越陌生。

② 在谈到客堂、寺庙等公房对村庄的意义时,村民们会用当地俗语称其为“米线头上的罩帽肉”,认为“整个村子就是靠这些地方才叫作村子”。此外,邻村五腊的例子也可以作为客堂对整个村庄和村民生活具有重要意义的一个旁证,2011年夏“五腊村庙与昔日村庄的客堂——村民请客吃饭处相邻。‘客堂’如今只剩下一片空场地,建筑已经被拆。令人震惊的是,五腊村的一些人家死人后,仍然来这里请客。村民们就在废墟包围的空场地上吃喝——祭奠逝去的亲人”。参见朱晓阳:“暂停拆迁下的昆明小村近况”,载 http://blog.sina.com.cn/s/blog_4c06b5040100ofm1.html,“滇池东岸的生与死”,载 http://blog.sina.com.cn/s/blog_4c06b5040100u2tf.html。

太过涉入在他们看来不太安全的抗争活动。“五代表”之一刘述戎的老伴,在向我讲述她女儿 2010 年 9 月底被打一事[①]时就说“我早就让她莫跟着搞,让盯上了要遭报复”。“反正有我们这些老的顶着,她跟着搞哪样?”我在田野中不止一次听到老人们向我讲述他们如何劝退儿女,而由自己“站出来顶着”的事。他们反复强调的一个理由是,自己时日不多,可以“豁得出去”,可子孙日子还长,不能出意外。这种天然的“舐犊之情”,[②]使得老人们带有悲剧色彩的孤军奋战成了他们与子孙们“合谋”的结果。因此,小村中老年人的抗争不能被简单地归结为一种基于个体主义的权利诉求,或者源于共产主义的集体观念,而应该看到这其实也是一种家庭中父辈“舐犊”角色的延续和扩展。[③] 老人们不光是为了自己或村庄,更是为了子子孙孙在顽强地与拆迁抗争。“老人问题”的难以解决在于它包含了某种不可还原的情感因素,而这超出了仅仅认同市场逻辑的拆迁方所能理解和接受的范围。

---

① 刘述戎的女儿在开始拆迁后的抗争活动中表现得十分积极,曾和李琴等人一起进行了上访、贴材料、请律师等活动。9 月 30 日上午,刘的女儿在买菜回家的路上被 3 名从摩托车上突然跳下的男子打倒在地,一阵乱踢后,对方跳上车逃走。周围的村民迅速报警,派出所的人则表示马上就到,“十一”长假了,案子得等到节后才能开始查。结果是长假过去,案子不了了之。参见“小村刘女士无辜被打的经过”,2010 年 10 月。

② 阎云翔在对下岬村的研究中同样发现了这一点,他称之为“父母心”,并认为“‘父母心’意味着父母对孩子无尽的爱与仁慈,这是父母愿意为孩子操劳的最强烈动机。不管孩子如何让他们失望,甚至辜负了他们的爱与关怀,父母仍然十分关心子女的幸福”。参见阎云翔:《中国社会的个体化》,陆洋等译,上海译文出版社 2012 年版,第 218 页。

③ 这种“舐犊之情”不仅表现在老年人身上,村庄的中年人也经常会把对子女未来生活的担心作为反对拆迁的主要理由。这种感情在冲突最为激烈的几个月中曾多次导致事态扩大和问题激化,如 5 月中旬村民第一次将媒体拉入小村拆迁便是因为村里小学生的上学问题;6 月初村民砸毁拆迁办是由于混乱中新客堂大门倒下,差点砸中一个路过的小孩,这个孩子的父母随后带头冲入大厅。这也是本节开始处以 30 岁、55 岁划分小村不同年龄群体的重要原因,在我看来,青年、中年、老年三个群体事实上大体对应于每个家庭中的“子辈”、“父辈”和“祖辈”。

六、总结

2011年年底回访时,我又见到了马义老两口。在谈到他家老房子的分配问题时,老两口仍显得忧心忡忡。据说,在大儿媳每天登门吵闹一段时间后,马义终于口头答应将老房子还没量的正屋分给长孙(大儿媳的儿子)。但马义提出先由老两口住着,以后守不住了再签。大儿媳勉强接受了这个方案,不过仍会隔三差五催促老两口尽快签房子。在此之前,马义长孙的第二个儿子出生。由于觉得自己家在分房中吃了亏,大儿媳总想着找机会占便宜;于是从2011年春开始,她每天上午八九点将婴儿送到马义家,晚上六七点再接回新村,白天由马义老两口负责照顾小娃娃。马义的小儿子很快对此表示不满,认为老人"偏老大家,净给他们家做事"。1个月后,马义小儿子在新村开了家饭店,①借口"新房子不好垒大灶",但"吃饭的人多,得拿木甑子②做才得够",要求马义每天在老房子做两木甑米饭送到饭店。于是产生了我在回访中经常看见的一幕,70多岁的马义在前、他老伴背着小娃娃在后,两人用扁担担着一个装满米饭的木甑从老村往新村走。村里人在说到马义时大都颇为同情,认为"老两口是受罪呢",不过又觉得无可奈何,"他们家的事就是三个儿子分不平,你现在给大的看娃娃了,要是不给小的干活,又得说你偏心,又要闹"。马义老伴也说虽然比之前累些,但吵的要少了。她每天上午会背着小娃娃到处转转、听听消息,小曾孙睡着时就抓紧时间做"皮鞡踏";③下午如果不用给小儿子的饭店看门,就还

① 马义的小儿子是个厨子,之前在新客堂给拆迁办做饭,拆迁停滞后的2011年夏,马义的小儿子在新村开起了自己的饭店。

② 滇池沿岸农村蒸米饭的器具。形似木桶,以厚草帽为盖。木甑子形体比较大,只能放在传统的大灶中蒸,因此马义的小儿子让白天住在老房子的老两口负责做饭。

③ 2012年年初,马义的老伴说她在过去一年共做了四十多双"皮鞡踏",准备过年时给儿子、儿媳、孙子、孙媳和其他亲戚一人两双。马义则一直对老伴的做法表示反对,他认为一旦成了习惯,以后过年不送了就要得罪人;但如果仍要送,每年就得花几百块钱买鞋料、钉鞋帮,老两口现在每个月一共只有五百多块的养老保险收入,"就这几文钱,禁不起这么花"。

来得及去官渡街逛逛再回来煮饭、送饭。不过老两口最担心的倒是一直不吭气的二儿子,“老大、老三的事都干了,啥都没给老二家做,怕以后又说偏心”。

马义老两口在过去一两年中的经历从某种程度上可以看作小村家庭关系和老人生活的一个缩影。简单地说,巨额补偿款引发了家庭成员的争夺和彼此猜忌,而房屋货币化本身则往往使得既有财产分配变得不再“公平”,这些在原本就具有模糊性的财产家庭共有观念作用下导致了普遍的父子间的“代签”和兄弟间的争夺。另一方面,老年人出于对拆迁后艰难处境的担心和村庄共同体的依恋,以及守护子孙后代的本能成为拆迁中最为坚决的抗争群体,但老人本身的生活处境却随着拆迁导致的家庭关系紧张而不断恶化。

事后看来,拆迁给小村带来了一种十分悖谬的局面:一方面,家庭内部的纠纷因为拆迁大大增加;另一方面,动员方式①与村庄传统的结合又强化了作为拆迁单位的家庭对个体村民的意义,②这使得不少内部矛盾越来越严重的主干家庭③不得不走向合家共居。更为重要的是,拆迁之后家庭成员间的亲密情感随着财产的清晰化逐渐淡漠,人们

---

① 对“代签”行为的默认甚至怂恿以及以家为单位的动员记录都表明拆迁方始终是将主干家庭作为基本的拆迁对象。参见小村拆迁办:“党员工作小组分组工作汇总表”,2010年5月21日;小村拆迁办:“小组工作情况汇报”,2010年5月17日。

② 阎云翔通过对下岬村婚姻中彩礼的分析,认为年轻人向父母索取过多的彩礼“并没有破坏原先的父母和成年子女之间的相互依赖模式,而是增加了父母对子女婚姻的传统支持,并维系了彩礼习俗”。(阎云翔,2012:228、229)小村拆迁也是如此,成年子女对父母财产的过分索取恰恰凸显了村庄的家庭边界,换言之,恰恰是拆迁的到来,使得村民比以往任何时候都更加重视自己“家”的范围。

③ 这种父母与已分家的子女仍保持紧密联系的主干家庭被王跃生称为“网络家庭”,他认为当下北方农村普遍处于这种家庭形态之中,按照他的解释,“网络家庭”中的“父亲、儿子、兄弟等即使分开生活,形成多个相对独立的居住单位,但在外人眼中,他们仍是一家人。暗含着他们所构成的‘单元’家庭之间存在特殊的利益关系。这种利益关系表现在两方面:一是财产继承关系;二是赡养关系”。参见王跃生:“网络家庭的理论和经验研究——以北方农村为分析基础”,载《中国社会科学》2009年第8期。与北方相比,云南的汉人村落事实上在很早之前就已形成“网络家庭”的格局了。参见许烺光:《祖荫下:中国乡村的亲属、人格与社会流动》,南天书局2001年版,第98~105页。小村也是如此,新村的修成则使得这种“网络”特点更为突出。

(尤其是子辈)开始学着用市场逻辑对待彼此关系;老人"舐犊"之情的单方延续反而加速了家庭权力①向子辈转移。只不过情感的淡出和市场逻辑的引入似乎并没有使小村出现全新的基于个体主义"权利—义务"观念的人际关系,相反,代际关系的倾斜使得年轻人的自我主义表现得更为明显。只是这种自我主义并不能被简单地看成一种"无公德的个人"②的新现象,毋宁说,这是小村长期以来"对上汲汲索取,对下过分宠溺③"的家庭伦理的延续和再生产。年轻人和老年人的差别在于索取程度,而不在于索取行为本身。④ 只不过无论最终结果如何,老人已经注定了将成为这场拆迁中最大的牺牲者。

① 我认为用"权力"来指称家庭成员间的关系并不妥切,这个基于西方政治学的概念过分强调了双方关系中的"支配"色彩。参见郑丹丹、杨善华:"夫妻关系'定势'与权力策略",载《社会学研究》2003年第4期。但现实中人们往往是以设身处地"多付出、少索取"的方式维系关系、促进情感。小村发生的变化在于只剩一方(父辈)仍遵循这个原则,以往的"各尽其能、各取所需"变成了"父尽其能,子取其需"。

② 阎云翔:《私人生活的变革:一个中国村庄里的爱情、家庭与亲密关系》,龚小夏译,上海书店2009年版,第261页。

③ 当村中老年人说"年轻人应该出头顶着拆迁"时,他们所说的其实是"除了我家子孙之外的年轻人都应该出头抵抗拆迁"。

④ 当陈招富向我讲述两个不孝子逼死他老伴的事情时,我从别人那听到的却是陈当年为了节省开支照顾子女而拒绝赡养母亲,几十年间一直对老人不管不问。当马义向我讲述他大儿媳每天都要登门闹骂一场时,我从他大儿媳那里听到的却是其对自己命不好的哀叹——不争气的儿子前几年把她丈夫活活气死。就像某些村民所说的,如果细究发生家庭矛盾的村民的家史,会发现所谓的纠纷大都是些"报应"。

《法律和社会科学》(2013)
第 11 卷,第 147 ~167 页

司法调解对家庭暴力的删除

贺 欣 吴贵亨*

内容摘要:基于对庭审的实地观察和对相关法官的访谈,本文探讨了中国的司法调解如何侵害离婚案件中被打妇女的权利。研究发现,即便法官在庭审时能够证实家暴的发生,但在调解阶段这也会被有意地遗忘和删除。这是因为司法调解不可避免地聚焦于和解的具体安排。提到家暴问题只会招致男方更多的否认和反驳,这可能会使法官调解的努力功亏一篑。本文对离婚案件中必须调解的做法提出了重要的质疑,同时也揭示出司法调解产生的一些更普遍的问题。

导言

在过去的十年里,对司法调解的回归也许是司法改革最为显著的发展。自前任最高人民法院院

---

* 贺欣的单位:香港城市大学法律学院,电子邮箱:lwxin@cityu. edu. hk;吴贵亨的单位:美国加州大学圣地亚哥校区社会学系,电子邮箱:kwng @ ucsd. edu。原文为英文,最早发表于 *International Journal of Law, Policy and the Family* 2013 年第 1 期,由香港城市大学法律学院博士生冯煜清译出。

长肖扬的第二届任期以来,法院再一次强调调解优于审判。官方数据显示,在2010年,超过65%的案件以调解或类似形式结案,[①]而这一比例在过去的8年里持续上升。回归调解的一个主要立足点,是调解能够促进社会和谐,[②]而和谐是当前执政的首要目标。举例而言,著名学者王利明曾作出如下阐述:

"作为道德与法律结合的产物,司法调解更容易被纠纷双方接受,调解协议也被更主动地履行。因此,司法调解在解决社会纠纷和促进社会和谐中发挥着积极的作用。"[③]

只有少数学者对司法调解持批评态度。Minzner认为,[④]司法调解从全局上伤害到长远的法治建设,亦有学者对纠纷解决中调解的主导地位表示质疑。[⑤] 此外,学界长期存在一种担心,即为了达成协议,实践中的司法调解牺牲了当事人本应依法享有的权利。[⑥] 以上学者的论述固然重要,但他们的重心局限于调解对于司法系统的长期冲击。可以说,很少有学者关注过司法调解中法官和诉讼当事人的互动过程(可能唯一的例外是巫若枝)。[⑦] 有关司法调解具体如何运作的数据十

---

① 《中国法律年鉴》中国法律年鉴社2011年版。

② 范愉:"关于法院调解的实证分析",载王亚新编:《法律程序运作的实证分析》,中国政法大学出版社2005年版;徐昕:《纠纷解决与社会和谐》,法律出版社2006年版。

③ Wang, Liming. 2009. "Characteristics of China's Judicial Mediation System," *Asia Pacific Law Review* 17 (Special Issue on Mediation): 67.

④ Minzner, Carl. 2011. "China's Turn against Law," *American Journal of Comparative Law* 59 (4): 935–984.

⑤ 苏力:"关于能动司法与大调解",载《中国法学》2010年第1期。

⑥ See Lubman, Stanley. 1999. "Dispute Resolution in China After Deng Xiaoping: Mao and Mediation Revisited," 11 *Columbia Journal of Asian Law* 2; Palmer, M. 2005. "Patriarchy, Privacy and Protection: Chinese Law Slowly Gets to Grips with Domestic Violence" in N. I. Erpyleva et al. (eds), *Forging a Common Legal Destiny: Liber Amicorum in Honour of William E. Butler, London*: Wildy, Simmons and Hill, 786–812; Peerenboom, Randall. 2002. *China's Long March toward Rule of Law*. New York: Cambridge University Press; Wu, Zhi. 2009. "Litigation Mediation for Intellectual Property Disputes in Chinese Local Courts: Experiences and Contradictions," 17 *Asia Pac. L. Rev.* 117–131.

⑦ 参见巫若枝:"当代中国家事法制实践研究——以华南R县为例",中国人民大学2007年博士学位论文。

分匮乏，尤其体现在目前司法系统中流行的新型司法调解上，①这说明了虽然司法调解作用于越来越多的民事诉讼当事人，但对这一实践当前的直接效果缺乏研究。

民事诉讼中最缺乏保护也是增长最快的群体之一的，当属受到丈夫虐待寻求救济的受虐女性。家庭暴力已经成为一个愈发严重的问题。据估计，高达30%的中国家庭有家庭暴力相关的问题。② 巫若枝分析了310例华南某县1950～2004年间的离婚案件，发现几乎在所有案件中妻子都声称受到了丈夫的虐待。③ 本文取材于民族志式的观察研究下司法调解的真实过程，以及对离婚案件主审法官的深入采访，进而探索了司法调解如何侵害离婚案件中受害女性的权利。我们发现，即便法官发现了家庭暴力的证据，这些证据在司法调解中通常被淡化或忽略。我们将这种忽略定义为“删除”的一种形态，与Greatbath和Dingwall发现的“家庭暴力的边缘化”④以及Trinder等学者对离婚调解流程的研究⑤有异曲同工之处。但删除之说强调司法调解中更为广泛的内在权力矛盾。正如下文所述，女性原告在中国特色的司法调解中被解读为单纯想要逃离婚姻的被动受害者。我们的发现对家庭法程序的相关政策提出了重要的质疑，揭示了对受家暴侵害女性之权利保护的不足。同时，对于重调解、轻判决、重快速解纷、轻传递正义导致的

---

① 贺欣、吴贵亨2013即出。“Internal Contradictions of Judicial Mediation,” *Law and Social Inquiry*.

② Robyn Wexler, *Domestic Violence, Not Just a Family Affair*, CHINA DEVELOPMENT BRIEF, at http://www.chinadevelopmentbrief.com/article.asp? art = 207 (last visited April 19, 2003); Woo, Margaret. 2003. “Shaping Citizenship: Chinese Family Law and Women,” 15 *Yale J. Law & Feminism* 99 - 134.

③ 巫若枝：“当代中国家事法制实践研究——以华南R县为例”，中国人民大学2007年博士学位论文。

④ Greatbatch, David and Dingwall, Robert. 1999. “The Marginalization of Domestic Violence in Divorce Mediation,” 13 *International Journal of Law, Policy and the Family*: 174 - 190.

⑤ Trinder, Liz, Alan Firth, and Christopher Jenks. 2010. “‘So Presumably Things have Moved on Since Then?’ The Management of Risk Allegations in Child Contact Dispute Resolution.” *International Journal of Law, Policy and the Family* 24(1): 29 - 53.

潜在体制问题,本文亦有启发意义。

一、与家暴相关的法律

政府长期将两性平等作为一项基本的社会目标,但是直到2001年《婚姻法》修改后,家庭暴力一词才出现在法律当中。2001年,在最高人民法院就新《婚姻法》发布的司法解释中,家庭暴力被定义为"行为人以殴打、捆绑、残害、强行限制人身自由或者其他手段,给其家庭成员的身体、精神等方面造成一定伤害后果的行为"。[①] 新《婚姻法》第3条规定,禁止家庭暴力。第32条规定,出现实施家庭暴力或虐待、遗弃家庭成员的,应准予离婚。对于第32条的立法目的,第46条有所体现。该条规定,实施家庭暴力导致离婚的,无过错方有权请求损害赔偿。此外,还有一些零碎的地方性立法和行政规范起约束作用。但上述三条已经在国家层面构成了反家庭暴力法律的核心。一些学者和相关人士呼吁,有必要撰写一部独立、宽泛的反家庭暴力国家法律。然而,直至本文完成时,该建议仍未进入最高立法机关即全国人民代表大会的议程中。也有学者评论道,现有的反家庭暴力条款立法简洁,实际上具有相当的模糊性。他们认为,新婚姻法确实能帮助受害女性通过民事诉讼获得救济。

过去,受害女性在将案件起诉到法院后面临着许多困难。司法者不是非常地关心家庭暴力之诉。[②] 他们将这类诉讼归结为"夫妻闹矛盾"或别人的"家务事",受害女性的其他家庭成员、朋友、同事和亲戚

---

① Wang, Xingjuan. 2004. "Domestic Violence in China." In *Holding up Half the Sky: Chinese Women Past, Present, and Future*, edited by Tao Jie, Zheng Bijun, and Shirley L. Mow. New York: Feminist Press at the City University of New York.

② Liu, Donghua. 2001. "Five-Year Consulting Report." Center for Women's Law Studies and Legal Service of Peking University; cited by Merry, Sally Engle. 2006. *Human Rights & Gender Violence*, Chicago: The University of Chicago Press.

也通常不愿意为起诉方作证。①“即便是受害女性的兄弟姐妹都觉得介入其中是不恰当的”。②

在目击证人不愿或不能主动作证的案件中（此现象大量存在），法官亦不倾向于在判决中涉及家庭暴力问题。由于受到上级法院的严格审查，法官不想要在没有充分证据的情况下作出任何判决。在家事案件领域，法官有着充分的理由保持谨慎，保障自身利益是最大的原动力。长期以来，基层法院一直受到高上诉率的困扰。当基层法官的判决被发现有错误时，他们面临着各式惩罚，而这种情况并不少见。举例而言，在1999年，大约50%的基层法院判决被上诉，上诉案件中大约只有1/4（26.6%）维持原判。③ 根据目前的证据规则，如果受害人不能提供充分的证据（如所受伤害的医院检查证明或警方报告），那么她就不能满足指控其配偶施暴的举证责任要求。在此类案件中，大部分法院没有别的选择，只能选择忽视家庭暴力的存在。④

然而，家庭暴力已经成为了一个愈发严重的社会问题，被政府列入到官方议程和公共话题之中。例如，在2008年，全国人大代表、中华女子学院教授孙晓梅指出：“家庭暴力作为一种社会问题渗透到各个社会层面，而且已经越来越普遍。立法刻不容缓。”⑤在2010年，官方背景的中华全国妇女联合会（ACWF）作为全国最大的妇女组织，宣布其

---

① 徐昕：《纠纷解决与社会和谐》，法律出版社2006年版；“法官为什么不相信证人”，载《中外法学》2006年第3期。

② Liu, Donghua. 2001. “Five-Year Consulting Report.” Center for Women's Law Studies and Legal Service of Peking University. Merry, Sally Engle. 2006. *Human Rights & Gender Violence*, Chicago: The University of Chicago Press.

③ Zhong, Jianhua and Yu Guanghua 2004. “Establishing the Truth on Facts: Has the Chinese Civil Process Achieved This Goal?” *Journal of Transnational Law and Policy* 13: 393 – 443.

④ Huang, Philip C. 2010. *Chinese Civil Justice, Past and Present.* Lanham, Md.: Rowman & Littlefield Publishers.

⑤ Jiao, Xiaoyang. 2008. “Call for legislation on domestic violence” China Daily (web edition) at http://www.chinadaily.com.cn/china/2008npc/2008 – 03/13/content_6532473.htm, last visited June 1, 2002.

全国各分支机构共收到52000例来自女性的家暴申诉。[①] 该组织进一步宣称,"家庭暴力严重威胁到中国妇女权益"。[②]

出于对家庭暴力之新兴社会关注的回应,法官已经开始采取行动保护女性免受虐待。[③] 以我们的调研法院为例,该法院是国家试点项目涵盖的十省法院之一,有权为家暴受害者颁发保护令。这种保护令类似于英美法系中广泛使用的禁令(防止虐待禁令,限制令),禁止丈夫靠近妻子居所100米以内。它同时禁止丈夫侵害、恐吓、殴打、跟踪妻子及其亲戚朋友。如果丈夫违反了禁令,法院将对其处以罚款和拘留。[④]

更重要的是,法官对于如何证明家庭暴力的存在更具有前瞻性,通常会设法让施暴者主动坦白。而最大的体制障碍,正如本文剩余部分所论述的,在于包括离婚诉讼在内的家庭纠纷中,诉讼内司法调解产生的相互矛盾的需求。

二、研究方法

本文研究的案例取材于2011年12月对华南Z市某区法院庭审的实证调查。Z市坐落于珠三角的中心,是全国最富裕的地区之一,2010年人均GDP达到11000美元。Z市吸引了大量来自中部内陆地区的

---

① China Daily. 2012. "Court tries woman protection program" at http://www.chinadaily.com.cn/china/2012-02/23/content_14678191.htm, last visited June 1, 2012.

② Xinhua News Agency. 2009. "Domestic Violence Increases in China," at http://www.chinadaily.com.cn/china/2009-03/07/content_7551147.htm, last visited June 1, 2012.

③ Palmer, M. 2005. "Patriarchy, Privacy and Protection: Chinese Law Slowly Gets to Grips with Domestic Violence" in N. I. Erpyleva et al. (eds), *Forging a Common Legal Destiny: Liber Amicorum in Honour of William E. Butler, London*: Wildy, Simmons and Hill, 786-812.

④ China Daily. 2012. "Court tries woman protection program" at http://www.chinadaily.com.cn/china/2012-02/23/content_14678191.htm, last visited June 1, 2012.

外来务工人员。在我们调查对象法院的80万辖区人口中,30万是注册的外来人口。该市官方语言是普通话,但很大一部分人将粤语作为日常用语。

我们的数据有三个来源。第一个数据来源也是主要的来源,是我们直接观摩的离婚诉案件。经由私人关系,我们得以进驻一个家事法庭调研1个月。该法庭由3名法官组成,包括两名常驻女性法官和一名临县法院借调帮助清理沉积案件的男法官。相比于普通法系国家长达数周甚至数月的审判,中国的民事审判大都干脆迅速。通常,一个案件的审理仅需一次开庭(通常为半天)即可完成。有些诉讼甚至更短。部分诉讼甚至仅耗时10分钟左右就迅速完结(比如被告没有到场)。一场典型的庭审持续一两个小时。在研究过程中,我们观摩了大约20场庭审,其中,1/3涉及家庭暴力。

法院禁止在开庭时录音。在我们的实证调查中,我们主要依赖自己的观察记录。虽然记录量较大,但较短的庭审时间相对减轻了记录工作的负担。在调研临近尾声时,当地司法部门非常友善地提供了我们观摩的部分案件的法庭记录复印件。这些记录由配合法官工作的书记员记录整理。下文中所使用的庭审片段来自我们的笔记和司法部门提供的庭审记录。

第二个数据来源是我们对法官的采访。采访对象包括所观摩案件的主审法官,其他处理离婚诉讼经验丰富的法官,以及对司法机关处理家庭暴力之新兴能动性有所了解的管理人员和研究人员。在采访中,我们了解到了很多有用的背景信息,包括为何法官会问特定的问题以及什么样的证据构成判决的基础。在询问其他民事司法系统有关问题之外,我们还咨询了他们对于现有诉讼内调解的看法。在一些情况下,我们与他们讨论了所观摩的一些特定案件。总体而言,他们非常真诚地就当事人表现、证据衡量和形成判决之依据给出了坦率的意见。

从研究家庭暴力之司法问题的角度看,我们调研的地点是有其特殊性的。如前所述,我们研究的法院是全国保护妇女不受家暴侵害试点项目参与法院之一。为了加强本研究的普适性,我们作出了进一步的努力。数据的第三个来源是我们对全国各地资深家事法庭法官的采访。采访主要通过电话进行,范围涵盖江苏、广西、浙江和山西。此外,上述所有数据有机结合了现有相关数据资料。①

三、司法调解

对于像中国这样人口稠密、发展迅速的国家,其民事程序具有很高的集成性和同质性。不同的地区适用相同的程序。如今,如果有人在法院提起诉讼,法官会在诉讼开始时说明民事诉讼包含的四个阶段:法庭调查、法庭辩论、法庭调解和宣判。每个阶段都是民事诉讼程序的一部分。法官在不同阶段扮演着审判者和调解者的不同角色。在大多数庭审中,法庭调解紧随法庭调查、辩论之后,在同一次开庭中进行(一次开庭通常持续一个上午或一个下午)。

现有《民事诉讼法》规定,法官在法庭辩论阶段之后可以选择是否进行调解。(第9条:人民法院审理民事案件,应当根据自愿和合法的原则进行调解;调解不成的,应当及时判决;第93条:人民法院审理民事案件,根据当事人自愿的原则,在事实清楚的基础上,分清是非,进行调解)。但对于家事案件,调解仍然是诉讼当事人必须参与的强制程序。究其原因,主要是调解长期以来被认为是解决家庭纠纷、促进家庭和社会和谐的有效手段。2004年,前最高人民法院院长肖扬主导的民事审判程序西方化改革偃旗息鼓,调解的作用被进一步强调。中共高层认为,西方化的司法改革已经偏离了轨道:在他们看来,尽管改革后的司法部门通过审判保障了所谓的程序正义,但纠纷并没有真正地解决。同时,水涨船高的上访案件数量也被归罪于司法部门的不力。有

---

① 如 Huang, Philip C. 2010. *Chinese Civil Justice, Past and Present.* Lanham, Md.: Rowman & Littlefield Publishers;巫若枝:"当代中国家事法制实践研究——以华南R县为例",中国人民大学2007年博士学位论文。

鉴于此，司法政策回归到了对调解的依赖上。① 法院开始建立鼓励调解的促进机制。包括我们调研地在内很多法院开始要求法官在一定比例的案件中以调解结案。案件的调解率成为法官工作的评估标准之一。法院之间也就案件总体调解率的高低展开竞争。更有甚者如河南高院声称，以零判决为目标，即所有的案件以调解结案。②

排除法院管理层的压力，一些法官确实倾向于以调解结案：调解协议比判决更容易执行；由于纠纷双方达成了一致，上诉的风险更小；法官不用花精力写判决书。当然，很多法官相信，达成调解确实有利于纠纷双方。上述因素迫使法官在法庭调解中采取强有力的方式推动当事人达成调解。这就导致了越来越多的案件以调解结案，而判决率从2002 年的 43% 跌到了 2010 年的 31%。③

四、取证：以法庭调查为重心

在离婚案件庭审中，对法官行为模式的理解离不开其背景。司法审判以法官为中心。直到不久之前，只有法官具有发掘事实的权力，但如今的法院很少在法庭外主动收集证据。④ 法官不愿意亲自展开庭外

---

① Fu, Hualing and Cullen, Richard. 2011. "From Mediatory to Adjudicatory Justice: The Limits of Civil Justice Reform in China." In *Chinese Justice: Civil Dispute Resolution in Contemporary China*, 25 – 57, edited by Margaret Y. K. Woo, and Mary E. Gallagher. New York: Cambridge University Press; Waye, Vicki and Ping Xiong. 2011. "The Relationship between Mediation and Judicial Proceedings in China," *Asian Journal of Comparative Law* 6 (1): 2.

② 彭世忠："从能动司法的角度看民事调解改革的路径"，载《暨南学报》(哲学社会科学版)2011 年第 1 期。

③ 《中国法律年鉴》，中国法律年鉴社 2011 年版。

④ 贺欣，2009. "Routinization of Divorce Practice in China: Institutional Constraints' Influence on Judicial Behavior," *International Journal of Law, Policy and the Family* 23: 83 – 109; Huang, Philip C. 2010. *Chinese Civil Justice, Past and Present.* Lanham, Md.: Rowman & Littlefield Publishers; Woo, Margaret. 2003. "Shaping Citizenship: Chinese Family Law and Women," 15 *Yale J. Law & Feminism* 99 – 134。

调查的原因很多,既有理论上的,也有实践中的。理论上说,法院的司法理念正逐渐向当事人中心主义转变。法院最终将案件的举证责任转移给了诉讼当事人。在实践中,法官避免庭外调查出于多种因素,包括不断增加的案件数量,有限的人力和财力,以及结案期限短的绩效压力。当前,法官采用一种受限形态的交叉询问获得支撑判决的口头证言。相比于过去劳动密集型的法庭调查,这种法官主导的讯问是低成本的替代品。换言之,如果纠纷双方不能达成协议,那么法庭调查阶段就是法官取得支撑判决之证据的重要机会。所取得的证据必须足够充分,足以保护法官免于承担错误判决带来的潜在责任。

当案件涉及家庭暴力时,为证实这一指控取证的责任往往会落到法官身上。通常,被指控方会否认或反驳家庭暴力的指控。此时,法官为了取得证据极易在程序中与当事人发生直接对抗。在我们观摩的一例庭审中,妻子以家庭暴力为由提起离婚诉讼,摘录如下:

【法官】在2011年9月25日清晨,你是不是打了她?

【被告】(停顿)你说打是什么意思?我不知道。打的意思是……

【法官】我们不是刚跟你说过吗?她说你用拳头和一个硬物,是一把折椅,打她的背部。她非常疼。然后她就报了警。警察到的时候警告了你。

【被告】没有、没有、没有,我没有打她。那个时候,我们在对打。

【原告】然后警察就……

【被告】我们在对打!我们在对打!

【法官】对打?但你有没有用折椅打她的背部?

【被告】就是为了吓唬她。

【法官】她的背部被打到了?

【被告】我不清楚。

【法官】(转向书记员)吓唬她。然后我问他是否原告的背部被打到,他说他不知道。

【法官】(转向被告)此后,警察到你家了,是不是?

【被告】是的,到我家了。

【法官】警察在你家做什么?

【被告】他们问了几个问题;然后告诉我们不要再吵了。他们叫我们不要为一点小事吵架。他们登记了我们的名字,然后就走了。

【法官】所以在那一天,你到底打没打她?

【被告】我没有打她。我们在对打。

在我们对家事法庭的调查中,这是一个让人难过的案例,但不幸的是这种情况非常普遍。在案件审理中,原告作为一个受教育程度较低的"农村妇女"表现得非常情绪化。她声称,结婚后她丈夫打过她和他们的儿子600多次。她努力保持冷静,用哽咽的声音细数她受到的种种虐待。法庭内的气氛很沉重。对于观众来说,这同样也不好受。正如片段中法官和被告对话所示,被告否认他使用了暴力。他将他的行为解释为"对打"。法官试图发现有没有任何警方报告能作为不利于被告的重要证据,但很显然,警方只是进行了一次常规巡查,没有对事件做细致调查就离开了。没有警方报告,法官只能依靠原告证言为证据作出判断。法官显然认为,仅仅以原告的证言不足以将家庭暴力纳入该离婚诉讼最后判决之中。为了获得更确凿的证据,法官向被告提出了一系列问题来探寻家庭暴力的存在。

【法官】你掐她脖子了吗?

【被告】有没有掐脖子,她打我的时候我掐了她;我怕她还手。

【法官】(转向书记员)我问他是否掐了原告脖子。他承认他掐了,怕她还手。(转向被告)你掐了她多久?

【被告】我估计大概五秒钟吧。四五秒钟。

【法官】你掐原告脖子的时候,她什么反应?

【被告】她用手打我,有时还踢我。

【法官】那有没有掐过你儿子脖子?

【被告】有过。有的,有的。

【法官】(转向书记员)原告抵抗。掐他儿子的脖子。(转向被告)你掐她脖子的时候,她是不是没办法呼吸?

【被告】没办法。

【法官】你掐过你儿子几次?

【被告】大概一两次吧。

【法官】那原告呢?

【被告】大概差不多吧。

【原告】说实话。

【被告】我说的是实话。

【原告】说实话你怎么对你儿子的。说实话你怎么对我的。不要说只有两次。不要违背良心说话。

【被告】我们住一起二十多年了。我为你做了多少?你为我做过什么?

【原告】你应该跟法官说。

【法官】你掐过原告几次?

【被告】两次。

以上片段展示了法官为了证明妻子的家庭暴力指控而采取了一种交叉询问的方式,这种方式常见于普通法系的民事法庭之中。在后来的采访中,该法官表示掐脖子是很严重的,甚至威胁到生命;一旦丈夫掐了妻子,他很可能会重复这种行为;后续的侵害程度往往越来越严重。从该法官的观点看,掐脖子的行为,一旦被承认或被证明,就足以构成存在家庭暴力一项强有力的证据。为了使判决更为夯实,法官又问被告掐过妻子和儿子几次。这是非常细致的讯问。在听到被告的证言后,受害的妻子变得很激动,叫她丈夫不要违背良心。被告试图淡化掐脖子行为的严重性——他说这种情况只发生过一两次;每次就四五秒而已;更何况他妻子当时正在狠狠打他,他这么做不是为了施暴,而是为了自卫。如该法官后来所言,从法律的角度说,被告承认的部分已经足以构成家庭暴力。但她仍然非常谨慎,不止一次地提醒她的书记员应当将什么内容写在庭审记录中,经由双方签字确认,从而抓住了被告证言的重要作用。"他承认他掐了她脖子;他也掐了他儿子的脖子。"在法官谨慎的语言组织下,被告的证言转化为了构成家庭暴力的法律事实，这是 Mather 和 Yngvesson 发现的重要技巧。[1]

该法官并未止步于此。她进一步询问了妻子指控的其他事项，包括丈夫将妻子从工作中拽走，威胁要把她捆起来进行虐待的情节。

再一次的，法官试图通过讯问被告重现事件的细节：

【被告】然后我到她单位去看她。那时她已经离开家7天了。我到她单位把她从工作中拽出来，因为我想要她回家。回家里，不管我们是离婚还是一起过，都可以慢慢讨论。先回家再说。但她一直在拖。一会说这一会说那。我很气。我假装要打她。但那是发生在她单位。我不知道谁报的警。那时候她已经离开家7天了。

【法官】你说你把她从工作单位拽走了，是吗？然后呢？

【被告】是的。我们打车回家了。

【法官】打车。然后你把她拽回家了？

【被告】我没把她拽回家。她离开单位后去了她同事那。然后我跟着她回了家。但然后我们来来回回打了几趟车。来来回回。真的是很麻烦。

在我们对法官的采访中，她表示尽管原告声称有证人和监控录像，但她不确定这些额外的人证和物证能否进入法庭的视野。但对被告的对抗性质询确保了证据的充分。在这次质询中，法官使被告承认，在他把妻子拽离单位那天，他们来来回回换了数次计程车。该法官认为，那对夫妻换了数次计程车的事实构成了又一项支撑家庭暴力指控的重要证据。在她看来，很难解释他们为什么要在路上来来回回并更换计程车。她认为，这充分说明妻子在抵抗丈夫带走她的企图，并很可能涉及肢体暴力。尽管该法官的交叉询问有待完善，但她在民事审判程序提供的有限时间里（如前所述，在诸如该Z市地区法院这样忙碌的法庭中，一次开庭通常只有半天时间）成功地通过获取口头证言支撑起了案件的判决。

上述几个问题，也得到了我们调查的其他案件的印证。首先，不同

---

① Mather, Lynn, and Barbara Yngvesson. 1980 - 1981. "Language, Audience, and the Transformation of Disputes," *Law and Society Review* 15: 775 - 821.

于我们对受教育程度偏低女性的既定印象,这些女性并没有因顺从而不敢公开反抗他们的丈夫。在我们观摩的案件中,我们发现这些女性没有因为被恐吓而不敢向法官控诉她们丈夫的暴行。事实上,她们中的一部分人非常渴望向法官倾诉,不仅有法律上的原因,也有发泄的需要。很多原告都做好了当庭指控家庭暴力问题的准备。比如在上述案件中,女性原告就详细叙述了所受暴力伤害的严重性。我们的数据似乎证明,一旦女性决定采取法律手段,她们可以毫无困难地在公开场合谈论“家务事”。在我们的采访中,法官们认为部分女性原告的家暴指控有其策略性。一些女性相信,家庭暴力的存在可以帮助她们快速获得离婚判决;另一些则认为一个暴力的丈夫更容易失去对子女的监护权;还有女性认为家庭暴力的存在使财产分配更容易向女性倾斜。但法官们表示,有些女性仅仅是为了使她们的丈夫蒙羞,或在公开场合发泄她们的恐惧和挫败感。出于上述各式原因,女性原告们常常在法庭调查阶段提出家庭暴力指控。而正如案例所示,这些女性的问题在于她们不知道怎样在庭审中获取证据、提供证言。她们之中很多人没有聘请律师;即便聘请了,也无法提供法律所需的证据(如警方报告,医疗报告,或受害人在家暴发生时的亲笔记录)。

其次,由于庭外调查已被废止,法庭调查阶段对于法官证明家庭暴力的存在有着愈发重要的地位。是否“交叉询问”被指实施家庭暴力的一方取决于法官的自由裁量;但对于选择这么做的法官而言,法庭调查毫无疑问已经成为了证明家庭暴力是否存在的重要武器。

最后,法官所扮演的角色很大程度上取决于其本人的能力和收集证据的意愿。举例而言,在上述案件中,主审法官已经超越了中立的证据处理者、分析者的角色,而扮演了一个积极的证据收集者。这一转变合乎民事诉讼法的规定范围,但假如法官只是以原告未能提供充分证据为由驳回其家庭暴力的指控,也同样具有合法性。在该案中,丈夫给出了足以让法官认定家庭暴力存在的证言。通过扮演一个积极的角色,法官在法庭调查阶段收集证据的努力提供了一个保护家庭暴力受害者的机会。

家庭暴力的指控一旦被证实,对于原告和其家庭都有重要意义。原告不仅更容易获得有利于自己的离婚方案,赢得子女的监护权,而且得到了法律保护免受其丈夫进一步的侵害。如前所述,我们调研的对象法院参与了全国试点项目,可以颁发保护令禁止丈夫回家、看望子女甚至与妻子对话。不幸的是,这一阶段所收集到的证据会在法庭调解阶段被删除,那时的重心将转移为制定解纷方案,而这与任何形式的对抗都是不兼容的。我们将在下文论述这一点。

五、解纷:以法庭调解为重心

法官在法庭调查阶段的角色与之在紧随其后的法庭调解阶段的角色形成了鲜明的对比。从法官的立场看,法庭调查的重心是收集证据,而调解的重心则转变为实现纠纷的解决:法官在这一阶段的任务是找出纠纷双方都能接受的中间地带。如果说调查阶段的关键问题是“你是否承认她的指控?”,那么调解阶段的则是“你是否接受提出的解决方案?”

在我们上一部分介绍的离婚案件中,夫妻双方的仇恨太深,调解很难起到作用。但即便在这个案子里,法官仍然作出了劝说原告撤诉的尝试。在其他四起涉及家庭暴力的案件中,家暴问题遭到忽视和淡化,因为这些案件经历了大量的法庭调解。很多夫妻愿意接受法官调解,并不是因为他们想要在一起,而是因为他们和已经疏离的配偶之间,还有很多事情需要谈判。对于大多数无争议的离婚案件而言,离婚是毫无疑问的最终结果:当离婚诉讼被提起时,起诉人通常已经下定了离婚的决心。现有婚姻法对于离婚事实上采取了无过错原则,起诉人的离婚诉求迟早会得到满足。[①] 的确,根据贺欣在广东省另一个法庭的研

① Huang, Philip C. 2010. *Chinese Civil Justice, Past and Present.* Lanham, Md.: Rowman & Littlefield Publishers; Davis, D. 2010. "Who Gets the House? Renegotiating Property Rights in Post – Socialist Urban China," *Modern China* 20: 1 – 30.

究,被批准的离婚请求数量是被驳回数量的三倍。① 简言之,这只是时间问题而已。调解过程更多的是着重于子女监护权和夫妻共同财产的分配。在这样的情况下,施暴者必然否认其实施了家庭暴力,家暴问题不可避免地遭到删除。如前所示,当家庭暴力在法庭调查阶段被审查,涉诉双方处于对抗关系。彼此间的指责、谩骂和抵赖时有发生。如果法官仍然专注于调查阶段包括家庭暴力在内的种种问题,延续的调查会削弱达成调解所需要的和解性语境。这就是调解造成删除之后果的原因。

我们观摩的另一个案件正是如此。该案中,家庭暴力指控被提起,但在随后的法庭调解阶段并未被跟进。在这起离婚案件中,夫妻已经分居数年,丈夫和另外一名女性同居。丈夫实施家庭暴力、有婚外情的事实不存在争议:妻子提供了警方报告和伤痕的照片。夫妻双方同意离婚,争议的焦点在于如何分割夫妻共同房产和承担儿子的抚养义务。他们有一个 13 岁的儿子,长期与母亲住在一起。如同其他很多离婚诉讼一样,这对已经疏离的夫妻在法庭调查阶段纠缠于种种指控而争执不休。庭审的第一个小时在紧张而充满对抗性的气氛中度过。似乎有意于阻止这种对抗进一步升级,法官在没有正式宣布调查、辩论环节已经结束的情况下,就迅速进入了调解环节。事实上,她没有正式询问纠纷双方是否愿意参与调解,而这个问题大多数法官在法庭辩论结束后都会询问。紧接着,她立即着手制定一个解决方案。她知道纠纷双方都无意继续停留在他们失败的婚姻中。在与夫妻双方进行了大约 30 分钟的反复商讨后,就女方放弃她所有之夫妻共同房产获得的补偿费用,法官抛出了一个数额。最终,法官说服了双方接受该数额(20 万元)作为达成协议的基础。除了房产分割问题外,子女抚养问题也存在分歧。原告(男方)愿意支付每个月 500 元的抚养费,但他的妻子想要每个月 800 元。法官迅速决定促成双方以 600 元达成一致。出乎法

---

① 贺欣,2009. "Routinization of Divorce Practice in China: Institutional Constraints' Influence on Judicial Behavior," *International Journal of Law, Policy and the Family* 23: 83 - 109。

官意料之外，原告拒绝了这额外的100元支出。这使得法官处在一个很艰难的境地。她已经提出了一个她认为公平的让步，将被告800元的要求削减了200元。她认为这个数字会被接受，但原告出乎意料的拒绝使调解陷入僵局。

如我们在另一篇文章中详细阐述的那样，[①]为了抛售她的提议，法官发动了各种可用的力量来说服男方接受。法官提醒说这笔钱是用来抚养男方的儿子，而不是一个陌生人；她同时提出，他的儿子已经13岁了，抚养费的总额并不是很高，因为只需要支付到18岁为止；她甚至质疑男方所提供收入的真实性，而根据法律，收入高低是计算抚养费的基础。她还向男方晓之以理，指出抚养儿子是一个父亲的责任。而从我们研究的角度看，此时该法官对家庭暴力问题一字未提，是值得深思的。鉴于新《婚姻法》第46条的规定，难道男方不应当为他的施暴行为负责吗？这难道不是促使男方接受那额外的100元抚养费的一个有力理由吗？

在巫若枝整理的另一个案例中，妻子不断地提出家庭暴力问题，并出具了警方报告证明她受到了轻伤。而她的丈夫否认自己的行为与妻子的伤有任何联系。以下是法官和该妻子在调解时的一段私人对话，没有她丈夫和其他家庭成员在场：

【妻子】我不敢把自己的家事告诉任何外人。有时我被打得很惨，全身青紫。但当其他人问起我怎么伤了的时候，我只能说是自己摔的。我甚至不敢把真相告诉我自己的父母亲。

【法官】如果双方能达成协议，我们会让你签署一个调解协议。如果不能，法庭会进行判决。我们会尽力。调解到此为止。[②]

这段对话表明，法官甚至没有究问该妻子提出的家庭暴力问题。正如调解这个词的含义所指，纠纷双方在调解中试图自愿达成解决方

---

① 贺欣、吴贵亨，2013. "Pragmatic Discourse and Gender Inequality in China," *Law & Society Review*, No. 2。

② 巫若枝："当代中国家事法制实践研究——以华南R县为例"，中国人民大学2007的博士学位论文。

案。法官作为调解者,要跳出审判式的发现错误、谴责暴行的框架。家庭暴力调查中的权利导向(rights-based focus)在调解过程中被需求导向(need-based focus)所取代。① 法官为了达成调解,极其小心翼翼地维持着一个敌意较弱的氛围。深究家庭暴力问题只会引起男方更多的否认和抗拒,从而影响调解的效果。换句话说,为了达成调解,法官必须要避免谴责性的语言。

因此,从法庭调查转换到法庭调解包含了Cobb所说的"转型"过程。② 在法庭调查阶段,以法律为规则,以权利和义务为重心,以证据可用性为基础;而在法庭调解阶段,调解性规则很快占据主导,并迅速扩张其权威性和管辖范围,挤压法定权利和道德衡量的生存空间。Cobb指出:

"调解的目标是达成协议,实现双方的需要,而不是实践一条道德标准。事实上,调解的目的在于调和相互冲突的道德标准:没有绝对'正确'的道德,除非能够认可和强化相对性。" ③

同时,如Fineman在她的监护权调解研究中所示,由于对话被"最佳利益说"("best interest" doctrine)所主导,父母的权利在子女的需求前崩塌。④ 由于调解的目的是达成协议,它必须满足个体的需求,其对话总体上是务实的。⑤ 确实,根据Silbey和Sarat的阐述,通过区分权利和需求,调解作为一种实践的正当性不言自明:权利话语适用于以等级和权力主导的正式架构;需求话语适用于以参与性而非权力为主导的

---

① Cobb, Sara. 1997. "The Domestication of Violence in Mediation," *Law and Society Review* 31(3): 397-438.

② Cobb, Sara. 1997. "The Domestication of Violence in Mediation," *Law and Society Review* 31(3): 397-438.

③ Cobb, Sara. 1997. "The Domestication of Violence in Mediation," *Law and Society Review* 31(3): 397-438, 413.

④ Fineman, Martha L. 1998. "Dominant Discourse, Professional Language and Legal Changes in Child Custody Decision-Making," *Harvard Law Review* 101: 727-74.

⑤ 贺欣、吴贵亨2013即出。"Internal Contradictions of Judicial Mediation," *Law and Social Inquiry*.

调解程序。[①] 对纠纷双方而言，调解过程提供了一个架构，允许双方以平等的社会、法律身份共同参与到纠纷的解决之中。在这一过程中，各种暴力，包括家庭暴力和导向纠纷的无凭据指责，都必须为维护双方关系、保障解纷效率让位，最终被不断边缘化，直至消失。

结论

西方学者的研究表明，在以社区为基础的调解中，家庭暴力问题经常被边缘化。[②] Greatbatch 和 Dingwall 所说的“边缘化”（marginalization）指的是家庭暴力的指控被“忽略和淡化”，暴力事件被认为是“关系性的而非犯罪性的”。[③] 在以法院为基础的调解中，这一现象并未好转。Trinder 等在对英国体制的研究中发现，家事审判专家持续性地边缘化家庭暴力的指控，有些甚至对坚持这一指控的女性施以惩罚。[④] 本文指出，尽管家庭暴力问题在法庭调查阶段被提出，被争论，甚至被确认存在，但最终会被遗忘，而这种忽视行为通常发生在法庭调解阶段。而这种现象一旦发生，通常会比西方更加严重。理由有二：其一，由于是法官主导调解，她往往有权使用更为强力的介入方式将家庭暴力的指控剔除。

---

① Silbey, Susan S. and Sarat, A. 1989. "Dispute Processing in Law and Legal Scholarship: From Institutional Critique to the Reconstruction of the Judicial Subject," Denver University Law Review 66: 437 – 498.

② See Cobb, Sara. 1997. "The Domestication of Violence in Mediation," *Law and Society Review* 31 (3): 397 – 438; Greatbatch, David & Dingwall, Robert. 1999. "The Marginalization of Domestic Violence in Divorce Mediation," 13 *International Journal of Law, Policy and the Family*: 174 – 190; Rifkin, Janet. 1984. "Mediation from a Feminist Perspective: Promise and Problems," *Law and Inequality* 2(1): 21.

③ Greatbatch, David & Dingwall, Robert. 1999. "The Marginalization of Domestic Violence in Divorce Mediation," 13 *International Journal of Law, Policy and the Family*: 174 – 190.

④ Trinder, Liz, Alan Firth, and Christopher Jenks. 2010. "'So Presumably Things have Moved on Since Then?' The Management of Risk Allegations in Child Contact Dispute Resolution." *International Journal of Law, Policy and the Family* 24(1): 29 – 53.

相比于"边缘化"①或"驯化"②中所作讨论的现象,家庭暴力的删除在中国具有更高的强制性;而这在某种程度上源于法官和纠纷双方的权力鸿沟。在营造调解氛围的过程中,法官是积极而富有侵略性的,这与社区调解中调解员微妙的处理方式形成了鲜明对比。其二,从受害人的角度看,调解过程有一定的欺骗性。这是由于司法调解构建于司法审判的框架之内。选择和解的当事人很可能以为他们获得了法律的救济,而事实上,接受调解协议意味着他们在不知情的情况下放弃了自己的法定权利。此外,一旦参与了司法调解,他们就穷尽了所有的法定救济途径,求助权利也随之耗尽。中国政府已经意识到家庭暴力这一社会问题的严重性。但中国的司法程序架构受困于提高解纷效率和保护社会弱势群体的冲突目标之间,很难从体制上保障这一社会问题系统化、全面性的解决。

过去十年里,在包括离婚诉讼和其他家庭纠纷在内的民事纠纷中,调解的使用稳步上升。根据官方统计,2010年有超过65%的民事案件以调解或类似形式结案。本文的讨论是调解大势下的一部分。我们曾经探讨过这一广泛现象及其对中国法治的影响。③ 本文中的研究表明,家庭暴力只有在最为突出的案件里才会体现在法官的判决中。如前所述,在我们观摩的大约20个案件里,前文所分析的案件是唯一一起法官在法庭调查中提及并调查家庭暴力问题的案件。如同其他很多涉及家庭暴力的案件一样,家暴问题在随后的调解过程中被边缘化、被忽略。这一现象也与其他地区的发现不谋而合。④ 上述种种说明了对家庭暴力的实质性关注是如何被回避,又如何被重调解轻审判的司法

---

① Greatbatch, David & Dingwall, Robert. 1999. "The Marginalization of Domestic Violence in Divorce Mediation," 13 *International Journal of Law, Policy and the Family*: 174 - 190.

② Cobb, Sara. 1997. "The Domestication of Violence in Mediation," *Law and Society Review* 31(3): 397 - 438.

③ 贺欣、吴贵亨。2013. "Pragmatic Discourse and Gender Inequality in China," *Law & Society Review*, No. 2。

④ 参见巫若枝:"当代中国家事法制实践研究——以华南R县为例",中国人民大学2007年博士学位论文。

政策选择所排挤。此外,考虑到我们调研所在的法院参与了全国保护妇女不受家庭暴力侵害的试点项目,其他法院可能对家庭暴力问题更为漠视。

因此,对于司法调解实践,尤其是家事案件中的民事程序安排,我们的研究结果是一个严峻的挑战。不论当事人意愿如何,涉及婚姻家庭法律的案件强制进行调解(除确认身份等例外)。这种强制调解规定的正当性基础源于对调解的信仰,即调解创造出对抗性较低的氛围,从而减少进一步的纠纷,促进矛盾的解决。同时,调解促使纠纷当事人充分考虑最弱者的利益(如离婚夫妻的子女)。增加调解、减少诉讼也被认为是促进社会稳定的有效手段。这些正当性依据看起来如此有力,以至于在中国语境下,它们很少被质疑或挑战。本研究暴露出当前实践中一个重大的问题:家庭暴力受害者因为一个看似善意的程序设置正付出沉重的代价。司法调解能否真正实现其目标尚不可知,但毋庸置疑的是家庭暴力受害者权利的被迫妥协。为了避免这种不幸后果,目前的强制调解要求应当被舍弃。更进一步,有鉴于一些学者的建议,某种阻隔机制可以被引入,阻隔涉及家庭暴力的案件进入调解程序。① 最低程度而言,家庭暴力受害者在参与调解程序之前应当就可能的后果获得正式的提醒。

基于上述原因,政策制定者同时应当充分考虑涉及暴力的其他类型案件能否适用司法调解。在当下中国的司法实践中,个人侵权案件甚至刑事案件中存在调解施暴者和受害者的趋势。② 在其他类型案件的调解过程中,暴力问题是否也遭到删除有待进一步的研究。有鉴于寻求离婚的受害女性,任何将调解作为治愈社会问题之万灵药的理念都需要警惕。

---

① Hester, M., Pearson, C. and Radford, L. 1997. *Domestic Violence: A National Survey of Court Welfare and Voluntary Sector Mediation Practice.* Bristol: Policy Press; Trinder, Liz, Alan Firth, and Christopher Jenks. 2010. "'So Presumably Things have Moved on Since Then?' The Management of Risk Allegations in Child Contact Dispute Resolution." *International Journal of Law, Policy and the Family* 24(1): 29 – 53.

② 陈瑞华:"刑事诉讼的私力合作模式",载《中国法学》2006 年第 5 期。

《法律和社会科学》(2013)
第11卷,第168~183页

隐私与隐私权的限度
——从人肉搜索第一案切入

李斯特*

内容摘要:人肉搜索第一案中的隐私权问题实际上反映出中国当代社会的道德伦理立场的断裂,造成这种断裂的是社会利益的日趋分化。该案所指向的死亡博客事件是利益受到损害的社会群体利用新的互联网技术争取自我利益的一次私力救济,也是一种宽泛意义上的社区矫正。最终被表述为隐私和隐私权问题的本次事件反映了互联网时代社会空间与社会组织的深刻变迁,同时也显现出伦理重建的迫切要求。以个体自由主义作为伦理基础的现有隐私权理论需要内在反省才能适应这一形势。

一、问题的提出

隐私在现代社会之所以越来越被重视,择其大绪言之,是因为物质生产条件导致的现代社会空间

* 作者单位:华南师范大学法学院,电子邮箱:lisite@ scnu. edu. cn。本文得到中山大学人文高等研究院驻院访问学人计划的资助,曾提交北京大学法治研究中心组织的第三届“政治、法律与公共政策”年会(2011 年)讨论。

的变化，以及由此带来的人的观念的变化；可“道高一尺魔高一丈”，隐私保护的争论不休，还因为迅猛发展的各种现代资讯工具，已使名义上得到严密保护的隐私权岌岌可危。时光流转，我们一路跋涉来到互联网时代，却似乎又回到人类社会早期的“零隐私”年代。[①] 传统社区在变化，虚拟社区在形成，两者不断竞争、渗透和融合，书写着隐私的新的界限与功能。这是互联网时代催生了大量关于隐私的学术研究的原因。

对于中国，隐私问题还有着不一般的意味。现代的隐私话语，主要是西方的舶来品，在作为传统东方国家的中国，人们接受起来不免要多一番波折；更何况中国在现代化的过程中，还发生过一段“一大二公”的插曲。这意味着，六十年间中国人经历了剧烈而复杂的法律、道德和伦理观念的变迁。在这一大变迁中，如何理解“公”、“私”的关系是焦点所在。隐私正好体现着公、私的博弈，因为隐私的问题，本在于把信息的支配权分配给谁，个人，组织，社区，还是国家？因此，隐私问题是理解中国当代社会变迁的一扇窗；同时，在中国研究隐私问题，必须带有历史的眼光，非此不能深入。

但隐私问题千头万绪、枝蔓丛生，理应有所限定。我把目光放在近年来兴起的一种网络搜索行为——人肉搜索[②]上，并将集中地分析2008年审结的人肉搜索第一案。该案与普通个体的隐私有关，无涉公众人物或政府官员；该案与社会道德争议有关，反映着中国人的伦理观念的变化；该案连接了传统社区与网络社区，实现了线上线下的融合，这些都与本文关注的问题密切相关。

关于此案和人肉搜索现象已经有了丰富的研究成果，[③]但在隐私

---

① 冯象：《玻璃岛——亚瑟与我三千年》，三联书店2003年版，第145～166页。

② 参见中文维基百科的定义，“人肉搜索，是一种以互联网为媒介，部分基于用人工方式对搜索引擎所提供信息逐个辨别真伪，部分又基于通过匿名知情人公开数据的方式搜集信息，以查找人物或者事件真相的群众运动”。

③ 其中可参见徐娟、胡昌明：“道德瑕疵不能成为侵犯隐私权、名誉权的抗辩理由”，载《人民司法》2009年第14期；胡凌：“评‘人肉搜索’第一案的三个初审判决”，载《法律适用》2009年第7期；刘义军、刘海东：“‘人肉搜索’侵犯他人隐私权和名誉权的法律适用”，载《法律适用》2010年第7期；袁雪石：“‘人肉搜索第一案’判决的法律评析”，载《信息网络安全》2009年第2期；田飞龙：“人肉搜索：网络公共空间、社会功能与法律规制”，载《网络法律评论》2009年第1期。

问题的讨论上多以传统的个体自由主义作为隐私权的伦理基石,或集中在对互联网技术的考量。本文将更侧重于历史社会学的角度,运用社会空间和社会阶层的相关理论审视此案中的诸多争点,回顾隐私的历史,探求其中的法律和伦理意蕴,努力重建当代中国语境中的隐私权的伦理基础。伦理重建,当为构建和谐社会的应有之义。

二、案件争议的实质

2007年12月29日晚,姜岩从24楼的住所跳下自杀身亡。姜岩生前在网上注册了名为"北飞的候鸟"的个人博客。在自杀前2个月,姜岩关闭了该博客,但一直以博客日记形式记载下自杀前2个月的心路历程,将丈夫王菲与第三者东某的合影照片贴在博客中,认为自己婚姻失败。姜岩的日记中显示出王菲的姓名、工作单位地址等信息。姜岩在12月27日第一次自杀前委托一名网友在12小时内打开博客。在12月29日后,该网友将博客密码告诉姜岩的姐姐姜红,姜红打开了该博客。之后,姜岩的朋友张乐奕注册了个人网站"北飞的候鸟"刊登了一系列关于王菲与姜岩生前婚姻生活的文章,披露了王菲的个人信息。同时姜岩的博客日记被一名网民转发在天涯社区论坛中,后不断被其他网民转发至不同网站上,被长时间地关注。部分网民在天涯虚拟社区等网站发起"人肉搜索",使王菲的姓名、工作单位、家庭住址等个人信息被披露。更有部分网民在大旗网等网站对王菲进行谩骂、人身攻击,更极端的网民还到王菲的住处进行骚扰,在门口刷写、张贴"逼死贤妻"、"血债血偿"等标语。之后王菲与第三者东某向所在单位盛世长城国际广告有限公司(以下简称盛世公司)请辞,盛世公司同意两人辞职并在天涯网站上发表了回帖声明。

2008年3月15日,王菲以侵犯隐私权和名誉权为由,起诉张乐奕、海南天涯在线网络科技有限公司(天涯网)和北京凌云互动信息技术有限公司(大旗网),北京市朝阳区人民法院受理该案。在审理过程中王菲承认自己与同事东某确实曾有婚外情。2008 年 12 月 18 日,朝阳区法院判处张乐奕、凌云公司的行为构成侵权,天涯公司由于在王菲起诉前及时删除了相关信息,不构成侵权。[①] 张乐奕不服一审判决,上诉到北京市第二中级人民法院。二审驳回上诉,维持原判。[②] 这就是所谓的"网络暴力"或"人肉搜索"第一案。

本案一审朝阳区人民法院在"顶住网络言论的压力"[③]宣判后,召开新闻通报会,通报了有关审理情况,特别介绍了审理过程中朝阳法院先后组织专家研讨会和高级法官联席会议的情况,并向工业和信息化部提出司法建议,[④]加之本案审结后引发的实务界与学术界的热议,都充分证明了本案是一重大的疑难案件(hard case)。但我认为,本案的难办,并不仅仅在于,甚至不主要在于它是网络暴力或人肉搜索第一案。试想,如果通过人肉搜索发现了某一贩毒团伙的犯罪线索,或是找回了被拐儿童,关于人肉搜索的争论也许风轻云淡。[⑤] 因此,本案的关键在于社会对人肉搜索背后涉及的行为的道德伦理立场分裂了,本案中要关注的问题首先是:人肉搜索所指向的行为为什么会引起广泛争议?

三、阶层进路的解释

本案判决书对"隐私"的定义是:"隐私一般是指仅与特定人的利

---

① 本文陈述的案情,来自本案的三份一审判决书:(2008)朝民初字第 10930、29276、29277 号。

② (2009)二中民终字第 5603 号。

③ 语出蔡定剑教授在"人肉搜索中的罪与罚专题研讨会述评"上的发言,参见《中国政法大学校报》(电子版)第 631 期。

④ "朝阳法院对'人肉搜索第一案'进行公开宣判并发出司法建议",载 http://cyqfy.chinacourt.org/public/detail.php? id =429,最后访问日期:2011 年 9 月 14 日;朝阳法院召开的"'人肉搜索是否侵权'相关法律问题研讨会"的详情参见 http://www.chinacourt.org/zhibo/member/index.php? member_id = 1000&zhibo_id = 716&domain = bjfyzb.chinacour.org,最后访问日期:2011 年 9 月 14 日。

⑤ 如之后发生的"微博打拐"事件,微博所起的作用与人肉搜索相仿,但很少人就此提出道德和法律质疑。

益或者人身发生联系,且权利人不愿为他人所知晓的私人生活、私人信息、私人空间及个人生活安宁。”[①]定义本身没有问题,但是,何谓“仅与特定人的利益或者人身发生联系”?何谓“私人”?这是立法上难以列举穷尽,而有待司法裁量的问题。而当“不愿为他人所知晓”中的主语——那个抽象的“权利人”化作一个个活生生的、利益立场鲜明的社会个体时,正如本案展示的,信息的公/私性质就随道德伦理立场的变化而变化。

道德争议的源头要到道德之外去找。在我看来,这场化身为隐私与言论自由的法律权利之争的道德争议,背后是个体与群体利益在社会转型期的分化与重组。王菲的工资清单显示,王菲2007年12月的收入接近2万元,[②]这在当时应当属于北京市的中高收入水平。[③] 敌对的一方——回帖指责、谩骂者和人肉搜索的参与者呢?要准确统计是困难的,但我们可以试着去分析:(1)上网是一种费用低廉的交流和娱乐方式,所以在线上泡的时间越长而且不是因为本职工作需要的人,除了出于偏好,就是相对缺少可替代性的交际和娱乐方式的人,这与个人收入密切相关,而个人收入与受教育程度相关;(2)回帖和进行人肉搜索要耗费时间和精力,能够投入者一般是机会成本较低的人,因此公务繁忙的人可以排除在外,而这些人常常是中产以上的阶层;(3)战斗需要激情燃烧,所以又可得知这一群体以年轻人居多。这一分析自然是粗糙的,但不妨碍我们形成一整体判断——参与人肉搜索和在线上言辞激烈者,多为较年轻的、收入中等偏低、受教育程度可能偏低的群体。2007年中国互联网白皮书的有关数据也佐证了这一分析的大体正确。[④]

那么本案中的冲突根源可以从阶层的进路来分析。王菲所代表的中产阶层要求对男女关系的高度隐私保护,是因为收入较高,使得他们

---

① (2008)朝民初字第29276号。

② 王菲向法院提交的工资清单显示其2007年12月的月工资收入为19300元。

③ 根据2008年《北京市统计年鉴》,2007年北京市职工的年平均工资为46507元。

④ 根据中国互联网络信息中心提供的《第21次中国互联网络发展状况统计报告》,“初中及以下受教育程度的网民增长较快;低收入人群开始越来越多地接受互联网”。

在婚姻或性的市场上处于一定优势地位。现代社会,处于事业的高峰的职业人士较多处于30~45岁,对男性而言,年龄资本的优势不明显,常常被更有保障的事业成就和成熟稳重的男性气质抵消掉;再考虑到中国的两性状况,[①]男性将要面对婚姻和性的激烈竞争,本案中围绕死亡博客展开的激烈争论,包含着不同阶层在性与婚姻市场上的自觉与不自觉的较量。

这一思路在考虑到女性时同样成立。以王菲为代表的中产以上阶层中的男性并不仅仅对经济社会地位相对劣势的同性产生挤压,他们在性和婚姻上面的更多选择,必然同时意味着与他们交往的异性在大多数情况下处于劣势。而年龄因素对男、女在婚姻场上的竞争力的影响是绝对不同的。所以,随着时间的流逝,一般而言,该阶层的男性在婚姻中的优势地位只会得到加强。因此在回帖和参与人肉搜索的女网民中,道德谴责可以视为一种"维权"方式,她们担忧成为姜岩第二。社会经济地位影响每个人在性和婚姻市场中的地位,进而影响每个人在性和婚姻上的道德立场,并生产出不同的隐私观念。也许本案中的各方都不反对保护隐私,但不同的阶层要求不同的隐私保护的范围。把男女关系绝对视为隐私的高强度保护,对于城市中产以上的阶层自然有利,对于收入偏低的群体来说更多是一种想象中的权利,因为他们常常是无私可隐的。

因此,死亡博客事件是以互联网为技术手段的,不同阶层之间的一场道德较量,本案是这场较量在司法场上的蔓延。

可司法不承认这一点。法院认为,王菲的婚外情行为不仅违背了我国婚姻法规定的夫妻忠诚义务,也背离了社会道德标准,要予以批评,但法律不能因此不保护王菲的隐私权和名誉权。[②] 一审主审法官在本案审结后另外撰文指出:"公民的权利,特别是人身权,不得因法定理由之外的原因(如受害人先行行为在道德上的瑕疵)而被剥夺或

---

① 根据《中国统计年鉴》,2007年全国人口变动情况抽样调查样本数据显示,男女人口比例为102.86。根据2008年《北京市统计年鉴》,北京市户籍人口的男女比例为101.8。

② 前引一审判决书。

者受侵犯。”理由之一是“道德判断与权利享有应严格区分”,“道德与法律的两分是现代社会的一个重要标志”。[①] 然而,道德判断与权利享有真的可以做到严格区分吗?如前所述,本案之所以难办,是在于社会利益分化重组带来的道德伦理立场的分歧。在这种道德多元的格局下,法治和权利话语要提供“无法妥协的利益避免直接政治交锋、两败俱伤的一个‘安全’而体面的出路”。[②] 然而互联网的出现,唤醒了一个被封印的幽灵——大字报。[③] 网上发帖流传之迅猛,言辞之激烈,围观者之众,尤其是本案中“路见不平一声吼,该出手时就出手”的网络侠客/暴民,正与当年那大字报满天飞,互相揭发,砸烂公检法,埋葬法律的噩梦依稀相似,得勾起法治的多少心悸!这种面对面的、赤裸裸的、白热化的斗争方式,为现代法治所不能允许。不允许,还得安全而体面,倡导个体自由与尊严的隐私权是一个好的选择。归根结底,坚持道德判断与权利的严格区分,同样是一种道德伦理姿态,一种由新形势下司法的任务所决定的姿态。

四、隐私权的伦理基础及反思

隐私权成为新形势下法治的一种话语武器,它的威力不是凭空而来的。法治首先得描绘一幅前法治时代缺乏隐私意识和隐私保护的万古长夜的图景,再宣扬法治来临带来的个体意识和隐私权观念勃兴的巨大进步,然后力陈隐私保护的前途光明、道路曲折,要求仁人志士一起为之奋斗。要跳出这个话语框框,全面认识隐私,我们还得回到历史。

历史证明,隐私常有,而隐私权不常有。早在先秦,孟母就在隐私

① 徐娟、胡昌明:“道德瑕疵不能成为侵犯隐私权、名誉权的抗辩理由”,载《人民司法》2009年第14期。

② 冯象:《政法笔记》,江苏人民出版社2004年版,第44页。

③ 已经有学者提到“大字报”,参见李岩、李东晓:“道德话语的生产性力量及中国式‘人肉搜索’的勃兴”,载《浙江大学学报》(人文社会科学版)2009年第6期。

的问题上教育过我们的亚圣。[①] 古代中国司法历来有不公开审讯男女风化之事的传统,[②]尤其"妇女不可轻唤"。[③] 现代西方的隐私权观念,渊源也可直溯中世纪欧洲的游侠、骑士、隐士的个人生活方式。[④] 隐私常有,原因在于许多个人信息不具有社会评价的参考价值,但为人知晓会给本人造成困扰。此类信息的曝光在个体是极大的压抑,在社会却没有积极的意义。适当地划分公、私场所,反而有利于个体的释放,实现自我与社会之间的平衡。前台与后台都是不可缺少的。[⑤] 隐私保护是个体意识发生与发展的必要条件,它无须等待隐私权的提出来实现,所以隐私权不常有。以隐私权不常有来否证隐私常有,是现代法治为发挥隐私权的话语威力对历史的颠倒。

从前面引述的本案判决书中对隐私的定义可以看出,个人自由主义构成了隐私权利的伦理基础。[⑥] 这同样失之偏颇。隐私是个好东西,从来不是天经地义的。恰恰相反,从词源上看,"隐私"的词根与"丧失"(privation)、"剥夺"(deprivation)相同,意味着从公共生活中被放逐的不良状态,所以今天我们使用的隐私观念是西方文化的杜撰。[⑦] 同时,如果只强调个体自由的话,许多社会现象无法得到完满解释:为什么很多场合下我们为了从事所欲的社会活动在不同程度上自愿放弃隐私或甘冒更大的隐私被侵犯的风险?原因就在于人天生不是离群索居的动物。鱼与熊掌不可兼得也。

---

① 《韩诗外传》,有关内容和分析参见冯象:《政法笔记》,第 39 页。

② 参见陶希圣:《清代州县衙门刑事审判制度及程序》,第 31 ~33 页,转引自那思陆:《清代州县衙门审判制度》,范忠信、尤陈俊校勘,中国政法大学出版社 2006 年版,第 109 页。

③ (清)汪辉祖:《佐治药言》,徐明、文青点校,辽宁教育出版社 1998 年版,第 9、10 页。

④ 冯象:《政法笔记》,第 40 页。

⑤ 参见[美]欧文·戈夫曼:《日常生活的自我呈现》,冯钢译,北京大学出版社 2008 年版。

⑥ 关于这种浪漫主义隐私观的介绍,参见 Daniel J. Solove, Conceptualizing Privacy, California Law Review, Vol. 90, No. 4, pp. 1087 – 1155。

⑦ 理查德·A. 波斯纳:《正义/司法的经济学》,苏力译,中国政法大学出版社 2002 年版,第 266、276 页。另参见 Patricia Meyer Spacks, Privacy Concealing the Eighteenth-Century Self, The University of Chicago Press, 2003, pp. 1, 2.

因此片面地强调隐私的个人自由主义的伦理基础容易遮蔽了一个重要的问题——人是社会性的动物。许多人都在关注现代以来传统社区生活衰落的问题,当家庭单位越来越小,人与工作单位的关系更加疏离,社会事务越来越程式化,独立的单元房和厚厚的保险门隔开街坊邻里时,"独自打保龄"的问题出现了,[①]由此带来的孤单、无助感是现代社会特有的产物。人们在谋求改变,这时互联网出现了,而且很快,Web 2.0 出现了。[②] 本案是对 Web 2.0 时代的一个最好阐释。

本案的三名被告,大旗网,是一家论坛聚合类网站,"信息源覆盖了70多万个中文活跃论坛,10万多个精英博客和中国主流视频平台,实现了对分散于 BBS、Blog、SNS、Video 里网民舆论的全面聚合";[③]天涯网,即天涯虚拟社区网站,是国内最大的社区网站之一,天涯网"以论坛、博客、微博为基础交流方式,综合提供个人空间、企业空间、购物街、无线客户端、分类信息、来吧、问答等一系列功能服务,并以人文情感为特色的综合性虚拟社区和大型网络社交平台"。目前,天涯网的注册用户近5600万;[④]"北飞的候鸟"是死者姜岩的生前友人张乐奕个人注册的网站,该网站名来自姜岩的同名个人博客,也就是本案中所称的"死亡博客"。

上述网络行为把人的社会性问题重新拉回到我们的视野中。博客日志是互联网时代的一种个人写作方式,它不完全相同于个人日记,传统的个人日记一般都不公开或只对极亲密的人透露,博客日志的公开

---

① 参见罗伯特·帕特南:《独自打保龄——美国社区的衰落与复兴》,刘波等译,北京大学出版社2011年版。

② Web 2.0 是相对 Web 1.0 的新的一类互联网应用的统称。Web 1.0 的主要特点在于用户通过浏览器获取信息。Web 2.0 则更注重用户的交互作用,用户既是网站内容的浏览者,也是网站内容的制造者。所谓网站内容的制造者是说互联网上的每一个用户不再仅仅是互联网的读者,同时也成为互联网的作者;不再仅仅是在互联网上冲浪,同时也成为波浪制造者;在模式上由单纯的"读"向"写"以及"共同建设"发展;由被动地接收互联网信息向主动创造互联网信息发展,从而更加人性化。来源:百度百科。

③ "关于大旗",载 http://www.daqi.com/news/about.html,最后访问日期:2011年9月14日。

④ "关于天涯",载 http://help.tianya.cn/about/history/2011/06/02/166666.shtml,最后访问日期:2011年9月14日。

与否完全取决于作者。“嘤其鸣矣求其友声”,相当多的作者把博客日志当作一种交流的方式而选择公开。姜岩在自杀前2个月关闭了“北飞的候鸟”博客,但又委托网友重新打开,表明博客已经长期成为她的交流手段。张乐奕注册个人网站则是为了缅怀亡友谴责王菲,在我看来更主要是为了报复,利用互联网使一起私生活事件转变成公共事件,从而使王菲遭受尽可能严重的后果(这一点基本实现了。)。大旗网一类论坛聚合网站的存在,表明我们大多数人在关注自己的同时也在关注别人关注些什么,我们并不向往遗世而独立。天涯社区网站更标志着 Web 2.0 的出现是人们渴望更多社会交流的结果,是人乃社会性动物的绝好说明。

这样,现代社会中“独自打保龄”的现象未必那么真实。博客、个人网站、信息聚合、论坛、社区、人肉搜索……又把一个个孤岛似的个人联结起来,人总是不甘寂寞的。网络社区在很大程度上取代了传统社区,而且两者正处于不断的融合之中。[①] “人肉搜索”不就实现了线上线下的链接吗?网络社区的出现,便利了相近立场的人的聚合,从而令王菲遭受了实质性的不利后果,它其实是衰落中的传统社区的替代物。

五、隐私作为社会控制手段的变迁

由此,对于姜岩姐姐公开死亡博客,张乐奕注册“北飞的候鸟”网站,网民们的评论以及人肉搜索(请联系前面分析的本案中网民群体的特性),我们实可视之为互联网时代的私力救济和宽泛意义上的社区矫正。[②] 类似死亡博客的事件,在以往可能会受到家族、村落、街道办、单位、妇联等社会组织的“诉前联调”。请注意,传统的社会控制机

---

① Julie E. Cohen, Cyberspace as/and Space, Columbia Law Review, Vol. 107, No. 1, pp. 210 – 256.

② 一般意义上的社区矫正的对象是罪犯,本文侧重于社区矫正的利用社区资源实现社会控制的手段。

制并非不尊重隐私,而是在强调隐私保护的同时也强调在与当事人关系密切的社区之中展开批评教育。① 可这些社会矛盾排解机制的作用在今天的北京这样的大城市里大大减弱了,而今日的司法所强调的法律与道德严格区分以及基于个体自由主义的隐私保护,也使谴责王菲同情姜岩的一方无法通过法律实现救济,于是才有了本案中借助互联网注册网站和展开人肉搜索的行为。这深刻地反映了互联网时代社会空间的变迁。

深刻的变迁同样发生在社会组织上。我国现行法律法规对企业和公司的调整,都着眼于它们作为一种经济组织形式应如何最大化地实现经济目的以繁荣经济。但历史上并非如此。"单位",这个我们至今普遍使用着的词,它的内涵发生了很大变化。曾经,单位远不只是一个购买了你的劳动力给你发工资的实体,它还常常过问你的生活。"单位人"的概念就是这么来的。② 在特定的时期里,企业/公司不仅是生产队,它还是战斗队、宣传队。③ 革命队伍要保持纯洁,不能只抓生产。生活作风反映着个人的政治方向和思想觉悟水平,了解和掌握单位成员的私生活当然是单位的职责。④ 过往意义上的单位包含了个人与集体的更多的联系。许多被视为"私"的个人问题都由单位来处理,在这种情形下不可能发生今天的隐私观念。但随着现代转型的进行,单位的社会功能也逐步减弱,单位和职工的关系被更加纯粹的劳资关系所

---

① 我注意到,在常常被认为法治不健全的新中国成立初期,司法工作仍然屡屡提到尊重隐私。参见最高人民法院东北工作组:"把案件交群众辩论是人民司法工作中群众路线的新发展",载《人民司法》1958年第20期;刘波平:"法庭审判与群众辩论相结合的实践经验",载《人民司法》1959年第18期。

② 关于"单位"的研究,参见李汉林、渠敬东:《中国单位组织变迁过程中的失范效应》,上海人民出版社2005年版。

③ 中共横峰纺织器材厂委员会:"坚持党的基本路线 把工厂建成社会主义的坚强阵地",载《纺织器材通讯》1976年第1期;高方启:"我们是怎样依靠工人阶级管理工厂的?",载《山西政报》1953年第1期。

④ 沈阳市铁西区人民法院:"我们是怎样依靠工厂党委领导正确处理案件的?",载《人民司法》1958年第15期。该文记载了20世纪50年代,某工厂党委如何发动工厂部门和职工协助法院处理一起妻子遭丈夫虐待自杀未遂的案件。其处理方式与本案形成鲜明对比。

取代。隐私权话语在这个过程中要完成意识形态上的宣传教化任务。

我强调"意识形态上的",是想说法律本本上的隐私权不能真正保障个体的隐私。本案中,王菲和东某因为私生活问题被盛世公司辞退,能不能同样认定为对隐私的侵犯?如果这还显得牵强,我们只要放眼四顾,随处可见工作单位对于工作环境和雇员私生活的监控:工作间和休息间安装摄像头、工作电脑植入监视软件、禁止雇员之间谈恋爱、工作期间不得结婚……①种种现象,与隐私权的宣传结伴而行,时不时让隐私权下不了台。法治曰:保护尚未成功,法律仍需努力。但弱势一方,常常连提出法律救济的机会都没有。如本案中王菲与东某,便是以辞职的方式掩盖了辞退的事实,在法律上难以寻求救济。盛世公司也尽可以用其他理由辞退他们。权利救济,实质上取决于双方的力量对比。隐私权的靠近,不等于隐私在靠近。

岔开话题了,但强调"意识形态上的",更想说的是盛世公司的反应,恰巧证明了企业/公司过去不是,现在也不是法律概念上的纯粹的经济组织。盛世公司对天涯网上的《大家好,我是姜岩的姐姐》一帖作了专门的回复:"……在得知此事原委之后,公司决定让王菲、东方两名员工暂时停止工作,以妥善处理此事。其后不久,他们二人即向公司提请辞职,公司已予批准。"②盛世公司这一做法意欲何为?如果盛世公司只是认为本次事件暴露出来王菲由于人品瑕疵不能胜任本工作岗位,那完全没有必要到天涯网上专门答复网民。很明显,盛世公司此举在于平息众怒。王菲与东某的行为无疑已影响到公司长期塑造的"爱的标记"(lovemarks)的形象,③盛世公司自然不愿意因为雇员的私人行为导致公司的声誉受损。这在现代社会毫不奇怪。很多企业,尤其是大企业,对雇工的私生活仍有非常严格、细密的规定。④ 因为人们依然对各行各业的从业人员有某种程度的道德伦理要求。当某位成员越过

---

① 这方面的生动描述,参见冯象:《玻璃岛——亚瑟与我三千年》,三联书店2003年版,第148~150页。

② 前引一审判决书。

③ 来源:MBA智库百科。

④ 在影片《律师事务所》(The Firm)中,律所对求职者的私生活细节就百般盘问。

界线,便会受到质疑和谴责,而且造成对所在企业和行业形象的负面影响。完全脱离道德伦理体系运转的经济体系本来只是一个虚构。

因此,本案中法院认为:"公民个人感情生活问题,包括男女关系问题,均属于其个人隐私范畴的一部分。"[①]这个绝对的说法遮蔽了历史上和现实中的复杂情况。网络舆论与人肉搜索行为,迫使盛世公司作出道德表态,表明了企业作为一种社会组织仍然在发挥道德控制的作用,只不过是强调阶级教育和阶级斗争的单位模式让位给强调职业伦理培育和权利斗争的企业模式;同时还表明,隐私的重要意义不是要成为私生活领域的天然屏障,而是要理顺个体与群体、社会之间的关系。本案中法院所持的那种中产阶级的个体自由主义隐私观一不小心踩了个空。[②]

六、判决的偏失及原因

主审法院对隐私的片面理解,偷偷地隐去了隐私定义中"仅与特定人的利益或者人身发生联系"中的"仅"字。本案中的一个要害是,王菲受到广泛谴责,到底是因为他的婚外恋,还是因为他作为一个已婚男性的不负责?有许多指责并不是针对王菲的婚外情行为,而是针对王菲包括他的父母对待姜岩的冷漠、不近人情、不负责任。[③] 对于当代大多数中国人而言,这种对家人的麻木不仁的态度远比婚外情更难接受,所以才会引起物议汹汹。这种揭发和指责对我们正确评判王菲这个人有没有帮助呢?难道我们在选择朋友、情侣、同事、职员、业务合作伙伴的时候,谁真的会认为这些信息毫无用处吗?当然不是,一个人的家庭生活状况,他对待家人和朋友的态度,无疑是我们评判一个人综合素质

---

① 前引一审判决书。

② 与此密切相关的,对当代中国持自由主义传统的主流法理话语的出色分析和批判,参见苏力:《也许正在发生——转型中国的法学》,法律出版社2004年版,第四章。

③ 请看关于本事件的众多报道。许多言论指责的是姜岩死后王菲迟迟不露面,导致姜岩遗体不能下葬,王菲还与第三者东某逛商城等事实。

的重要参考。因此本案中涉及的个人信息,在我看来,既不是“仅与特定人的利益或者人身发生联系”,也不属于“难得糊涂”(the virtues of knowing less①)的一类,它有利于引导姜岩的亲友、王菲的同事、与王菲交往的女性和其他社会成员对王菲进行正确的评价。由于王菲未能证明存在诽谤的事实,那我们就要逼问:为什么未经扭曲的、非侮辱性的、对于社会的个人评价有参考价值的信息传播要受到隐私权的严格限制?

法院认为,大旗网等网站关注姜岩自杀事件属于新闻自由,但在进行报道时,未对当事人姓名等个人信息及相片进行技术处理,即侵害王菲的隐私权及名誉权。② 隐私权与名誉权并举,有现实与法律上的双重渊源。长期以来,我国民事法律没有规定隐私权,③最高人民法院曾作出司法解释:“以书面、口头等形式宣扬他人隐私,造成一定影响的,应当认定为侵害他人名誉权。”④这样在司法实践中对隐私的保护就被置于名誉权保护之中。关于侵犯隐私和侵犯名誉的行为存在差异,名誉权难以涵盖隐私权的意见,已故的杨洪逵先生早已提出,⑤但最高院的做法也不是头脑中的沙盘推演。现实中要求隐私保护的一方,常常是因为隐私泄露贬低了他的名誉,而名誉是“其他人对他作为交易、社交、婚姻或其他类型的伙伴的估价”,⑥也就是说,隐私泄露使某人在社会交往中不利。要求隐私保护,实质是要求隐瞒真实信息。本案的主审法院,没有对于隐私保护的两种目的——不受干扰和隐瞒不利信息——作出细致区分。前一种目的即杨洪逵先生所指出的隐私保护不

① Daniel J. Solove, The Virtues of Knowing Less: Justifying Privacy Protections against Disclosure, Duke Law Journal, Vol. 53, No. 3, pp. 967 - 1065.

② 前引一审判决书。

③ 2009 年 12 月 26 日通过,2010 年 7 月 1 日起实施的《侵权责任法》始明确规定了“隐私权”。

④ 《关于贯彻执行〈中华人民共和国民法通则〉若干问题的意见(试行)》第 140 条。

⑤ 梁文书、杨立新、杨洪逵编著:《审理名誉权案件司法解释理解与适用》,中国法制出版社 2001 年版,第 236 页。

⑥ 波斯纳:《正义/司法的经济学》,苏力译,中国政法大学出版社 2002 年版,第 279 页。

同于名誉保护之处,后一种目的即隐私权被纳入名誉权保护中的现实依据。基于后者的行为并没有充足理由受到法律保护。

法院要求网站对死亡博客事件中的个人信息做技术处理,这一做法的问题之一在于:如果必须在新闻报道中隐去一切个人信息时,真实事件将无从区别于故事,大大失去了新闻的特性,①而且抹杀了这些信息的社会意义即评判某人的参考作用。更重要的问题是,如同波斯纳法官指出的,没有什么道理把"声誉"作为一种权利,因为声誉是他人对自己的看法,我们无权控制他人的看法,也无权通过控制已知的信息来操纵他人的看法。② 如前所述,本案中被披露的姓名、工作单位、住址等个人信息,还不太相同于生理上的隐私,本身并不会给王菲带来难堪,是这些信息使王菲与他作出的行为及其后果被联系到一起,从而导致王菲的社会评价降低。降低不等于扭曲,人不是需要对自己的行为及其后果负责吗?请记住一句大白话:"面子是别人给的,脸是自己丢的。"而如此这般的隐私保护,还能实现它所宣扬的追求个体自由、自尊、自主的伦理目标吗?

或许有人担心,由于互联网时代信息流通几乎消弭了时空性,波及范围极广,容易发展成一种泯灭理性的"乌合之众"的行为,而且后果更为严重。③ 对此霍姆斯大法官作出过很好的回答:"更自由的贸易能带来更优良的产品,思想也一样。那些在自由的市场竞争中杀出一条血路的观点的威力是对真理的最好检验。"④没有什么理由认为思想不同于市场上的其他产品。⑤ 但我认为,比"市场"这个隐喻更准确的是"实践"或"时间"。就本案而言,有人认为王菲并无大错,有人认为王

---

① 波斯纳:《正义/司法的经济学》,苏力译,中国政法大学出版社2002年版,第269、270页。

② 波斯纳:《正义/司法的经济学》,苏力译,中国政法大学出版社2002年版,第260页。

③ 苏一芳:"人肉搜索与网络集合行为",载《中国青年研究》2009年第11期;李拓:"媒介传播视野下的'人肉搜索'现象研究",载《新闻知识》2009年第10期。

④ Abrams v. United States, 250 U.S. 616 (1919).

⑤ R. H. Coase, The Market for Goods and the Market for Ideas, The American Economic Review, Vol. 64, No. 2, pp. 384 - 391.

菲人品低劣,但孰对孰错可以由实践说了算。不因为本次事件贬低王菲的人可以继续信任他,持相反态度的人可以在一切场合拒王菲于门外,其中一方将承受自己的错误判断带来的后果,时日一久,偏见就逐渐纠正过来了。[①] 世道在变,人心也跟着变。对本案的激烈争论已经表明社会(包括司法)对待婚外情行为的态度的巨大变化。主审法院完全不必要、也不应该以保护隐私的名义叫停这场群众辩论。

本文不是针对本案判决来指手画脚,对错甚至不是最重要的;我也绝非主张王菲要对姜岩的死负全部责任;我还欣赏主审法院对待本案的独立、审慎的态度,这是互联网时代面对网络的连天巨浪保障个体权利的坚固堤岸。而人肉搜索第一案本身就是公众展开道德伦理讨论的一次机会。本文希望借着人肉搜索第一案提出的问题,认识当下中国的社会阶层、社会空间和社会组织的变迁,以及在这一变迁中如何进行道德伦理的重建,同时也反省法治与法学的内在问题。

事实上王菲并不是非得通过隐私保护寻求法律救济。对于线上的谩骂和带有人身侮辱字眼的言论,王菲可依据"用侮辱、诽谤等方式损害他人名誉"的条款追究相关人的法律责任。对于他人到王菲住宅涂抹辱骂性标语和谩骂的行为,王菲可以主张其侵害私有财产和个人生活安宁。他之所以选择主张隐私权被侵害,是因为在没有网络实名制的情况下,告网民太难。[②] 但实行网络实名制要面临种种难题。[③] 还有,隐私保护应如何对待经营性网站推动下产生的公共事件和人肉搜索的商业化趋势?回答这些重要的问题就不是本文所能完成的了。

---

① 关于这点的精彩分析,参见加里·S. 贝克尔:《人类行为的经济分析》,王业宇、陈琪译,上海三联书店、上海人民出版社1995年版,第二编。

② 请参见王菲的代理律师张雁峰的博文:"谁为网络暴力埋单?",载 http://blog.sina.com.cn/beijingzhangyanfeng。最后访问日期:2011年9月14日。

③ 具体讨论见前引朝阳法院召开的"人肉搜索是否侵权"相关法律问题研讨会。

《法律和社会科学》(2013)
第11卷,第184~198页

仪式婚姻的实践及其纠纷解决

魏程琳*

内容摘要:仪式婚姻无论在中国传统社会还是现代社会都一直被实践并大量存在,并因其公开仪式而受到民间法的认可和保护。2000年以来,仪式婚姻在农村地区出现新的实践形态——"闪婚",闪婚的模糊状态使得自身的民间合法性受到限制,在零和博弈的闪离纠纷中当事人只能运用家族力量进行私力救济。从仪式婚姻纠纷解决的实践反观,国家法对于仪式婚姻的制度设计出现了立法意图与制度运作实效的背离情景。

一、问题的提出

我国实行登记婚制度,法律规定男女双方达到法定年龄到当地民政部门登记即为法律认可和保护的合法婚姻,除此之外的男女结合都为非法同居,不受法律保护。然而,无论在传统社会还是在现代社会中国都存在大量的仪式婚,仪式婚是指通

* 作者单位:华中科技大学中国乡村治理研究中心,电子邮箱:weichenglin678@163.com。

过地方性风俗仪式完婚、获得地方社会民众的认可、支持和保护的婚姻结合形式。登记婚受到国家法的保护，仪式婚受到民间法的保护。新中国成立以来，现代国家政权建设不断向底层社会渗透，国家法律逐步延伸到民众生活的各个角落。国家法对民间法认可的仪式婚等事实婚姻，经历了“认可—有限认可—不认可—相对认可”的四个阶段，在法律逻辑中和婚姻实践中出现了诸多矛盾之处。

在广大农村地区仪式婚姻仍然是婚姻结合的主流形式，然而，近年来由于婚姻习俗、计生政策和生育策略等原因，出现了仪式婚姻实践的新形态——“闪婚”，“闪婚”导致高比例的“闪离”家庭的出现，从而出现大量的婚姻纠纷。“闪婚”婚姻仪式的简约化使自身处于国家法和民间法双重合法性的失落之中，在“闪离”婚姻纠纷中国家法的“不介入”姿态和民间法的合法性衰弱，使得纠纷解决更加复杂和妇女、儿童权利更加难以保障。关于这方面的研究目前还没有进入学界的视野。本文基于对赣南农村“闪婚闪离”的实地调查，对仪式婚姻实践的新形态及其纠纷解决方式进行描述、分析，并从经验视角反观国家法关于仪式婚姻制度设计的局限性。

二、仪式婚姻的传统实践

在中国2000多年的君主集权专制历史中，对民众的婚姻结合“细事”①官府并不加干涉而是将婚姻的合法性赋予民间法来加以认可和保护，无须向政府汇报。民间法对仪式婚姻的承认、保护的前提条件就是婚姻必须符合“礼治”文化，婚嫁必须符合一定的礼仪仪式，最为通常的就是婚聘“六礼”，“六礼”具指纳采、问名、纳吉、纳征、请期、亲迎。纳采就是求婚，纳征为交纳彩礼，亲迎为迎接新娘。现代仪式婚虽然不完全按照六礼来进行，但是媒人、聘礼、婚礼等仍是不可缺少的仪式婚

① 黄宗智：《清代的法律、社会与文化：民法的表达与实践》，上海书店2001年版。

姻要素。因此,民间法中的婚姻合法性来自婚姻仪式。

作为生命历程循环的重要一环——婚姻,不仅是个人的终身大事,而且是一个家族和社区的“公共事件”。①“婚姻所以是合二姓之好,只要二姓的家长同意其子女的结合,通过一定的仪式,婚事便成立了。”②婚姻礼节的纷繁复杂程度大概是民众事务中最为复杂的事件之一。“不管订婚的时间长短,最终订婚的二人都要举行婚礼。”“新郎新娘要进行三拜的仪式,即拜天地、拜灶神爷、拜祖宗……这些仪式的意义在于使这桩婚姻得到神灵的承认”。③ 从家族的立场来讲,成妇之礼的重要性远过于成妻之礼,所以觐见舅姑和庙见是一件极端严重而具有重大意义的仪节。④ 传统婚姻仪式保证了宗法社会的伦理秩序,瞿同祖和许烺光为我们描述了传统婚姻仪式在社会、宗族和家庭中的重要功能。毋庸置疑,中国民众虽然历经现代观念革命的洗礼,这一传统婚俗并没有被完全取消反而随着80年代宗族复兴也兴盛了起来,至今中国广大农村地区仍然存在大量的仪式婚。

如今广大农村地区依然采取仪式婚而非登记婚的原因大致如下:第一,广大农村地区通行20岁左右结婚,结婚当事人未达到法定婚姻年龄,这在全国范围内都是普遍现象。第二,在农村人们的合法性观念中,仪式婚在民间法所取得的合法性优先于民政部门登记结婚证所获得的合法性。第三,为了躲避计划生育政策,直到生了儿子再回来办婚礼和领取结婚证,这在赣南地区较为普遍。第四,村民认为只要举办了仪式婚,是否登记结婚并不重要,这是潜在的习俗文化因素。第五,由于路途遥远等客观原因,登记结婚较为不便,也在西部山区少量存在。

从社会角度来看,婚姻仪式是家庭面子、人情、关系网络的一次展示、拓展和巩固的重要机会。人生在世,总是处于不同的关系网络之中,人与人之间有了利益关联、相互合作便成了社会。婚姻仪式作为个

---

① 费孝通:《乡土中国 生育制度》,北京大学出版社1998年版,第129页。

② 瞿同祖:《中国法律与中国社会》,中华书局2003年版,第108页。

③ 许烺光:《祖荫下》,南天书局有限公司2001年版,第79、82页.

④ 瞿同祖:《中国法律与中国社会》,中华书局2003年版,第111页。

人人生和家庭的重要事件，亲朋好友都要来参加婚礼表达祝福、赠送实物或者礼金“随份子”。新郎礼车相应，新娘亲友相送，一路上吹吹打打，到新郎家敬拜天地、祖宗和长辈，在一片喧哗声中新郎新娘就成为了“合法”夫妻。现今在广大农村地区仪式婚普遍存在，村民非但不认同国家定义的“非法同居”，而且会义正词严地说仪式婚是合情、合理、合法的婚姻。在村落社会，一对新婚夫妇是否领了政府的结婚证是没有人关心的，但是如果没有举行结婚仪式，没有请大家吃酒席，那么你就是不合法的。同时亲朋好友也不会给你送礼，更不会在口头上称你们为夫妻，直到举行婚姻仪式为止。没有举办婚姻仪式的青年男女也会害羞于在熟人面前同时出现，因为没有“名分”而做人“抬不起头来”。现代社会，尽管人们思想观念开放了许多，但在婚姻这件事情方面从父母到子女都比较讲究“礼节”，以此获得社区的合法性。

韦斯特马克指出，“无论在什么地方，公开性都是区分合法婚姻与非法苟合的一个标志”。[①] 在婚姻仪式上，来自血缘、业缘、地缘等亲朋好友的祝福和参与，都同时充当了证人。从法律角度来看，婚姻仪式具有法律上的公示效果。通过公示，新婚夫妇取得了地方民众的认可、支持和保护即民间法的“合法性”。2000 年以来，在广大农村地区出现了新的仪式婚姻实践形态——闪婚。[②]

二、仪式婚姻实践的新形态——“闪婚”及其纠纷解决

据学者研究和笔者实地调查，赣南客家地区，宗族力量和传统风俗

① [芬兰]E. A. 韦斯特马克：《人类婚姻史》，李彬等译，商务印书馆 2002 年版，第 827 页。

② 华中科技大学中国乡村治理研究中心 2009 ~ 2010 年在全国三十多个农村进行返乡农民工调查，用半结构和结构访谈的调查方法获得大量第一手材料研究结果显示，闪婚几乎在每一个村庄都存在。关于闪婚的跟进研究请参见王会：“农村‘闪婚’现象及其村庄社会基础”，载《南方人口》2011 年第 3 期；陈锋：“家庭经济与婚姻模式的互嵌与融合”，载《南京人口管理干部学院学报》2012 年第 1 期。

习惯强,民间信仰繁盛,妇女在家庭中的地位较低,继嗣观念浓厚。由于传统婚姻功能的保留和新型婚姻观念的结合以及婚姻成本的考量,近些年来赣南农村地区采取了“闪婚”①的仪式婚姻结合方式,通常在短时间内双方家庭过完彩礼即可完婚。不同于传统仪式婚姻的是,闪婚仪式的简约化,在小范围内宴请家族至亲的人、长老、族长和村组干部,以待生了儿子之后再举办大型的婚礼。然而,闪婚的公示性的萎缩导致民间法的认可范围和程度削弱,在纠纷发生时可以得到家族成员的私力救济却难以得到社区舆论的支持。闪婚家庭离婚率偏高,由于婚姻主体没有进行结婚登记不属于合法婚姻,国家免责保护妇女、儿童的权益,婚姻纠纷只能通过宗族力量的较量达成协议。

1. 赣南Y村“闪婚闪离”现象

在赣南客家村落调研期间我们发现一个特别的现象:一个148人的村民小组自2000年到2010年十年间娶亲14户,其中11户是闪婚,离婚4户全部是闪婚,2007年以来,全村的(嫁娶)婚姻几乎都是闪婚,伴随闪婚而来的是离婚家庭的大量出现。据村民说,现在最快的结婚速度是“今天上午见了面晚上就可以把女孩子带走”,通常情况是“从见面到结婚一个礼拜”,最多不超过15天。我们对Y村四个地理彼此相连的自然村近10年的婚姻状况进行统计,情况如下。

表1　赣南Y村四个自然村婚姻状况(2000~2010年)②

自然村名	总人口	娶嫁情况		闪婚	离婚
柏树下	148人	娶亲	14人	11人	4人
		嫁女	11人	8人	1人
长布坑	268人	娶亲	15人	10人	2人
		嫁女	10人	7人	1人

① 目前学界对“闪婚”还未形成统一、权威性的概念,一般指男女双方闪电般的结婚形式,从见面到结婚期间非常短暂,本文中的“闪婚”依据个案特征是指从见面到结婚期间在30天以内的婚姻结合形式。

② 魏程琳、赵晓峰:“闪婚闪离:农村青年婚姻变革的社会基础及趋势”,载《西南石油大学学报》(社会科学版)2013年第1期。

续表

自然村名	总人口	娶嫁情况		闪婚	离婚
湾上	224 人	娶亲	12 人	9 人	2 人
		嫁女	8 人	5 人	0 人
曲水塘	168 人	娶亲	16 人	11 人	1 人
		嫁女	8 人	5 人	1 人
总计	808 人		94 人	66 人	12 人

四个自然村人口占全村总人口的 808/2800 = 28.8%，比较具有代表性。四个村 10 年来，嫁娶共计 94 例，闪婚 66 例，闪婚率达 70.2%；离婚 12 例，离婚率为 12.8%。从以上可以看出，闪婚已经成为本村的主要婚姻形式，离婚率较高。通过对 12 例离婚个案的追踪调查，案例比较清晰的 8 例中有 5 例是闪离，闪婚闪离占离婚比重的 62.5%。以下是上文提到的案例比较清晰的 5 例闪婚闪离个案，为了说明情况我们把没有参加以上数字统计的案例⑥也一并列入本表。

表 2　赣南 Y 村闪婚离婚状况统计（2000 ~ 2010 年）①

自然村村名	个案与人名	出生	性别	结婚～离婚年月	婚姻持续期间	原因	有无子女
柏树下	①刘一	1982	男	2005 年 ~ 2006 年	不足 1 年	夫妻感情不和	无
	②刘志	1987	男	2009 年 1 月 ~ 2010 年 12 月	2 年	夫妻感情不和	有
	③刘燕	1989	女	2010 年 1 月 ~ 2010 年 3 月	2 个月	夫妻感情不和	无
湾上	④钟兆	1979	男	2006 冬 ~ 2006 秋	不足 1 年	违背女方意愿	无
曲水塘	⑤钟 A	1987	男	2010 年 2 月 ~ 2010 年 5 月	3 个月	彩礼纠纷；夫妻感情不和	无
北头	⑥刘 X	1987	男	2010 年 2 月 ~ 2010 年 3 月	6 天	违背女方意愿	无

注：个案②采取闪婚方式结婚，但其婚姻期间持续 2 年，不算作“闪离”。

① 本文个案材料来自作者 2011 年暑假在江西安远县农村为期 20 天的实地调查，按照学术规范，文中县以下的地名和所有人名均采用化名。

2."闪离"纠纷个案分析

个案⑥:北头自然村男方刘X与女方廖某通过介绍认识不到1个月,就于2010年2月结婚了,属于闪婚,礼金5万多元。婚后6天,夫妻两人一起去广东打工,廖某在车站逃跑。因为廖某已经在外地谈了男朋友,但父母认为男朋友家庭距离太远,彩礼不如刘家给得高,在接到彩礼之后,就逼着女儿快速出嫁。廖某实行以退为进的策略,选择服从父母意志与一个不喜欢的人结婚,并伺机逃走。闪离必然引起彩礼纠纷。在该案中,刘氏家族集合了几车人去廖某家里讨说法,当然,廖某家里早就聚合了族里的人员以待刘家来说事。由于农村错综复杂的关系网络,终使双方关系不至于过于紧张,在媒人、村两委和家族代表等熟人的斡旋下最终得以解决,最后廖某家庭返还刘家一半礼金。刘X于2011年2月再次结婚,彩礼是6万多元。据刘X的叔叔说,这次结婚就不像上次那样闪电般的结婚,而是两个人先进行磨合,打听清楚女方的脾气和家庭,经过较长时间才结婚的。个案④湾上自然村钟兆的婚姻状况与此相似。

个案⑤:曲水塘自然村钟A这例闪婚闪离事件,表面上看是因为男方彩礼未全部到位,导致女方不同意而进行的离婚。但实际情况是,新婚夫妻两人结婚已经3个月,女方不愿意与男方圆房,夫妻双方感情基础薄弱。后来,女方依仗自家家族的势力拒不退还彩礼,具有骗婚的嫌疑。钟家在该村只有兄弟二人是小户人家,钟家从附近村庄搬来同宗人员和头面人物,经过多次回合才要回小部分彩礼。钟A 2009年第一次结婚礼金是42200元,2010年第二次结婚彩礼是59600元。

个案③:柏树下的女孩刘燕结婚2个月后,回到娘家再也不愿意回去和丈夫一起生活了,父母坚决让她回去。她说,如果让她回去她就自杀。最后,她以这种坚决的态度赢得了胜利。当然不免引起双方家庭的冲突,刘燕的父母退回男方家庭大部分礼金。个案①②刘一、刘志的婚姻与此相似。综上所述,闪离的主要原因是短期内迅速结婚,夫妻双方感情基础薄弱、性情难以磨合、现代权利意识的兴起,男女双方都要寻求自己的婚姻自由和幸福,闪离是对闪婚冲动的惩罚。

3. 零和博弈和纠纷解决

无论从哪个角度讲,闪婚导致的闪离都是一个零和博弈,造成了两败俱伤的局面。(1)从经济角度来看,男方家庭支付了彩礼和婚礼附属品如衣服、戒指等装饰品,这些实物在纠纷中是无法索回的。在纠纷解决中,请族内人员和村委人员来调解都有经济支出和人情债。所以,男方家庭会有几万元的经济损失。(2)从村落面子角度来看,女方家庭并非因为得到一两万元的彩礼而是赢家,这些被扣下来的彩礼余额在农村的面子意义远大于经济意义。女儿快速离婚令父母在村落社会要比男方家庭更觉得难堪,如果女方家庭全额返回财产,那么在他人看来,不但是女儿被人欺负了,而且本家族也是过于懦弱无能。这些礼金余额,只能算做是男方家庭对女方的面子(精神)补偿。(3)从男女婚姻机会角度来看,双方都有机会成本损失,在婚姻市场上再婚男女都有"贬值"现象。男方再次结婚就会因为是再婚而多支付彩礼以弥补女方的心理落差;女方再次结婚,得到的彩礼就会少于第一次婚姻的彩礼,因为男方娶的是一个"离过婚的女人"。在这方面,闪离的女方处于更为不利的地位,离婚男人可以多出钱娶个头婚女子;在一个较为传统的客家地区,再婚女方很难嫁一个头婚的男子。(4)从社会影响方面来看,婚姻并不是男女双方个人的事情,它会引发一系列的社会后果。闪离所导致的就是婚姻家庭不稳定性增强,男女双方个人和家庭在村落社会的面子降低,男方家庭经济压力加大,孩子无法受到良好的教育和抚养等社会不良影响。总体上来讲,"闪婚闪离"将女性置于更加的不利的地位。赣南客家女性隐忍、勤劳,无论在以往还是现在都是为人称道的。"客家人是刚柔并济、既刚毅也仁爱的民族,而客家妇女,更是中国最优美的劳动妇女典型。"①夫妻关系先期没有感情基础,婚后磨合失败,要么隐忍一生,要么奋力抗争。在以上离婚案例中,女性不惜损名折节、以死相抗地获得婚姻的自由和解放。

---

① [英]爱德尔《客家人种志略》。更多相关论述有[日]山口县造《客家与中国革命》、[美]罗伯斯密斯《中国的客家》、[美]肯贝尔《客家源流与迁徙》等。转引自刘晓春:《仪式与象征的秩序》,商务印书馆2003年版,第9页。

闪离由于婚前婚后时间都较为短暂,既没有举办大型婚礼获得社区群众的认可,也没有领取结婚证获得国家法的保护,以至于处在双重合法性失落下。人民法院依据国家法,依“非法同居”来处理闪离案件并不能得到当事人和社会的认可,也难以保障妇女权益,反而会造成法律公信力下降。农民唯一的选择就是按照民间法来处理,处于模糊状态的仪式婚姻新形态——闪婚,因为宴请了族内至亲、长老和村干部等人而获得部分合法性。在离婚案件实践中,村内很少听到有人去法院解决问题,即使是结婚登记的家庭,离婚也不会去法院,几乎全部采取民间通用的调解方法解决。如以上个案中,宗族力量在纠纷解决中起到了巨大的作用。地方精英通过人情、面子、权力等“地方性知识”①多方面的运作,最终取得纠纷解决,弥补了法律的缺位。如果没有正式力量介入,民间纠纷就会通过其他力量得到解决,比如借助于混混、黑社会等私力救济②来实现基本的公平观念。选择民间法,除了纠纷解决成本的考量之外也与法治服务落后相关,苏力指出,“由于种种原因,中国农村社会在一定程度上、在一定领域内是超越正式法律控制的,因为政府还不能提供足够的或对路的‘法律服务’来保持这些社区的秩序”。③ 那么国家法对于仪式婚姻的制度设计又是怎样的呢?

四、国家法中的仪式婚姻制度及其内在背离

1950 年中国第一部婚姻法《中华人民共和国婚姻法》(以下简称《婚姻法》)颁布实施,1980 年修改颁布新《婚姻法》,2001 年全国人大通过《婚姻法(修正案)》。此后最高人民法院分别于 2001 年、2003 年和 2011 年发布关于《婚姻法》若干问题的解释。2001 年的《婚姻法(修正案)》

① 吉尔兹:“地方性知识”,载苏国勋、刘小枫主编:《社会理论的政治分化》,华东师范大学出版社 2005 年版,第 463 ~ 507 页。

② 徐昕:《论私力救济》,中国政法大学出版社 2005 年版。

③ 苏力:《法治及其本土资源》,中国政法大学出版社 1996 年版,第 31 页。

和最高人民法院三个司法解释构成现代婚姻的法律依据。《婚姻法》规定,男女双方达到法定结婚年龄,男22周岁,女20周岁,双方自愿到当地民政部门登记结婚,即为法律保护的合法婚姻。新中国成立以来,中国借鉴苏联登记婚模式对传统仪式婚姻进行改造,将民众的婚姻生活纳入法律的管辖范围之内,集体化时期结婚当事人需要单位或者村部的介绍信才可以登记结婚。国家法将仪式婚姻界定为"事实婚姻",指没有配偶的男女,未经结婚登记,以夫妻名义同居生活,群众也认为是夫妻关系的两性结合。关于仪式(事实)婚姻制度设计,国家法经历了以下四个阶段。

1. 完全承认阶段(新中国成立初期~1984年8月30日)

最高人民法院1958年3月3日《关于"事实上的婚姻关系"应如何予以保护和一方提出离婚应如何处理等问题的复函》指出"承认事实上的婚姻关系并保障由此而发生的各种权利义务关系是有实际需要的,也并没有与婚姻法不相符合的地方"。1979年2月最高人民法院在《关于贯彻执行民事政策法律的意见》中规定:"事实婚姻是指没有配偶的男女,未进行结婚登记,以夫妻关系同居生活,群众也认为是夫妻关系的。"并要求人民法院,对当事人要进行批评教育,从实际情况出发,实事求是地解决。对双方已满婚姻法结婚年龄的事实婚姻纠纷,应按一般婚姻案件处理。改革开放之后,大量民事和经济纠纷开始走向法庭,国家法律对于仪式婚姻的态度已经明显转变,由完全承认到逐步限制的阶段。

2. 有限承认阶段(1984年8月30日~1994年2月1日)

1984年8月30日最高人民法院《关于贯彻执行民事政策法律若干问题的意见》规定未按婚姻法规定办理结婚登记手续,以夫妻名义同居生活,是违法的。对起诉时双方都已达到婚姻法规定的婚龄和符合结婚的其他条件的,可按婚姻法离婚规定处理,如经过调解和好或者撤诉的,应令其到有关部门补办结婚登记手续;起诉时双方或一方仍未达到法定婚龄或不符合结婚的其他条件的,应解除其同居关系。1989年11月21日最高人民法院《关于人民法院审理未办结婚登记而以夫妻名义同居生活案件的若干意见》在延续了1984年《意见》有条件地承认事实婚姻的精神后,还预设了事实婚姻无效的时间,即自民政部新的《婚姻登记管理条例》施行之日起,没有配偶的男女,未办结婚登记手续即以夫妻名义同居生活,按非法同居关系对待。这一时期,国家法已经开始强行介入公民的婚姻生活,不但不承认仪式婚姻的法律地位并且在一定期限后按照“非法同居”对待。按照“法不禁止即合法”的法理原则,仪式婚姻并没有违反法律规定,也符合社会善良风俗,强制地称其为“非法同居”显然不符合法律逻辑,在民间社会也得不到认可。

3. 不承认阶段(1994年2月1日~2001年12月24日)

1994年国务院颁布的《婚姻登记管理条例》第24条规定,未到法定结婚年龄的公民以夫妻名义同居的,或者符合结婚条件的当事人未经结婚登记以夫妻名义同居的,其婚姻关系无效,不受法律保护。最高人民法院在《关于适用新的〈婚姻登记管理条例〉的通知》明确指出:“自1994年2月1日起,没有配偶的男女,未经结婚登记即以夫妻名义同居生活的,其婚姻关系无效,不受法律保护。对于起诉到人民法院的,应按非法同居关系处理。”从此,事实婚姻不再具有民事效力,但事实重婚者仍须按重婚罪承担刑事责任。

值得关注的是同时期《民事诉讼法》的修改,1982年民事诉讼法把“调解为主”的提法改为“着重调解”,目的是提高审判的地位,避免造成审判与调解的对立。同样基于这样的目的,并根据客观实际的需要,现行(1991年)民事诉讼法又将“着重调解”的提法改为“根据自愿和合法的原则进行调解”,即自愿和合法调解。[①] 国家不断提高法院的审判作用,削弱民间法自我调节、消化的能力成为这一时期法制建设的重点,发生这些变化的深层原因是“20世纪80年代以来,中国的经济规模不断扩大,新的经济关系不断出现,经济活动的范围也不断得到拓展。而与这些成就相伴随,作为人、财、物在前所未有的规模上流动及频繁地交换所必然带来的副产物,则是与经济活动有关的纠纷大量发生。这种现象

---

① 江伟、王强义:“完善我国民事诉讼立法的若干理论问题”,载《中国社会科学》1991年第5期。

无疑是民事、经济审判领域发生上述变化的最一般的背景”。[①] 基于以上理由，国家法期待通过法律实现社会控制以统领公民生活的方方面面，对于民间法认可的仪式婚姻宣布其在国家法上无效，并对起诉到法院的按照“非法同居”处理，国家法将仪式婚姻完全排除在法律的保护之中。国家法的强力排除，同时也意味着管辖让渡，与国家法全面强力干预的本意相反，更多的婚姻纠纷采取民间法“私力救济”的方式解决。

4. 相对承认阶段（2001 年 12 月 24 日以后）

2001 年《婚姻法（修正案）》鉴于对事实婚姻形成原因的尊重和妇女权益保护的考虑，改变了 20 世纪 90 年代否定事实婚姻的立场，规定事实婚姻的当事人补证有效。2001 年 12 月 27 日起施行的《适用〈婚姻法〉若干问题的解释（一）》第 5 条对事实婚姻的处理作了明确的规定：对于未补办结婚登记的，予以区别对待“1994 年 2 月 1 日之前，男女双方已经符合结婚的实质要件的，按事实婚姻处理，具有合法婚姻的效力。1994 年 2 月 1 日之后，男女双方已经符合结婚实质要件的，应补办结婚登记手续。若当事人不补办，按解除同居关系处理。”

通过对国家法关于仪式婚姻的制度设计，可以得出“在法律价值的层面，国家对事实婚姻向来都持否定评价，《婚姻法》采行单一登记婚主义的立场也一以贯之”的结论。[②] 但是，出乎立法者意料的是仪式婚姻一直大量存在并得到民间法的认可和保护，并且困扰着执法者的现实实践。

五、国家法的内在背离

在仪式婚姻纠纷案件中国家法律规定明显存在三方面的局限。

第一，离婚案件中，未达法定结婚年龄者补办结婚证的不现实。现行《婚姻法》规定：1994 年 2 月 1 日之后，男女双方已经符合结婚实质要

① 王亚新：“论民事、经济审判方式的改革”，载《中国社会科学》1994 年第 1 期。

② 金眉：“事实婚姻考察”，载《华东政法大学学报》2011 年第 1 期。

件的,应补办结婚登记手续;若当事人不补办,按解除同居关系处理。农村地区,最佳结婚年龄在18~22周岁,男女双方有一方不满足法定结婚年龄无法补办结婚登记手续,这是一个重要的实际情况。另外,办理结婚登记手续需要男女双方自愿,在离婚案件中补办结婚手续,显然于一方有利、于另一方(女性)不利(见下面分析),难以达成协议。

第二,司法解释关于离婚追回彩礼的规定不合理。我国1950年、1980年《婚姻法》和2001年修改后的《婚姻法》,都没有对婚约和聘礼作出规定,且都规定了禁止买卖婚姻和禁止借婚姻索取财物的内容。但现实生活中,订婚和彩礼都是结婚的礼俗条件,城市和农村地区普遍如此。最高人民法院2004年4月1日《关于适用〈中华人民共和国婚姻法〉若干问题的解释(二)》第10条规定:“当事人请求返还按照习俗给付的彩礼的,如果查明属于以下情形,人民法院应当予以支持:(一)双方未办理结婚登记手续的;(二)双方办理结婚登记手续但确未共同生活的;(三)婚前给付并导致给付人生活困难的。适用前款第(二)、(三)项的规定,应当以双方离婚为条件。”按照司法解释中第一种情形看,没有办理结婚登记手续的仪式婚姻中的妇女就应该返还彩礼。这显然是合法但不合情理的规定,在民间遭遇冷落即为其结局。第二种情形“共同生活”难以判断,是以性生活为准还是以结婚时间长短为准来判断是否“共同生活”,没有判定。北头刘某与廖某生活了6天,婚姻期间短暂,算不算共同生活?曲水塘钟某与妻子一起生活3个月一直没有性生活,算不算共同生活?法律在此是很难作出判断的。第三种情形“生活困难”难以判断。尽管解释说“婚姻法第四十二条所称‘生活困难’,是指依靠个人财产和离婚时分得的财产无法维持当地基本生活水平”,但是难以判定因此导致生活困难。所以,最高院的解释,要么不合理,要么难以操作,无法在民间社会发挥应有的指导作用。

第三,非法同居论。2001年《婚姻法(修正案)》中,将1994年2月1日以后、未补办结婚证的仪式婚姻仍延续1994年的定义“非法同居”。前面已经论述,这项规定既不符合法律逻辑和法理原则,也不符合现实中普通民众的实践逻辑。仪式婚姻在广大地区被民间认可并大量存在,民众却难以接受“非法同居”的界定。在行政法上，婚姻登记属于行政确认行为而非行政赋权行为，公民的婚姻权属于自身享有而非国家赋予，未经行政确认的仪式婚姻被扣上“非法同居”的帽子有违法律常理。

综上所述，作为仪式婚姻的模糊形式——“闪婚”是客观存在的一种事实婚姻状态，并且在农村地区开始逐渐出现。在闪婚家庭的离婚财产纠纷中，婚姻当事人优先选择的是民间法的行事规则，运用宗族力量和乡土社会的人情面子权力文化网络所形成的规则来调解，最终形成较为公平的协议方案。由于法律对仪式婚姻的合法不合情理的制度设计，所以很少有仪式婚姻离婚案件诉诸法庭。这就出现了与制度设计和立法意图相悖的情形——企图将民众婚姻纳入法律的管辖范围之内，却意外地将大量仪式婚姻纠纷案件排除在外。

六、结语

国家法律采取婚姻登记主义来认可保护民众的婚姻生活，以便于管理人口和实行计划生育等政策。但这不能成为仪式婚姻失去法律保护的理由。婚姻登记是一种形式要件，男女两性结合的婚姻生活是一种事实要件。而现实运作中，婚姻法“过分注重了登记制度手段，而忽视了事实婚姻当事人的私权甚至追求婚姻幸福的期待，从立法目的来看，实有舍本逐末之嫌”。① 中国法律文化素来重视实质正义而非程序正义，而婚姻登记却采取程序要件为准的原则，实与传统文化观念相悖。更为重要的现实是，仪式婚是中国千年来民众实践的习俗方式，具有地方认可和保护的民间法合法性，属于熟人社会的一种重要的关系联络形式，而且仪式婚姻在中国广大农村地区和城市的部分群体中大量存在，国家法律不能无视这一现实而径直奔向法治主义大道。在民事婚姻纠纷实践中，我们看到国家法的仪式婚姻制度设计与其立法意图背离的情形，法

① 李曼佳：“论事实婚姻合法化”，载《东南大学学报》2009年6月第11卷（增刊）。

律脱离现实基础"悬置"的情形警示我们：法律无视现实，就不可能保证公正。以至于出现仪式婚姻纠纷中法律缺位，其他力量补充进来充当审判者的角色，这应当引起立法者的警惕，因为法律之外的力量不仅有民间的正当力量如宗族村落精英等而且有灰黑势力等非正当力量。在赣南地区由于乡村社会有较为强大的宗族组织力量存在，在处理闪婚——模糊的仪式婚姻——"闪离"纠纷中运用民间法的策略和方式解决矛盾纠纷进行私力救济，以利于保持社区稳定和人际关系平衡。作者并不反对国家法治主义，而是希望国家法治能够关照社会现实发展，从民间法的实践中汲取智慧。国家法律应该承认仪式婚姻，在保证公平的同时切实保障妇女、儿童权益。地方政府也应该对"闪婚闪离"这一新的婚姻变异现象作一定的政策、文化引导，以保持婚姻家庭稳定。

《法律和社会科学》(2013)
第11卷,第199~227页

乡村秩序的再生
——以朝阳镇"庙会宴客禁令"为例

肖惠娜*

内容摘要:在城镇化进程加速的中国乡村社会中,秩序从被打破到重建的过程,就是国家权力与村社权力摩擦与融合的过程。庙会宴客习惯是具有社群连带性、声誉(信息)与惩罚的强制执行机制,是村社内部无须法律的秩序。但这项习惯带来铺张浪费、打架斗殴与交通事故等治安问题,却属于政府的治理范围。于是,当村民因习惯压力无法克服外部性;村社组织规则自治存在限度;外部法律供给不足时,政府通过选择性的介入、策略性的干预与嵌入式的治理,实现行政禁令的转化、内化,与习惯整合,形成村社自治与政府治理的合作,乡村秩序得以再生。

一、问题的提出

我国的乡村治理结构正在经历不同程度的变化。传统中国的治理结构主要分为两个部分,即中

---

* 作者单位:西南财经大学法学院,电子邮箱:xiao.huina@163.com。

央政府(包括其设立的官僚机构)和地方性的单位(里长、乡长,由乡绅或地方精英担任)。[①] 乡绅或地方精英掌握着地方性知识,管理地方事务,维持地方秩序,形成了权力的文化网络。近代以来,国家权力开始向乡村延伸和渗透。[②] 新中国成立后至今,乡村治理结构又经历了人民公社化"政社合一"的全能结构、80年代的"乡政村治"的放权型结构、多元交汇下的治理结构三个阶段变化。[③] 而随着乡村治理结构的变化,乡村的组织与规则也发生着重要变化。村社宗族组织的复苏,宗教节日和仪式的再现,民间的非正式规则复兴,[④]构成了一幅自发性的、习惯性的乡村秩序图景。另一方面,由于缓慢变迁中的乡土社会无法适应现代市场社会建立统一规则的要求,国家开始运用"送法下乡"、[⑤]设立村民自治组织等方式实现对乡村社会规则的改造与控制,由此构成了国家的正式权力。因此,乡村秩序中正式组织与非正式组织、正式规则与非正式规则、正式权力与非正式权力并存。

庙会是有组织性的神诞祭典活动,以宗祠制度为基础,具有完整的组织与规则,是内生自发秩序,[⑥]是乡村秩序中的非正式权力场。但庙会这一集体行动长期以来均为政府所担忧。随着现代经济的发展,城镇化进程的加快,庙会大肆铺排,花费甚巨,村社之间、村民之间攀比之心日重,造成一定程度的浪费;庙会活动场面铺排,人力、物力投入过

---

① 参见王先明:《近代绅士》,天津人民出版社1997年版。[美]费正清:《美国与中国》(第4版),张理京译,世界知识出版社1999年版。吴晗、费孝通:《皇权与绅权》,上海书店1938年版。

② 参见[美]杜赞奇:《文化、权力与国家——1900~1942年的华北农村》,王福明译,江苏人民出版社1996年版。

③ 参见刘涛、王震:"中国乡村治理中'国家—社会'的研究路径——新时期国家介入乡村治理的必要性分析",载《中国农村观察》2007的第5期。袁金辉:"中国乡村治理60年:回顾与展望",载《国家行政学院学报》2009年第5期。

④ 参见梁治平:"乡土社会中的法律与秩序",载王铭铭、王斯福:《乡土社会的秩序、公正与权威》,中国政法大学出版社1997年版,第422页。

⑤ 参见苏力:《送法下乡——中国基层司法制度研究》,中国政法大学出版社2000年版。

⑥ 参见[英]弗里德利希·冯·哈耶克:《自由秩序原理》(上、下),三联出版社1997年版。郑振满:《神庙祭典与社会空间秩序——莆田江口平原的例证》,王铭铭、王斯福:《乡土社会的秩序、公正与权威》,中国政法大学出版社1997年版,第202页。

多,时常引起交通阻塞甚至交通事故,政府需出动警力维持秩序;庙会宴客期间,醉驾、斗殴情况时有发生,争讼不断。这些乡村治理难题横亘在基层政府面前。

基层政府能否对庙会宴客——既属于村社自治范围而又可能影响地方治理的社会规范,进行去芜存精的改造?村社自治与政府治理之间的界限在哪里,二者是否存在耦合的空间与条件?社会学研究中,宗族与社群①主导下的文化权力,②是对社区形成有效控制的重要途径,③但是社会学者缺乏对庙会中的结构、组织与自治规则的研究,也未对村社内部自主治理庙会和维持庙会秩序的限度进行有力的挖掘。而法律与社会学者则热衷于通过运用"事件/关系"的方法,研究国家权力触角伸入乡村社会的手段与效果,并取得丰硕成果,如苏力发现法律在乡村社会中可能遭遇"秋菊的困惑"、"山杠爷的悲剧"、"私了"④等尴尬和阻力;强世功、⑤孙立平⑥和陈锋⑦等人则关注基层政府可能运用"嵌入式的治理"、"策略性的行动"和"摆平"达成目的。但是这类研究缺少政府介入如庙会这种处于公法与私法交界的集体事件的观察,基层政府能否在村社自治与政府治理之间寻找到最佳平衡点,在尊重村社内部规则自治与运用法律与行政权力治理之间作出正确抉择,政府的干预何时进入,会遇到哪些阻力?这些问题都悬而未决。虽然社会规

---

① 参见[美]莫里斯·弗里德曼:《中国东南的宗族组织》,刘晓春译,上海人民出版社2000年版,第6页。

② 参见[美]杜赞奇:《文化、权力与国家——1900 1942年的华北农村》,王福明译,江苏人民出版社1996年版,第116页。

③ 参见郑振满:《神庙祭典与社会空间秩序——莆田江口平原的例证》,王铭铭、王斯福:《乡土社会的秩序、公正与权威》,中国政法大学出版社1997年版,第176页。参见王铭铭:"村落视野中的家族、国家与社会——福建美法村的社区史",载王铭铭、王斯福:《乡土社会的秩序、公正与权威》,中国政法大学出版社1997年版,第53、86、87页。

④ 参见苏力:《法治及其本土资源》,中国政法大学出版社1996年版,第23~59页。

⑤ 参见强世功:"'法律不入之地'的民事调解——一起'依法收贷'案的再分析",载《比较法研究》1998年第3期。

⑥ 参见孙立平、郭于华:"'软硬兼施':正式权力非正式运作的过程分析——华北B镇收粮的个案研究",载《清华社会学评论》,鹭江出版社2000年版。

⑦ 参见陈锋:"论基层政府的'嵌入式治理'——基于鲁中东村的实地调研",载《青年研究》2011年第1期。

范理论学者,很早就发现政府不会轻易介入具有强制执行力的社会规范,[①]但是当社会规范造成秩序混乱从而引发地方治理难题时,政府应当如何介入,受到哪些约束,也缺乏研究。

因此本文在获得既有理论的支持的同时,也发现了进一步发展与深入的空间。本文选取漳州市朝阳镇政府治理地方庙会的行动为研究对象,试图解答与上述问题相关的一系列子问题:村社庙会习惯是如何运行的?村社内部能否自主消解因习惯压力带来的乡村秩序问题?当村社内部规则自治不能,村社外部法律规制不足时,乡镇政府在现行法律制度和社会现实的约束下是如何行动的?这些问题的回答将有利于我们以微观和具体的视角观察基层政府治理与村社自治的界限,从而展示乡村中国家与社会的整体性秩序图景。

二、漳州市朝阳镇“庙会宴客禁令”的个案表达

(一)漳州市朝阳镇及其庙会概况

朝阳镇地处漳州市龙文区[②]的中部,九龙江北溪南岸,面积 42.2 万平方公里,占龙文区总面积的 1/3;总人口约 3.9 万人,占龙文区总人口的 1/4,是龙文区的新兴工业贸易城镇。近 10 年来,朝阳镇道路修建迅速,交通发达,国道与省道穿镇,设有与漳龙高速公路互通的进出口。全镇原先以农业种植和副业为主,主要种植水稻、各类蔬菜瓜果等,养殖鱼、猪、鸭、鸡等。随着经济开发区的建设和发展,目前全镇共

---

① 参见[美]罗伯特·C.埃里克森:《无需法律的秩序——邻人如何解决纠纷》,苏力译,中国政法大学出版社 2003 年版,第 169、175、178 页。Robert C. Ellickson. “Law and Economics discovers social norms” (1998). Faculty Scholarship Series. p. 407. Patricia Funk. “Governmental action, social norms, and criminal behavior”. Journal of Institutional and Theoretical Economics (JITE) / Zeitschrift für die gesamte Staatswissenschaft. Vol. 161, No. 3 (September 2005), pp. 522 – 535.[美]埃里克·A.波斯纳:《法律与社会规范》,沈明译,中国政法大学出版社 2004 年版,第 3 页。

② 龙文区位于漳州市政府所在地芗城区的东部。属九龙江冲积平原。1996 年 5 月 31 日设立。辖 4 个镇、41 个行政村、5 个居委会和 1 个镇办农场。

有240多家企业,主要包括饲料粮食加工、木材加工、建筑、建材等行业,设有“朝阳镇经济开发区”。

朝阳镇下辖1个社区、17个行政村、[①]42个自然村,[②]各个村社位置基本分布于九龙大道与漳龙高速公路的两侧或交界处。其中,最大的村落是浦口村,有590户总数2363人,孚美村次之,总计589户2388人。朝阳镇42个村社,以同姓宗族聚居为主,主要姓氏包括陈、[③]林、黄、王、杨、肖、张等。每个村社均有各自的祠堂,供奉着祖先,现在成为老年人的文化活动场所。[④] 居民相信万物有灵,唐宋以来,佛、道流行,每个村社都有一个至三个庙宇(地方村民称“庵庙”),坐落于村社的不同的方向,供奉着上帝公、土地公、保生大帝、王公、妈祖、佛祖、王爷公、观音菩萨等神明。[⑤] 每逢神诞之日,庙宇内香火旺盛,举办各种迎神赛会、巡行神像、集资演戏酬神、互宴宾客等活动。[⑥] 村社之间互相通婚的情况很常见,因此村与村之间的亲属朋友关系异常复杂,庙会之日,也正是村与村之间交流的好时机。除了每年的神诞之外,有些村社每逢三年、四年或十二年不定,迎接神明一次,俗称“做醮”,这是村社的盛大节日,比每年的庙会都要隆重和受重视。据朝阳镇政府统计,全镇大大小小的庙会节日总共57个,后来规定每村只能有一个固定的节

---

① 1个社区、17个行政村包括朝兴社区、孚美村、后店村 、翁建村、浦口村、登科村、科坑村、漳滨村、石洲村、打山村、恒坑村、桥头村、西洋村、流岗村、书厅村、石井村、六石村、新石洲村。这些行政村下还包含三个至四个社,如后店村是由书都社、后店社、樟山社、下尾张四个社组成,而孚美村、六石村、翁建村等则因人口较多不会分社。

② 自然村是自然形态的居民聚落,往往是一个或多个家庭聚居的居民点,不是一个社会管理单位。

③ 唐初,泉潮之间常有汉族与少数民族发生冲突,公元669年,唐高宗派左郎将归德将军陈政率府兵3600戍闽。公元677年,陈政逝,其子陈元光承袭父职。此后,陈元光在闽南平定战乱,开发经济,陈氏家族及其部属也在当地安家,陈元光也因此有“开漳圣王”的称号。据《颍川开漳族谱》载:“男生女长通蕃息,五十八氏媾为婚”,“五十八姓”后裔大多落籍龙溪。朝阳镇孚美村就是陈姓。龙溪县即龙海县,朝阳镇是2005年设立,原本归龙海县步文乡管辖。参见黄剑岚主编:《龙海县志》,东方出版社1993年版,第84页。

④ 参见黄剑岚主编:《龙海县志》,东方出版社1993年版,第90页。

⑤ 资料来自中共漳州市龙文区宣传部、漳州市龙文区文明办2000年6月28日《龙文区各自村封建节日 民间信仰宫庙及宗教场所一览表》。

⑥ 参见黄剑岚主编:《龙海县志》,东方出版社1993年版,第1011页。

日,现缩减为39个,一年之中从农历正月十五开始至九月十五,每个月均有村社的庙会活动。①

(二)庙会自身的组织、规则与秩序

庙会是村社文化系统中的重要组成部分,维系着村社的共同体意识与凝聚力。庙会纯粹是村民们的自发性集体行动,政府并不参与庙会的组织运作。② 朝阳镇各村庙会的组织早已形成传统,各村大同小异。本文以孚美村农历三月十三的"保生大帝诞"庙会为例,③并辅以介绍其他村社的不同情况,试图较完整地展示朝阳镇整体的庙会组织、规则与秩序。

孚美村是陈姓家族的聚居区,有10个生产大队,根据地理位置划分为三个"角落"(或"角头",意为片区),分别设有三个负责人,每个生产大队有一个队长。农历三月十三是当地的"保生大帝"诞。④ 虽然庙会的准确时间是农历三月十三,但是完整的庙会仪式从三月初十已经开始。具体的活动主要包括三月初十的"踢过火"⑤,三月十一"抬神像巡行",⑥三月十二到法场"进香",⑦而后村中广场搭台唱戏,村民祭拜,村内组织集市,私人之间宴客。

首先,根据各村的庙会组织形成方式不同可分为固定组织与临时

---

① 数据来源朝阳镇政府各村过节庙会的统计资料。

② 当然庙会也不全部是村社自发组织的,在许多地区同样受到官方意识形态和政治体制的制约,有些庙会是由政府组织筹办。但是根据本文的准确调查,朝阳镇政府并没有参与庙会组织的情况。参见郑振满:"神庙祭典与社会空间秩序——莆田江口平原的例证",载王铭铭、王斯福:《乡土社会的秩序、公正与权威》,中国政法大学出版社1997年版,第202页。

③ 资料主要根据孚美村的村支部书记陈添财和副村长陈建生以及孚美村村民的访谈记录整理。

④ 除了孚美村以外,后店社、樟山社、龙头社也是同一天庆祝"保生大帝"诞。

⑤ "踢过火"是指一前一后共四个男子抬着神像,在村社的庙堂广场上有一堆炭火,男子光着脚踢过火堆,伴随着敲锣打鼓声和鞭炮声在广场上奔跑,锣鼓喧天,炮声雷鸣,场面激烈。

⑥ "抬神像巡行"指抬着神像挨家挨户地进行巡行,每到一家门前要停行,等待户主出门祭拜烧香,燃放鞭炮。

⑦ "进香"是指每年固定期间,组织村中的男女老少,到供奉该神像的大庙宇中请神到村中。由于"进香"活动跨地区、人数多,因此是庙会中最为重要、最受重视的活动。

组织两种。固定组织如孚美村的理事会,村舍中三个“角落”的负责人是理事会的永久成员。孚美村隔壁的书都社(隶属后店村)则有所不同。书都社原本便有由11人组成的理事会。[①] 每年的庙会,通过“掷筊”[②]决定今年理事会的“头家”(即负责人)。临时组织如坂上社的“做醮”[③]理事会,通过与神明交流的方式组成。全村中积极的男子到庙前集合,通过向祖师公“掷筊”,得到的“圣筊”持续次数第一的为本届理事会的会首,次数第二的是二会首,次数第三的是三会首,次数第四的是二会首副,次数第五的是三会首副,余下的是会员,组成理事会。之后一起选出理事会的总理和副总理。坂上社2010年“做醮”理事会中总共有81名成员,其中还包括9名名誉会长[④]和13名老年协会的会员。“做醮”节日结束后,理事会也随即解散。

其次,庙会组织的运作资金主要由集资与捐资组成。理事会设有专门会计和出纳,一般由知识分子或者具备一定会计知识的村民担任。资金的收支具有明确透明的公布方式。公布场所主要是在宗庙的公告

① 这11人是村社中自愿报名的年轻或中年的男子,他们愿意为村舍的事务尽力,因此纳入理事会成员。

② “掷筊”是村民与神明交流的方式之一。村民如果对个人事务有所迟疑无法决断(如婚姻、做生意、出远门等),拿起神像前的两个半月形木筊(平面是阳,圆面是阴)向神明请示,然后放在手上转三圈,掷于地上,若一阳一阴为“圣筊 ”即表示神明同意;若两阳是“笑筊”为神明对你请示的事情表示好笑,或者表示没有请示好;若两阴是“阴筊”则表示神明不同意。

③ 坂上社系漳州市龙文区步文镇坂上村下属的一个自然村,由于坂上原先与朝阳镇各村均于龙海县步文乡管辖,坂上也位于九龙大道之上,在六石村的隔壁(与六石村相邻),村社中的庙会传统相似。笔者原拟选取浦口村的每20年“做醮”为例,但因囿于采访过程中遇到一些困难,未掌握到翔实资料。坂上社12年一次的“做醮”节日的资料主要根据当年会首黄信和,“做醮”理事会成员的黄水生和老人协会负责人黄正来的访谈记录整理。坂上社每逢12年一次的“做醮”节日十分隆重,组织的时间更长,规模也更大,整个活动分为“建醮——做醮——起建”三个部分。“建醮”是前期活动,将庙堂和祠堂修葺一新,集资,做好一切准备工作;“做醮”则是到三坪寺所在地请回祖师公,形式类似于“进香”;“起建”则是家家户户点灯科通宵达旦。坂上社上一次“做醮”是在2010年元月。三坪寺位于漳州平和县,是闽南千年佛教名刹,三坪寺内供奉开山始祖杨义中高僧,他被尊称为“三坪祖师公”。

④ 这些名誉会长多是村中办企业的地方富豪。其中便有福建省龙头企业——港昌食品厂的董事长。

栏上，如果是重大的节日（如“做醮”）则是镶刻在石碑上。庙宇中“添油香”①所得到的捐款处理也有严格的方式。孚美村的三个理事会负责人员分别有三把钥匙，每隔一个月，三个负责人会合之后才能开启捐款箱进行清点。如果是临时的组织，则在某次庙会结束之后做好清点工作，并予以记录，余款纳入下一届理事会或者庙宇日常维护的经费当中。本文在调查访问中发现，村民对于理事会如何运用资金很信任，村社中也没有出现过一起资金被侵吞或挪用的现象。

2011年辛卯（兔年）拜神支付②

拜天公用品	708元
迷信品（炮烛香等）	967元
天公牌、迷信灯、花	420元
文具、电灯及什弗	67元
液化气、三出头、水果、红包	390元
做戏款	2500元
收入人口1114人每人5元	共计5570元

支付5052元　　余额为518元

坂上村建醮③

总花费：村民集资：壹拾陆万陆仟元

　　　　捐资：柒拾伍万陆仟元

宗祠大修花：叁拾陆万陆仟元

戏台花：壹拾柒万壹仟元

顶戏台花：陆万陆仟元

建醮花：肆拾壹万元。

二〇一〇年元月

最后，理事会的职责分工和范围很明确。从职责分工上来看，理事

---

① 村庙中设有“添油香”的箱子（类似于捐款箱），村民祭拜时根据自己的意愿向神明表达心意。

② 资料根据孚美村村庙公布栏上的支付账单整理。

③ 数据来自《坂上社捐资芳名碑》。

会的“头家”（或“会首”）负责统筹安排，分配人员，组织协调工作。其余理事根据擅长的领域分配事务。从理事会职责范围来看，主要包括：一是庵庙的祭拜仪式，祭拜仪式一般由村里的老人指导，有讲究的步骤和次序；二是资金的运转与管理，需要做到公开与透明；三是戏剧的上演，包括联系戏班、布置戏台、座位安排和戏剧上演期间的秩序；四是庙会期间集市位置、交通、收费的管理；五是卫生的管理，庙会期间经常出现大量的垃圾，需要专门的人员负责组织清理。如果是“做醮”等盛大的庙会，理事会还要负责宗祠寺庙及周围道路的改建、修缮，环境的布置。寺庙改建是重大的决定，需要向村民集资，因此要通过开村民大会的形式征求村民的意见。遇村庙修建，理事会的成员按照惯例是必须捐款的，且根据层级高低，捐款数依次递减。需要说明的是，理事会与村民自治组织是截然不同的，村民自治组织的成员不一定能成为理事会的成员，二者的职责在村社中也是被严格区分的。根据《村民委员会组织法》的规定，庙会期间，村民自治组织主要负责协助维持村社的治安与秩序。

2010 年坂上村“做醮”理事会成员捐款细目[①]

大会首 12000 元	二会首 10000 元	三会首 8000 元
二会首副 6000 元	二会首副 6000 元	
三会首副 4000 元	三会首副 4000 元	
总理 10000 元	副总理三人各 8000 元	
副成员共 40 人	每人 3000 元	
总计 204000 元		

从具体事项的组织管理上来看，理事会的运作很有程序。孚美村农历三月十二的“进香”活动对庙会组织者来说是个不小的考验。[②] 在“进香”前两三天村两委、生产大队队长以及理事会成员召开会议进行组织安排，其中包括前期的路线安排、活动进行期间的秩序协调和指挥、与三坪寺方面的联系等。为了保证车队的安全行驶以及沿途交通的畅达，在路途中，将负责的协调人员分为三段，首段负责控制车速，中

① 数据来自《坂上社捐资芳名碑》。

② 据陈书记介绍，2011 年的“进香”约有 200 辆的私家车参与，声势浩大。

段宣传不能超车应遵守交通规则,后段又有一部人专门维持秩序。孚美村目前为止未发现在“进香”途中有交通事故的情况。而到三坪寺之后,当天可能遇到来“进香”的其他村民,为了避免与当地香客和其他村社发生冲突,组织者需要与其他村社的负责人协调顺序。以往发现有村民与其他香客发生冲突,与其他村社“抢香”的情况,秩序较为混乱。如今,孚美村“进香”有自己的规则:一是遵守交通规则,不抢道、违规;二是不抢香,不与香客发生冲突。庙会宴客期间村社的交通如果发生堵塞等情况,理事会需要派出维持交通的人员,负责协调。

总之,长期的运作惯例已经使庙会组织形成一套独立运作和管理规则,庙会组织被赋予一定的权利和职责,他们需要尽职尽力地组织好各项工作,公开透明地安排筹集资金。这些规则大多都是非文本形式的,但是一旦违反它们,就会受到村社独有的惩罚,如声誉受损、失去面子、他人的指责等。因此作为庙会组织都会遵循这些不成文的规则和制度,尽心尽力地维持整个庙会的顺利进行。

(三)政府治理庙会的措施与“庙会宴客禁令”的出台

近几年来,随着城镇化进程的加速,龙文区政府更加注重对庙会的管理。一些村落“进香”活动较盛,沿途镇政府的派出所仍然需要出动3~4名警力,一路维持交通秩序,保证“进香”行动的安全。另外,由于村落之间往来宾客众多,朝阳镇的各个村落又主要位于九龙大道与漳龙高速的交通要塞之上,在宴客当天,交警数量和执法的时间会延长,压力也更大。朝阳镇政府于2011年1月份开始发出禁令,严禁村社庙会期间请客宴客,是龙文区第一个全面禁止庙会宴客的镇。

移风易俗　文明过节①

近年来,随着我镇经济的发展和群众生活水平的提高,各村过节盲目攀比、大操大办、铺张浪费现象成风。这些陈规陋习不仅浪费群众很多精力,而且大大增加了群众的经济负担,节日当天还常常造成交通阻塞甚至引发社会治安问题。2011年,我镇党委着于发展大局,率先在

① 资料来源于漳州市龙文区朝阳镇政府内部工作简报。

全区开展移风易俗活动，积极引导群众摒弃陈旧落后的思想观念，倡导科学、文明、健康的过节方式。移风易俗活动继在翁建村试点成功后，又在全镇全面铺开。我镇上周有孚美、后店、漳滨等多个村社集中过节，为了全面落实移风易俗活动，镇党委、政府召集镇干部职工、各村支书、主任召开主题会议，提前部署。同时专门录制了《树立文明新风 共建和谐社会——致全镇居民群众的一封信》磁带，利用宣传车、村广播反复播放，做到家喻户晓。由于前期工作准备充分、落实到位，节日当天，驻村干部、执法大队统一行动，到各村监督检查，没有发现一户群众大操大办。移风易俗活动为村民们节约了不必要的开支，节省了精力和时间，使他们更加专注于发展生产，得到了群众的大力支持和一致好评，收到良好的实效。

从上述简报可以发现：首先，朝阳镇制止庙会宴客的原因主要有二，其一是禁止铺张浪费，增加民众的经济负担；其二是庙会易造成交通阻塞甚至引发社会治安问题。其次，此次禁令的颁布者是朝阳镇党委，具体实施上涉及党委、政府、村社干部、执法大队等相关部门。另外，在具体的方式上，主要采用组织、宣传和监督的方式。最后，庙会宴客禁令的效果良好，2011 年年初至今，朝阳镇没有发现一户民众在庙会期间大操大办。孚美村率先垂范节约了 200 万元以上。同时，预计全镇每年为此可节约超过 2000 万元。

但是，值得深究的问题是：第一，村民们既然对禁令并没有太多不满，很多村民也拥护禁令，那么为什么不自己放弃庙会宴客习惯，而需要政府的干预才得以禁止？第二，庙会宴客只是庙会活动中的一个环节。政府禁令发出的原因是禁止铺张浪费，减轻农民经济负担，其实庙会活动中的其他环节花费也很大，为什么政府不禁止其他环节或者禁止整个庙会的举办，而只禁止庙会宴客呢？第三，政府庙会宴客禁令本身的性质是否属于正式的行政执法？如果是非正式的，那么政府此举的原因是什么？这三个问题将在接下来的第四、五、六部分予以解决。

三、村社规则自治与外部法律规制不足

(一)庙会宴客:一种村社的习惯压力

村庙中祭祀神明的食品可作宴客之用,酬神唱戏也为客人所喜。走出村庙,村落俨然是一个宴客的大天地,村民们宴请的是村内与村外的亲朋好友,是经济与社会关系较为密切的人物。与礼物赠与一样,庙会宴客是一种以高昂的成本为代价的社会规范,花费较大,且耗时耗力;同时会对地区的安全和秩序产生一定的负面影响。当庙会宴客禁令颁布之后,本文对朝阳镇三个村社①关于禁令施行的效果及反应进行150份问卷调查:

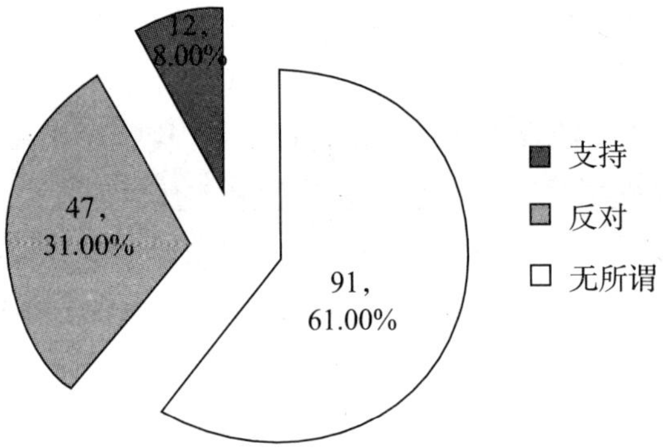

从上述问卷结果可以发现,庙会宴客禁令的施行较为顺利,村民们对此并无强烈的反抗,反而认为这种方式很不错,是为民着想的好举措,削减了花费,减轻了自己的负担,节省了不少时间。村民们既然对庙会宴客禁令并无不满,甚至持欢迎态度,同时对庙会宴客给自己造成的问题早有不满,为什么村民自身不停止宴客而需要政府的干预呢?这主要是因为庙会宴客是一种具有有效执行机制的社会规范,它对社

① 三个村社分别是孚美村(位于九龙大道旁边)、书都社(漳龙高速旁边)、科坑村(朝阳镇北部较远地方)。

区的居民形成一种习惯压力(或者是强制),而这种习惯压力主要缘于三个重要因素,即社群连带、信号(声誉)与惩罚。

村落聚居的社群之间存在连带性,即个体之间的信任关系,这些关系具有时间上的连续性,植根于过往,并且将预期延伸至未来。因此社群间很容易达成共识性的文化价值系统、明确的预期与共同的意识可防止因为欺骗而无法合作。村社中婚事、丧事、盖房修房、种植搬运等都需要村民之间形成良好的信任,从而维持一种互助合作、互惠关系。[①] 庙会宴客是庙会中一个重要环节,是村社中长期保存下来的传统与习惯,它对村民的渗透方式是持续性的,形成一种共识。当人们被问及,为什么要宴客?人们的普遍性回答是:"一直以来都要请客,别人热闹我们也要热闹。"这种从众意识,就是社群连带性的重要作用。

同时,庙会宴客也是人们维持乃至提升声誉的重要方式。重复博弈模型告诉我们,在过往的多次博弈之后人们对先前与目前的行为已经获得丰富的信息,彼此之间形成信任,背叛减少。但是重复博弈并不能解释商人之间会成为朋友,彼此之间经常出现赠送礼物和互相宴请等高成本活动。[②] 这主要是因为人们的许多行为并不必然是利己的,相反大多数是基于声誉的驱动。任何成本高昂的行动都可以是信号,能建立起保有个人声誉的机制。[③] 在信号传递中可将人们分为"好人"(即合作者、信任者,拥有低贴现率)和"坏人"(即机会主义者,拥有高贴现率)两种。[④] 只要有人更加愿意投入一定的成本去维持一种关系,那么就能区分出类型。而且这种信号的传递具有连续性,需要符合一定的预期。例如,人们每年中秋节都会相互赠送月饼,这是因为去年也是这样相互赠送。如果今年不这样做,其他人便会开始怀疑是否想要

---

① 参见阎云翔:《礼物的流动——一个中国村庄中的互惠原则与社会网络》,李放春、刘瑜译,上海人民出版社2000年版。

② 现实生活中,拥有持续性合作关系的商人之间较不会出现产品质量等问题。而相较之下,人们更愿意与先前合作过的人进行交易。

③ 埃里克·A·波斯纳:《法律与社会规范》,沈明译,中国政法大学出版社2004年版,第35页。

④ "好人"与"坏人"并不是必然是好人或者是坏人,它们只是人们内在化的评价标签。

延续一种关系。[1] 庙会宴客的情况也是如此。首先,假如去年甲家庙会时邀请了乙吃宴席,那么明年甲家庙会时一般也应继续邀请乙到家,若甲乙之间是亲戚,这种预期会更加确定。其次,同一年当乙家也庙会时,因为之前去了甲家吃宴席,出于偿还人情的考量,他也会邀请甲到家里,如果乙不邀请或者邀请了甲不愿意来,那么就有可能传达一种信号——二者不愿意再延续这种关系。为了维持这种声誉与关系,人们会一直互相邀请。但是,在村社中当大家都一样请客时,时间一长,这种做法就混淆了信号,不容易区分出声誉更好的人,这样原本声誉好的人会愿意花更多成本与他人区分,容易造成村落中的攀比现象。

不过,有的人或许不愿意去花费这些成本来维持关系,情愿当"坏人",但为什么没有一户出现拒绝宴客或排斥厌恶这种方式的情况?这是因为庙会宴客社会规范存在一种明显的惩罚机制。村社是一个较为封闭性的组织,人们之间信息的传递很快,一旦发现违反这种规范便会受到流言蜚语、声誉受损、没面子抬不起头来的困扰,从而在乡村社会中"寸步难行"。不仅如此,当这种人发出不合作的信号,别人就不愿意再与之合作。因为"好人"往往偏好彼此相互搭档,而选择规避"坏人"。同样的,当这样的人拒绝宴客,就会受到村社中其他人的排斥与孤立,这在一个互助的、重视人情与面子的村社中无疑是致命的。

因此或许有人会根据自己的经济状况来削减宴客的开销,但是不会公然违反这种规范。正是因为社群的连带性、信号(声誉)与严厉的惩罚三个重要因素才使庙会宴客有效地执行,也成为村民们不会放弃的一种习惯压力。

(二)村社内部规则自治及其不足

庙会宴客是具有强制执行机制的社会规范,村民们不会自主放弃,因庙会宴客所造成的浪费、交通秩序和社区治安问题也不会得到解决。村社内部组织作为村民群体意见的接受者,也需要一定的动力才能促使一项村社规则的产生,从而实现自治。村社自治规则的主要形式是

---

① 埃里克·A·波斯纳:《法律与社会规范》,沈明译,中国政法大学出版社 2004 年版,第 258 页。

乡规民约,但乡规民约在本文看来应当划分为两种不同的形式。第一种是趋向官方性质的乡规民约,即在国家的指导之下,由村民自治组织主导,经村民大会通过,并受到基层政府确定的规范性文本,表现为村民自治章程。它受国家政策和法规影响较大,反映国家对乡村社会的控制。第二种是自治性质的乡规民约,即村民自觉建立相互交往的行为规则,它的制定权来源于村民的授予,它的实行来源于村民的广泛性认同。① 尽管国家通过法律的形式确认了乡规民约的正式地位,但是乡村社会中普遍存在的是第二种乡规民约。自治规则的创立与实施需要三个要素:一是村民的授权——普遍性的同意和认可,即费孝通先生提出的"同意权力";二是有效的实施和监督;三是惩罚规则。其中惩罚性的规则包括影响声誉罚,如通过村社组织的公布曝光使其在村社中影响变差,声誉受损;财产罚,如罚款或销毁物品等方式;行为罚,如取消村社组织的资格等。② 以往研究乡规民约的学者们,都只探讨乡规民约的来源、制定程序、效力和法律边界,却较少关注村社可能因为治理需求而自发性地创造规则。

本文发现,朝阳镇孚美村在老人协会、村民自治组织与理事会主导下创立了一项规则:每年三次的庙会宴客削减为一次,违者将被罚款。孚美村在2005年之前一年有三次庙会,分别是农历八月二十四,十一月十一和三月十三。孚美村根据地理位置划分为三个"角落",农历八月二十四和十一月十一分别是两个"角落"的"子孙诞",当天将举办小型的庙会活动;农历三月十三则是全村的统一庙会。后来由于村落的空间传染,村外的人们普遍认为农历八月二十四和十一月十一也是孚美村全村的节日,于是逐渐演变为全村性的节日。由于农历八月二十四正值孩子上学交学费等,村民们普遍反映事务繁忙且经济负担太大。许多村民将这一情况反映到村社组织。于是,村里的老人协会、理事会

---

① 参见谢晖:"当代中国的乡民社会、乡规民约及其遭遇",载《东岳论丛》2004年第4期。

② 方洁:"社团罚则的设定与边界",载《法学》2005年第1期。薛刚凌、王文英:"社会自治规则探讨——兼论社会自治规则与国家法律的关系",载《行政法学研究》2006年第1期。

和村两委开会决定,农历八月二十四与农历十一月十一只祭拜而不宴客,全村只确定农历三月十三为村落统一性的大型庙会。第一年实行时,村社组织通过宣传、监督、罚款等方式,逐渐使这一规定成为共识和定例。由于这一规定一方面没有禁止村民们的祭拜活动,同时每年还集中在农历三月十三可以宴客,村民们很容易接受;另一方面减轻村民的负担。让许多村落争相效仿这种"一举两得"的方式。随后镇政府逐渐将这一规定广泛实施,①这样,全镇在2005年之后,每个村社只能有一次庙会宴客。

但是村社内部的规则自治是有一定限度的,村社组织的规则自治具有不稳定性。首先,规则的生产需要具备较广泛的群众基础才能成功实施,但是这种基础需要一个高压力阀值才会产生。虽然庙会宴客成本高,但庙会宴客本身是庙会的重要组成部分,在很多村民的意识中,庙会与宴客是同等重要的,并认为全面禁止庙会宴客就不是完整意义上的庙会,势必会越来越冷清,从而丧失村社庙会的意义。当村社已经削减到每年一次庙会时,便很难再获得村民们的普遍认可而进行全面禁止。其次,村社组织生存于社群的文化系统中,其成员是村庄中的老人、能人,他们受到村社整体性价值和文化的约束,为了继续在村社中获得高声誉和维持形象,在没有广泛性的需求时,他们也不会轻易提出全面禁止庙会宴客。再次,自行实施的私人惩罚控制由于不具备完全的强制性,其发出的惩罚或威胁的信号往往是不稳定的,易产生机会主义心理,一旦信号发生部分改变会使整体的惩罚发生变异。这种惩罚便无法广泛实施。② 最后,庙会宴客不仅是同一村社的社会规范,也是村与村之间的普遍行为规则,在其他村没有制止的情况下,庙会宴客的信号便会持续发出,村民之间的预期也会一直持续。

(三)庙会宴客的法律意涵及法律规制不足

一种可能性的设想是:在理性人的前提下,宴客的主人对客人醉酒

① 当时政府并没有采取明令禁止的方式,而是通过向各村委员会组织宣传,让其效仿其他村落的做法。

② 参见桑本谦:《私人之间的监控与惩罚——一个经济学的进路》,山东人民出版社2005年版,第128页。

后的行为所造成的损害(如造成交通事故和发生意外)承担一定比例的民事责任,基于明确的法律预期,宴客主人是否会更加注意照顾客人,减少交通事故或意外的发生;或者客人与主人之间达成共识,从而减少请客和饮酒量,甚至减少请客的次数?① 这样,一方面有可能减少宴客主人的开支,另一方面减少因为庙会宴客造成的事故和意外。

民法理论中将庙会宴客(包括普通请客、婚宴)认定为好意施惠行为。法律行为基于当事人的意思产生法律效果,而在好意施惠行为中,当事人并没有受其拘束的意思,因此不能产生法律上的权利或义务,②邀请者与受邀请者不受法律约束,只有当一方故意违反善良风俗,损害对方利益时,才会产生侵权赔偿责任。③ 但是现实生活中,因为宴客使客人醉酒,客人造成交通事故或者发生意外产生侵权责任时,宴客的组织者或主人是否应当作为第三方而承担责任,是一个重要的问题。在美国,司法判例中普遍认为提供酒精饮料的社交活动组织者应当承担民事责任,即所谓"社交主人责任"(social host liability)。④ 法院判决的主要依据是主人的过失或过错责任,主人有义务控制因先前行为可能引发的危险,⑤而且这种先前行为与结果之间必须具有较强的因果联系。⑥ 明

① 参见[美]理查德·A·波斯纳:《法律的经济分析》(上),蒋兆康译,中国大百科全书出版社2003年版。

② 参见王泽鉴:《民法总则》,中国政法大学出版社2001年版,第255页。

③ [德]迪特尔·梅迪库斯:《德国民法总论》,邵建东译,法律出版社2000年版,第150页。

④ 参见杨宏云、包振宇:"论相关义务人对醉酒者行为的民事责任",载《江海学刊》2009年第6期。

⑤ Hilary Ray Weinert. "Social Hosts and drunken drivers: A duty to intervene?". *University of Pennsylvania Law Review*, Vol. 133, No. 4 (Apr. 1985), pp. 867 - 894. "Negligence. Social Host Liability. SOcial hosts not liable for accidents caused by intoxicated guests. Burkhart V. Harrod, 110 Wash. 2d 381, 755 P. 2d 759 (1988)". *Harvard Law Revies*, Vol. 102. No. 2 (Dec, 1988), pp. 549 - 555.

⑥ Alexander C. Wagenaar, Charles E. Denk, Peter J. Hannan, Hegang Chen, Eileen M. Harwood. "Liability of Commercial and Social Hosts for Alcoho-Related Injuries: A National Survey of Accountability Norms and Judgments". *The public opinion quarterly*, Vol. 64, No. 3 (Autumn, 2001), pp. 344 - 368.

确的民事责任可以明显降低此类事故的发生率。①

在我国,一方面法律中并没有对此进行明确规定,另一方面司法审判中对主人责任的认定及理论依据和主人责任承担的大小也存在较大的争议。首先,从主人责任的认定及理论依据来看主要存在三种不同看法。第一,认为主人与客人之间是好意施惠关系,承担责任与否要视其是否违反善良风俗,是否存有恶意。但是强迫饮酒的、明知对方身体不能进酒仍劝酒的、未将醉酒者送到安全地方的和酒驾不劝阻四种情况下应当承担民事责任。② 第二,认定主人请客是先前行为,对醉酒者存有一种监护责任或照看义务,故应当承担责任。③ 第三,认定主人不应当承担责任,因为主人请客与发生交通事故之间并不存在因果关系。④ 其次,法院对主人责任承担的大小审判不同。青岛市李某受于某邀请参加其子的生日宴会,醉酒之后撞树死亡,法院判决李某自身承担85%的责任,于某承担10%的责任,陪客人秦某劝酒承担5%的责任。⑤ 在另一起客人醉酒死亡的案件中,由于主人未将醉酒者安全送达家中导致客人死亡,主人承担60%的责任。⑥ 同样由于客人醉酒窒息身亡,主人被判承担40%的责任。⑦

明确的法律规定与一致的司法判决会对行为产生预期,促使人们调整行为免于承担法律责任。但由于我国民事法律中对庙会宴客间发生的事故,或意外所承担的责任没有明确作出规定,司法审判也存在很

---

① 杨宏云、包振宇:“论相关义务人对醉酒者行为的民事责任”,载《江海学刊》2009年第6期。

② 参见张贻富:“客人醉酒摔伤主人赔偿12万　对醉酒者负责”,载《浙江新闻》2008年6月26日。

③ 参见万凌云、陆立尧、段为东:“男子酒后车祸身亡　请客主人被判赔5.6万”,载《扬子晚报》2010年7月6日。

④ 参见晓健:“法理情理:吃请客人醉酒车祸主人要担责?”,载《民营经济报》2004年4月15日。

⑤ 参见郭强:“客人醉酒撞树死亡　主人陪客都有责任”,载《齐鲁晚报》2009年2月18日。

⑥ 参见毛爱东:“客人醉酒死亡　主人被判担责”,载《浙江人大》2008年第7期。

⑦ 参见刘晓燕:“客人醉酒窒息身亡　主人被判担责四成”,载《人民法院报》2010年8月29日。

大争议。这样,对于庙会宴客所产生的问题无法通过私法进行规制。

(四)小结

社群连带性、信号(声誉)与惩罚使庙会宴客成为一种习惯压力,村民们不会自主放弃,同时也无力采取有效措施避免因为庙会宴客引发的整体性问题;村社内部的组织虽可通过规则自治的方式预防和治理宴客期间产生的问题,但这种私人控制的方式具有不稳定性;对庙会宴客过程引发的交通事故或社会治安问题,法律无法进行明确的责任分担,为人们提供预期。于是,庙会宴客进入公共利益的保障者与提供者——政府的视野里。

四、选择性干预:政府治理庙会的约束

(一)政府治理庙会的法律约束

1.村社自治权与政府治理权的界限

村民对"村里的事情"与"政府的事情"的界限把握很清晰。"村里的事情"涉及乡村共同利益,需要村民共同处理应对;"政府的事情"归属于政府职责范围或由政府的命令进行规制。村民集资捐款修建庙会宗祠、修建村社道路、举办庙会神祭仪式、开办老年人活动中心等都是村民意识中的"村里的事情"。计划生育检查、土地相关问题(包括土地争议、土地征收补偿款确定)、违规抢建房屋、交通治安管理等是"政府的事情"。事情的界限划分清楚之后,权利与责任范围明确化,村社自治权与政府治理权的界限也较为清晰,村与政府之间的默契随之建立起来,各项事务均在二者的分与合之间得到稳妥处理。

村社自治权与村民自治权并不等同,前者范围较广。村民自治权是村民们依照法律规定的程序选举基层群众自治组织并赋予其管理处理相关事情的权利,是村民的自治权利。[①] 我国的《村民委员会组织

① 杨成:"村民自治权的性质辨析",载《求实》2010年第5期。

法》明确规定村民自治组织的权限和职责范围有五:一是办理村中的公共事务,包括管理本村集体土地和财产、计划生育工作、制订村规民约;二是调解纠纷;三是协助基层政府维持治安;四是向基层政府反映村民的意见要求和建议;五是做好宣传教育工作。① 不过,乡村社会中还有社会组织,这些社会组织通过合意、惯行制定规则和制度,获取特定事项和范围内的自治权,但不能违反法律法规和国家政策的相关规定。政府治理权限来源于国家宪法、法律和相关法规,我国的基层政府(包括县、乡镇)对地方享有行政权,处理地方的行政事务。基层政府管理乡村事务必须是职权范围内依法规定的事项。乡镇政府与村民委员会之间是指导与被指导的关系,乡镇政府不得干预依法应由村民自治的事项,如果擅自干预由上一级政府责令改正。② 从法律文本的规定看,首先,政府行使权利应当以尊重村社自治为原则,对村社自治的事项应给予指导和帮助;其次,政府治理权的行使应当依据法律规定的程序与范围行使。村社自治权与政府的治理权是较为明确的。

2. 民事利益与公共利益的界限

公共利益是不特定多数人的利益,是非营利性的,只能由政府提供与保证。政府的目标是通过提供公共产品,运用公共权力,为公众主张、维护与保障公共利益。③ 维护好公共秩序是重要的公共利益,它是保证社会成员在社会中有序实现自身利益的基础。④ 而民事利益则是私法领域中,公民行使民事权利所获得的利益,是社会生活中最广泛的利益,涉及的是普通公民的私人利益。

行政法理论中,公共利益的认定一般有三个评判标准:第一是利益冲突标准,即应评价某一项利益与其他利益之间的冲突已经无法避免,是否存在其他的可替代性方案——更有利于平衡双方利益且成本更低,当不存在任何代替方案时即认定利益冲突无法避免。第二是排除

① 参见《村民委员会组织法》第2条、第7条、第8条、第9条和第10条。

② 参见《村民委员会组织法》第4条、第36条。

③ 参见陈柏言:“法理视野中公共利益之边界”,载《学术探索》2011年第10期。

④ 参见戴建华:“行政法上的利益冲突与平衡——通过行政法价值的利益衡量”,载《法学杂志》2011年第7期。

其他法律方式标准，即应观察是否存在其他可以解决利益的法律规定或原则。第三是压倒性价值标准，即这项利益必须具有明显的正义优势，这可通过利益的需求属性、需求溢出程度以及需求人数来确定价值的顺序。①

因此，政府实施治理行为时需合理运用自由裁量权，运用上述标准衡量所保护的利益，在适度的范围内进行决策，不能过度损害私人民事利益，影响个人合法正当的民事生活。

3. 小结

庙会期间的集体性狂欢与活动属于村社自治范围，但是庙会铺张浪费影响地方经济，给村民生活形成负担；妨碍外界交通的流畅与安全；对地方治安形成威胁，这些恰是政府的治理范围。庙会宴客是私人之间的宴请活动，是私法领域的控制范围，应当充分保护这种民事自由和民事利益，使之不受他人的干涉与妨碍。然而庙会期间所造成的浪费对地区经济产生负面影响，对地方的公共秩序造成不良后果，是为公共利益的考量范围，政府可能会介入。但是，政府的行动受到法律的约束，首先，应当尊重地方自治——庙会是普通村民自发性的活动，应当受到充分的尊重；其次，根据我国宪法和民事相关法规规定，应当尊重公民的风俗习惯与宗教信仰自由，不能全面禁止；最后，政府仍然需要对影响地区秩序的问题予以治理，行使自己的管理权利，保障公共利益。

（二）政府治理庙会的社会约束

首先，庙会宴客是庙会问题的主要诱因。

第一，从朝阳镇各村庙会开支来看，2006 年户均每次过节开支 250～800 元不等，全镇每年过节总开支为 4155820 元，而至 2010 年，全镇每年过节总开支已经升至约为 20000000 元（见表 1）。②

---

① 参见刘太钢："公共利益法治论——基于需求溢出理论的分析"，载《法学家》2011 年第 6 期。

② 表 1 数据来自朝阳镇政府 2006 年与 2010 年对各村庙会总开支的调查，以及《龙文区朝阳镇人民政府 2006 年工作报告》和《龙文区朝阳镇人民政府 2010 年政府工作报告》。

表1

项目 / 年份	每年人均过节开支(元)	农民人均纯收入(元)	占农民人均纯收入的比例(%)	村每年过节总开支(元)
2006年	106.7	5209	2.04%	4155820
2010年	512.8	8275	6.19%	20000000

从单户人家每年庙会开支账目来看,数目也呈上升趋势,其中主要源于庙会宴客规模的扩大和花费的增加(见表2、表3和表4)①。本文在采访陈A家时得知,以往客人的类型主要是附近村庄的亲戚和一些联系较为紧密的好友,但近几年,随着地区交通日趋发展,人们之间往来愈加频繁,加之在工厂内结识不少外地的朋友,明显感觉到客人的数量增加不少。陈B家由于2008年开办了罐头厂之后,庙会期间也会邀请厂里的数十名工人来家里吃宴席。

表2(陈A)

项目 / 年份	购置祭神的香和寿金(元)	"三出头"花费②(元)	置办祭神物品(元)	酒宴花销(元)	总开支(元)	宴客占总开支比例
2005年	20	20	65	100	205	48.78%
2010年	50	50	120	350	570	61.4%

表3(陈B)

项目 / 年份	购置祭神的香和寿金(元)	"三出头"花费(元)	置办祭神物品(元)	酒宴花销(元)	捐戏(元)	总开支(元)	宴客占总开支比例
2008年	50元	100元	200元	1200元	1250(1场)	2800元	42.86%

注:由于捐戏并不是每年必有的花销,因此如果扣除捐戏部分,陈B家宴客占开支总额约为77.42%。

---

① 表2数据来自对孚美村普通生活水平陈A家的调查。表3来自对孚美村富裕生活水平陈B家调查。表4来自对孚美村生活水平较低的陈C家的调查。

② "三出头"是指模仿向神明送达心意的仪式,村民在红包中装入对神明的心意,这是庙会的常规性仪式。

表 4(陈 C)

项目/年份	购置祭神的香和寿金(元)	"三出头"花费(元)	置办祭神物品(元)	酒宴花销(元)	总开支(元)	宴客占总开支比例
2005 年	20 元	15 元	30 元	70 元	135 元	51.85%
2010 年	32 元	25 元	54 元	135 元	246 元	54.88%

注:陈 C 家 2005 年平均月纯收入大概在 500 元左右,庙会花费其当月收入的 27% 左右;2010 年平均月纯收入大概在 1000 元左右,庙会花费其当月收入的 1/4 左右。

第二,随着地区经济的发展,人们购置轿车、摩托车等交通工具数量的增加,近几年庙会期间来往村社的车辆明显增多,村社中只有宗祠堂和广场有空余车位,其余的地方车子是无法停放的。而且一般每村只有一条进入村落的主要交通要道,当地吃宴习惯一般集中于晚上八点至十点之间,此时村落的主干道上常常水泄不通。

第三,由于吃宴的人数与规模明显扩大,醉酒人数也增加,因醉酒引发的打架斗殴事件不少。2010 年间宴客期间孚美村发生斗殴 2 起,翁建村 2 起,后店村 3 起,科坑村 3 起。因醉酒引起的车辆磕碰纠纷,孚美村有 4 起,翁建村有 3 起,浦口村有 3 起。①

其次,政府出于两方面考虑不会全面禁止庙会。第一,庙会是村社自治事项,是地方的传统习惯,禁止庙会不仅会引起强烈反弹,而且将使因庙会而产生的社会组织失去原有功用,不利于政府管理地方事务。第二,政府禁止庙会宴客的原因主要有三,分别是铺张浪费、交通秩序与事故和地区治安。庙会中的祭祀仪式、科仪、戏剧上演等并不会引发较为严重的问题。

综上所述,在现实社会状况的约束下,基层政府需要考量选择介入的范围与点位,才能获取较为良好的效果,才不至于使自己处于村社的对立面,形成被动态势。

---

① 数据来源于对村社干部及村民的访问统计得出。

五、正式与非正式执法:政府治理庙会的实践

(一)模糊化禁令的性质:倡议或行政行为?

朝阳镇政府通过发布"庙会宴客禁令"实现对庙会的治理,但是这一行为的性质却被刻意模糊化。一方面,政府召集各村村民委员会干部、驻村干部开会,发布禁止庙会期间宴客的命令,并要求各村严格实施,规定了各项工作的组织者、实施措施、惩罚手段以及监督方式。但是另一方面,政府未出台相关的书面性决定,[①]而在有限的政府宣传文稿和简报中可以搜寻到的字眼是"移风易俗"、"文明过节"、"建议"、"倡导"、"新事新办"等倡议性的话语。

根据行政法理论,行政命令包括紧急命令、职权命令、执行命令与独立命令。[②] 独立命令是指不属于法律管辖的事项,行政机关可依宪法或习惯发布命令。[③] 政府禁止庙会宴客是一种独立命令,属行政行为。我国《宪法》第107条规定乡镇政府主要执行上级行政机关的决定与命令,管理地区行政工作;《地方各级人民政府组织法》第61条第1款则规定乡镇政府可以发布决定和命令。因此乡镇政府有权利根据行政需要发布命令,但是不得违反法律、法规的规定,也不得侵犯公民的合法权利。这是一种正式的行政行为,受到法律的拘束。政府此举是向村民们表达禁令的正式性与强制性。

但是政府并未完全遵循行政命令发布的程序与规定,一方面有意通过这些较为温和的宣传语提高村民们的接受度和认可度,同时可以将自己的行动范围和空间扩大,较为灵活地采取各项措施,保证实施效果;另一方面不愿意让这项命令纳入法律的约束范围之内,从而避免因可能违

---

① 与之形成鲜明对比的是福建省晋江市金井镇人民政府颁布了《关于禁止"普度"、"圣节日"大操大办的通知》(晋金政[2011]162号)。

② 参见陈泉生:"我国行政命令初探",载《法律科学》1991年第3期。

③ 参见秦后国:"试论法国行政命令的类型与特点",载《武汉大学学报》(哲学社会科学版)2010年第2期。

反相关法律而处于被动地位。因此,镇政府通过模糊化其行为的性质,使这一行为游离于正式与非正式之间。

(二)通过村社组织的控制与实施:转化与内化

本文采访了朝阳镇五个村十个村社干部,下面是对孚美村党支部书记的采访片断:

问:谈谈对镇政府决定禁止庙会宴客的看法。

答:倡导节约过节,不铺张浪费,是为民的好事。

问:实施过程是否顺利?是否存在不配合的钉子户?

答:过程中是比较顺利的。庙会期间村里有些人请客吃饭,花费较多,但又不好意思说,现在政府一起禁止,也不会有人说什么了。一些妇女更是欢迎,因为庙会期间她们需要打扫张罗,特别累。当然会有人不理解,认为"我们请自己的,你们这么爱管",后来我们就说,这不是村里要禁止的,是政府禁止的,又做了一些思想工作。村里其他人都不请客了,他自己再请也没意思了。

问:这样是否太过绝对化?因为很多人应邀来并没有上桌吃宴席,只是来热闹热闹祭拜神明而已,尤其是一些亲戚。

答:针对这方面,我们是比较灵活的,如果是亲戚回乡来祭拜,我们一般都允许进村的。

朝阳镇政府主要通过村民自治组织使禁令有效实施。政府集合各村村长、村党支部书记和驻村村干部开会,说明禁止的原因,要求各村民自治组织配合政府的这一行动,一方面做好宣传工作,另一方面组织好各方力量落实好这项工作。村民自治组织相关负责人回到乡村后,将老人协会、理事会、妇女会、生产大队等负责人统一集合起来,传达镇政府的决定与命令,并且认真地部署这项工作。具体工作措施主要包括三个方面:第一,前期的宣传准备工作,村社中有非常完整和成熟的一整套宣传方法,包括派发乡镇政府的倡议书,贴好宣传标语和条幅,通过村社广播传达信息,在信息流通迅速的乡村社会中,这些方法有效。第二,庙会前夕挨家挨户地进行说明,摸底调查村民们的整体反应。第三,庙会当天再次召开村社会议,组织安排人员蹲守在村社入口,禁止销售物资的人员进村参加集市买卖,禁止受邀进村参加宴席的人们进入。庙会过后,村社干部向镇政府报告工作的进展和效果。

政府通过"政府—村社组织—村民"的模式,充分运用村社组织及组织内的能人(或地方精英)的权威,使自己的强制性禁令得到有效的中和与缓冲,转化为村社内部的自主性举措,进而逐步内化为乡村的共识,形成村民们共同遵守的约定。从转化到内化的过程,是嵌入式治理的策略选择。

(三)禁内堵外与罚款威胁

庙会宴客禁令能够有效实施有两项措施,即禁内堵外与罚款威胁。

首先,庙会宴客涉及两方,一方是宴客者,另一方是受邀请者。在实施过程中,村社组织一方面在村社内部宣传禁止庙会宴客的命令,另一方面阻挡外部受邀请者入村,这样既没有请客者也没有受邀请者,自然无法宴客。这样的方式在村社中具备实施的条件,且最为有效。因为通往村社的道路有限,例如孚美村的入村道路主要有两条,书都社、六石村、后店社均只有一条,村干部只要运用较少的人力便可实现监管。翁建村正月十五的庙会是朝阳镇一年中最早举办的,为了起到示范作用,正月十五当天朝阳镇政府出动了执法大队和交警堵在翁建村口,协助翁建村委员会的工作。

问:庙会当天是如何采取措施的?

答:主要是堵住村里的主要交通要道,但凡要进村的吃宴者,我们都告知孚美村今天不请客、不闹热(即过节),不允许进村,这是政府禁止的,请配合工作。

问:那些吃宴者的反应如何?

答:一般都马上返回了。①

其次,各村传递着罚款的信息。本文采访过程中分别向朝阳镇政府、村干部与村民求证罚款的真实性,但是得到的答案却不尽相同。

问:听说如果庙会期间宴客要罚款,具体怎么罚,是否有人被罚?

---

① 根据采访后店村村长肖建和和孚美村党支部书记陈添财的访谈笔录整理。

A：镇政府没有规定要罚款，可能各村自己订立的规定。（朝阳镇政府党政办负责人陈某）

B：没有罚款，只是让大家害怕故意这么说一下。镇政府开会时有提过要罚款，但是并没有真正实施，因为没有人违反。（孚美村村干部陈某）

C：都说要罚款的，请客的一桌罚1000元，客人罚500元。何必请客请的这么痛苦，还要挨罚，好事变坏事。没有听说有人被罚。（孚美村村民陈某）

D：请客的一桌罚3000元。没有听过有人被罚。（郭坑村谢坑社林某）

上述访谈的内容表明，首先，罚款只是一种威胁的手段，是政府或村干部为了顺利实施禁令而故意放出的威胁信号，这种信号一旦确定，就会在村民心里形成预期，农村人心里的朴实想法——“好事变坏事”正是罚款威胁效果的体现。其次，村社中信息的传递虽然迅速，但是易发生扭曲，罚款数额的多少不确定，有的说主客都要罚，有的说只有主人要罚；有的说一桌罚1000元，有的说一桌罚2500元，有的更说一桌要罚3000元。不确定的罚款信号让村民们不敢轻举妄动。

（四）村民们的认知与反应

本文对朝阳镇三个村社共150名村民（每个村社各取50名村民）做了调查问卷，具体情况如下：

第一，关于“禁止庙会宴客的意义”中（如下表），选择勤俭节约过节的有60人，占总数的40%；选择移风易俗树新风的有9人，占总数的6%；选择防止打架斗殴和交通事故的有105人，占70%；认为禁止之后利于勤俭节约和防止打架斗殴交通事故的有24人，占总数的16%。政府禁止庙会宴客的主要原因是移风易俗和勤俭节约，各村宣传标语中也强调这两点，那么为什么人们普遍认为防止打架斗殴和交通事故意义更大呢？本文认为主要原因有三：一是“移风易俗”是较为文明的宣传话语，许多村民文化知识水平和意识不高，看不懂宣传标语，无法准确理解移风易俗的含义，如此村民们便自动筛选自己可理解的信息；二是农村中普遍爱好面子，调查中如果认为禁止庙会宴客有利于节俭，似乎向他人表明自己花不起那些钱财,基于爱护自己的声誉考虑不会轻易说明;三是打架斗殴和交通事故对村社秩序的影响是实质性的,那些因醉酒发生的事故常常骇人听闻,村民们有较为深刻的印象。

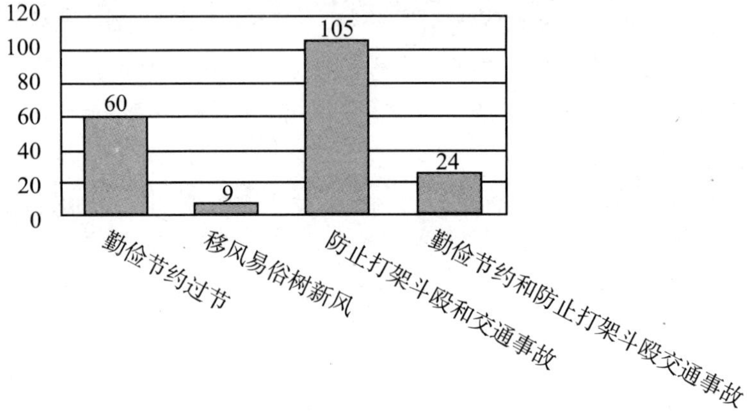

第二,关于"是否遵守这项禁令,原因是什么"的一项调查中,150人中有138人表示庙会当天已经没有宴客,没有请一个客人;12人表示当天有亲戚朋友过来做客,有上席但是并没有请喝酒。遵守的原因主要是,政府已经禁止,且要罚款,不想"好事变坏事",连累客人。

第三,关于"禁止宴客会产生什么影响?"的调查中,人们普遍表示两点担忧:一是庙会将慢慢冷清,成为村社里自己的活动,丧失原本的味道;二是亲戚朋友之间的关系可能会变淡。但也有村民表示不会变淡,因为现在生活水平提高,交通方便了,亲朋好友聚在一起吃饭的机会也更多,庙会宴客禁止后,其他的方式可以替代促进亲戚朋友的关系。

六、结论:乡村秩序——村社自治与政府治理的整合再生

禁令使原有的社群连带发生断裂,切断声誉传递,摧毁惩罚机制,从而获得空间嵌入与习惯耦合,政府治理与村社自治在此合作重构了乡村秩序。在城镇化进程加速的中国乡村社会中,秩序从被打破到重建的过程,是国家权力与村社权力摩擦与融合,正式规则与非正式规则冲突与

汇合,正式组织与非正式组织博弈与合作的过程。我们担忧政府权力向村社空间过分扩张与压制;我们警惕政府的干预与治理将损害乡村秩序,但现实生活的场景远比我们所想象的更加复杂、生动和有趣。本文中政府治理庙会的动态过程在一定程度上提供了另一种场景,即政府介入具有必然性——乡村社会中存在的习惯压力,具有强制执行的机制,村民们无法自己克服外部性;村社组织的规则自治虽在一定程度上改善了问题,却存有一定限度;法律供给不足,司法审判无法形成预期,那么因庙会宴客形成的秩序问题该如何克服?此时政府通过选择性的介入、策略性的干预与嵌入式的治理,实现禁令的转化与内化,禁令与习惯整合,乡村秩序得以再生。

通过理论的阐释与个案的分析,本文尝试得出以下结论:

第一,法律文本中的界定无法全面概括具体实践中的复杂性。村社自治权限与政府治理权限之间经常是交叉、模糊和变动的。政府是公共利益和公共产品的输送者,可能影响和损害地区秩序的事项都会进入政府的考量范围。但是政府的介入又并非简单而随意,它受到法律与社会现实状况的约束,政府需要在村社利益与地区利益之间作出平衡。

第二,以往法社会学的研究中都将视角停留在乡规民约或习惯的具体运行上,但是很少关注两个问题:一是随着社会生活结构的变迁,村社内部规则的变迁与生产机制;二是国家的正式规则融入村社内部规则的条件与方式。事实上,村社自治具有强大的张力,村社自治中除了原有的规则之外,在获得广泛的民意基础、具备完备的实施与监督措施和一定的惩罚机制之后,可以产生一项规则代替原有的规则;在内部自治不足与外部法律规制不足时,政府的行政行为可通过转化与内化的方式嵌入村社规则。

《法律和社会科学》(2013)
第 11 卷,第 228 ~266 页

真实的谎言与真诚的谎言
——电影《光棍儿》及其他*

草　半**

内容摘要:针对影片《光棍儿》号称真实却不难辨识的虚假,本文探讨假定执意求真的编导为何会把有真人真事打底的影片弄得很假且不自知——可谓为真实的谎言。进而依据编导有关影片的访谈和一些影评,探讨另一种可能:即作为一种日益普遍的文化商品的广告和市场营销策略,编导也许就追求这种所谓的文化冲击力,特别是对着国外观众;换言之,编导全力和刻意追求的就是一种真诚的谎言。

"感觉到了的东西,我们不能立刻理解它,只有理解了的东西才能更深刻地感觉它。"

——毛泽东①

"他们不能表现自己,而只能被表现。"

——马克思②

---

* 《光棍儿》(2009),导演:郝杰;编剧:郝启田/杨翠兰/郝杰;主演:杨振君/叶兰。影片的视频,载 http://www.tudou.com/playlist/p/a70126.html。

** 作者单位:北京大学。

① 毛泽东:"实践论",载《毛泽东选集》第一卷,人民出版社 1991 年版,第 286 页。

② 马克思:"路易·波拿马的雾月十八日",载《马克思恩格斯选集》第一卷,人民出版社 1972 年版,第 693 页(中文根据英文版做了文字修订)。

一、目标的界定

说好说歹都容易，说出个好歹则不容易——无论对事对人还是对作品。

电影《光棍儿》也就一般。能看，却算不上好看；故事和人物很拼凑，有些杂乱，但不拖沓；艺术甚至可以说相当粗糙（后面我会一一分析坐实这些断言）。有人却称其成功，还“极其”；而列举的证据则有：这是部低成本（30 万投资）独立电影，年轻导演处女作，大量原生态演员，镜头对准了“中国农村的裤裆”，等等。① 说这类话的人，网上还不少。② 但我的听觉不行，或是太好，怎么听也不觉得这是在夸人，更像是在祈求观众别要求太高！人情世故可以，但艺术感觉就是没法接受这类说辞。

于是搬出了一位影评人——据说是美国的，但匿名；此人说该片闪现出温情、人性以及痛苦，鲜活朴实，活力四射，是某国际电影节观众的意外和惊喜，并断言该片“绝对地富有观众缘”甚至是大众情人。③ 这种带有绝对的断言总会令我怀疑这绝对是评论者/导演的奢望！国籍彰显，姓名却隐匿，这立马让我恶毒起来，怀疑这就一影评版达·芬奇家具。④

“几乎所有细节都堪称完美”，“精彩”、“震惊”、“敬佩之极”、“无

---

① 伯爵：“《光棍儿》：中国是撸出来的??”，载 http://i.mtime.com/sharp/blog/5716412/。

② 网上集中的评论区，请看“豆瓣电影”，载 http://movie.douban.com/subject/4946963/；以及“时光网/电影·社区·你和我”，载 http://movie.mtime.com/138804/newcomment.html。

③ 凤凰卫视，2011 年 11 月 8 日《冷暖人生》；又请参见“电影《光棍儿》反映中国社会现状，主演遭地方官恐吓”，载 http://news.ifeng.com/society/lnrs/detail_2011_11/10/10557797_0.shtml。

④ 请见，后注 36 及其正文。

限崇拜"甚或"太屌了",[①]这类赞叹还是令我无从感悟或察知该电影的好处;而且不懂如今不是前些年的"王德福"了,而是"太屌了"——就因为这是"台湾人民常用的一句口头禅"?"百花金鸡金像影帝影后都是过客",而该片男女一号"简直就是无可争议的帝后级明星"![②] 这是影评吗?这是自慰!但网上有句话糙理不糙的话怎么说来着?"小撸怡情,大撸伤身,强撸灰飞烟灭!"

也并不都只是想象,也真得过电影奖,还丫外国的。但我也就知道特俗、因此中国年轻导演特不屑的"奥斯卡",其他的,那些未必真的年轻的年轻导演很当回事,中国观众却就是"拿村长不当干部"——票房就是见证。所谓的2010年东京FILMeX电影节评审团大奖无可争议地证伪了"绝对地富有观众缘";至于把2010年圣塞巴斯汀影展开幕片也翻出来,让人看到的就不只是虚荣了,更是绝望![③]

也并不都是这些虚头吧唧的。编导强调的是"故事原型全部来源于真人真事,剧中人物都是父老乡亲们自己出演的,我们村的人真的就是这么活的";[④]取材和拍摄都在导演故乡,有很难听懂的晋方言(尽管拍摄地是河北),还有农民喜闻乐见的淫词浪曲。这确保你视听感觉真实。中国电影之前很少或从未触及的农村的光棍和性,相好、性交易、调情和买卖妇女,特别是在中国农村背景下第一次展示了国际和城市艺术电影热门题材同性恋,还是在老农民单身汉之间,这对当今电影观众的主体(城市小资和白领们)绝对有"真实的"冲击力(real

---

① 郎郎江湖:"《光棍儿》:中国影帝,咱点民间的吧!",载 http://lqclqr. blog. sohu. com/171709073. html。

② 同上注。达·芬奇家具曾一度是中国国内最具影响力的家具高端品牌,价格昂贵,销售人员说因为他们销售的100%是意大利原产的"国际超级品牌"。2011年7月,央视系列节目揭露,达·芬奇家具其实是从东莞长丰家具公司生产的,由深圳港口出港,以"一日游"的方式再从上海港进口,成为手续齐全的意大利"进口家具"。

③ 坝上老人:"张家口方言电影——《光棍儿》",载 http://blog. sina. com. cn/s/blog_3d124e710100pttm. html;夏阳:"真疼——热议电影《光棍儿》",载 http://blog. sina. com. cn/s/blog_4bfeaa510100q9c2. html。

④ "青年导演郝杰启用本地光棍儿拍摄电影",载 http://v. ifeng. com/news/society/201111/6c438edb - 68b0 - 4e14 - 9f52 - a3d8b099bd4a. shtml;"《光棍儿》解密底层农民性苦闷——导演郝杰专访",载 http://culture. ifeng. com/renwu/special/haojie/。

impact);而这首先在文字上然后在感官上都很容易混淆于“真实”的冲击力(impact of the reality)。

有人说该片一定真实,根据是几乎无人质疑。本来我还没想过这点,但他这说法让我敏感了。质疑少或没质疑就等于真实?首先最大的可能是,没人看,自然没人质疑;即使有人看了,也没打算质疑,因为不值得,也因为沉默是金。

而且这种质疑还需要社会经验,你得在贫困农村生活过较长时间。这种人倒也还不少;但问题是,其中有多少人愿意看,有能力(通过网络)看,还真看了?得知道点文革时的农村吧,这年龄少说也得靠近60岁了!就算能且愿意上网找个视频看看,他们也就想找个乐,谁看这种给自个儿添堵的电影。片名中隐含的性,对年轻男性可能还有点吸引力,①对60岁左右的老年人就没啥吸引力了。你看完之后,还得惦记着,还得有能力,把自个儿的看法系统且有效地表达出来,光表个态还不能算。眼瞅着,这门槛就一个个起来了,越来越高。如果真能过这些个坎的,如今就一定都在自己单位忙着,一摊子事,还可能是一摊子大事,也不会出来就这事较真?!

你把这些有能力和资历质疑的人都过滤了,这就为容易甚至愿意“上当”的腾出了地儿。愿看且能看下去这片子的,也就是本片编导自己这样的人,加上些许愿意雕刻时光的小资和文青。了解一下当年和今天的中国农村,不光为猎奇,顺带着也体验一下自己的、也感动自己的善良;当然了,还有人文关怀。但这类观众从一开始就没打算,也没法子质疑该片的真实性。甚至,该片的某个网络影评人还说错了一句话,本意是赞美该影片,却揭出了一个秘密:“过于的原生态让人很难去怀疑它的真实性。”②

---

① 由于青年男子通常性欲更强,却更少可能接近或更少资源吸引女性,因此可以推断,各国的色情或情色作品的消费主体都以中、青年为主;从社会阶层来看,其消费群体也会偏向社会下层。这后一点可以用来解释农民更喜闻乐见淫词浪曲——东北的二人转和本片中二人台等都是证明。

② 伯爵:“《光棍儿》:中国是撸出来的??”,载 http://i.mtime.com/sharp/blog/5716412/。从字面上看,评论作者说的是,该电影不真实,但人们还没法说它不真实。

因此,很少质疑只表明:经过种种社会机制的筛选,只剩下一个很小很特别的群体,他们在没有相反证据的前提下,愿意假定影片的表现为真,但并非认定其为真。这也不全是推论。该片的另一影评人又一次无意间透露:该片拍完后,“无人问津”;如今网上点击多了,除了因东京电影节获奖外,主要归功于视频上传优酷后“多位影评人[我更情愿称其为“托”]携众网友强烈推荐”。①

本文旨在论证该片太虚假了。目标能否实现,部分取决于对目标(虚假)的界定。我不质疑影片中的事都曾以某种方式分别发生过;我也不质疑演员表演的真实性——尽管我认为不很真实,而原生态演员的真实表演一般就是不大真实,否则要专业演员干嘛?我的核心论题是,即便如编导所称“故事原型全部来自真人真事”,影片表现出来的仍然是个“真实的谎言”。我会用三节,以影片中的细节和自相矛盾为例,用经验常识来细细辨析人物身份和人物关系的虚假;与电影故事直接相关的时间虚假;以及故事发生的地域空间虚假。

这还只能算说好说歹,还不能算说出了好歹。我会以另外三节,仍然以该影片内外的材料,讨论为什么影片虚假。我不谈,也谈不了,电影技术层面的,只好往编导的思路上追。第五、六节从正反两面探讨,执意求真的编导为何会把真人真事打底的影片弄得很假且不自知?夸张一点,可谓为真诚的谎言。第七节,主要依据编导访谈和一些评论,则探讨另一种可能:即作为一种日益普遍的文化商品的广告和市场营销策略,编导追求的也许就是这种文化冲击力,特别是对着国外观众,真假因此并非其关注,真人真事这话只是针对愚蠢如我这般的批评者的一个盾牌。换言之,编导全力和刻意追求的就是这种真诚的谎言。

因此,无论对否,本文涉及的问题都超出了电影《光棍儿》。我会始终关注并尽可能贴近该影片以及相关的文本,避免空泛,却也避免过度依附文本。批评严厉,但并非求全责备,也不求面面俱到。我更希望通过对话式的质疑、细密的分析,能激发读者或多或少调动自己的经

---

① 夏阳:“真疼——热议电影《光棍儿》”,载 http://blog.sina.com.cn/s/blog_4bfeaa510100q9c2.html。

验、知识和感受,对影片和我的分析,乃至其他相关的问题,作出自己的判断,即便最后完全拒绝我!

二、人事之虚假

我始于影片表现的,在真实世界不可能发生的事。这种例子不少,我先只举两个。

第一,村长媳妇不可能长期"性接济"村里多个老单身汉。女性,可能同比自己丈夫更优秀但婚姻无望的男子偶尔私通,或在贫困时为了自己和家人获取生活资源而同占有资源的男子性交易(这一点与上一点有所重合),基于同情心,她甚至可能从自己(但不包括家人)口中省下些许食品来接济穷人或地位低的人;但女性不会用性爱去"接济"穷人。①

不错,年轻时村长媳妇同年轻时的村民老杨相好过;因此,如今的丈夫并非她当初的最爱。但毕竟时过境迁,除非已经吊死,没有谁真是在一棵树上吊死的;而"当初的最爱"这种说法本身就是不承认有什么永恒的最爱。如今,村长是她的丈夫,是她孩子的父亲;还是村干部,社会地位更高,据此可以大致推定他的个人能力、智力、魄力(否则人们会推他当村长?)、知识教育状况(否则上级会接受他当村长?)以及家庭经济状况,在该村,都比较好,至少比老杨好得多。影片也展示了其家境比老杨好。"权力是最好的春药","男才/财女貌","人往高处走",以及近年城市女孩择偶的"高帅富",这类中外格言或择偶指南以

① 对这种现象的一种基于生物演化的"自然法"解释可以是,在自然状态下,或是在人类的生物进化进程中,"性"不是个体生存的必需品,不属于基本权利——哪怕是最讲人权的国家,也没把性配偶规定为宪法权利。但近年来,有些中国学人走到了人权研究的前列了,开始奢谈城市流动人口,特别是农民工的所谓性权利了。但从生物性的人类来看,性被自然从一开始就设定为一种奢侈品,你只有通过竞争并获胜才可能获得繁衍后代的"权利",它的基础从一开始就是"野蛮的"——即生物意义上而非道德意义上的——优胜劣汰,尽管这种原生的关联如今因为现代生殖技术的发展而大大弱化了。

不同方式共同表达了一个看似野蛮但更为真实的“普世价值”。就算你没法到世界各地考察,但参考一下赵忠祥的《动物世界》也可以认定,偶尔可能有个别能人没娶上(不同于“没娶”)媳妇,但总体上娶上媳妇的,在社会综合层面上,一定比娶不上媳妇的更为优胜。

不仅有违社会生物学的规则,村长媳妇满村性接济单身汉也有违社会政治学的规则。她丈夫还怎么干这个村长?尽管个体主义在当代中国发展很快,但农村至今还不是个体主义的;夫妻各自独立,这说法也就是个——说法,当今中国无论在农村还是城市,从中央到地方,也可以推断外国,都还行不通。这就是治国必先齐家的道理。老婆偷人,这就证明了你对老婆都缺乏魅力,你怎么可能在村里有威信;连自己老婆都“管不住”,你又怎么管别人?

更不可思议的是,影片反映这种性接济还居然数十年如一日。只要丈夫外出,家中没人,村长媳妇就忙里偷闲把多位老单身汉都接济一遍,不仅在屋里炕上,而且在田间地头。不知道的,还以为是毛时代干部下乡访贫问苦,只不过如今改色情版了。怎么也没点脑子呢?就这么丁点大的村子,即使是“人鬼情未了”,也不可能神不知鬼不觉,因此不可能不为村长所知,也很难不为她正考大学的孩子所知。而知道了,对她丈夫和孩子,就是无法容忍的伤害!你还别跟我扯什么“当地文化”特殊!从影片中我就看到了:梁大头去看住在同村的但已婚的当年相好,也没干什么,都那个年龄了,也干不了什么了,却还是被相好生下的他的亲生儿子俏三打了出来。就是无法忍受母亲私通,即便俏三清楚知道自己打的是生身父亲,即便他知道父亲一直省吃俭用接济自己![1]

也许村长,或即将上大学的儿子,会对自己妻子或母亲“关爱弱势群体”更多理解、更为宽容?不可能。从社会学上看,同样的言辞或行

---

① 这个细节其实很有理论意义。第一,它隐含的意味是,这种无法容忍是一个普遍原则,并非区别对待或歧视性的。第二,俏三要求的其实就是尊严;尽管程度有不同;可见尊严是普通人的自发需求之一,既无须“公知”的启蒙,也无须家宝的“更有”。第三,尊严的内容并非普世,也不绝对;不管你是否认同,许多人还是不时会以尊严换取他们认为值得的其他利益。

为会令社会地位更高者(村长是一个社会地位,大学生也是)受伤更严重,更无法忍受。① 你可以与同事来来回回真真假假地“京骂”,可你敢对自己老板或导师来句哪怕非常亲切的“京骂”?——除非你已准备炒他的鱿鱼,或是不在乎他炒你的鱿鱼。村长媳妇哪怕再善良,也不至于仁慈到以伤害自己无法割舍的亲人,牺牲婚姻家庭、夫妻和母子关系为代价来性接济这些老单身汉!我就不说,这得有什么样的精神才能做出如此无畏的牺牲?我得说的是,这得有多么愚蠢的编导才能构思出如此荒诞的情节?

注意,我也没说农村没有这种女性!我相信导演在农村当然是见过或听说过这种周旋于老单身汉中间的风流女人的。但这不意味只要是个女人就可以胜任这个角色。在农村,一般说来,两种女性(严格说来,就是一种)可能有如此行为。一是男人特窝囊,不仅怕老婆,更得仗着老婆才能勉强撑起这个家,对自家女人的“风流”没法子,只好不管不问。二是寡妇,为孩子,舍不得改嫁,或改不了嫁,甚或已看穿了改嫁,遇不上个可以让她死心塌地的男人;但生活常常有求于人,只好在村里风流。有家有室的男人会被自家老婆看得比较死,这种女性也就只能或更多在一帮老单身汉包括老鳏夫中混,收点粮食、烧柴、钱什么的,最多块把布料。

但这种女人,绝大部分也绝非生性风流,只是必须风流。风流是她在村里的谋生之道、战略策略,她要鼓励并创造竞争,借此来首先保持甚或提高自己的地位(价格或收入)。如果只和某一个男人好,她就是别人的专用资产——经济学的基本原理,缺乏流动性的资产,价值必定降低;由于没有法定婚姻保障,她就很难掌控自己的命运,相反会被他人控制,意味着不知什么时候可能被抛弃,随后的命运会很惨。而周旋于多个男人之间,激发他们的性嫉妒,让他们相互竞争,你就进可攻、退可守了。这就是狡兔三窟。

当然,“矮子里面拔将军”,偶尔也会有某个光棍让寡妇动了心。

---

① Donald Black, *The Behavior of Law*, Academic Press, 1976.

但即使动心了,结婚也不现实。不光是不能剃头挑子一头热;有时即便是两情相悦,也未必导向婚姻。男性总的说来也比女性更易变心。即使他真喜欢上了这个女人,他也要考虑是否愿意以丈夫身份帮助这个女人,因为这涉及抚养该女人的前男人留下的孩子。因此,一个明智的女人绝不会轻易把自己全搭上,因为知道,弄不好就是《非诚勿扰2》中的话,"谁动感情谁完蛋"。当然,如果条件具备,一种更为合适的居间方式,是"拉帮套"。①

因此,不管传说中某没娶上媳妇的老光棍何等勤劳勇敢、何等精明善良,暂不论其他社会根源(例如阶级或种族压迫)甚或其他偶然性因素(例如影片中梁大头的手被机器切了),真实世界中,你必须相信婚配市场的生物竞争,必须相信自有人类以来在竞争中演化塑造的女性眼光或辨别力。只有娶不上媳妇的男人,没有嫁不出去的姑娘;中国老百姓说得好。总体而言,光棍群体必定属于婚配市场竞争中的淘汰者;如果不是最穷,基本也就在那边缘上波动。

第二个例子是有关梁大头与女子的调情,以及以此为代表的男女间的调情或吃豆腐。这类现象,在农村不少,看起来很乱;有个"托"称其为今天职场潜规则的"先师鼻祖"。② 但这不仅虚假,更有很多误解。

首先讲误解。这种吃豆腐调情,其实是社区内由一系列历史默契而构建的特定男女之间的一个游戏。说这是游戏,因为两个特点,第一是有娱乐功能,即所谓"男女搭配,干活不累"。第二是有明确且强硬

---

① 是中国北方农村民间容忍的一种既非夫妻亦非情人但相对稳定的男女关系;由无家累且有一定经济能力的男子以劳动力或财物帮助寡妇、离婚女子或丈夫重病无力养家(需征得丈夫同意)的女子"拉扯"孩子支撑家庭,换取有限性爱。双方既非资助与被资助的关系,也不以夫妻相称。"拉帮套"者对女方不负丈夫责任,不留宿女方家,不对女方孩子承担家长职责和教育职责,女方孩子也不以继父身份来看待"拉帮套"者。尽管社会默认,但拉帮套对于男女双方尤其对于女方子女是社会耻辱。当女方儿女成人有经济能力后,或女方找到合适丈夫时,"拉帮套"关系即终止;但也有从"拉帮套"关系变成正式夫妻的。现今这种习俗已近绝迹。可参见电影《三个人的冬天》(2006),导演:张夷非;主演:蒋雯丽/赵军。

② 郎郎江湖:"《光棍儿》:中国影帝,咱点民间的吧!",载 http://i.mtime.com/1034129/blog/5899216/。

的规则,规则一,任何时候,不能吃未出嫁姑娘或刚进村没生孩子的新媳妇的豆腐;否则你就没事找抽,被人打伤甚或打残,也不得抱怨,你能吃的也就是某些生过孩子的嫂子的豆腐。后一个着重号隐含的是规则二:不能乱了辈分。而前一个着重号意味的是规则三,即自愿原则。[1]并非是个嫂子,你就可以吃她的豆腐,只有那些泼辣不太在乎的嫂子才会参与;你摸她一把,抓她一下,她少不了肉。但也别以为真能吃她多少豆腐!弄不好,伙同其他成年女性,她会把你的衣服扒光。

因此,梁大头吃年轻女子豆腐那场戏,就完全是导演的想象("瞎编"的委婉说法)。怎么可能,大庭广众之下,梁大头从其身后搂着女子?那姿势怎么看都像是从《泰坦尼克号》船头造型拷贝来的。梁是队长,在农村,这个"行政职务"立马比平辈就高出了一个辈分;为什么?为防止"近则不逊",长辈分是行使权威的必需,村里的人都懂,也会自觉遵守;这当然也包括梁大头自己,至少在公开场合,否则他今后就永远没法管人管事了。

影片中,被吃豆腐的女性是还未出门的姑娘。梁大头即便不是队长,也违规——该姑娘就警告说自己父亲会拿鞋底抽梁大头。真实情况会更狠。影片中就有可参照的例子:二丫头的父亲当年就以自己的老命威胁年轻的老杨,必须断了同自家女儿二丫头的恋爱!这也不是什么信仰"男女授受不亲"。农民考虑的道理都非常现实。你若动手动脚出了格,小姑娘动了情,出了事,麻烦就大了。如果是本家,是亲戚,没出五服,这就是乱伦;乱了辈分,问题就更大。即使不同姓,一个村,也有虚拟的辈分,麻烦也多。按电影中的线索,梁大头当时也已30岁出头,如果已结婚,你就没法娶这姑娘(法律允许离婚,但当时农村实际上几乎没有离婚),那这姑娘还怎么嫁人呢?她家人能饶了你?即便你梁大头也还单着,也不能这样轻浮,你们可以钻山沟,但就是不能在大庭广众下动手动脚。也许你要说,这不完全是掩人耳目吗?是,但

---

① 还得说明一下。首先,也并非真的仅此三条。只是此处分析只触及三条,就足以说明了。此外,这三条也并非有顺序,至少不一定如此顺序。这只是我的表达便利,不可当真。

这样做也是有道理的。因为谁都没法预判两个人最后能不能成,万一不成怎么办?因此,这种装,从功能上看,就是双方都给自己留个回旋余地。有几个人一开始谈恋爱就双方到处传播这种消息呢?一定都是差不多有点样子了,才会透露。

为保证分析完整,我还必须论证,即便该女子是个新媳妇,这种调情也不可能。因为我要反驳的已经不是这部电影中的这一情节,而是编导编造出来的这种所谓当地文化!很简单,电影表现得很清楚,就这么个穷村,娶个媳妇多不容易,全家人攒多少年的钱,花多大的劲,甚至买卖妇女!哪个丈夫能这么大方,任由自己千辛万苦娶来的女人让别人调戏?他一定会跟梁大头玩命的。是的,玩命,我的意思是即使打不过对方,社会地位不如对方,也一定要打;这不仅有关荣誉——一个男人在村里像个人那样活下去的基础,这其实更有关确保自己基因得以遗传的生存竞争——此片编导难道没看过《动物世界》?由于后一点,也可以想见,该男子全家甚或家族都会出手相助。影片中在其他地方也流露出这样的影子:四川女人与前夫老杨搞性交易,换了点路费,你情我愿,公平交易吧?但她现在的丈夫俏三不照样把老杨打得头破血流?这就是性嫉妒!这不是野蛮,这其实是文明!

而这种虚假以及因虚假而自相矛盾的例子在影片中太多了;我先打住,必要时,还会分析。但眼下,这就足以挑战编导的声称:“我们那里的人真的就是这么活的!”三个字,不可能!

三、“延宕”与“穿越”

不仅是重要人物和重要人物关系虚假,有不少人和事的时间也很虚假。有时恰恰是时间,以及下一节将讨论的空间地域的虚假,才引发了或更强化了人物和人物关系的虚假。

先看时间。老杨和二丫头(后来的村长媳妇)两人1975年就生米做成了熟饭,怀孕了。两人那时至少得20岁上下了吧;注意,我说的不是早恋，恋可以更早，但这和发生性关系性质不同。戏里戏外也有颇多"证据"会支持我的推断：当时婚姻法规定的婚龄是男20岁、女18岁；二丫头爹妈正商量女儿婚事；当时是"文革"后期，已开始全面提倡晚婚晚育，有强制性，农村女性因此实际婚龄一般在20岁以上。① 而如果假定20，那么到影片表现的2009年，两人至少也54岁了。他俩还可能炕上地头性事那么频烦？村长媳妇还可能频频性接济诸多老单身汉？

年龄不对，还有其他"证据"。村长媳妇的长子，当时正复习准备再次高考，顶多20岁吧；村长媳妇手上还抱着小儿子，看样子也就3～4岁。而如果1975年二丫头嫁给村长时是20岁，这意味着，她熬了10多年才有了第一个孩子，而到了50岁高龄又要了第二个孩子。这可能吗？

不仅仅是生物上不可能，更有政治上的不可能。计划生育20世纪70年代末80年代初就成为中国的国策，②汉族地区全面强硬地推行一胎化，党员干部必须带头。村长已经有了儿子，怎么可能10多年后又生第二胎，再生一个儿子。他还怎么在村里贯彻计划生育？还会有人听他的吗？这也只能是陈光诚！对了，也别跟我说什么"天高皇帝远"，这地界离北京市中心也就200公里！

影片中同性恋老单身汉六软的年龄也有疑问。影片提供的线索，1942年六软娶亲时12岁；那么到2009年，他眼看就80岁了。影片表现他不只是同性恋贼心不死，而且还真企图对村民老杨霸王硬上弓。如果是生在温柔富贵之乡，一直营养好，保养得好，我还可能有所保留，但在这贫困的华北农村，即便是真的，也很难令人信服。

我不是否定这两件事的原型；原型可能有，但时间一定错了。如果

---

① 1971年7月，国务院以国发[1971]51号文件转发了《关于做好计划生育工作的报告》，认为："人类在生育上完全无政府主义是不行的，也要有计划生育"；并提出人口自然增长率力争到1975年，一般城市降到10‰左右，农村降到15‰以下。这个规划也被写入到"四五"计划中(1971－1975)。1973年7月，国务院批准恢复成立计划生育领导小组及其办公室；年底，"全国第一次计划生育汇报会"提出了"晚、稀、少"的政策。"晚、稀、少"政策是有强制性的，尽管其力度不比八十年代。

② 1978年6月，国务院计划生育领导小组提出一对夫妇生育子女"最好一个、最多两个"。1980年9月25日，中共中央发表《关于控制我国人口增长问题致全体共产党员共青团员的公开信》，号召"每对夫妇只生育一个孩子"。

提前10年,提到20世纪末,这故事就可信了。这时,六软将近70岁,勉强一下,还能说得过去;村长媳妇和老杨也就40多岁,旧情未了,瞅个空风流一下,也还有可能。第二个孩子这时3~4岁也可以接受,但前提是她的第一个孩子必须是女孩。否则剧本就得大改,至少这个女人不能是村长媳妇。

如果上述分析成立,影片展现的很可能是20世纪末或21世纪初导演离家上学前看到或听到的乡村故事。往事萦怀!令他对故乡的记忆定格在那一刻,直到2009年回乡拍摄此片。有首歌就这么唱的:“星星还是那颗星星,月亮还是那个月亮”,似乎村民们只要把10年前的故事重走一遍,就可以再现这个中国农村。但毕竟过去10年了,接下去歌词就是“星星已不再是那颗星星,月亮也不再是那个月亮”。旧梦重温的结果是,人物关系假了,人物自然也全假了。

不仅大的时间无意中出了岔,一些精心安排的故事,也留下了无法解释的时间穿越,导致了不合情理的情境和事件序列。

为回家奔丧,俏三媳妇来找前夫老杨,以性换取路费;这时天幕黝蓝透黑,“月亮在白莲花般的云朵里穿行”。我想导演意图的时间起码是晚上八九点。很合理,干这种丢人事不能在大白天,也不能在人们还可能串门的时刻——毕竟她和丈夫俏三就住在这村里。性交易结束后,由于性嫉妒,也许是循迹而来的俏三把老杨痛打了一顿。头破血流的老杨没在家中歇着,跑到了六软家擦拭包扎。出问题了!进门时,中央一台的**新闻联播**结束,刚开始天气预报——这该是晚上7:30呀!等包扎完毕,六软试图侵犯老杨时,怎么回事?中央一台(不是其他台!也不是重播!)却刚开始新闻联播,是当天头条(但也许是第二条)新闻:中法两国元首在纽约“深入交换了看法”——这只能是刚过7:00。时光怎么会倒流,怎么会“穿越”呢?

不想较真,也不值得较真,较真只因为这会引发熟悉相应时间背景的中国观众直接质疑这段硬生生插入的同性恋电影叙事。这次真实的纽约会谈发生在2009年的9月21日,播报应在北京时间次日。那天,张家口地区日落大约是下午6:20;但大晴天,日落并不等于天黑,秋分之前，加上张家口的较高纬度，从日落到天真黑下来，怎么也得一个小时以上。[①] 观众因此会想，就算因六软当年当过赤脚医生什么的，家里有点红汞、纱布、消炎粉之类，老杨来上点药，也算合理（但影片对此没给任何交代）；但这之后，老杨你怎么了，也就刚7点，天也没黑，为什么不回家，却在六软家炕上躺下了？也都是本村人，电影一开头也就说了，你老杨也一直清楚六软是同性恋。你这么做，就不只是给六软创造机会了，这简直是盛情邀请呀！六软当然接受了邀请，想和你"深入交换看法"了，你却道貌岸然起来，断然翻身下炕回家去了？

我也懂，编导就想用中法两国元首在纽约深入交换看法来调侃六软期盼的另一种深入交换看法。也算"艺术真实"，是吧？得，王朔对这类手段的概括还真准，这就一假活儿，[②]即便这里只是为了迎合导演的艺术追求。

但哪怕只是号称追求真实，你也不应当，在中国人熟知的时间序列中，出现这种近似"穿越"的故事，误导观众，也导致误解和委屈了老杨。

也很容易避免这种虚假。你完全可以不追求这种貌似原生态的时间环境，没人要求你，追求了也就是装个样子，对电影无论哪方面都可有可无。但如果你真追求，也容易。你可以把老杨进六软家的背景时间设为任何其他更适当的标志性声音或图画（例如，让宋晓军或尹卓或叶海林正和水均益侃《国际时讯》）。包扎之后，你编导再让六软说：

---

① 从日落到天黑的时间的陆地计算有"民用昏光"和"天文昏光"两个标准（航海昏光标准则介于两者之间）。依据前者，只要太阳低于地平线以下6度，天就算黑了，但晴日里这时地平线与地面的景物通常还清晰可见。依据后者，太阳须低于地平线以下18度才算天黑，这时，天空不再受阳光映射，肉眼也可以看见肉眼可辨认的天体；民间说的法就是天全黑了。据此，可简单估算从日落到天黑的时间。如在赤道，春分或秋分时刻，太阳刚好处于天赤道，太阳下落速度是每小时15度。按民间标准，从日落到天黑约24分钟；按天文标准则1小时12分钟。若观测地纬度高，观测时间在春分至秋分之间，从日落到天黑的实际时间会比上面的计算更长。可参看，维基百科"曙暮光"，载 http://zh.wikipedia.org/wiki/%E6%9B%99%E6%9A%AE%E5%85%89。

② "一说某作品达到了艺术的真实，好了，这是一假活儿，一定是为迎合某种社会需要而造。"王朔："我看大众文化港台文化及其他"，载《无知者无畏》，春风文艺出版社2000年版。

“就别回去了,黑灯瞎火看不见,别再摔了;好歹在我炕上凑合一晚”之类的。就这一句话,老杨上炕也就顺理成章了。若还是想用中法两国元首交流看法来调侃六软和老杨,也很容易,凑个《午夜新闻》就成。多简单的事,我都能想到,而你导演没想到,或是不想,你说该怨谁呢?

四、封闭与开放

只要敏感,即使年轻观众看完电影后也会疑惑,为什么这村子像是与世隔绝,恋爱、婚姻和性,全自产自销,无论如何折腾,全都窝在这个村子里?

构成故事主线的两核心人物,二丫头和老杨,都出生在该村,年轻时相好在该村;鸳鸯被打散后,二丫头嫁人了,还是嫁在本村,决心与老杨一辈子纠缠不清。只是这下决心的人是编导。

如果就这一件,还可以算是例外。但编导似乎就怕人们高估了他的想象力,甚或智力。于是,梁大头当年调情的是本村姑娘;这姑娘最后也嫁在了本村——梁大头探望的俏三他娘从逻辑上看就是当年梁为之断手的姑娘。顺带着,编导还让俏三成了,而俏三也知道自己就是,梁大头的种!

也有点对外开放——老杨就从人贩子那里买来了四川女人。但成亲后,四川女人又喜欢上了邻居俏三;而俏三也喜欢上了这个邻居的媳妇。来为这两个有情人斡旋说亲的居然也不用中间人,俏三他爹就直接凑上来了。一狠心,老杨居然不打折地就把媳妇转卖给了邻居俏三。但这还不够乱,为回家探亲,这四川女人又回过头来同前夫老杨性交易换了一笔路费。然后又让现在的丈夫俏三把之前的丈夫老杨给揍了。

编导看来是下定决心,就要在这相对狭小的空间和这高度压缩的时间内全面展示故乡农村众多复杂的恩爱情仇。但他把这些不可能变成可能之际,“真实”就不可能了,不仅在中国,而且在世界。

由于避免近亲繁衍,也为了扩大联姻,人类自觉或不自觉地最终都采取了血缘外婚制;在农业社区,为减少姻亲成员摩擦、促成稳定有效的婚姻,人们也常常有地域外婚的考量。在国内,除了泸沽湖的摩梭人还普遍是女到男家,即便目前中国有些比较富裕的大村,实际上已成为城镇,有女性为自己的收入和生活水平不降低,会在村内寻夫婿,但这些村庄还是会,因其富裕也很容易从外部娶进女人。但影片中的这个村子既穷,(从镜头中看)也不大,尽管影片中丝毫未提外嫁,但我相信这里一定有大量外嫁,不仅因为有普遍的外婚制,更因为这就是贫困村庄的宿命。否则,该村怎么会有众多老光棍(而不是年轻光棍)?世界各地的男女出生性别比不会有太大偏颇,但之所以有这么多老光棍,就可以推断,历来嫁出去的女子都远远多于嫁进来的女人。

然后在这样一个村庄里,你就不可能不质疑故事主线的开头:被父母拆散姻缘的二丫头,没有远嫁他乡,而是嫁在了本村。

其实很容易理解二丫头父母为什么要棒打鸳鸯?绝不简单是不喜欢老杨,根本原因就是嫌贫爱富。而老杨也已经用自己的近乎一生证明了并会继续证明二丫头父母的远见卓识。嫌贫爱富并不像人们通常认为的那样,充满道德贬义。无论是为女儿未来生活略微富裕,还是为自己今后少替女儿操心,甚或——在一个没有养老金的社会——仅仅期盼老来能从女儿那儿多少得到点照顾,二丫头父母都有充分正当的理由和权利嫌贫爱富,把女儿嫁个家境稍好的人家。

当然,在这个多姓村庄,二丫头也有可能作为地域外婚的例外嫁在本村,前提是本村有她及其父母看着合适的人家,并且这人家也愿意娶她。但这已基本不可能了。二丫头与老杨珠胎暗结,这个信息很难不在本村传开,这信息对本村的求偶男青年会很有价值,因此一定会有供给——村里的“老婆舌头”也有积极的社会功用。甚至不排除老杨会主动散布这信息,因为这将会降低二丫头对于本村家境好的男青年的综合可欲程度,降低二丫头在本村婚配市场的价值,老杨因此就可以消除可能的竞争对手。

对于本村其他男青年,二丫头是否仍然可欲?这问题不仅有关二丫头是否漂亮贤惠,还必须考虑一下老杨。即便你不在意(这其实很难)二丫头和老杨的过去,你也得考虑,都住在这个村子,抬头不见低头见,二丫头和老杨的关系能断掉吗?棒打鸳鸯会不会令他们海誓山盟?这是在给自己娶媳妇吗?还是在给自己找麻烦?弄不好,而且完全可能,自己先戴了顶绿帽子,接着又替老杨抚养后代还不自知(影片中,俏三他"爹"抚养的不就是梁大头的后代?村长媳妇也时时对老杨暗示自己的长子是老杨的种)。万一万一,"夺妻之恨"上来了,两人一联手,自己就成了武大郎,怎么死的都不知道。

这种问题是注定会引发激烈的个人之间、家庭之间,甚至更大的冲突(想想"冲冠一怒为红颜"的吴三桂和特洛伊战争)。一旦卷入,无人能幸免,还会殃及池鱼。编导的愚蠢可以理解,因为他置身其外,怎么编都没他什么事。问题是二丫头父母会这么愚蠢吗?即便村长年轻时喜欢二丫头鬼迷心窍,村长的父母也绝不至于如此愚蠢。出于理智,本村人家,但凡家境尚可(这意味着他们不会娶不上媳妇),都定会谢绝娶二丫头。

这就意味着,如果二丫头要嫁在本村,她只可能嫁给家境很差的,很可能娶不上媳妇的人家。但闹来闹去,女儿嫁的是这样的人家,嫌贫爱富的二丫头父母又为什么要打散这对生米已经做成熟饭的鸳鸯呢?不是多此一举吗?

所有的推导都指向,二丫头最好、应当、必须和只能外嫁。只有空间才能最终切断二丫头和老杨的联系,消除可能引发的个人之间和家庭之间的潜在冲突以及冲突的升级。此外,对外村人——娶二姑娘的男子本人、其家庭还是其所在社区——也比对本村人更容易隐瞒二丫头怀孕的信息,也更容易限制这类信息的流传。这种信息不对称能增加二丫头在远方婚配市场中对于求偶男性的吸引力和相应的"市场价格",同时也可以保全双方在熟人社会中极其重要的资源——面子。

这就是为什么,棒打鸳鸯后,二丫头绝不可能成为村长媳妇。故事的原型一定和人间无数真实故事一样,以二丫头外嫁他乡结束,并不会是"此恨绵绵无绝期"。

但是,都说追求真实,人能接受的一般都是对别人严酷的真实,却很难接受对自己严酷的真实；编导也不例外。如果接受这个真实，编导的问题是，这电影就没了，连一个勉强贯穿始终的故事都没有，他面前就是一堆没法串联、并联或关联的素材，连片子（“骗子”）也算不上了。没了老杨和二丫头年轻时这段前缘，下面的所有故事都得重编：不但得顺，合乎情理，还得让观众在世俗道德层面上基本能容忍。已经成名的导演，遇上这难题，一定会放弃，怎么也不能为多拍部片子就把好不容易攒下来的名声都赔进去。但对本片编导来说，情形完全不同。他的底线是绝不能放弃，因为一放弃可能就是永远；①而且反正现在还没名，只有这身骨头，说实话，如果能有人骂你就很不错了，骂你也是瞧得起你。电影拍完了，常规是你得求人骂，之前或骂完之后还得给人家送钱。

因此，无论如何，活人也不能真叫尿给憋死了！要让影片活下去，就要有个故事撑起来，那就不让二丫头外嫁，就让她转嫁本村他人；既然不能嫁给一个家境和老杨差不多的穷人家，那就让她嫁村长。这也就让这个女人有了长期性接济老杨的情感连续性甚或正当性，哪怕是这会令更多的人无法理喻作为村长媳妇和孩子母亲的这个女人。紧接着，既然你已经性接济了老杨一个老光棍，艺多不压身，债多不愁，或规模经济，干脆你就把性接济更多老单身汉的工作全都担下来吧！这不又省下一个本来只能由丈夫无能或去世的风流女子承担的角色。

人物线索就这样串起来了，人物就这样集中起来了，影片人物就这样简化了，时间和地域也都会聚了，不用出村，就有了一个贯穿始终的电影故事主线。太棒了！只是，这村长媳妇还是或还能是村长媳妇吗？甚或这还是人吗？甚至，这还是动物吗？

但只有理解了编导的苦衷，你才可能理解前面留下的诸多疑惑，并因此同情他。为什么老杨被俏三痛打后，会莫名其妙地跑到六软家，莫

---

① 大学毕业后，“怀揣着梦想，郝杰先后在网站、电视台和广告公司工作过，但几年的摸爬滚打，郝杰最终发现，当一名导演的梦想在现实生活中离他越走越远”。“电影《光棍儿》上映，主演遭地方官恐吓”，载 http://v. ifeng. com/news/society/201111/c4a25c14 – 0fa4 – 4150 – 8686 – 3e66ec135052. shtml。

名其妙地,天不黑就上了六软的炕。因为,只有这样——编,才能插入一个多少还同老杨联系起来的同性恋故事。也只有这样——编,这之后,也才可能最后是老杨,而不是其他人,同顾林(是影片开头出现的四位光棍之一;但编导想不出也编不出能让他干些什么,因此从头开始直到影片结尾一直将之丢在山上)讨论同性恋究竟是先天的还是机会型的,然后以本片中唯一典型的农民粗野但生动的语言表达的民间同性恋观来结束影片——尽管,我后面会论证,并非必要,甚至有点多余。

也只有这样,我们也才能理解许多与影片游离的情节:老杨进城嫖娼,以及其他勉强算是光棍同城里人交往的故事,无论是被城里人欺负,还是联手欺负城里人。这都是为了凑时间,对于这部故事影片,是不必要的枝枝蔓蔓——删了这些片段,丝毫不会影响这些光棍的故事!

五、真想跟着感觉走

我已经触及了为什么影片虚假的问题:没有足够的故事,却想拼出足够的故事;没有贯穿的故事主线,却想编出贯穿的故事主线;众多故事来自众多不同人物,但影片中人物却不能太多;等等。编导就不得不对众多真人真事加以剪裁、合并甚至拼凑。抽象地,我完全认可这些,还会引鲁迅为编导辩解。① 但总得有个限度:无论何种处理,哪怕是明显虚构,都可以,但人物身份和相互关系,事物的逻辑一定不能错。《让子弹飞》②中,任凭张麻子激情洋溢、气吞山河的宣传鼓动,尾随他攻打黄四郎的就一群鹅。这当然虚假,但就其表现或指涉的人物关系而言,可谓入木三分。而一旦砍下了假黄四郎的头,留下弹孔无数却岿然屹立的庄园铁门立刻成了纸糊的,任由人们轻松穿越。这当然荒唐,

---

① “人物的模特儿也一样,没有专用过一个人,往往嘴在浙江,脸在北京,衣服在山西,是一个拼凑起来的角色。”参见《鲁迅全集》(第四卷),人民文学出版社1981年版,第513页。

② 《让子弹飞》(2010)导演:姜文;编剧:朱苏进等;主演:姜文、葛优、周润发等。

但就其反映的社会生活逻辑来看，严丝合缝。我并不要求影片严格对应生活的真实。

但追求真实的《光棍儿》编导，在他不断努力呈现的真实中，为何留下了如此的虚假呢？是剪裁、合并甚至拼凑的技巧不高、手法不熟练？如果不是，或不只是这些技术性问题，那又是，或还有什么问题？我将在下面三节中试图论证，导致真实的谎言，根子不在技术层面，而在于社会经验和相关的社会科学知识。

好像首先我应当说说才华。我没说是因为没法说。一般意义上的才华，谁多少都可以说有点；但这就是个安慰奖。真能管点作用的，那才华必须到“天分”的程度，而这在任何地方都极少。因此，我才只追究社会经验和相关知识。

我觉得本片编导基本就是个文艺青年，但不是网络上与普通青年、“二逼”青年并列的那种。我对文青的界定可能有点私人化，其特点不在于他们爱好文艺，其特点在于只爱文艺；对其他社会科学、人文学科以及相关自然科学的基本知识不只是缺乏了解，最重要的是根本不愿了解。我不必然认为这就是个问题，有人天分很高，从很少甚至极少的生活经验中，他也能迅速直觉把握艺术的分寸。但说文青“只爱”是说他们仅生活在文艺中，缺乏足够数量的和足够真实的社会生活经验和其他相关的知识。他也强调、相信和愿意跟着艺术直觉走，但问题是艺术直觉不可能因某人自认为是文青，就跟着他走了或来了；还有，除了根据后果（成功或失败）来判断外，谁都很难预先准确区分直觉和感觉（被人们记住的直觉都是成功的，没人记录的那些直觉都是导致失败的），因此事实上文青实际热烈响应的都是苏芮——“跟着感觉走”。

也想着把自己了解和看到的事，就此片而言，即村里这些与农民裤裆有关的事，通过电影真实表现出来。但本片编导不太清楚，事情似乎是一件件单独地看到和听到的，但生活却从来是作为整体呈现的，理解也从来必须是整体的。能否将看到听到的事“真实”再现于银幕，不在于你能否将之搬上银幕，而在于选择将什么搬上银幕，以及将什么不搬上银幕。这个选择其实还不仅仅是从看到和听到的人和事中选择，所谓看到听到的本身就是以往的一个选择,因此重要的不仅是在以往的选择中再选择,而首先是要恢复(retrieve)那些当年看过但当时没看到和当年听过但当时没听到的人和事。必须知道的不是已经知道的,而是那些还不知道的、隐含在看到或知道的人和事之间,一直制约这些事件发生或不发生或如此发生的所有主要社会条件和自然条件。

重要的也不在于谁来表演,甚至真实根本不取决于表演,首先取决于你能否有分寸地把握主要人物之间的关系,把与特定条件、特定地位、特定人物性格相联系的故事同影片主要人物联系起来;这之后,才需要关注表演。有些事谁都可以做,但有些事则只能是某人做;有些事只能昨天做,有些事则必须今天做。不要以为老乡不换服装,在自己村里穿行,像平日那么说话办事,就可以让不合逻辑的变得符合逻辑,或让编导的故事成为他们的生活。也别说他们是原生态演员,在这部影片中,他们其实更像演员,而不是原生态;甚至是作为创造伪造的原生态的道具,而不是演员。

知道编导很想讲农村的性故事;但由于缺乏足够的社会经验,也缺乏本来可以用来弥补社会经验的相关社会科学和自然科学知识,因此即便在个人生活甚至技巧层面他也许非常了解性,但在社会层面和社会生物学层面,我在前面的分析表明,他实在是太不理解性和性的复杂性,不懂这种复杂性在农村社会条件下的具体呈现。因此他才会乱点鸳鸯谱,把必须外嫁的二丫头留在本村,让不可能愿意娶二丫头的村长娶了她;把即便生性端庄也必须策略性风流的行为硬是栽给了即便本性风流也必须策略性端庄的村长媳妇。你看到了农村背景,也看到了参与演出的农民,但故事就是不符合农村生活的逻辑。

比方说,俏三对老杨买来的四川女人一见钟情,以及此后的发展,那根本只可能发生在城里,在20岁出头、多愁善感的文青身上。我不是说作为一个男人,俏三不可能对四川女人一见钟情,不会有强烈的性欲望。会有,这是生物性反应。但婚姻是社会制度,虽建立在生物性基础上,却还是社会制度。因此不意味,有了生物基础,随之而来就是婚姻。我不否认世界上有一见钟情终成伴侣的;但值得思考的其实是,为什么还会有“愿天下有情人终成眷属”这样的祝愿呢？

可以想象某文艺青年或大学生（李甲）在城里遇到了一位外观非常艳丽或清纯内心也颇为善良的“小姐”（杜十娘），有强烈性冲动，一段时间内天天去找她，直至允诺“非她不娶”。这完全可能。但如果真能按照心愿来付诸实践，那杜十娘就不会成为中国古典文学中的经典形象之一了。① 在这类问题上，一般来说，女性对自己渴望的男性还可能坚信“浪子回头金不换”；但男性哪怕是对自己最渴望的女性也未必能做到非她不娶。世界各地的经验都表明，生物学也能论证和解释，男性的生殖特点导致男子的性占有欲强于结婚欲。注意，中外到处流传的始乱终弃故事，负心人都是男子，绝非偶然，更非杜撰。

尤其在农村，还同村像老杨和俏三这种情况，社会舆论压力会更明显、更强大（不就是因为带杜十娘回家，李甲才发觉问题严重，压力巨大，最终变心了？）。如今在城里，就算你娶了小姐，换个城市，特大城市甚至只要换个城区、换个行当，就没人知道多少底细了；除非特别惹眼，或是自己不安生，不大会有人没事找事去查人家老底。但在农村，昨天四川女人还和隔壁老杨躺在一条炕上；今天你就娶回来了，成了你老婆，你不在意隔壁邻居怎么看你说你，但你得想想你的父母，以及之后的孩子，在这个村里怎么待下去？在农村，风言风语并非仅仅是风言风语，它们是真实的社会压力和社会约束，影响个体的行为，更影响个体与他人的行为。你可以说，走自己的路，让别人说去吧！但说得容易，这其实是一个无法与城市生活切割的（非政治化的）资产阶级伦理。

这就是为什么“感觉到了的东西我们不能立刻理解它，只有理解了的东西才能更深刻地感觉它”。② 即便全部源于生活中的真人真事，也无济于事，没有足够的社会经验，又不愿认真了解一些社会学、人类学、经济学、心理学以及社会生物学的基本理论和知识，一个文青就很容易

① 冯梦龙：《警世通言》，严敦易［校/注］，人民文学出版社 1956 年版，“杜十娘怒沉百宝箱”。

② 毛泽东：“实践论”，载《毛泽东选集》第一卷，人民出版社 1991 年版，第 286 页。

以为,村里的人和事都仅仅是偶然的;在裤裆问题上,只有年龄和性别(老,光棍)才影响甚或决定人们的行为,而人的身份、关系和背景以及本文讨论严重不足的经济发展等变量则可有可无;然后,就一定会出现这种看似纯技术性的不当剪裁、集中和拼凑。由于缺乏严密的理论逻辑,也缺乏生活经验的矫正,不合情理、自相矛盾也无从察知,甚至会不由地感叹自己如此杰出的创造力、想象力和综合力,也就更渴望社会和业界认可。

特别值得指出的是,当今中国一些也算有些才华的文青还常常刻意拒绝相关的自然科学和社会科学的知识和理论指导。许多文艺人士曾正确认定,我前面也强调过,在创作中,(天才的)艺术直觉常常比理论指导和分析更重要。这是经验概括,本不应,在逻辑上本来也不可能,导致鄙视其他知识和理论。但如今不少文青却把自己绕进去了,对其他社会和自然科学的知识和理论,甚至有心理障碍。他们的逻辑大致是:(1)既然自己如此爱好文艺,自己大概有文艺天才,因此可以不管理论;(2)即便不知道自己是否天才,最好也先假定自己是天才,而注重理论指导等于从一开始就承认自己不是天才,这是让人自尊心受不了的;(3)既然艺术直觉比理论分析更重要,因此就要特别注意防止理论损害艺术直觉,最安全的策略就是尽一切可能避免接触理论。这都属于"民科"逻辑。这些逻辑看起来都完全是为了艺术,透出来的其实是他们看似最不屑的短视的功利主义,甚至赌博,情愿以自觉的无知和惨败的未来来换取当下的虚荣心满足。

六、挣不脱的宿命

为收获此种快感支付的代价,不仅没带来、也带不来天才的艺术直觉,而且无法避免,甚或更容易接受,种种流行的思潮对编导的影响,把艺术创作变成对这类思潮的图解演绎。由于缺乏经验的矫正和理论的严谨,文青还常常无法消除这类演绎中的杂乱无章和自相矛盾。《光棍儿》中就有不少这类明显例证。

例如，男同性恋问题。我个人倾向接受电影最后顾林引用的当地民谣，真正的同性恋是基因决定的，在娘胎里或生下来即如此。[①] 所谓真正的同性恋，我是指，即使有异性伴侣，其他各方面条件也相近，他还是喜欢同性伴侣。之所以接受这种观点，是因为，只有承认有先天型同性恋，即同性恋的发生不是因同性恋文化影响或“腐蚀”，才可能预期和解说同性恋的发生，特别是在完全没有同性恋文化、没听说过同性恋甚至顽强排斥同性恋的农村，为什么会突然冒出个同性恋。而在先天性同性恋中，还有比较显著的男角和女角之分。

尽管如此，也得承认，社会生活中也有不少机会型同性恋者。这些人往往因没法获得异性，才选择了同性作为自己的性对象。这种同性恋，更多出现在诸如监狱、远洋航船、寺庙（教会）或军队这样的男子高度集中且男女隔绝的社会环境中。

《光棍儿》中与这个问题相关的是六软，他是何种同性恋？先天型还是机会型？如果是先天型，他更倾向于男角还是女角？编导借最后当地民谣认定六软是先天的同性恋；但影片表现的一系列情节表明，六软的同性恋似乎是后天“教育”的结果。

证据一是影片中，六软之所以对女性不感兴趣，是因为从小到大，直到他 12 岁新婚之夜，一直跟他娘睡。编导在此演绎的是国内外关于同性恋发生的一种比较流行的民间心理学理论：与异性父母过于认同

---

① 参见 Donald Symons, *The Evolution of Human Sexuality*, Oxford University Press, 1979。最有力的证据当是一项男性同卵双胞胎研究，研究样本中，有 88%，两人均为同性恋者；参见 Geoff Puterbaugh, "Introduction," in *Twins and Homosexuality: A Casebook*, ed by Geoff Puterbaugh, Routledge, 1990, pp. xi, xiii。还有证据表明同性恋和异性恋男子大脑有生理差别，Ann Gibbons, "Is Homosexuality Biological?" 253 *Science* 956 (Aug. 30, 1991)。另一项有意义的研究是，尽管为改变同性恋倾向有人设计过各种心理、行为主义的、精神分析的和药物的治疗方案，但未有成功。参见 Richard Green, "The Immutability of (Homo) sexual Orientation: Behavioral Science Implications for a Constitutional (Legal) Analysis," 16 *Journal of Psychiatry & Law* 537, 1988, pp. 555 – 568。

会导致一个人长大之后的性别认同障碍,成为同性恋。① 中国人的说法则是:当妈的如果太惯男孩,把男孩当成女孩养,不让男孩独立、吃苦,就可能把男孩养成"相公"(同性恋)。

这种说法在国内外都相当流行;这似乎可以说已经经受了广泛和历时的社会经验验证。但这个说法并不是一个经验命题,而是具象化的社会规范,其实际功能在于督促,尤其在中国,母亲不要太惯着男孩。虚构这样一种因果关系,这种做法在各国传统社会都屡见不鲜。中国的,不孝会遭雷劈,说谎会天打五雷轰;国外的,也有下地狱,或来生当牛做马的说法。母亲溺爱把男孩养成相公,当属这种传统说法中的一个。但如果不了解基于自然和社会科学经验研究发展起来的,如今已比较成熟的理论,因为年轻又缺乏大量社会经验方能形成的判断力,一个人就很难拒绝这类似是而非的解释,相反会用影片来演绎这种解释。

根据接受心理咨询和辅导的同性恋者中绝大部分12岁前受过性侵犯这种现象,另一种在国外民间流行的解释认定:性侵犯与同性恋的产生有密切关系。② 编导在影片中跟着也就图解演绎了这一理论:新婚之夜,12岁(!)的六软吵着嚷着要和他娘睡,被愤怒的新娘骑在胯下痛打了一顿。影像告诉观众,似乎是这种无情的性侵犯把六软打——另一种教育——成了同性恋。

图解前者,编导还可以声称有独立于观察者的、尽管仍然不可靠的经验证据,图解后者则一定是编导愿意相信这种同性恋发生学。别说这是六软的人物原型告诉你的,即便是他亲口说的,银幕上的那场性暴

---

① 参见,"性别认同障碍",载 http://baike.baidu.com/view/2597466.htm;"同性恋产生的原因",载 http://cclw.net/soul/adxm/htm/chapter04.html。

② 参见,"同性恋产生的原因",载 http://cclw.net/soul/adxm/htm/chapter04.html;"性侵犯让我差点成了同性恋",载 http://www.39.net/aids/tongxing/xinli/133912.html。注意这里所谓的性侵犯常常被定义为男性幼年时被男性诱奸,或被女性强奸。前一种说法已经被田野调查研究证明是胡扯,参见,Gilbert H. Herdt, *Guardians of the Flutes: Idioms of Masculinity*, University of Chicago Press, 1981;该研究发现当地男孩均被迫同成年男子口交,但长大以后很少成为同性恋者。而后一种说法则不合常理,什么样的女性要强奸幼男呢,她为了什么?

力也一定是编导的想象。不因为你想象的是真人真事，想象的也很真，这想象就成了真人真事了。那个新婚之夜究竟发生了什么，已经过去70年了；即便是今天，又有谁真能重现他人新婚之夜，而不侵犯其隐私呢？你能相信六软的人物原型的告知吗？他不可能说出个究竟，简单极了，想想谁能说出自己为什么是个男人（或女人）？还必须懂得，作为生活在中国农村的一个老单身汉，无论如何，他也不可能承认自己生来“异常”，他必须为自己的异常寻找某个外部原因。这是许多人能够活下去而必须为自己展开的正当化，值得我们尊重，却不值得相信。

如果仅就影片展现的当地农村以及六软的生活环境来看，一个更可能的解释是，六软是一个机会型同性恋：因为社会变迁或家道衰落等，六软失去了妻子，又没有经济能力另娶，因此在漫长岁月中，他只能同农村其他老光棍以互惠的同性恋关系来满足彼此的性饥渴。

在这种机会型互惠同性关系中，六软因此必须既可以是女角、也可以是男角；至于具体是何种角色则取决于具体两人的合约。这也才可以解说为什么老杨借宿六软家时，六软会想与非同性恋的老杨有同性恋关系，六软在这里是主动的，是同性恋的男角。

我没说我的解释为真，也不说更真——这只是一部电影，即使全基于真人真事，也无所谓真，“真”也不是原来意义上的真。我说的是，就该片有关六软的全部故事情节而言，这个解释，比导演着意传达的无论是同性恋的生物解释还是文化解释，都更有说服力。这个解释不拒绝生物学解释或文化解释；但这个解释至少更有社会意义：贫穷使某些异性恋男子只能以同性恋来满足他们的性欲。

而如果接受这个解释，我们就会发现，影片最后借民谚表述的同性恋生物学解释，尽管单独看精彩、精辟甚至惊心，却与整个影片游离。也就是一个断言，没有丝毫视觉形象的支持。导演之所以以此结尾，虽为表明本地对同性恋自古以来就有这种生物学解释，更重要的是，也许因为这一表达极为质朴、粗俗和野蛮，对日益当代资产阶级化和小资化的中国电影观众，有更强的冲击力。在记者访谈中，对当地民间的所谓生动表达,导演表现了最大且最由衷感叹的,其实也就这一句话。①

另一个例子是文化关注和文化解释。这之前在文艺界就颇为潮流,近年来随着中国国力上升,官方也日益关注。因此,编导关注其故乡男人的"裤裆",关心同性恋这些中国非独立电影很少关注的问题,不可能仅仅因为编导突然怀念起故乡了,而是因为他相信其中有文化,相信贫穷地方的文化更有典型性,这地方的性更有文化的冲击力,因此不但追求表达,而且追求文化解释。网络上一位评论人甚至认为,"在这种极端或者说较为恶劣的生存环境下,性成了推动文明发展的唯一动力。"②但这只是一种神话。

首先即使故乡有文化,也不意味到了和拍了故乡,就有了文化或可以拍出文化。都说中国文化久远,但这些年来,我们都知道,并没拍出什么太有文化的影片。许多中外人士认为代表中国文化的影片,例如功夫片,不过以某种方式延续了中国20世纪30年代中国电影首创20世纪50~70年代李小龙予以推广的一个不满百年的传统,主要也不是因为其是中国文化,而因为其满足了外国人关于中国文化的想象。

而性有文化,同性恋有文化,包括编导图解的上面提及的两种同性恋理论,追溯起来都始自弗洛伊德以来开始滥觞的西方近代文化。20世纪80年代后中国文艺青年"迎头赶上",但在西方,这基本都已被经验研究证伪了。③ 即便赶上了,也很难说那还是什么中国文化。

此外,不管怎么说,就《光棍儿》而言,编导真还没有展示多少文化,也没给出什么文化解释。仅就影片反映的诸多社会现象自身而言,例如买卖妇女、光棍、相好、风流女子或变相的一妻多夫等,我看不出其有何特别于其他贫困地区。影片中也没对这些现象给出任何像样的解

---

① "青年导演郝杰启用本地光棍儿拍摄电影",载 http://v. ifeng. com/news/society/201111/6c438edb-68b0-4e14-9f52-a3d8b099bd4a. shtml。

② 伯爵:"《光棍儿》:中国是撸出来的??",载 http://i. mtime. com/sharp/blog/5716412/。

③ 对这种弗洛伊德式的同性恋说批评很多,可参见 Richard C. Friedman, *Male Homosexuality: A Contemporary Psychoanalytic Perspective*, Yale University Press, 1988, pp. 229-236.

释，无论是文化的或非文化的解释，相反令人无法解释。编导也就是把这些现象都堆在一起了；把这一堆白菜前后卖了两次，第一次作为“中国文化”，第二次则作为“中国文化的解释”。

文化是一个整体性的大概念，它最多只能引导求知者进入某个被标签为某种文化的社会环境中对被冠之以“文化”的某具体社会现象作出非常具体的解释。就此而言，文化自身没有丝毫的解释力，相反，文化则是有待解释的。即便编导把他看到的、听到的故乡的一切都搬上银幕，也不构成一个解释。用做整体的现象无法解释这个整体现象自身，用整体现象来“解释”具体现象也根本就是对解释一词的乱用。比方说，有人对你解释美国的篮球水平很高，说这是因为美国文化导致的，你听懂了什么？除了听到了文化这个词外，没有增加你对这个世界的任何经验理解。

各国、各民族甚至各地的文化都会有特点，在特定意义上，当然可以说，这是当地人的创造，其中有他们的文化想象。但这不等于说创造和想象可以是专断的，可以旱地拔葱、横空出世、无所依凭、无缘无故，可以背离甚至不顾天理人情。任何文化，哪怕再奇特，也都是生物的人对特定社会基本约束条件的适合，是在具体条件下呈现的天理人情。因此，不仅文化受制于天理人情；而且我们对文化的信任也同样受限于我们可感知和可想象的天理人情。这就是为什么影片表现村长媳妇四下里性接济老单身汉，你说这是当地的文化，而我只回答四个字：我不相信。

也正因此，我认为，即便自幼生活在农村，在农村长大，熟悉影片中表现的诸多人和事，但该片编导基本不理解农村，不理解人物相互间的稳定关系，不理解天理人情在这里会如何顽强地呈现自己。他缺乏分析地对素材剪裁反映了他根本无法思考其所见所闻，其表达因此注定与我们看到和了解的农村生活差距太远，与社会生活的规范和生物学基本原理相违。

七、作为商业文化策略的追求谎言

但会不会是我错了?突然发现,上两节分析批评的基本假定是:本片编导真诚追求真实,也追求艺术,追求中国文化的表达和解释;只是由于缺乏足够的社会经验,缺乏理论的指导才导致了影片的虚假。这当然是一种可能,却留下了更多其他可能。会不会,会不会本片编导并不像我认为的那样,真的关心影片故事中的天理人情,也并不真的关心影片中每个人行为是否合乎天理人情。会不会从一开始,我就表错了情,却一直很傻、很天真地误以为编导很傻、很天真?

在回顾了《光棍儿》、有关的编导访谈和评论后,我发现我的诛心之论并非完全没有根据。确实可能,这部电影从一开始就不是以普通中国观众为预期观众的,至少不是第一观众(事实也就是如此),而是以国际电影节获奖为目标,以国际电影节评奖人和外国观众为预期的第一观众。本土文化关怀和原生态表演因此只是工具,为的是全力迎合并获取国际电影界的认可。本土的文化关怀与普世的文化关怀在此很有讽刺意味地得到了高度的统一。而为了实现这个统一,编导必须表现中国文化的令人不可思议的独特,尽可能以外观的真实(实地拍摄,原生态演员,真人真事打底)来传达一种不可能存在的独特,即虚假,或即便虚假,也才能令这一表达产生足够的冲击力。否则又何以理解,前面我几乎是信手拈来的、编导对人物和故事如此众多不合情理的剪裁,留下了在我这外行看来如此明显、如此重大的虚假和不可能呢?

"你丫还怕诛心,你丫就是心虚!"在今天的艺术世界,诛心能怎样,不诛心又能怎样?就这般策划的,就这么做了的,多了去了。就投机了,就不真诚,又怎样?真诚是艺术吗?能和艺术划等号吗?艺术的关键是能否成功,能否打动人,这个或那个市场认。而成功和英雄一样,是没人问其出身的。

而且,马克思早在讨论农民问题时就指出了其命运,同时一不小心还顺带着指出了艺术的真谛，就在于“他们不能表现自己，而只能被表现”。[①] 既然如此，也就一定是为不同的表现者以不同的方式表现；而在艺术市场以某种常规方式确认某种表现之价值前，所有的表现都有权竞争；即便有常规，也不能说它就是定论，因此没有最后的定论：过程最重要，过程就是一切。你所关心的所谓符合天理人情那只是可笑的实在论。你以为艺术的标准是生活的逻辑，是经验？就算是吧，那也只属于一部分人。对于首先要在这个世界上活下去、渴望获得认可的年轻编导来说，眼下最直接、实在、有意义的标准就是国际评奖人的认可！

只有获得了某种程度的国际认可，编导才立马有了未来。他会有一个足够的身份，作为商标，为投资人提供了投钱的方向；也作为目标，为观众和媒体的眼球提供了聚焦；甚至在一段时间内，它还可能为电影提供某些相对稳定的艺术标准，会减少市场的混乱，减少交易费用。

比方说吧，这部影片就马上出口转内销，获得众多网络影评人的关注，无论是预约的“托”，还是本文作者这种凑上来没事找抽型的“托”。而且无论最后观众多寡，都可以轻松重新操作界定为成功。没人看，没票房，觉得怪，觉得土，没关系，有了这些要素，本片就有了艺术片的操作定义。也就是靠着这些经验特点，才能迅速、简便、有效地区分艺术片/文青导演/艺术追求/独立电影，有别于商业片/商业片导演/票房中心/受政治和市场双重压迫。如果实在万一了，不幸了，观众来的还不少，也没关系，就让我们来感叹艺术的力量吧！艺术是可以变脸的。

这当然是诛心之论。但在今天，不是有没有这种可能，而是非常可能，甚至已经是商业炒作的常规了。本文一开始我就提到，我有点怀疑前面提及的美国人影评，我怀疑，他的眼光是否太差点了！

也没太努力，我一不小心还真查到了这影评，就一段文字，我把原文留在脚注中，试着翻译如下：

“看似平实，《光棍儿》展示了一缕社会现实：乡土中国老男人的性苦闷，热闹不断，并屡屡惊人，但一直令人感觉真实。这生动欢快的故

---

① 马克思：“路易·波拿马的雾月十八日”，载《马克思恩格斯选集》第一卷，人民出版社 1972 年版，第 693 页。

事是编导郝杰的处女作,用的演员也来自其家乡,贯穿影片的是温暖、人性甚或一丝疼痛。力度、新鲜以及直白令该片在[圣塞巴斯汀]电影节意外获得了观众好评,《光棍儿》得找法子上更多的电影节。"①

接着,我也就找到了这位"美国影评人",Jonathan Holland,他扎在马德里,自1996年来一直为《Variety》杂志撰写西班牙和拉美电影的影评。他白天在马德里Complutense大学教文学,也为各杂志专栏就西班牙文化问题写作讨论,还编了一份Puerta del Sol西班牙语言文化的音频杂志。入夜,他在一个出色但无名的摇滚乐队——Population 5——中弹吉他。1994年他出版了第一部也是至今唯一的一部小说《脱逃的艺术家》。② 我猜想他最有可能是一位为美国杂志写影评的西班牙人。

在了解这些之后,我曾想说服自己,凤凰卫视主持人的英文翻译出了问题,但我无法说服自己;直到看到《光棍儿》编导欣然领受凤凰卫视的恭维,未作任何更正。这才让我警惕起来,也许这就是炒作。

而在本片导演的某些访谈中,以及在某些网上评论中,隐隐约约地,我同样感到了以特殊方式展开的特殊市场炒作,特别是以某些特殊方式力求贴近政治的炒作。

例如,访谈中,导演特意提到,本县水利局局长批评过这部影片"丢人",还说要把老杨主演抓起来。凤凰台的主持人马上就将此概括为"地方官恐吓"。③ 但这话靠谱吗?你能信吗?水利局局长说抓人,这等于我自称姜文。该局长不过与本片编导都原籍该村,他说的只是拍这个影片"丢了我们顾家沟的人"。加了着重号的这个词就清楚表明了

① 英文原文如下,"A slice of social realism about the sexual frustrations of elderly men in rural China, the deceptively unsophisticated "Single Man" is hilarious and appalling by turns, but it always feels true. This vibrant, rollicking tale from debuting helmer Hao Jie uses people from the writer-director's own community, allowing warmth, humanity and even a little pain to come shining through. Energy, freshness and directness helped to make this item an unlikely crowd-pleaser at San Sebastian, and "Man" should find further fest partners." http://www.variety.com/review/VE1117943771/.

② http://www.variety.com/biography/1245/jonathan-holland.

③ "电影《光棍儿》反应中国社会现状,主演遭地方官恐吓",载http://news.ifeng.com/society/lnrs/detail_2011_11/10/10557797_0.shtml。

他批评时的身份:他是作为本村人,而不是作为水利局局长,批评该片。

他也完全有这个资格如此批评,即便他的艺术观的确陈旧和保守。第一,人家就一县水利局局长,你还指望他从戛纳电影节评委的艺术观来理解这部影片?你不也没上戛纳吗?第二,你可以要求他说话慎重,尤其是批评;但他还是可以批评,不是因为他批评的正确,就因为他有权利批评。第三,人家还是看过电影后才说的这话,不像许多"托",没看都敢写影评。而且难道编导希望人们都懒得看?好像是苏力说过的:批评你也是看得起你了!

这水利局局长不过是出身该村的一位多少还有点能力表达自己的人,与编导提及的另一位当地中学教师看完电影后的质疑一样,[1]两人的批评都表明当地的政治和文化精英都不能认同这部影片——都今天了,不要以为只有编剧、导演、演员或影评人才是精英。

这就值得问了,为什么会放弃"我们顾家沟",反过来凸显其官员身份呢?这就看出了本片导演在政治上要比他在艺术上更为精明,这就是要暗示:自己拍片不容易,受官方打压,有外来政治压力。一些不明事理的人也许就成了猴——顺着杆爬,同情起导演和影片了。这是多好的商业宣传啊。但,且慢。这实在有点太不精明,地方政府配合得太不够了,让我们的导演为难了:怎么就来个县水利局局长,干嘛不是县文化局局长或宣传部部长,哪怕是副职,出来批评几句,也行啊!

导演应当明白这就是一有县水利局局长职位的本村人的批评,但还这么说,在我看来,这就是不择手段地借助和贴近政治展开的商业性推销。在当代中国转型社会中,这是不少精明的导演在国际国内左右逢源长袖善舞追求综合利益最大化的基本手段之一。当然也许不应全责备这些导演,也应当责备转型中的中国社会。

还有一例证,网络影评。称该片"因为你懂的原因,没能登陆院线与更多观众见面";而如果进了院线,评论人"绝对相信[……]它一定

① "《光棍儿》参加国际电影节,3 个光棍儿走红毯",载 http://v. ifeng. com/news/society/201111/a05001cc - 6426 - 4ee7 - 9267 - 9196f841d582. shtml。

会获得很多观众的支持”。[①]这是另一个借助政治而展开的商业推销!

我是真不懂。难道这部影片因政治原因已被禁止商业发行了?我看不出它触犯了什么政治禁忌。它在当地公映过,网上到处都可以视频观看。而且从各方面来看,它都和谐得太政治正确了——不仅展现了编导充沛的人文关怀和文化自我表达的决心,还特意通过与影片游离的一些情节反映了农村真实的贫困和严重的城乡差别,甚至还道德无涉地展现了农民联手欺负外地人时同样的奸猾、无耻和狡诈。

另一个也可以算与政治有关的原因则是它可能尚未送或尚未通过电影局审查。但这就应当说是还没能而不是没能进院线。是的,许多年来,有些影片,如姜文的《鬼子来了》、张艺谋和葛优的《活着》,没通过审查,没能公映。但通不过审查的影片是极少数。[②] 如果不是评论者的中文太差劲了,连用词都不当,我只能说这又是在借助和贴近政治进行商业推销。

我其实很希望该片通过审查。这固然因为我觉得该废除影片预审制了;其实我更怕读者低估了我的恶毒。我实在是想让电影市场来证明影评“托”忽悠受众的那个“很多观众”甚至还达不到院线愿意上映的那个“足够观众”;他的“绝对相信”不过是某些文人说惯的谎话和大话。电影市场竞争极其残酷,[③]不相信也不接受任何修辞。这对制片人和编导当然很不幸,但你拼命挤,也挤进厨房了,你就别再抱怨厨房太热了。人在江湖,你就得按江湖的规矩。

当然,作为编导,你有权利责备中国电影观众对艺术电影的鉴赏能力不足,并试图调教他们。但近年来中国的电影市场、盗版光盘市场以

---

① 郎郎江湖:“《光棍儿》:中国影帝,咱点民间的吧!”,载 http://lqclqr.blog.sohu.com/171709073.html。

② “大凡送往国家广电总局电影局审查的影片,在作出修改后一般都能通过审查。以2004年为例,据电影局局长童刚透露,2004年一共有213部影片送往电影局审查,最后有212部拿到了‘电影放映许可证’。”参见“电影审查揭秘”,载 http://i.mtime.com/jianglihui5/blog/1754701/。事实上,大多数年份,所有送审的最终均能获得通过——尽管这并非支持审查制的理由。

③ 据报道,2011年中国导演拍摄了628部影片,但能进入院线的也就100多部。参见“别给姜文冯小刚留面子,”载《信息时报》2012年1月10日C8版。

及网络视频都一再事先告知你们了,从大牌到新手,中国观众早已不再是谁到国际电影节忽悠个奖就会跟着上当的傻瓜了。中国观众已经成熟,有了相当稳定的判断标准,不管国内外文艺界定了什么样的艺术标准或创新标准,不管你在国际上获奖或没获奖,不管你导演或演员有名或无名,也无管你狂轰滥炸批评或吹捧,也不是说一点作用都不起,但基本原则是——拒绝忽悠。

这当然令一些电影导演悲剧了,却绝不是中国电影的悲剧。这其实再次印证了我长期接受并信奉的一个信条:真正的文学艺术判断标准就看受众多少。① 但不是一时,而是长期;因为人对艺术的基本感受力会受社会影响,但其中基本和相当部分是天生的、内在的,并因此是持久的;天生的艺术感受力不是、也不应当是全部,但完全背离普通人天生艺术感受力的,那就不可能成为艺术。而中国的艺术电影或独立电影之所以没赢得足够中国观众,与观众基本无关,原因就是中国导演还没有能力以浑然天成的艺术理解和表现来获得观众的青睐。你不要观众,没人批评你,但别还装得特悲情,好像受了观众多大委屈似的。

我其实很尊重真正追求艺术的人。但在这个世界上,我看到的,却是更多的人看似关注艺术,其实更关注评价,特别是被作者称之为艺术家或权威的那些人对自己的评价。人都有虚荣心,活得也不容易,我也就不苛求了。但我想说的只是,这种关注不但引出了,而且会激发太多的赝品,弄不好会把一些本来或许还成的艺术品也攒成了赝品。而我感到最奇怪的是,为什么这些人孜孜以求并声称的文化自信,居然在很大程度系于——泰国的前总理——他信。

如果上述有点道理,我也就质疑了国际获奖的意义;并注意我的着重号。多年来,各种获奖,包括诺贝尔,人文艺术类尤甚,已表明,均不一定能证明获奖作品或获奖人的质量,它只表明某部作品或人获得了

① George Orwell, "Lear, Tolstoy, and the Fool," in *The Collected Essays, Journalism and Letters of George Orwell*, vol. 4, ed. by Sonia Orwell and Ian Angus, Houghton Mifflin Harcourt, 1971, pp. 287, 290. 参见, David Hume, "Of the Standard of Taste," in Hume, *Essays: Moral, Political, and Literary*, ed. by Eugene F. Miller, Liberty Classics, 1985, pp. 226, 231 - 233。

一些依据规则有权将自己的看法变为奖项强加他人的有道理或没道理的赞赏。但有权力,却未必一定有能力,有时甚至未必有根据,评判诸如《光棍儿》这样的影片,无论是其艺术性,还是其真实性。

我不质疑评委的权力、智力或艺术感受力,能到那个位置的人,多少都会有两把刷子;我只是说,要评判诸如《光棍儿》这种电影,除了某些普世的标准外,还一定需要至少是某些地方性知识以及与之相应的地方性判断标准。我不反对艺术作品例如电影评价的全球化,我只是对评价的普遍全球化有所保留,甚至怀疑。有些作品在全球化中仍可能有效评价,但有些作品则一定不可能。

八、最后的说明

还有几个问题与《光棍儿》也有关,但更与本文和本文讨论的问题有关,最后一并说说。

第一,为防止误解,必须界定我的批评。批评固然严厉,但我的批评绝不是指责编导丑化了中国农民。我的批评仅仅针对编导的命题:“我们那里的人都是这样生活的。”我展示的其虚假,也不是否认有这种人和事,而在于人和事的关系和环境是虚假的。我丝毫不反对以电影展现真人真事,无论以艺术片或纪录片的方式。换言之,如果本片编导不藏身于真实,干脆说自己是编的,我就一点脾气没有。我批评了编导对国际电影界的迎合,一是批评其以赝品欺骗了国际电影界,二是批评国际电影节评奖者对电影消费者不负责任。因此我的批评仅仅属于打假,属于双重打假,既要打生产赝品的厂家,也打推荐这些赝品的不负责任的质检者。

如果我的分析成立,批评即便损害了编导的利益,也不构成侵犯其合法利益或名誉权。如果是我的分析判断失误,首先出丑的是我,受损的会是我的声誉。而且即便如此,我的批评对于该片编导的未来(如果他还继续的话)甚或这部作品来说,仍然会利大于弊。我不是说自己的批评对,但至少到目前为止,甚或将来,恐怕都很难有人,会细致如我这般,来全面分析该片的主要人物、故事及其内在逻辑。仅就这影片而言,说句让编导伤心的话,真不值。但我相信一句英文格言,没有坏的争议。对于年轻导演及其作品来说,即便我的不当评论也只会增加而不是降低其知名度。说实话,我更担心的是,有人会批评这就是一个合谋,指责我是一个真正的“托”。并且,无论我如何声明都毫无意义。

尽管批评编导不关心相关的自然科学、社会科学理论和知识,我其实也间接批评了中国相关学界,没有为包括本片编导这样的普通读者提供多少有关学科前沿的、可读性较强的作品。当一个国家沉浸在诸如文化、普世价值这样的大词时,在我看来,其实是这个国家最没文化的时候,至少是之一。如同我在文中提到的,文化没有解释力,而有待解释,有待各个相关学科来经验地解释那些我们习惯用文化来解释,更准确地说是“忽悠”,的具体现象。

这也就可以解说为什么我会花费精力来批评一个我认为很一般、很不值的作品?但也还有其他理由。

我认为,好的学术批评应当并且可能具有相对的自给自足。其产生依附于,但其价值却未必依赖于,受批评的作品。我力求创造超越被批评作品的价值。我也相信本文的意义已经超出了《光棍儿》,电影甚或一般的文化评论。

另外,尽管散落文中,在分析过程中,在作出一些人物关系限定后,我也已对影片展示的一些现象或民间实践尽可能作出了我的解释或提示。例如,光棍多是区域内女性通过婚姻的经济移民引发的社会现象;在贫穷地区的贫困人家,买卖妇女更可能成为常规的娶妻手段;更穷的光棍会有同性恋行为,基本是机会型的;由于穷,一些男子即便有能力娶妻,仍很难养活老婆、孩子,一些家庭有可能出现“拉帮套”或隐蔽的“一妻多夫”现象;等等。但所有这些现象都与文化无关,而与贫困直接有关,而如果你喜爱文化这个词,那也可以说是贫困的文化表现。

而我隐含的这些解释也足以支持我前面说的,为什么我不认为该片或其他影片展现这些现象有什么丢人。相反,在世界都只看到北京、上海并借此来理解GDP位居世界第二的中国之际,我们更必须首先向我们自己,而不是向世界,展示这个太容易被遮蔽的中国。

还有一个学术考量。随着视频摄影的大众化和普遍化,我相信在社会科学研究领域,完全可能,甚至应当,出现更多所谓展示原生态的视频作品,或配有视频的研究作品。社会学、人类学会首当其冲,但也完全可能出现在其他学科,包括法学的、商学,例如司法审判和纠纷解决的视频作品,商业谈判的视频作品,可借此来教学。但也一定会出现或伴随了类似《光棍儿》中的虚假。

这类影片或视频作品已经出现。只是现有的学术研究传统还不习惯这类已经浮现并会涌现的作品。如何分析、甄别和评价这类作品的真假优劣利弊,也许很快会是中国学术发展无法回避的课题。最大量的工作可能还不是评价好作品或优秀作品,首先要有能力甄别较差、较弱或很一般的作品。本文力求踏出这第一步。这也是本文追求自给自足的重要理由之一。

第二,有读者会疑惑:你有无或有多少农村经验,令你足以评判这部影片的真实?即便你有,在什么意义上,你可以用彼时彼地的经验来评判影片展现的张家口一带农村的经验?你是否同性恋,或在日常交往中而不是在同性恋的意义上你认识多少同性恋者?以及你有无或有多少与电影相关的经验。这类质疑的背后是一个言之成理的关于评判电影这类经验作品的常识,一个人的评判能力取决于他/她的工作经历或生活经验。人们常常用诸如此类的替代指标来判断评论人的权威性及其判断的可靠性;进而决定这类评论的参考价值。

因此,一方面我必须报告读者我的相关经验,让读者评判;但另一方面,更重要也更有学理意义,当我的经历不能达到读者基本预期之际,我必须以读者可感知并接受的方式为自己评论的合法性和可靠性,作出令人信服的论证。

我没有直接的农村生活经验。农村生活经验主要来自当年我在军中服役,时值中苏关系高度紧张,部队在胶东某农村住了两年,直到林彪事件之后。此外,我周围几乎所有战士和军官都来自农村;部队每年都要帮助农民干活；以及每年夏季、冬季野营拉练总共约三个月都住在农民家里。我阅读过不少描写北方农村的小说，虽然大多是革命文艺作品，《暴风骤雨》、《创业史》、《艳阳天》等，但作者还是杰出地表现了农民的生活思维习惯，更通过诸多细节和人际交往展示了民间的习俗，其细致和敏感大大有助于我对农民和农村的理解。之后的学术训练包括对相关文献的阅读和田野调查不过是强化了我之前的经验。

我不了解同性恋。只见过兄长的一个同学，据说是同性恋。在军中服役多年，从未听说过有同性恋。我还有理由相信，这不是因为消息的人为封锁。因为，我每年都会听说一些特别是中青年军官，在驻地或野营拉练期间，违反军队的群众纪律，与当地女性的绯闻。我的连长就颇多绯闻，他极为英武，20 世纪 60 年代军校毕业，大比武尖子，业务尖子，妻子尚未随军，只是在“男女关系”上的夸张说法是，“走一路，红一线；驻一地，红一片”。他多次受处分，但屡教不改，虽人才出众，却一直不得提拔，最后只好转业回家。

除看过电影外，我与电影的其他联系也就是还看过电视剧——尽管我知道两者的区别颇大。

但此种个人经历仍不足以剥夺了我质疑该片的资格。我从不认为只有妓女才能评论《日出》，或是强盗才能评论《水浒》；至少《光棍儿》的编导就既非“光棍”（尽管他可能还光着，但在民间光棍仅指娶不上媳妇的人），也并非同性恋。我也算一读书人。读的比较杂，甚至很杂，喜欢过文学，也曾算“文青”；但逐渐喜欢了各种与经验现象相关的社会理论，但不是理论术语或理论家的人名，而是经验研究的思路，喜欢从极简单的经验命题分析展开复杂的社会现象，包括之前没人分析过的现象。这意味着，我注意观察社会现象，喜欢并且自认为擅长这种“理论联系实际”。

我写的这篇文字似乎不能算影评，因为我没讨论什么电影特有的东西，只是谈老掉牙的抽象层面的“生活真实”。这种艺术观当然很有缺陷。但有缺陷的艺术观也还是艺术观，它构成了我判断文艺作品的一些底线。我还真感到，许多普通人分享的是我的这种残缺的艺术观，而不是什么先进的艺术观。

我不觉丢人。在此报告个人经历就是想说明,个人的切身经验重要,必不可少,但情况如今已有所变化。今天,我们已经可以,并且由于个体的时间经历有限也必须,大量借助第二手的经验材料,借助经由经验研究抽象而形成的理论。只要时刻关注经验,注重训练形成严谨的理论思考,人们完全可能对他只有少量一手经验的问题展开周密细致、鞭辟入里甚至令人信服的分析。

这是本文的追求;是否做到了,我留待读者评判!

《光棍儿》电影梗概:

张家口顾家沟,四个老光棍地头闲聊。因为穷,老杨曾眼看自己的相好二丫头嫁给本村他人。六软1942年12岁娶了童养媳,却因和娘睡惯了,不懂也不愿同床,新婚之夜被媳妇揍了一顿,说是因此成了同性恋。顾林年轻时当着媳妇面就对小姨子动手动脚,被二人永远告别。梁大头1966年干活时和本村姑娘调情太投入,左手不幸被打谷机切去……

二丫头如今是村长媳妇,不但旧情不忘,几十年来,一直和老杨维系"婚外恋";更避着丈夫,屋内屋外,田间地头,长期接济几位老单身汉的生理需求……

当然,为二丫头的长子(也许是老杨的?)上大学,老杨也没少赞助……

众光棍的劝说令老杨动了成家念头。6000元买回的四川女人,没想婚后,却与本村并不年轻的年轻人俏三对上了眼,老杨只能原价将其转卖俏三;进城找小姐,想占便宜不给钱,反被敲了80块又被赶了出去;这还不算,四川女人回家差路费,与老杨性交易,其丈夫俏三又把老杨揍了一顿……

头破血流的老杨来六软家包扎过夜,不想同性恋六软居然对他图谋不轨,蠢蠢欲动;老杨只能夜奔……

梁大头又来看望嫁在本村的当年的断手情人,期待些许温情;却被完全知情的亲生儿子俏三打出家门……

夕阳西下,老光棍们聊着年轻时的故事……

《法律和社会科学》(2013)
第 11 卷,第 267 ~290 页

简约规则抑或复杂规则

——婚姻法解释三之批评

艾佳慧*

内容摘要:婚姻法解释三中体现了分别财产制立法倾向的第7条和第10条一直是学界和舆论热议和批评的焦点。以一种面向未来的简约规则的法理学视野和整体制度观,在司法不被信任且执行有相当难度的当下中国,与更可能制造夫妻间不信任、增大法官事实裁量权的分别财产制相比,夫妻共同财产制可能是一个更能保障妇女儿童权益且更能促进家庭安全和婚姻稳定的简约规则。基于此,中国婚姻法正在发生的从家产制——夫妻共同财产制——分别财产制的这种制度变迁,虽然回应了市场经济内含的个体化倾向且有助于法官简化判案,但因其有碍于婚姻法保护家庭目标的实现,因此既不能保证事后的个案公平又不能实现事前的、整体的、长期的制度效率。

---

* 作者单位:南京大学法学院,电子邮箱:jiahuiai2004@ sina.com。本文受南京大学985 三期项目资助,同时系教育部一般课题(项目批准号:10YJC820002)的阶段性成果。感谢章永乐博士对本文初稿提出的建设性意见,但文章中的一切错误和疏漏仍然是文责自负。

大道至简。

——老子①

一、问题的提出

自呱呱落地的那一刻起,几乎是每一个人,其生存、成长的物质基础和心灵归属都必然是其生活期间的家庭。当他/她成年之后,也几乎是每一个人,步入婚姻的殿堂以及随后的生儿育女也必然是其恒常的宿命。因此,毫无疑问的,婚姻家庭既是一个生物性的人和个体生命的自然需要,也是一个社会性的人和人类繁衍发展的内在需求。② 不仅如此,家庭生活还"是我们的社区、社会和国家赖以建立的基础。对于政府所设想的一个安全、公正和有凝聚力的社会来说,家庭是核心"。③ 正是在这样的意义上,家庭安全和婚姻稳定才成为立法值得追求的制度目标,更是司法面对立法空白和疑难案件时需要考量的公共政策。但何种制度才能促成家庭安全和婚姻稳定?

如果说传统中国盛行的"父母之命,媒妁之言"和"七出三不去"等自生自发的婚姻制度相当完美地实现了这一目标,④当传统社会规范得以有效的社会经济条件发生变化,在个体主义滥觞、追求婚恋自由已

---

① 老子:《道德经》。

② 尽管在德国社会学家贝克的研究视野中,伴随着西方福利国家的兴起,后工业时代自反性现代性中的个体化趋势自然会松解掉婚姻家庭这类集体认同和行动单位的重要性。但即便如此,他也未能否认婚姻家庭在个体生活和现代社会中的基础价值,变化仅在于婚姻逐渐被当做摆脱了客观目的,而适合于主观期待,或者,从一种需求共同体变成一种选择共同体。更深入的论述,请参见[德]乌尔里希·贝克、伊丽莎白.贝克—格恩斯海姆:《个体化》,李荣山等译,北京大学出版社2011年版,特别是第一章"正在消失的传统:个体化与'不确定的自由'"和第六章"通往后家庭时代的家庭:从需求共同体到选择性亲密关系"。

③ 这是英国上议院议长、大法官艾威于1999年6月在伦敦召开的欧洲家庭法会议上的讲话。转引自凯特·斯丹德利:《家庭法》,曲广清译,中国政法大学出版社2004年版,第6页。

④ 苏力对此有深入的分析,请参见苏力:"'酷'一点",载《读书》1999年第1期。

成为普遍共识的今天，该制定何种规则才能保障和促进此目标的达成？

在社会急剧变迁的中国，由于偏重共同体价值的家庭安全看起来在某种程度上必然和偏重个体价值的婚姻自由发生冲突，①已有的婚姻制度就总是会面临各种新的挑战和问题。就婚姻财产制度而言，由于和“五四”以来宣扬的个人自由相冲突，再加上传统意义上的大家庭在民主革命的大潮中大多“土崩瓦解”，传统中国的“家产制”已然式微。但即便如此，1950 年和 1980 年的《婚姻法》还是确立了夫妻共同财产制，一种核心家庭意义上的“家产制”。② 在此制度下，财产法的主体不是个人而是家庭。但隐忧在于，20 世纪 90 年代以来的市场经济浪潮以及在此背景下制定的立法和司法解释越来越强调婚姻中个人的自由和权利，对家产制激励和凝聚功能的漠视很可能导致更多的婚姻危机，家庭安全也因此堪虞。

因此，虽然有学者站在保障个人自由的角度上肯定 2001 年婚姻法的价值，③还是有更多的学者对该法及其后续的司法解释中隐含的分别财产制倾向进行了或尖锐或温和的批评。强世功指出，家庭稳定首先依赖于“家庭共有财产”这种物质性纽带，但以摧毁家庭共有财产为立法目标的现行婚姻法以及随后的三个司法解释，秉承着用“个别财产制”逐步取代“家庭财产制”的思路，正不断瓦解着“家产制”这一维

---

① 如果婚姻自由不是毫无限制的绝对自由，这种冲突其实并不必然，因为只要双方在婚前有足够的了解，对婚后的可能情形有足够的预期，一个自由进入的婚姻同时也可能是一个相对稳定的婚姻。

② 需要指出，虽然都被称为家产制，传统中国的家产制和核心家庭意义上的家产制所依附的家庭权力结构完全不同，前者依附于纵向的父权结构，而后者依附于横向的夫妻关系。对此差异展开的细致个案分析，请参见阎云翔：《中国社会的个体化》，陆洋等译，上海译文出版社 2012 年版，特别是第三章“夫妻生活的胜利：家庭关系的结构性转变”和第六章“青年女性的崛起与父权的衰落”。

③ 马忆南教授就指出，“我国 1980 年颁布的《婚姻法》和 2001 年修订的《婚姻法》都是以不断扩大公民个人自由权利、保障意思自治为立法理念的。例如，夫妻财产制度从单一的法定共同财产制到法定财产制与约定财产制并立，再到约定财产制的完善与个人特有财产制度的确立，这一变化的进程表现为不断地扩大夫妻个人决定其财产状况的自由权利”。请参见马忆南：“婚姻家庭法领域的个人自由与国家干预”，载《文化纵横》2011 年 2 月刊。

持家庭稳定的财产纽带。① 赵晓力认为,2001年以来的婚姻法制度变迁展现了一条从家产制到个人财产制的下行路线,婚姻法司法解释三更是将“谁投资,谁收益”的资本主义原则,从家庭之外的企业注入到家庭之内的房产。这种试图在家庭中建立资本主义式个人财产制的立法意图完全有悖于家庭伦理,而这本是婚姻家庭关系中扶养、抚育和赡养义务的法理基础。② 不同于上述两位学者的猛烈抨击,凌斌认为司法实践中典型案由的立法空白需要司法解释去填补,也对最高院从善如流的“立法”态度表示了一定的赞赏,但他同样指出目前确立的“以物权登记为原则,以家庭贡献为补充”的财产分割原则很可能无法有效解决家庭原则和市场原则之间的冲突和张力,他的办法是考虑从债权的角度重新设计离婚时家庭财产分割的司法原则。③

如果说2001年婚姻法及其后续的司法解释中隐含的分别财产制倾向既是一个确凿的事实,也是既有研究达成的一个共识的话,那么,就婚姻财产制度而言,我们需要论证眼下正在发生的这种制度变迁是否确实有碍于家庭安全和婚姻稳定。不仅如此,更深一层的讨论是,面对现代社会越来越复杂多变的婚姻生活,在婚姻财产的制度设计上应秉承共同财产制还是个别财产制以及哪种制度带来的交易成本更低、运作起来更简约。就本文集中关注的离婚房产归属问题,鉴于房产已在今天这个离婚率高企、房价飙升的时代俨然成为中国婚姻家庭中的重要财产,鉴于房产的购置不仅涉及夫妻双方,还涉及双方父母和贷款银行,在离婚之际如何分割这一财产(或者婚姻存续时期购置或参与还贷的房产应归属于夫妻双方还是一方所有)就成为一个相对复杂的中国问题。由于先前制定的婚姻法对此并无特别规定,而典型案由的

① 强世功:“司法能动下的中国家庭——从最高法院关于《婚姻法》的司法解释谈起”,载《文化纵横》2011年2月刊。

② 赵晓力:“中国家庭资本主义化的号角”,载《文化纵横》2011年2月刊。

③ 在凌斌看来,对父母出资购房在子女离婚时的财产分配,只需秉承“谁出资谁收回”和“父母出资优先偿还”这样两个简单的司法原则,就足以维系现存的家庭秩序和金融秩序;而对婚前按揭房屋的产权分配逻辑,应该坚持“谁还贷谁所有,谁所有谁补偿”的司法原则。参见凌斌:“中国式房产:信贷模式与司法原则——从《〈婚姻法〉解释三》第7条、第10条谈起”,载《家事法研究》(2011年卷)。

立法空白又需要不断填补，我们对此的应对之策就是“修法”，即制定越来越细致复杂的规则，不管是最高立法机关的立法修订还是最高司法机关的司法解释（一种“准立法”）。在很大程度上，新近出台的婚姻法司法解释（三）的相关条款（主要是第7条和第10条）就是对这一复杂问题的法律应对。但复杂问题一定需要复杂规则解决吗？

就此问题，爱泼斯坦有过深刻的反思。他指出，由于我们总是尝试通过法律的干预，来解决越来越多的社会难题，而很少考虑通过自愿的方式以及非正式的惯例解决之，因此，日渐膨胀的解决社会问题的雄心会逐渐引导我们走向一个十分复杂的法律规则体系，而这一特征却被他视为现代社会误入歧途的一个关键因素。① 殊途同归，埃里克森也曾言，“法律制定者如果对那些会促成非正式合作的社会条件缺乏眼力，他们就可能造就一个法律更多但秩序更少的世界”②依照他的逻辑，建立在社会规范之上的、能促成各种非正式合作（在婚姻法的世界中，这种非正式合作既包括夫妻双方的彼此忠诚也包括感情一旦破裂之后的和平分手）的法律才是有助于实现社会秩序的良法。而这种“良法”，其实就是爱泼斯坦语境中的简约规则。因此，面对越来越变化万千的世界，我们需要简约规则还是复杂规则？③ 这是爱泼斯坦提出的问题，更是中国的婚姻家庭制度需要面对和回答的问题。

由于篇幅和主题所限，本文仅以婚姻法解释（三）第7条和第10条为研究对象，试图在当下中国的制度背景中分析这两条涉及婚姻财产问题的规则（或者准立法）之法理特征，并进而讨论这两条规则的制定者想解决什么问题，又可能带来了哪些问题。不仅如此，以一种社会规范视野和整体制度观，本文试图论证在司法不被信任且执行有相当难

---

① 理查德·A. 爱泼斯坦：《简约法律的力量》，刘星译，中国政法大学出版社2004年版，第22～24页。

② 罗伯特·C. 埃里克森：《无需法律的秩序——邻人如何解决纠纷》，苏力译，中国政法大学出版社2004年版，第354页。

③ 刘星教授将“simple rule”翻译成“简约规则”，他认为译成“简约”而不是“简单”更能反映出爱泼斯坦使用该词的本意，更多细节请参见刘星：“法律因何简约，何为简约”，载《简约法律的力量》（译者序），特别是第21页。

度的当下中国,与更可能制造夫妻间不信任、增大法官事实裁量权的分别财产制相比,共同财产制可能是一个更能保障妇女儿童权益且能促进家庭安全和婚姻稳定的简约规则。接下来,分别在微观的法官、当事人层面以及宏观的整体社会层面,本文更进一步探讨了规则对谁简约或复杂,以及何种婚姻财产制度才能既保证公平又能实现事前的、整体的和长期的效率。最后是一个简短的结语。

二、规则还是标准?

先看引发众人热议和批评的第7条。该条规定,

"婚后由一方父母出资为子女购买的不动产,产权登记在出资人子女名下的,可按照婚姻法第十八条第(三)项的规定,视为只对自己子女一方的赠与,该不动产应认定为夫妻一方的个人财产。

由双方父母出资购买的不动产,产权登记在一方子女名下的,该不动产可认定为双方按照各自父母的出资份额按份共有,但当事人另有约定的除外。"

之所以把这条原文誊录,是因为比照2001年《婚姻法》第19条第1款——其简明版为"如果夫妻对于婚姻关系存续期间所取得的财产归属没有约定或约定不明确,则适用夫妻财产法定共有制"。——第7条的特点相当明显,即法官在夫妻一方父母出资购房之房产归属的认定上需要更多的事实和证据。在涉及此类房产的离婚诉讼中,适用这两条规则很可能导致个案判决在准确性和公正性上差异甚大。

但这两条规则的差别究竟在哪儿?为什么会导致案件判决公平度的差异?这就要回到讨论"规则"和"标准"之利弊得失的法理学层面。波斯纳法官曾指出,就法律适用而言,形式主义的三段论逻辑要想具有令人信服的有效性,其大小前提必须具有真实性。[①] 由于确定小前

① 理查德·A. 波斯纳:《法理学问题》,苏力译,中国政法大学出版社2002年版,第55页。

提——即调查事实——经常很困难,波斯纳便根据法官据以断案的事实是否容易获得而将一般意义上的规则区分为“规则”和“标准”。在他看来,“有些规则,例如过失责任的规则,需要对事实进行相对广泛的调查才能确立小前提,这种规则人们常常称其为‘标准’(standard),有别于那些小前提只叙述某个单一事实的比较简单的规则”。[①] 以此为标准,我们便很容易判断,如果现行《婚姻法》第19条第1款在很大程度上是一条规则(婚后财产只要夫妻双方没有约定就认定为共有)的话,婚姻法解释三第7条就是一个需要更多证据和事实才能断案的标准(离婚时要求房产的一方必须提供其父母出资的证明并证明其真实性)。

由于“规则减少了纠纷中诸多潜在的关联因素,而标准则给了审理事实者——法官或陪审团——更多的裁量权,因为依据标准就必须发现、权衡和比较更多的事实”。[②] 因此,与适用规则只需较少的事实相比,标准适用不仅要求法官拥有更多信息,更需要法官具备判断事实真伪的能力。以此观之,由于婚姻法解释三第7条无端增加了一个“父母出资”的事实认定项。在此规则下,如果男女双方要求离婚,房产又涉及一方父母出资的话,要想明确房产归属,法庭就必然要求一方出示其父母确实出资为其买房的证明。不仅如此,如果另一方举证否认此出资证明及其真实性,法官还要进一步认证和权衡双方证据的证据能力和证明力,以便认定一方父母出资的真实性并在此基础上判定房产的最终归属。

由于在现实生活中,一方面,父母为子女买房的情形十分复杂,[③] 另一方面,父母即使出资为子女买房,通常也不会留下出资证明(对讲

① 理查德 A. 波斯纳:《法理学问题》,苏力译,中国政法大学出版社 2002 年版,第 56 页。

② 理查德 A. 波斯纳:《法理学问题》,苏力译,中国政法大学出版社 2002 年版,第 56 页。

③ 最高法院民一庭的法官们从不同角度将此情形分类为:(1)从出资目的看,有父母出资赠与子女的也有父母出资借贷给子女及其配偶双方的;(2)从出资数额看,既有全额出资又有部分出资的;(3)从出资时间看,既有在子女婚前出资的,也有在子女婚后出资的;(4)从出资者来看,既有单方父母出资的情形,也有双方父母出资的情形。请参见奚晓明主编:《最高人民法院婚姻法司法解释(三)理解与适用》,人民法院出版社 2011 年版,第 121 页。

求“父慈子孝”的中国人而言,要求留证据这样的行为是有违伦理道德和社会规范的),这就为法官在此规则下断案带来了巨大的麻烦。我们可以合理地推断,在未来的司法实践中,“父母出资”这一事实认定项的增加在人为扩大了法官事实裁量权的同时很可能还激发了父母和其子女之间的事后串谋行为。[①] 在前者,事实裁量权的扩大如果不依托有专业技能、职业操守和独立公正的法官群体,就很可能引发更多的司法腐败和不公;在后者,一个为争房产的离婚当事人及其父母提供了伪造证据、事后串谋等机会主义激励的规则必然提高法官在事实认定上的错误率,进而有损离婚案件判决的准确性和公正性。

因此,虽然第7条的出台回应了在房价高企时代保护父母财产的现实需要,虽然最高法院新闻发言人声称“《婚姻法司法解释(三)》第七条规定从我国的实际出发,将产权登记主体与明确表示赠与一方联系起来,可以使父母出资购房真实意图的判断依据更为客观,便于司法认定及统一裁量尺度,也有利于均衡保护婚姻双方及其父母的权益。”[②]但由于判断父母出资购房的证据既不客观又不易获得,最高法院的预期目标可能很难实现。

不仅如此,波斯纳更进一步指出,“即使官员不滥用标准体制赋予他们的广泛裁量权,标准也有缺点,即难以预测法律纠纷的结果,因为这里有了更多的变项,从而使诉讼也就更为可能,同时也使人们更难以安排和从事自己的事务。不确定性是增加成本、降低效用的渊源之一,而随着更多用标准来代替规则,不确定性就会增大”。[③] 基于此,由于趋

---

① 我在一篇文章中曾提到这种事后“串谋”行为,比如,本来婚后购房应属共同财产,但男方或者先让其父母去法院起诉他不还购房款,通过法院拿到这笔“债务”后再和妻子打离婚官司;或者在购房时先将房款转到自己父母的账户上然后再从父母账户转到房地产商的账户,制造一种房款是从父母方出资的假象;再或者直接让父母写一纸借款证明,以便在离婚时作为证据证明房款是父母所付;等等。请参见艾佳慧:“要‘一刀切’的司法解释还是要类型化的判例制度”,载《法学》2012年第1期。

② 奚晓明主编:《最高人民法院婚姻法司法解释(三)理解与适用》,人民法院出版社2011年版,第9页。

③ 理查德A. 波斯纳:《法理学问题》,苏力译,中国政法大学出版社2002年版,第57页。

利避害的有限理性行动者往往是在某种法律阴影下进行博弈、展开谈判，[①]与更容易达成离婚协议的《婚姻法》第19条第1款相比，婚姻法解释三第7条注定会带来更多的房产纷争和离婚诉讼以及附随其上的更大的社会成本。

综上，婚姻法解释三第7条，作为一条最高司法机关制定的改变了原有规则的准立法，[②]其原初目的不外乎是保护无辜父母的财产不受侵害[③]以及便于司法认定和统一裁量尺度。但基于以上分析，我们发现适用婚姻法解释三第7条不仅增加了司法认定的难度，更难以在事实认定的基础上统一裁量尺度。不仅如此，由于刺激了父母和子女之间事后的机会主义"串谋"，未来可能会导致更多的机会主义诉讼。就促成家庭安全和婚姻稳定而言，由于"如果失去了信任，任何婚姻都走不了多远"，在婚姻之中无端增加了一个不信任"楔子"的复杂规则无论如何也不能说是一个良法。

三、整体制度观下的补偿规则

再来看第10条。

"夫妻一方婚前签订不动产买卖合同，以个人财产支付首付款并在银行贷款，婚后用夫妻共同财产还贷，不动产登记于首付款支付方名下

---

① 人们常说恋爱中的男女是非理性的，但到了爱恋不再、感情破裂的离婚阶段，双方为争取子女和属于自己的财产往往是殚精竭虑。因此，在这里适用经济学的理性人假定应该没有问题。

② 这种改变是两方面的。首先是与之前的婚姻法司法解释二第22条相比，婚姻法解释三第7条改变了离婚诉讼中出资方父母无言时默认产权的配置方式；其次与《婚姻法》第19条第1款相比，婚姻法解释三第7条增加了"父母出资"这一很难认定的事实项，把一条相对简单的规则变成了一个需要更多事实和证据的标准。

③ 这里的"无辜父母的财产需要保护"需要两个前提，一是在房价飙升和高企的年代，为子女购房耗费了父母一生的心血，二是子女"闪婚闪离"。要是这两个前提不同时存在，适用婚姻法解释三第7条的正当性就可能成问题。对婚姻法解释三第7条适用范围的分析，请参见艾佳慧："要'一刀切'的司法解释还是要类型化的判例制度"，载《法学》2012年第1期。

的,离婚时该不动产由双方协议处理。

依前款规定不能达成协议的,人民法院可以判决该不动产归产权登记一方,尚未归还的贷款为产权登记一方的个人债务。双方婚后共同还贷支付的款项及其相对应财产增值部分,离婚时应根据婚姻法第三十九条第一款规定的原则,由产权登记一方对另一方进行补偿。”

如果说婚姻法解释三第7条是将之前的规则变成了一个需要更多事实认定的标准的话,那么婚姻法解释三第10条可能正好相反。对于一方婚前首付购房,婚后双方共同还贷的情形,之前并没有明确规则对之进行调整。法官在面对涉及这类房产纠葛的离婚诉讼时,如果夫妻间没有特别约定,就可以根据婚姻的具体情形以及双方当事人的举证来对争讼事实进行认定以确认该房产的归属(即应属夫妻共同财产还是个人财产)。由于2001年婚姻法对此没有具体规定,在此条规则出台之前,法官在此类案件中的裁量权是相当大的。而婚姻法解释三第10条最大的变化就是在夫妻未就该房产达成协议之时,根据物权法上的登记主义原则将该不动产的产权归属于产权登记一方。在降低了事实认定的难度和缩小了法官裁量权方面,该规则称得上是一种进步。

正是在此意义上,有学者认为婚姻法解释三第10条的贡献就在于其合理界定了按揭房的权利归属,其不足只是在按揭房增值部分的分割上有失公允。① 我理解这一看问题的角度,也同意对目前房产增值分割方式的批评。但是,一旦将婚姻存续时间和整体制度观的角度加进来,为婚姻法解释三第10条辩护的观点就必须面对和回答以下两个疑问。其一,对于那些婚前首付额度很小而婚后还贷时间很长的离婚诉讼,不问青红皂白地将争议房产归属于产权登记一方是否有正当性?如果男方支付房屋首付款,女方提供家电、家俱或装修是中国传统的婚俗,在双方长期共同还贷且女方为家庭付出了精力、时间和青春后,一旦离婚(不管是谁

---

① 婚姻法解释三出台后不久,我与税兵曾就该解释进行过相对深入的讨论和争辩。单就第10条而言,税兵持一种比较谨慎的认同。这里只是对其观点的简单概括,要想了解更详细的内容和论证,请参见税兵:“一部法律,各自表述”,载《法律和社会科学》(第九卷),法律出版社2012年版。

提出),在婚姻市场和就业市场都相对弱势的女方只能得到部分房屋增值款的结果是否公正?更进一步,也即疑问之二,即使废除了“比例对应”的计算办法而代之以将房屋增值部分定性为夫妻共同财产的做法,在执行难已成司法困局的今天,那些拥有债权请求权的离婚诉讼当事人能够有效实现他们的债权并获得其应得的那部分共同财产吗?

虽然乍看起来,前一个问题是实体问题而后一个问题是程序问题,但在我看来,对这两个问题的思考和回答其实统一于一个考虑,即什么样的婚姻财产制度能够在促成家庭安全和婚姻稳定的同时保障在婚姻中相对弱势的妇女儿童的权益。先看前一个实体问题。如果加上了婚后还贷的时间维度,这里其实提出了一个重要的婚姻存续时间的问题。在制度设计的层面,如果制度目标在于家庭安全和婚姻稳定的话,为激励夫妻双方在家庭中增大投入以及在法律上提高离婚成本,在按揭房的分割问题上就不能僵硬地照搬“谁登记,谁所有”的物权法原则。相反,为公正地弹性处理此类纠纷,可能应遵循如下原则,即婚姻存续时间越长,婚后共同还贷的部分越重,房产就越应该归属于夫妻共同所有;反之,婚姻存续时间越短,婚后共同还贷的金额越少,房产就越应该归属于产权登记方个人所有。[①] 虽然这一原则有加大法官自由裁量权的嫌疑,[②]但由于其不仅能在事后保障婚姻中相对弱势一方妇女的权

① 英美法系的国家虽大体上秉持分别财产制的基本原则,但在美国,离婚诉讼中的法官在决定何种财产分割才是公平分配时,必须首先考虑婚姻存续期间的长短、配偶双方对获得家庭财产所作的贡献以及配偶双方当前的经济状况。更具体的介绍,请参见哈里. D. 格劳斯、大卫. D. 梅耶:《美国家庭法精要》(第五版),陈苇等译,中国政法大学出版社2010年版,第217~220页。在英国,法院可以通过发布财政救济令、财产调整令和财产出售令等方式对家庭财产重新分配。根据1973年《婚姻诉讼法》第25条的规定,法院在发布上述法令时,除了应首先考虑该家庭中未满18周岁未成年人的福利,婚姻存续期间的长短也是一个相当重要的考量因素。更具体的内容,请参见《英国婚姻家庭制定法选集》,蒋月等译,法律出版社2008年版,第65~66页。

② 之所以表述为“嫌疑”,是因为只要立法具体规定了婚姻存续期间和共同还贷房产之所有权归属之间的法定因果关系——比如规定结婚十年后,夫妻共同还贷之房产属于夫妻共同财产——法官的自由裁量权就能受到极大的限制。虽然同为从标准到规则的立法转化,不同于可能导致财产分割不公平的婚姻法解释三第10条,这条既能激励夫妻更多的合作还能通过提高离婚成本以减少不应有的离婚的规则,可能还是一条更能促进婚姻稳定和家庭安全的良法。

益,更能在事前鼓励夫妻双方在家庭中投入更多从而有助于促成家庭安全和婚姻稳定,与婚姻法解释三第 10 条相比,可能还是一个更好的立法选择。以此观之,婚姻法解释三第 10 条的问题就在于简单化地套用物权法中的登记主义原则,而忘记了婚姻制度的动态性、外在性、整合性和复杂性。

再看后者,把执行问题引入分析是一个关注“实践中的法”的法社会学学者的职业直觉和本分,同时也可以有效反驳那种认为房屋归谁不重要,只要能公平分配(甚至可以偏向女方)按揭房增值部分就能实现审判公平的观点。“徒法不足以自行”,一纸判决当然更不可能自动履行。只要对低信任度、低执行力的中国现实(包括司法实践)有所了解,我们就明白共同物权和债权请求权之间的巨大差异。举例而言,对于此类涉及按揭房归属的离婚诉讼,法院当然可以如此判决:离婚后的房产归属于婚前支付了首付款的男方;但男方必须补偿女方婚后共同还贷部分的款项及其市场增值部分。这个判决看起来很公平,但问题在于,在中国的司法语境下,女方由此享有的债权请求权要想有效实现必须仰赖于男方的人品、财力和法院的执行能力。只要男方在法院判决后(甚至在此之前)转移财产或者在裁决后一味拖延不履行,法院判给女方的那部分债权就很难实现。由于在双方扯破脸皮闹上法庭的那一刻起,夫妻间曾有的爱恋和温情就早已不再;再加上法庭上的“兵刃相见”和斗狠斗勇,曾经的爱侣由此变成仇人的概率相当大。基于这种情形,我们推测该条司法解释实施之后,离婚诉讼中的男方因此转移财产或拖延履行的概率可能不会小。接下来,在男方以种种理由拒不执行法院判决的情况下,女方就不得不就此申请法院的强制执行。除了需额外交纳一笔执行费之外,其法定财产能否收回以及能收回多少还得看执行法官的脸色和能力。民间有句话,叫“欠债的是大爷,讨债的是孙子”。如果执行法官不够积极,如果被执行方把财产转移个精光(在中国,转移财产的方法成百上千种,这种情况也不是不可能),再如果男方反过来贿赂执行法官,女方就只有“无语问苍天”了。因此,网络上才有如此笑中带泪的调侃,“为什么每个债主眼里都常含泪水?

因为他们曾经对法律都如此虔诚……”

综上,虽然我们理解面对“同案不同判”的现实困扰(在新司法解释出台之前,按揭房产权的认定在各地的审判实践中往往有不同做法,其裁判结果当然也是五花八门),最高院试图通过确定规则以统一法律适用的苦衷,但庞德曾告诫我们,“在现代法律科学中,最重要的推进也许就是从以分析性态度转向以功能性态度对待法律……着重点已经从戒律的内容转向实践中戒律的效力,从救济是否存在转向实现该戒律的设计目的而设立的救济能否获得以及是否有效”。① 因此,如果我们清楚“字面上的法往往不抵现实中的法”、“纸上的判决往往不等同于实际的执行”这一法律社会学的基本常理,明了“起诉——审判——(上诉)——(上诉判决)——执行”是一系列前后相继的动态诉讼阶段和整体性制度安排,以一种后果主义、现实主义和整体制度观的立场,我们就不能只关心字面上的法律和一纸判决,当然也就不能完全认同最高院的这一司法(或者准立法?)努力(即用债权赔偿规则替代了物权规则的婚姻法解释三第 10 条)了。

四、简约规则抑或复杂规则?

细心的读者可能会疑惑,如果说婚姻法解释三第 7 条将之前的简约规则变成需要更多事实和证据的标准有问题,婚姻法解释三第 10 条将没有明确规则的标准变成一条缩小事实范围、降低事实认定难度的规则还是有问题,那么,在离婚房产的分割这一越来越牵动人心的法律问题而言,我们需要标准还是需要规则?进一步,我们究竟应该制定何种规则才能促进篇首提到的家庭安全和婚姻稳定?

① Pound,“Administrative Application of Legal Standards”, *Proceedings American Bar Association*, 1919, pp. 441、449、451. 转引自卡多佐:《司法过程的性质》,苏力译,商务印书馆 1998 年版,第 44 页。

其实,以爱波斯坦反思复杂规则的视角,不管是从规则到标准还是从标准到规则,婚姻法解释三第7条和婚姻法解释三第10条的问题都在于不够简约,从而人为增加了影响审判公平和社会效率的制度风险。比如,人为增加了事实认定的范围和难度、可能激发父母和子女之间的事后"合谋"和机会主义行为,忽视了婚姻存续时间的维度和婚姻的整合价值,在执行难的司法背景下忽视了判决的有效执行性,等等。在很大程度上,这两条规则生动地反映了爱波斯坦对复杂规则的如下判断——"法律的复杂,不仅仅是法律规则的内在特性或表面特性的一个简单的界定指标。这种复杂,还使法律规则具有了深深滋扰日常生活结构的功能作用。"①

换一个角度,与之前的家产制和夫妻共同财产制相比,婚姻法解释三第7条和婚姻法解释三第10条明显带有分别财产制的倾向。因此,问题就转换成了,就婚姻财产制而言,谁是更能促进夫妻合作和彼此忠诚的简约规则,谁是会引发更多离婚和社会成本的复杂规则?

首先需要界定何谓婚姻财产制。所谓婚姻财产制,是指婚姻存续中有关夫妻婚前财产和婚后所得财产的所有权制度,包括财产的归属、管理、使用、收益和处分,以及债务的清偿,婚姻终止时财产的分割等内容。② 一般来说,有共同财产制和分别财产制两类。③ 目前世界各国适用共同财产制的居多,而现代意义上的分别财产制确立于英国1935年的《法律改革法》。④ 该法的产生过程,实际上是反对夫权、争取男女平

---

① 理查德 A. 爱波斯坦:《简约法律的力量》,刘星译,中国政法大学出版社2004年版,第42页。

② 巫昌祯主编:《婚姻与继承法学》,中国政法大学出版社2001年版,第182页。

③ 当然也有兼而有之的所谓混合财产制,即通过立法规定哪些财产属于共同财产,哪些财产属于夫妻各自所有的财产,比如我国2001年的婚姻法就列举了在婚姻存续期间属于夫妻共同财产的财产类别。

④ 该法的全称是《1935年法律改革(已婚妇女和侵权行为人)法》,具体内容详见蒋月等译:《英国婚姻家庭制定法选集》,法律出版社2008年版,第9~10页。

等的过程。[①] 在很大程度上,分别财产制的确立和发展不仅体现了女性在现代工商社会中发生的“为家庭和他人而活”到“为自己而活”的历史性转变,更反映了20世纪风起云涌的妇女解放运动对女权的不懈争取。

因此,与古老的共同财产制相比,分别财产制显然具有更强的现代性,其立法目标是要实现婚姻当中的男女平等。但需要追问的是,这一目标能否有效实现以及更重要的,与延续了千百年的、更具有自生自发特征的共同财产制相比,这一晚近出现的分别财产制是否更能促进家庭安全和婚姻稳定?

第一个问题容易回答。依据基本的常识和逻辑,我们就能知道,分别财产制所希望达到的男女平等只适用于夫妻双方都各自拥有相当财产的情况,如果家庭收入大多来自于丈夫一方(或者妻子一方),这种理论上的平等往往很难实现事实上的平等。由于“婚姻本质上是一种伦理关系”,[②]而“夫妻财产法上的男女平等,是婚姻伦理性的衍生,指立法承认男女双方在生理上、身体上的差异和家庭分工的不同,肯定夫妻各依其所长对家庭的贡献,赋予夫妻双方对其在婚姻关系存续期间协力创造的财富享有平等的所有权和管理权”。[③] 由此观之,由于“共同财产制比分别财产制更能反映夫妻关系的本质和特征。……实行共同财产制也有助于保障那些由于从事家务劳动而无收入或收入较低的妇女的合法权益”。[④] 因此在男女婚内财产往往并不相当的真实世界

---

① 该法出现之前,英国婚姻法中夫权至上,女方既没有人身地位也没有财产权。在英国,基督教会的戒律以教会法规的形式体现,并且由此转变为习惯法。因此,《马太福音》上的一句话“人要离开父母,与妻子连合,两人成为一体”(《马太福音第19章第5节》)经解释成为婚姻法中的一条基本原则,即“在法律上由于结婚,丈夫和妻子合而成为一人”,而此人即是丈夫。布莱克斯通爵士这样解释该原则的适用范围,“妇女在法律上的存在于结婚以后便中止了。她做的每件事都要受到丈夫的庇护、保护或者掩护”。请参见布莱克斯通:《英国法释义》(第一卷),第445页。

② 《马克思恩格斯全集》(第一卷),第182页。

③ 滕曼:“对法定夫妻财产制的选择要慎重”,载李银河、马忆南主编《婚姻法修改论争》,光明日报出版社1999年版,第339页。

④ 马忆南:“共同财产制更能反映夫妻关系的本质和特征”,载李银河、马忆南主编《婚姻法修改论争》,光明日报出版社1999年版,第319页。

中,与共同财产制相比,分别财产制似乎更难有效促进男女平等的实现。

不仅如此,法律经济学家卡普洛和夏维尔对公平和福利之间的复杂关系早有论证,“追求公平观念使个人福利减少的可能性总是存在的……这足以证明始终坚持任何公平观念,有时却意味着是在积极支持一种使每个人的境况都变得更糟的体制”。[①] 以此视角,如果能够论证分别财产制其实很可能导致更少的家庭安全和婚姻稳定,或者带来更多的离婚(在社会的层面,这实际上使得所有人的境况都变得更糟),第二个问题也就不难回答了。

由于婚姻财产是婚姻家庭得以维系的物质基础,不同的婚姻财产制度不仅在很大程度上影响着夫妻双方对婚姻的预期以及在婚姻中的各种投入程度,更构成婚姻一旦解体双方协议不成(甚至诉讼调解)时不同的制度背景。卡多佐曾言,“法律的终极原因是社会的福利。……在今天法律中的每个部分,这个社会价值的规则都已经成为一个日益有力且日益重要的检验标准”。[②] 因此,如果说“社会福利最大化”是法律规则体系的终极目标,如果法律的功能在于通过设定行为预期引导和形塑人们的行为模式,那么何种婚姻财产制度才是使得社会中每个人都变得更好而不是更糟的制度,究竟是共同财产制还是分别财产制才能实现最优的家庭安全和婚姻稳定度呢?[③]

苏力曾指出,由于人在很大程度上受制于生物性和社会物质条件,由于人世间并没有完美无缺的婚姻制度,我们关于婚姻法的讨论就不能仅仅停留在道德直觉的评判和对原则的意识形态争论上,而应当更多考虑当代自然科学和社会科学的研究成果,考虑到一切可能的结

---

① See, Kaplow, Louis, and Steven Shavell., “Any Non-welfarist Method of Policy Assessment Violates the Pare-to Principle”, *Journal of Political Economy*, 109, 2001, pp. 281 - 286.

② 卡多佐:《司法过程的性质》,苏力译,商务印书馆 1998 年版,第 39 ~ 44 页。

③ 在婚姻家庭制度,最大化的家庭安全和婚姻稳定并不值得追求,因为其必然会侵蚀现代社会最为看重的个人自由,因之反而不能实现社会福利最大化。正如爱波斯坦所言,我们需要的是在管制成本和激励效果之间寻求一种平衡。

果。[①] 就婚姻财产制度而言,考虑到婚姻究其本质是一个自愿进入的特殊合伙和长期不完全契约,考虑到签订这个契约的双方其收益实现的阶段并不对称以及女方在婚姻前期的特定资产投资("规律是,男性倾向于在婚姻关系的前期获得收益,这时他对于婚姻的贡献相对要低,而他的妻子的贡献相对要高;同样,在婚姻的后期,妇女倾向于从契约中得到比他们的丈夫更多的收益,这也是一条普遍的规律"[②]),考虑到夫妻之间的动态博弈以及可能的机会主义冲动,与离婚成本更低、更容易在夫妻间制造不信任感的分别财产制相比,共同财产制应该是一个能够提高离婚成本并促使夫妻双方在家庭生活中加大投入从而有助于家庭安全和婚姻稳定的"良法",或者一种爱泼斯坦笔下的简约规则。[③]

因此,很反讽地,我们发现,最早确立了分别财产制的英国却是当今世界上离婚率最高的国家之一(位居欧盟国家之首),不仅有大约40%的婚姻都以离婚告终,而且从结婚到离婚的平均时间长度也仅为9~10年。[④] 更有学者的实证研究表明,随着分别财产制的实行以及20世纪后半叶离婚法的每一次变动和更加自由的离婚法律的引进,英国的离婚率呈现快速上升趋势(从1960年的7%到1995年的43%)。[⑤]这在一定程度上证实了与共同财产制相比,分别财产制更不能促进家庭安全和婚姻稳定。[⑥] 正是在这一点上,我们需要反思,如果我们需要

---

① 苏力:《制度是如何形成的》(增订版),北京大学出版社2007年版,第21页。

② 劳埃德.科恩:"结婚、离婚与准组;或'青春年华付与君'",牛悦译,《法律经济学文献精选》(唐纳德.威特曼编),法律出版社2006年版,第373页。

③ 强世功曾总结过离婚率高低与家庭共有财产多少之间的反向变动关系。在他看来,由于家庭稳定首先依赖于"家庭共有财产"这种物质性纽带,《婚姻法》中规定的家庭财产越多、离婚中家产的分割越困难、离婚中过错一方获得的财产越少,离婚成本就越高,离婚率也就越低,家庭自然就越稳定,反之离婚率就越高,家庭也就越不稳定。请参见强世功:"司法能动下的中国家庭——从最高法院关于《婚姻法》的司法解释谈起",载《文化纵横》2011年2月刊。

④ 凯特.斯丹德利:《家庭法》,屈广清译,中国政法大学出版社2004年版,第127页。

⑤ See, Smith, I., (1997), "Explaining the Growth of Divorce in Great Britain", *Scotttish Journal of Political Economy*, 44, p. 520.

⑥ 当然了,除了分别财产制的因素,英国的离婚率在战后大幅度上升的原因还有其他,比如离婚条件放松(从过错主义到无过错主义)、妇女地位的提高等,但婚姻财产制的变化无疑也是一个重要因素。

学习和移植的域外立法和司法实践已经证实分别财产制和高离婚率之间存在某种确定的因果关系,我们在立法和制定司法解释之际是不是应该多加斟酌和考量?

就我国现行的婚姻财产制而言,虽然最高院声称婚后财产在很大程度上仍然属于夫妻共同财产,但改革开放以来的中国婚姻财产制度已隐然呈现出一条从家产制到夫妻共同财产制再到个人财产制的变迁路线却是不争的事实。如果这种变迁意味着《婚姻法》规定的夫妻共同财产越来越少,家产分割越来越容易,离婚成本也越来越低,那么,在很大程度上,我们有理由担心中国社会的家庭安全和婚姻稳定正在经受着严峻考验。

因此,如果我们还认同家庭的价值,认同婚姻的社会功能,就必须回到更能有助于家庭安全和婚姻稳定的夫妻共同财产制。这是一条相对简约的规则。在此规则下,夫妻双方(甚至双方的父母和家族)不仅会有更多的合作、更少的离婚,也会有更多的信任和温情。

五、规则对谁简约/复杂?

行文至此,还有一个隐含但重大的问题需要回答,那就是所谓“简约规则”或“复杂规则”有一个“对谁简约/复杂”的问题。因为,乍看起来,对法官而言,现在的规则其实是减少其工作量的,因为在共同财产制下面,离婚分财产更是要考虑到方方面面的因素,需要追溯两人婚姻历史,这对许多法官来说是一件头痛的事情。而对当事人来说,现在的规则在何种意义上简约,在何种意义上复杂,也都值得进一步展开。①

首先需要重申爱泼斯坦之“simple rules”的含义。吸取了 Peter

① 这是章永乐在看过本文初稿后给我提出的问题和建议。可以毫不夸张地说,正是在对“规则对谁简约/复杂”这一问题的深入思考和反复斟酌中才有了这篇论文的进一步扩展和深化。

Schuck在"复杂规则"定义上的教训,爱泼斯坦将法律规则和社会被约束者之间关系的维度引入了对"simple rules"的理解中。[①] 在他看来,"simple rules"不仅仅是字面意义上的简单规则(虽然这种理解更为容易),其运作必定和成本、激励问题有关联,是在成本和激励的相互作用中表达自己意义的,而所有这些又必然是涉及未来时态的。[②] 因此,刘星教授才将之翻译为"简约规则",不仅指一种运作起来简明扼要的实践秩序,也指一种体现了正当性和效率性的实践后果。[③] 在爱泼斯坦的眼中,"法律制度的核心难题有两个:其一,怎样才能使人们和平共处、彼此友善;其二,怎样才能使他们在共同投资的事业中相互协作和互惠互利"。[④] 前者"剑指"秩序的形成和维系,而后者事关合作和福利。简约规则的两个维度正好回应了这两个核心难题并力图解决之。

就婚姻家庭法而言,不分法域和国别,该法对婚姻稳定和家庭安全的追求应该是普世共享的,其目标不外乎是"保护婚姻和家庭,将关系破裂时的冲突减到最小,保护孩子,倾听孩子的意愿,避免诉讼迟延,并且尽可能高效和低成本地做到这一切"。[⑤] 由于现代社会是一个越来越"立法"化的社会,不同于能自我实施的内生规则(一种哈耶克赞赏的"自生自发的秩序"),在立法这种依赖人为理性的外生规则之下,个体行动的私人成本和制度实施的社会成本之间必然存在内生的差异。

---

① Peter Schuck考察了法律规则之所以复杂的四个显著标志,即繁密性、技术性、多样性和模糊性(或不确定性),但在爱泼斯坦看来,由于没有考察规则与规则之下的理性行动者之间的复杂关系,这种分析也就不够全面和深入。更多的分析,请参见理查德·A. 爱泼斯坦:《简约法律的力量》,刘星译,中国政法大学出版社2004年版,第33~36页。

② 这是刘星教授对爱泼斯坦书中展示的"simple rules"之特征的总结。爱泼斯坦对这些特征的介绍和分析散见于全书,但也有相对集中的分析,请参见理查德A. 爱泼斯坦:《简约法律的力量》,刘星译,中国政法大学出版社2004年版,第32~33、96~98页以及第302~309页。

③ 相关论述,请见刘星:"法律为何简约,何为简约",载《简约法律的力量》(译者序),第21页。

④ 理查德·A. 爱泼斯坦:《简约法律的力量》,刘星译,中国政法大学出版社2004年版,第450页。

⑤ Lawson,"Reflections on the Family Justice System",(1999) Family Law 203. 转引自凯特. 斯丹德利:《家庭法》,屈广清译,中国政法大学出版社2004年版,第7页。

因此,鉴于法律规则和社会被约束者之间既互动博弈又相互制约的复杂关系,能否将个体行动和社会成本之间的背离最小化成为判断规则是否简约的重要标准。具体地,在婚姻财产制上,我们需要确定究竟是共同财产制还是分别财产制才能使制度之下人们理性行动的结果和婚姻法确定的社会目标更一致。只有在复杂多变的现代社会尽可能实现了个体理性和集体理性之融合的婚姻财产制,才是一种有效的激励相容(incentive compatibility)机制①,一种面向未来的、既能保证公平(秩序维度)又能实现效率(福利维度)的简约规则。

秉承上文对简约规则含义的充分理解,我们接下来分别考察对微观的法官和当事人以及对整体的社会而言,哪种婚姻财产制更为简约。

先从法官的角度考察。就婚姻法解释三第7条而言,前文已经讨论过,由于给审案法官增加了事实认定的难度,该规则不仅给法官增加了工作量,还在很大程度上提高了出现错判的概率,仅就单个法官而言,这就不是一个既能保证公平又能实现效率的简约规则。更进一步,对法官群体和法院系统而言,由于该规则会激发父母和其子女之间的事后串谋行为,长期来看,建立在伪证基础上的机会主义诉讼的大量增加也必然会消减该规则的效率性和公平性。因此,不管对单个法官还是法官群体,体现了分别财产制倾向的婚姻法解释三第7条其实都不简约。

而婚姻法解释三第10条似乎有所不同。因为与之前的无规则或者司法实践中的共同财产制相比,现在的分别财产制规定(即在离婚房产争议中,根据"谁首付,谁所有"的登记主义原则确定按揭房产归属)简单明了,不仅能在合同相对性的基础上保障贷款银行方的资产安全,还能减少法官工作量和提高其判案效率。但问题在于,该规则的简约性只存在于单个法官和短期之中。从事后解决纠纷的角度,对一

---

① 激励相容是机制设计理论中的一个术语,是指在市场经济中,每个理性经济人都会有自利的一面,其个人行为会按自利的规则行为行动;如果能有一种制度安排,使行为人追求个人利益的行为,正好与集体或社会价值最大化的目标相吻合,这一制度安排,就是"激励相容"的。

个涉及按揭房产权归属的离婚案件，一个手持婚姻法解释三第 10 条的法官处理起来确实比之前要简单得多。但简单不等于简约。由于婚姻中的男女同样是在不同制度下趋利避害的有限理性人，“如果对于违反婚姻允诺的法律救济不够用，那么未来的配偶将会通过两种方式来适应这种缔约风险……第一，更少有人会加入正式的婚姻。第二，那些已婚的当事方会投入更少的资源来形成特别的婚姻财产”。[①] 因此，以一种事前、整体和长期的视野，如果法官简单判案的结果是一批对妇女儿童保护不力的不公正判决，未来不仅可能导致更少的婚姻，还可能导致夫妻之间更多的不信任、更多在房产加名问题上的夫妻纷争甚至离婚诉讼。因此，这一看似简单的规则，却因可能在长期内破坏夫妻之间的温情和信任而变得不再简约。

上述分析其实已经把当事人的角度带入了对简约规则的判定和考察。对单个当事人而言，在法律阴影下选择一个最有利于自己的行动决策当然无可厚非。也只有站在这个立场，我们才能理解婚姻法解释三第 7 条实施后离婚当事人为获得房产不惜和自己父母串谋的机会主义行为。对他们而言，这是一个能最大化收益的理性选择。遗憾的是，这种个体理性却不容于婚姻法追求审判公正（“任何人不能因自己的不当行为获利”）和整体效率（即社会层面的婚姻稳定和家庭安全）的制度理性。由于婚姻法解释三第 7 条不是一个面向未来的、能促进个体理性和集体理性融合（相反，还刺激其背道而驰）的激励相容机制，因此，即使在当事人层面，其也不是爱泼斯坦眼中的简约规则。

如果说婚姻法解释三第 7 条是一个足以马上影响当事人行动选择的规则，那婚姻法解释三第 10 条就是一个在长期和动态的意义上勾连起了法官行动和潜在当事人决策之博弈互动的规则。在很大程度上，婚姻法解释三第 10 条下的当事人和法官之间存在一种长期且行动顺序有先后的完全信息动态博弈。第一阶段，法官选择依法判决，婚前首付的一方当事人获得按揭房产权；第二阶段，法官的判决作为一种公共

① 劳埃德．科恩：“结婚、离婚与准组；或‘青春年华付与君’”，牛悦译，《法律经济学文献精选》，法律出版社 2007 年版，第 378 页。

知识和审判信息传递给未来的潜在当事人；第三阶段，在长期内，在其他条件不变的情况下，未来会有更多的离婚诉讼涌入法院，司法的效率性和公正性因此受损。以此视之，婚姻法解释三第10条同样不是一条能促进婚姻稳定和家庭安全的简约规则。

综上所述，虽然我们能够理解婚姻法解释三第7条下当事人的机会主义行为，婚姻法解释三第10条也确实在个案和短期的意义上降低了法官认定事实的难度，并因此极大减少了法官的工作量，但只要把法律规则和规则制约下的理性行动者之间关系的维度引入分析，只要家庭安全和婚姻稳定还是婚姻家庭法的核心关注和制度目标，在整体社会的层面，这两条规则及其背后隐含的分别财产制就不是一个面向未来的、既能实现效率又能保障公平的简约规则。由于破坏了夫妻之间应有的信任，该制度不仅会在长期内逐渐侵蚀家庭安全和婚姻稳定的地基，导致更多本不应有的离婚，更可能破坏夫妻间应有的合作、减少本应由家庭承担的社会产出（比如良好的子女教育），最终导致更多的社会问题。

爱泼斯坦说过，“身处今世，‘简约’成为了一个有益的界定尺度，可以用来决定人们建议的一项法律改革是否将会促进人类的幸福”。[①]以此观之，规则是否简约并不怎么体现在微观行动者身上，而更多的体现在整体的社会层面。因此，总结一下，就婚姻财产制度而言，规则对谁简约的问题其实是站在人类幸福和社会福利的角度，考察何种婚姻财产制度才能促进家庭安全和婚姻稳定（也即实现个体理性与制度理性的统一），不仅能面向未来实现整体的、长期的效率，更能体现基本的公平（不仅在校正正义上，也在分配正义上）。

---

① 理查德·A. 爱泼斯坦：《简约法律的力量》，刘星译，中国政法大学出版社2004年版，第43页。

六、结语:回到简约规则

在中国的婚姻财产制度变迁史上,2001 年是一个重要的分水岭。在此之前,婚姻的存续时间很重要,在此之后,婚前婚后的界分很重要。不仅如此,正是 2001 年婚姻法第一次对婚后财产进行了立法上的类型化处理,从此开启了"有条件的婚后共同财产制"时代。

也许从"顾后"的公平解决纠纷(或一种司法)的角度看,婚前婚后的财产界分很重要(方便法官们认定婚姻中各项财产的所有权归属),但从"瞻前"的增进社会效率、促进更多婚姻中合作的角度,婚前婚后的界分其实根本不重要。因为在具体的婚恋实践中,一旦认定彼此并打算步入婚姻殿堂,男女双方及其各自家庭往往就开始为未来的小家庭的组建煞费苦心。男方买房或者男方父母买房可能在婚前也可能在婚后(这个得看男方及其父母的财力或者其他原因),不仅如此,在部分中国人心里,婚前婚后还有在民政部门登记的婚前婚后和在老家办婚宴的婚前婚后之分(中国之大,有些地方可能还更看重婚宴)。只要是为了小两口和和美美地过日子,不管是男方还是男方父母,选择在婚前还是在婚后买房其实并没有什么区别。以此观之,共同财产制不应该仅仅适用于婚后,还应该涵盖婚前。

但一旦把婚前财产纳入夫妻共同财产之列,肯定马上就会遭遇很多质疑,比如个人的财产自由如何保障?会不会刺激更多的机会主义婚姻或"闪婚闪离"?又如一旦出现离婚诉讼,是不是会增大法官的自由裁量权?等等。但首先,不管是民法通则还是合同法,都规定了平等主体之间的约定在不损害国家、社会和他人权益的情况下优先于所有法定规则。因此,在婚姻法中,只要确立了约定和协议优先原则就完全可以有效保护个人的财产自由。其次,只要带入婚姻存续期间的维度,加上婚前财产成为共同财产需要满足一定婚姻存续时间的法定条件,后两个质疑自然可以化解。从有助于促进夫妻彼此忠诚和合作且有助于保障家庭安全和婚姻稳定的角度,夫妻约定优先再加上共同财产制(包括有条件的婚前财产共同制)就是一个爱泼斯坦意义上的简约规则。

这也许是未来婚姻法应该遵循的方向。而且,要采纳这种制度其实并不需要创新。正如邓峰所言,在婚姻财产方面,我国曾经实现过一种选择进入(option in),即1980年婚姻法规定的结婚8年之后没有明示的私人财产变为共有的制度。[①] 该规则认定在夫妻双方共同生活一段时间之后,相互间的联系(bonds)优于个人意志,这是应当保留而不是应当放弃的。[②]

因此,"大道至简"。[③] 面对越来越纷繁复杂的世界,我们应当牢记爱泼斯坦的忠告,"对更为复杂的社会的恰当回应应该是更多地依赖简约的法律规则,包括更为古老的法律规则",[④]而不是相反。

---

① 最高法院1993年颁布的《关于人民法院审理离婚案件处理财产分割问题的若干具体意见》第6条更进一步规定:"一方婚前个人所有的财产,婚后由双方共同使用、经营、管理的,房屋和其他价值较大的生产资料经过8年,贵重的生活资料经过4年,可视为夫妻共同财产"。在我看来,由于彼此间从逐步熟悉到心生厌倦,婚姻中的"七年之痒"现象其实相对普遍。因此,个人觉得婚姻法规定结婚8年这个时间点是很有道理的。

② 邓峰以公司法学者的敏锐和洞察力认识到了这个问题。要想了解更详细的内容和论证,请参见邓峰:"转轨文明、选择机制与理想家庭模式",载《法律和社会科学》(第九卷),法律出版社2012年版。

③ 老子:《道德经》。

④ 理查德·A. 爱泼斯坦:《简约法律的力量》,刘星译,中国政法大学出版社2004年版,第29页。

《法律和社会科学》(2013)
第 11 卷,第 291 ~310 页

明代继承法中的人情与母道:与白凯教授商榷

柏宇洲*

内容摘要:针对白凯在《中国的妇女与财产:960—1949》一书第二章提出的“强制侄子继嗣”和“贞节崇拜”理论,本文主要提出了三点批评:第一,“强制侄子继嗣”理论源于白凯对明代法律制度的误读;第二,寡妇意愿在立嗣诉讼中受到官员重视,实际上是古代继承法人情原则的体现,而不代表寡妇具有某种特殊权利;第三,明代的寡妇守贞现象,并非因为贞节崇拜赋予了明代寡妇某种特殊权利,二者都是明代“母”的形象得到强调的后果,而“母道昭彰”的新图景重构了明代立嗣诉讼中的人情原则。总之,本文希望跳出权利问题的框架,提出理解古代继承法的另一种可能性。

白凯(Kathryn Bernhardt)在她的《中国的妇女与财产:960 - 1949》一书第二章中提出:中国古代的继承法在明代发生了一个重要转折,即“强制侄

* 作者单位:北京大学哲学系,电子邮箱:yuzhou. bai@gmail. com。感谢赵晓力老师在“比较家庭法”课程上下的点拨,感谢周飞舟、侯猛以及匿名评审人提供了细致的修改意见。

子继嗣”原则在继承法中的引入①。她观察到,明初建立的这一法律原则,虽然理应对寡妇权利产生严格限制,其效果却被司法实践中的“贞节崇拜”倾向所抵消了,这体现在与寡妇有关的立继诉讼中,官员们常常越过法律去照顾守贞的寡妇的意愿,而不是坚守法律原则。② 本文试图通过重新梳理与明代继承法中的寡妇立嗣与守贞问题相关的材料,一方面,对白凯的这一理论提出批评,另一方面,为明代继承法这一实践倾向背后的理论脉络提供另一种理解的进路。

一、对“强制侄子继嗣”原则的辨析③

所谓“强制侄子继嗣”原则,即是说:明代的寡妇在丈夫过世之后,在法律上第一次有了为丈夫立继的义务,这一原则一直延续到民国时期的继承法之中。这一原则,是白凯基于她对宋代以来寡妇继承权利的变化的研究提出的,她认为,在宋代,宗祧继承的必要性还未成为法律规定时,女儿和寡妇都可以直接继承男性的财产,然而在明代,由于“强制侄子继嗣”原则的出现,妇女的继承权利大大收缩。④ 她的这一判断是否成立?这首先需要对“强制侄子继嗣”原则作出一番辨析。

明代继承法的基本原则确立在明太祖洪武二年(1369),规定继承主要有三个方面:继嗣、继爵与继财。见《明会典》所载:

凡分户继嗣,洪武二年,令嫡庶子男除有官荫袭,先尽嫡长子孙,其

---

① 白凯:《中国的妇女与财产:960-1949》,上海书店出版社 2007 年版,第 3 页。

② 白凯:《中国的妇女与财产:960-1949》,上海书店出版社 2007 年版,第 53 页。

③ 阿风老师的研究中已经提出了对白凯“强制侄子继嗣”原则的质疑,但仅从“凡户绝财产,果无同宗应继者,所生亲女承分,无女者入官”这句话,恐怕不能否定白凯的理论,因为白凯的“强制侄子继嗣”原则仅仅针对了寡妻在世时的情况,并未因此否定户绝的可能性。参见阿风:《明清时代妇女的地位与权利——以明清契约文书、诉讼档案为中心》,社会科学文献出版社 2009 年版,第 19~21 页;白凯:《中国的妇女与财产:960-1949》,上海书店出版社 2007 年版,第 51 页。

④ 白凯:《中国的妇女与财产:960-1949》,上海书店出版社 2007 年版,第 157 页。

分析家财田产,不问妻妾婢生,止依子数均分。[①]

由此可知,明代法定的财产继承主要以"分家"(分户)的形式完成,而这一过程首先是"继嗣"的过程,进而,嫡长子孙在"继爵"上享有特权,而在"继财"上,则不分嫡出与庶出采取均分原则。这三方面统一于"继嗣",即父亲的宗脉的延续,在这个意义上,正如滋贺秀三所说,财产继承只是继嗣的一个侧面。[②]

既然继嗣是财产继承的根本,那么继承法就必须处理"谁来继嗣"的问题。显而易见的是,大多数家庭是通过分家而非立嗣的方式实现继承的,但统计数据显示,从宋至清代承祧诉讼的数量大约是分家诉讼的4倍左右,这说明因立嗣导致诉讼纷争的可能性要远大于分家,[③]是以明代制定继承法时必须对该如何以"立嗣"而非"分家"的方式实现"继嗣"作出规定,以减少继承中可能产生的争议。就此,明初"洪武二年之制"对"立嗣"确立了以下两条原则:

(1)凡无子者,许令同宗昭穆相当之侄承继,先尽同父周亲,次及大功、小功、缌麻,如俱无,方许择立远房及同姓为嗣;……并不许乞养异姓为嗣,以乱宗族;立同姓者,亦不得尊卑失序,以乱昭穆。

(2)凡妇人夫亡无子,守志者,合承夫分,须凭族长择昭穆相当之人继嗣;其改嫁者,夫家财产及原有妆奁,并听前夫之家为主。[④]

原则(1)中明确提出了立嗣所必须满足的三个条件:(a)辈分(昭穆)相当;(b)按亲属关系先近后远的顺序挑选嗣子;(c)同宗之外,最远只能立同姓为嗣,不得立异姓。这三个原则划定了"应继"之人的范围,是立嗣的总原则,且主要针对的是丈夫生前立嗣的情况[⑤],但亦统摄了丈夫生前无子,死后由寡妇立嗣的情况。而原则(2)则是针对丈

① 《明会典》,中华书局1989年版,第130页。

② 滋贺秀三:《中国家族法原理》,张建国、李力译,法律出版社2003年版,第95~96页。

③ 白凯:《中国的妇女与财产:960-1949》,上海书店出版社2007年版,第41页。

④ 《明会典》,中华书局1989年版,第130页。

⑤ 由其中另一条规定"若立嗣之后却生亲子,其家产与原立子均分"可知,参见《明会典》,中华书局1989年版,第130页。

夫死后的立嗣而提出的。按照法律规定,无子寡妇在丈夫死后一旦选择改嫁,则净身出户,自然无缘立嗣之事;倘若选择守贞,则寡妇可继承丈夫之业,即所谓"合乘夫分"。以上这些都是很清楚的,争议之处在于"须凭族长择昭穆相当之人继嗣"这一句。

在白凯看来,这一句表明了,寡妇在洪武二年的法律里有了"强制侄子继嗣"的义务。① 显然,她是把此句中"须"字的着重点落在了寡妇守贞"须……继嗣"之上,而这事实上是支撑她所说的"强制侄子继嗣"原则的唯一论据。我认为这种理解是有问题的。实际上应该这样理解这句话:即,寡妇在继嗣时"须凭族长择昭穆相当之人",它强调的是寡妇立嗣时所必须遵循的法律程序(与族长协商)和必须遵守的法律原则(昭穆相当),而非寡妇必须立嗣的法律义务,这种理解主要有两方面的支撑:

其一,从"洪武二年之制"的内部逻辑来说,原则(2)是对原则(1)的补充说明,因为原则(2)中所论夫死由寡妇立嗣的情况只是原则(1)覆盖范围之下的一个子集。原则(2)中的"须凭族长择昭穆相当之人"一句,明确的正是原则(1)中的(a)条,即"昭穆相当"的原则,这亦可证明初洪武二年继承法所强调的核心内容,实际上是原则(1)中所说应立之嗣的三个条件。如果将"须凭族长择昭穆相当之人"看做是"强制侄子继嗣"原则的论据,则偏离了这一核心内容,何况"强制侄子继嗣"原则在其他条目中并无体现;

其二,倘若此句按白凯的理解,即"强制侄子继嗣"原则成立的话,那么寡妇于夫死之后拒绝立继的行为,无疑会使夫家陷入绝宗的危境,从而理应成为一条罪状。然而事实上明律中却并未提到任何寡妇"不立继"之罪。唯一与此问题相关的是《大明律》"立嫡子违法"条的规定:"凡立嫡子违法者,杖八十。其嫡妻年五十以上无子者,得立庶长子,不立长子者,罪亦同。"②针对此条中前一句所说的"凡立嫡子违法

① 白凯:《中国的妇女与财产:960 - 1949》,上海书店 2007 年版,第 51 页。

② (明)应槚:《大明律释义》卷四,明嘉靖二十八年济南知府李迁重刻本,收入杨一凡编:《中国律学文献》第二辑第一册,黑龙江人民出版社 2005 年版,第 405 ~ 406 页。

者，杖八十”，明嘉靖朝的官员应槚在《大明律释义》一书解释道：“嫡子，嫡妻所生之长子，于法得立为嗣。庶子，众妾所生之长子也。舍应立之嫡长子，而立不应立之庶子，是谓违法，则坐以杖八十，改立嫡长子。”①由此可见，明律中“立嫡子违法”所导致的惩罚，乃是针对于立嗣时破坏了应继顺序的行为，特别表现在有嫡子而立庶子为嗣的情况。因此，后一句所说“其嫡妻年五十以上无子者，得立庶长子，不立长子者，罪亦同”的情况乃是与之类似的，这里律里所说的“不立长子者”，似乎存在歧义，以致可以理解为寡妇“不立继”而犯罪，但如果结合前一句来看，这里寡妇的罪很显然不是有子而不立之为嗣，而是有庶子可为嗣却以侄子乃至更远的亲戚为嗣的情况，其之所以为罪同样是由于破坏了应继的顺序。因此，即便在《大明律》与此问题相关的“立嫡子违法”条文中，所意图处理的也是“立谁为嗣”而非“是否立嗣”的问题。

对这后半句，应槚的解释是“嫡妻年五十无子，则不复子矣，故得立庶长子。不立庶长子，则无以主祀事而统家众，故亦杖八十”。② 显然，他把这里错误地理解为寡妇不立嗣的情况。但即便我们退一步同意这种理解，也必须注意到，《明律》讲的是有庶长子而寡妇不立之为嗣的情况，与寡妇在确实无子的情况下是否立继又是一个完全不同的问题。《大明律》的沉默显示出白凯所说的“强制侄子继嗣”的原则，恐怕是缺乏根据的臆测。

综上所述，我认为白凯将“须凭族长择昭穆相当之人继嗣”这句话理解为“强制侄子继承”的观点，是值得商榷的。正如吕思勉先生所梳理的那样：“所谓许令者，本系听人之便，非谓无子者必令同宗昭穆相当之侄承继也。由明清上溯之元。《元史·刑法志·户疏议》引《户令》：无子者听养同宗于昭穆相当者。曰听养，亦非强人养，可知古法相传，无强人立嗣之法。”③

---

① （明）应槚：《大明律释义》卷四，明嘉靖二十八年济南知府李迁重刻本，收入杨一凡编：《中国律学文献》第二辑第一册，黑龙江人民出版社2005年版，第407页。

② （明）应槚：《大明律释义》卷四，明嘉靖二十八年济南知府李迁重刻本，收入杨一凡编：《中国律学文献》第二辑第一册，黑龙江人民出版社2005年版，第407页。

③ 吕思勉：《中国制度史》，上海世纪出版集团2005年版，第233～234页。

二、权利还是人情:从宋、明、清的案例看古代继承法的制度与实践

白凯提出“强制嗣子继承”理论,针对的是以往西方学者对“须凭族长择昭穆相当之人继嗣”这句话的一种错误理解,即认为族长是寡妇选择嗣子时的唯一权威。白凯批评道:这种理解似乎认为寡妇在立继时必须把全部权利放弃给族长,①她所要争辩的,正是寡妇在立嗣所拥有的权利并不像看上去那样少。下面,我们将从宋、明、清三代的立嗣案例中,看看司法实践中,官员究竟是以怎样的逻辑进行判决的。

首先是《清明集》记载的宋代一桩起于寡母命继的诉讼。这个被后来名为“叔教其嫂不愿立嗣意在吞并”②的诉讼,起于李学文娶妻后过世,长辈为其命继一子李惟贤,但李学文之寡母阿张遣回了李惟贤,族中又无人可另为命继,这就使得李学文绝了后。在判词中,官员认定阿张受到了儿子李学礼的教唆,后者的意图是觊觎兄弟的财产。值得注意的是,阿张拒绝为李学文立嗣的原因,恰恰是“所命继子,是李学文亲堂弟,昭穆不顺”。③ 而最终的判决不仅没有处罚阿张与李学礼,反而承认了阿张的这一逻辑,并驳回了宗内尊长另立了一异姓之人的意见,判定:

“但当与之分定一户田业,一分还李惟贤,一分还阿张与李学礼母子同共掌管。候李学礼将来如有两子,令将一子以继学文之后。如亦

---

① 白凯:《中国的妇女与财产:960－1949》,上海书店出版社2007年版,第51页注(1)。

② 《清明集》所拟这一标题有些文不对题,一些研究亦受到误导,姑于此澄清之:从所载案情来看,阿张并非李学文之妻,而是其母。首先,此案的性质是“命继”而非“立继”,可推断李学文之妻非亡即改嫁,故由祖辈而非寡妻为其命继堂兄弟李惟贤为其子;其次,最终的判决明确说了“一分还阿张与李学礼,母子同共掌管”,可见李学礼和阿张并非叔嫂关系。因此此案不应成为“叔教其嫂不愿立嗣意在吞并”,而应称为“子教其母不愿为兄立嗣意在吞并”。

③ 《名公书判清明集》,中华书局1987年版,第246页。

无子，则听阿张区处。李学礼放。”①

在这个案件中，官员所强调的是：“今李学文既无昭穆相当之子，而其母阿张又常有不愿命继之词，在官司岂可强令求之异姓？”②影响判决结果的关键并不是寡妇和族长谁的权利更大，而是“强扭的瓜不甜”。因此，法官最终并没有处罚居心叵测的李学礼，只是提出若李学礼将来生了多个儿子，要将其中一个作为李学文的命继，但若李学礼也无子，那最终也只能按照阿张的意愿，任李学文绝宗。这背后的人情逻辑是：即便按照族长意见，强行为李学文立一个异姓之人为后，他今后也是很难和一个倔强的祖母和狡诈的叔父相处融洽的，因此不如不立。

明代的立继诉讼，其判决结果中也往往有人情的考量。李清《折狱新语》一书中记载，寡妇胡氏在丈夫张世禄死后欲立嗣，有两个昭穆相当的人选：张世禄的亲侄子张存睿，和张世禄的堂侄张存璐。胡氏偏爱张存璐，故舍张世禄而立之为嗣，这引发了张世禄叔叔张廷荷的不满，由此胡氏被告上了法庭。显然，胡氏舍亲侄子而立堂侄的做法，违背了明代法律中立嗣应按亲属关系先近后远的原则，在这个意义上，张廷荷的告诉是对法律原则的贯彻，而胡氏在法理上处于不利地位。然而最终的判决书尽管认定胡氏的立嗣不合法度，却承认了张存璐的嗣子身份，同时，考虑到张存睿乃是应立之人，提出了两嗣并立的解决方案，由二人均分张世禄的田产：“存睿、存璐而兼存之，则亦古人立亲、立爱之说也。”③

官员作出这一判决的理由是：“今据世禄亲叔张廷荷等口供，则袒存睿，攻存璐不遗余力，且诟谇及于胡氏，责其所立非次。噫！斯言是也。然试问存睿既立，而登堂拜母时，相见何颜？况又有存璐睥睨其侧，则内橐渐徙，而外情不接，戈将日閧矣。故两废不可偏立，亦不可惟合。”和上一章中宋代的案件类似，法官依然有人情方面的考虑：如果与苦节的胡氏相伴的是他并不亲爱的那个继子，而又有她所亲爱的侄

① 《名公书判清明集》，中华书局1987年版，第246～247页。

② 《名公书判清明集》，中华书局1987年版，第246页。

③ （明）李清：《折狱新语》卷二，《续修四库全书》本，第564页。

子在旁虎视眈眈,长久下来,家庭难以得到和睦,甚至胡氏与宗族之间的关系也会恶化。因此最终官员的裁决是对寡妇意愿和宗族意愿的一个折衷,即两嗣并立,但这并不能简单地看做是因为寡妇在立继一事上拥有足以和族长或昭穆制度相抗衡的权利。

《明会典》所载的这一条“爱继原则”或许可以用以佐证这一理解:

“若继子不得于所后之亲,听其告官别立,其或择立贤能及所亲爱者,若于昭穆伦序不失,不许亲族指以次序告争,并官司受理。”①

这一条在后来加入到明代继承法中的补充原则,提出应继之人如果不受所后亲属待见,则后者可以在昭穆伦序之内择立自己所爱之人来立继,且亲族无权对此提出诉讼。在清代的一桩立嗣诉讼中,我们可以看到官员是如何对这一“爱继原则”进行阐释的,《汝东判语》载:

“颜饶氏呈词判例载:无子立嗣,若继子不得于所后之亲,听其告官别立,其或择立贤能及所亲爱者,若于昭穆不失,不许宗族指以次序争告;……无子立嗣定例,极为详备,盖朝廷曲体人情、哀矜独之意。该氏夫故子殇②,择颜永和之子为嗣,如果昭穆相当,伦序不失,岂容颜松鹤违例妄争!着即录批经投族众,查明斥止,倘敢故违,准予捆送究办。”③

官员首先阐释了在清代继承法中延续下来的“爱继原则”,进而提出,对无子立嗣的规定,出于“朝廷曲体人情、哀矜独之意”,言下之意是,能否合于人情乃是影响立嗣判决结果的根本因素。事实上,清代官员也并非一味纵容寡妇,比如在《汝东判语》记载的另一桩为殇子立嗣引发的诉讼中,寡妇的请求就遭到了驳斥:“此案刘明行生子二人,开元虽故,金元尚在,本可无须立嗣。刘何氏不谙礼法,率为殇子立后,启此讼端。地下有知,必当悔恨。”④可见“爱继原则”的存在并非意味着寡妇在立嗣诉讼中拥有某种特出权利,相反,“爱继原则”的出现,只是看做

① 《明会典》,中华书局1989年版,第130页。

② 殇即未成年而死。

③ (清)董沛:《汝东判语》卷一,清光绪正谊堂全集本。

④ (清)董沛:《汝东判语》卷一,清光绪正谊堂全集本。

明代继承法对立继诉讼实践中所贯彻的人情原则的法条化的结果。

现在我们可以重新评价本节一开始所提出的白凯的观点了。必须承认的是，尽管明代继承法对应继之人的选择方式有明确的规定，但由立嗣而产生的诉讼争端，在很大程度上仍是产生于寡妇所爱继之人并非继承法规定中的所应继之人。因此白凯观察到的问题是确实存在的：明代官员在事实上纵容寡妇违越继承法的判决的确层出不穷。但本章的论证已经表明，这一现象未必代表寡妇拥有什么特殊的权利，而是因为毕竟立嗣在所有情况下，都创造出了新的母子关系，这一关系是否和谐这一问题，其重要性在法官们看来，或许不亚于立嗣所带来的其他问题。历代对人情因素的考量，恰恰构成了继承法在制度和实践之间的张力。

因此，在立嗣问题的框架内，无论是白凯所批评的对象，还是白凯的批评本身，似乎都没有抓到问题的关键之处，这或许是因为它们都囿于探讨立嗣中的权利问题，而没有看到明律所面对的立嗣问题中法律制度和人情原则的复杂关系。白凯的问题在于：首先明代的寡妇"须凭族长择昭穆相当之人继嗣"的规定，实际上规定的是寡妇立嗣时必须与族长就人选进行协商的这一法律程序，后者为立嗣实践中族长与寡妇的权利的共同实现提供了一个开放性的空间；其次，在这个法律程序之下，对人情的考量构成了立嗣判决中的主轴，既不是要求寡妇完全听从族长的指示，也不意味着寡妇在立嗣中拥有某些超人一等的权利。

在上文所引的宋代案例中，"官司岂可强令求之"的判词就清楚地表明了，寡妇的意愿在实际上是在人情的逻辑内受到了尊重，正如吕思勉先生所说的："……且承继之子，当尽奉养其父母之责，亦不能强令与所不爱。……盖尊重本人之意思矣。"[①]而在明代的案例中，判决书所着力刻画的是胡氏作为一个寡母的孤苦无依的形象，其文字十分声嘶力竭，如："然试问存睿既立，而登堂拜母时，相见何颜？"、"无论鞠育有年，胡氏之肠丝难割"、"然则为胡氏者若何？鸤鸠在桑，其子七兮，厥爱维均，愿深味乎斯言"，[②]等等。在官员的眼中，比起财产继承，他

① 吕思勉：《中国制度史》，上海世纪出版集团2005年版，第233页。

② （明）李清：《折狱新语》卷二，《续修四库全书》本，第564页。

似乎更关心的是怎样通过立嗣成就胡氏“为母”之义,而这或许正是明代继承法实践中对“人情”因素的一种突出的表达。下面,我们将讨论白凯在“强制侄子继嗣”原则之外的另一个理论假设“贞节崇拜”,由此我们将对明代的寡妇立嗣与守贞的关系进行探讨。

三、从“寡妻”到“寡母”:明代寡妇的立嗣与守贞

据统计数据显示,自宋至清涉及继嗣的诉讼中,发生在寡妇与夫家族亲之间的比例高达60%①,这可证明白凯的观察,即宋代以后的继嗣问题,其冲突焦点始终是在寡妇立嗣的问题上。具体来说,这种冲突的根源往往在于寡妇所中意的嗣子是与族人的意愿、甚至法律的规定相冲突的。对这一现象,白凯提出了她的解释:这是由于明代以来的贞节崇拜强化了寡妇的权利,在立嗣诉讼中对寡妇意愿的尊重是出于对贞节的褒奖,这使得立嗣诉讼中,守贞寡妇的意愿往往成为官员判案的首先考虑的因素。② 针对白凯的这一判断,本文下面将要分析的是明代寡妇的立嗣和守贞之间的关系问题。

根据儒家经典,中国古代女人的一生,大致要经历为女子、为妻、为母这三种身份的切换。③ 具体到本章所讨论的明代继承法中寡妇立嗣与守贞的问题上来,一个寡妇通过“立嗣”而帮助夫家完成“继嗣”和财产继承的过程,实际上是与一个寡妇从“寡妻”到“寡母”的身份转换的过程同步的。然而在这一过程中,女性“贞节”的要素是如何参与了“寡母”身份的构建的?这之中的逻辑是否像白凯所说的那样,寡妇可以恃贞节而违法?这是本章讨论中所关注的核心问题。

(一)明代的寡妇守贞现象

关于中国古代的寡妇守贞现象,早期历史学界所做的一个基本判

① 白凯:《中国的妇女与财产:960-1949》,上海书店出版社2007年版,第41、43页。

② 白凯:《中国的妇女与财产:960-1949》,上海书店出版社2007年版,第53页。

③ 《仪礼·丧服》:“妇人有三从之义,无专用之道。故未嫁从父,既嫁从夫,夫死从子。”出自《仪礼注疏》,北京大学出版社1999年版,第581页。

断是：夫死不嫁之风，成于宋元之际，而盛行于明清两代①。1937 年，董家遵先生曾对《图书集成》和《清实录》中记载的贞烈女数量进行了统计，统计结果如下：

朝代	宋以前②	宋	元	明	清
贞烈女数量	92	152	359	27141	（清初 9,482 人） 1000000 + ③
增长倍数	–	0.65	1.36	74.6	35.84

（资料来源：董家遵："历代节妇烈女的统计"，收入高洪兴、徐锦军、张强编：《妇女风俗考》，上海文艺出版社 1991 年版，第 579 页；郭松义：《伦理与生活：清代的婚姻关系》，商务印书馆 2000 年版，第 405 页。）

这一统计数据基本可以支持"明清两代贞节崇拜最盛"的结论，④且明代确定无疑的是古代历史上贞烈女数量变化最大的一个时段。对此，有学者给出过这样的解释：明太祖面对元明之际的变局，为了除去中国文化所受蒙元之影响、重树汉家正统地位，所采行的种种措施之一就是

① 参见陈东原：《中国妇女生活史》，商务印书馆 1998 年版；刘纪华："中国贞节观念的历史演变"，收入高洪兴、徐锦军、张强编：《妇女风俗考》，上海文艺出版社 1991 年版。

② 其中数量最多的隋唐时期，也仅有 32 人。

③ 同治朝年均旌表数为 15,000 人左右，以此推算而出。见郭松义：《伦理与生活：清代的婚姻关系》，商务印书馆 2000 年版，第 405 页。

④ 关于宋代是否开守贞风气的争论则比较多，很多研究者都注意到了北宋的改嫁之风仍盛，而一般认为宋明理学的兴起是一个转折点，特别是程颐、朱熹所提出的"饿死事小，失节事大"，在后世贞节问题的研究中往往被视为一个重要的坐标，参见刘纪华："中国贞节观念的历史演变"，收入高洪兴、徐锦军、张强编：《妇女风俗考》，上海文艺出版社 1991 年版。但这一观点已经受到质疑，主要基于两方面理由：首先，这样的主张并非从程颐开始的，汉代的刘向、魏晋的裴頠皆有此类表达，程、朱的这句话在宋代的影响力也要画个问号；其次，宋代史料中很明确地存在很多妇女改嫁的记载，且这并非法律和舆论所不允许的，参见陶晋生："北宋妇女的再嫁与改嫁"，收入鲍家麟编：《中国妇女史论集五集》，稻乡出版社 2001 年版；董家遵："从汉到宋寡妇再嫁习俗考"，收入鲍家麟编：《中国妇女史论集》，稻乡出版社 1999 年版；张寿安：《礼教论争与礼秩重省：十八世纪礼学考证的思想活力》，北京大学出版社 2005 年版。据此，有论者认为宋代并非贞节崇拜的巨大转折点，如张邦炜："宋代妇女的再嫁问题和社会地位"，收入鲍家麟编：《中国妇女史论集三集》，稻乡出版社 2004 年版；也有论者持比较中立的观点，认为贞节观在宋代已经开始兴起，只不过仍未像明清那样兴盛，如柳立言："浅谈宋代妇女的守贞与再嫁"，收入氏著：《宋代的家庭和法律》，上海古籍出版社 2008 年版。

大力褒奖贞节,以"复先王之教以序彝伦",在法律上,对再醮的妇女也仍有明文歧视。①

然而按照《明会典》所载:

"(1)国初,大明令依古礼:父服斩衰、母齐衰、报服如之、庶母服缌、三殇降等。(2)洪武七年始加折衷,着为《孝慈录》,父母俱斩衰,而减报服,省殇礼,定庶母服以杖期,又列图于律,至今遂为定制。"②

可以看到,明太祖对亲属法的变革有两个阶段:(1)在开国时期,制度设计往往力求复古,在这之中的确存在树立华夷之别的正统秩序的考虑,所谓"至于胡元,昧为教化,九十三年之间彝伦不叙,至有子纳父妾,而弟妻兄妻,兄据弟妇者,此古今大变,中国之不幸也。朕膺天命,君主华夷,复先王之教以序彝伦,务使各得其序"。③ 具体来说,明太祖遵循的是南宋《家礼》的规定,是为洪武初制;(2)但明太祖很快就发现初制中的许多设计难以在现实中实现,由此出现了一系列改革,而这次改革中许多制度最终成为了明朝定制。④ 而在第(1)阶段中,明太祖意图规正的伦常秩序中,并不包括强制妇女守贞的内容。他所反对的"子纳父妾,弟妻兄妻,兄据弟妇"的行为,虽然涉及妇女的改嫁,但这之中的真正问题却不在于妇女改嫁,而是妇女在父子、兄弟之间的改嫁,冲击了家门之内的男女之防,构成了乱伦之罪。⑤ 总而言之,上述认为明太祖因华夷之别而主张复古,导致贞节崇拜的解释是说不通的。那么,明代开始妇女大量守贞的现象,究竟是为何产生的呢?

无论是史学界对贞节问题的研究传统,还是白凯从继承法角度对"寡妇守贞"问题的解释,实际上背后有一个共同的理论倾向,即把贞节

---

① 徐秉愉:"辽金元三代妇女节烈事迹与贞操观念之发展",收入鲍家麟编:《中国妇女史论集续集》,稻乡出版社1999年版。

② 《明会典》,中华书局1989年版,第562页。

③ 《明太祖实录》卷二三二,中央研究院历史语言研究所1962年版。

④ 参见丁凌华:《中国丧服制度史》,上海人民出版社2000年版,第182页;赵克生:《明朝嘉靖时期国家祭礼改制》,社会科学文献出版社2006年版,第22页。

⑤ 禁止妇女改嫁,也不是古礼中的应有之义,《仪礼·丧服》中就明确记载了"父卒,继母嫁,从为之服,报"的条目,可见古代宗法制度中是承认妇女改嫁的行为的。参见《仪礼注疏》,北京大学出版社1999年版,第571页。

崇拜兴盛与否视为影响妇女权利的一个因子。区别只是在于，“五四”以来的研究传统倾向于强调贞节崇拜对寡妇权利的压迫，而白凯则看到了贞节崇拜强化对寡妇继承权利提升的一种正面效应。但正如我们上一章所证明的那样，在继承诉讼中，寡妇并不是具有什么权利上的优势，官员所优先考虑的，实际上是立嗣的结果能否顺遂人情。

在这个视角下，我们就可以把立嗣的问题跳转到女性从“寡妻”到“寡母”之间身份转换的线索上，明代的寡妇守贞现象的实质问题就变成了：明代的女性为何选择以立嗣的方式成为“寡母”，而不是以改嫁的方式进入新的家庭？关键不在于守贞对寡妇权利存在何种影响，而是为何明代的大多数女性倾向于成为“寡母”而不是改嫁，并为此付出守贞的代价。这是明代寡妇所面临的一个新的生存图景：守贞成为了一种“为母”之道并成为了普遍的一种选择。而正如上文已述，它不是明太祖洪武初制中的复古精神的结果，那么，它究竟该怎样来解释？

（二）母道昭彰——明代《孝慈录》改革及其对继承法的影响

因此，我们有必要审视明太祖立法的后一个阶段，即通过变革初制完成的洪武定制。《明会典》载：

“洪武七年始加折衷，著为《孝慈录》，父母俱斩衰，而减报服，省殇礼，定庶母服以杖期，又列图于律，至今遂为定制。”①

洪武七年，明太祖通过订立《孝慈录》实现了丧服规定的亲属关系上一个重大改革：父母同斩衰三年之服。斩衰三年是丧服制度中服制的最高配置，按照《仪礼·丧服》之中的规定，子为父服可以服斩衰三年之丧服，而为母最多只能服到次一级的齐衰三年，而如果母先于父去世，则子只能为母服齐衰一年。这背后的道理是，在亲属的服制系统之内，斩衰是最高之服，象征的是对己而言的至高无上之人，而至高者只能有一个，正如《孟子》所说的：“天之生物也，使之一本。”②故古人有“不二斩”的说法，如：女子出嫁，则以夫为天，为夫服斩衰，而为亲生父降服齐衰；男子过继，则为所继之父斩衰，而为亲生父亲降服齐衰；而在一家之内，

① 《明会典》，中华书局1989年版，第562页。

② （宋）朱熹：《四书章句集注》，中华书局1983年版，第262页。

子为父服斩衰,则为母只得服齐衰,这些都是“不二斩”的体现。

与中国古代宗法制度相匹配的丧服制度,在秦汉之后就由于社会结构的变化而开始不断受到冲击。唐代武则天改革丧服,规定无论父亲是否尚在,为母亲都要服齐衰三年之丧。这一改动得到了民间的响应,至唐玄宗《开元礼》成为定制,正如丁凌华先生指出的那样,武则天改革显示出传统丧服理论在唐时已经陷入困境。[①] 但武则天的改礼,仍然承认“不二斩”的原则,为母之服尽管挣脱了父亲在世与否的制约,依然是齐衰之服,与斩衰不同。而明太祖的《孝慈录》改革,则明显更直接地冲击了丧服礼制中的“不二斩”原则。

洪武七年的丧服改革有一个十分现实的背景,《明史》记载:“成穆贵妃孙氏,……洪武七年九日薨,年三十有二。帝以妃无子,命周王橚行慈母服三年,东宫、诸王皆期。敕儒臣作《孝慈录》。庶子为生母服三年、众子为庶母期,自妃始。”[②]改制的最初目的,是令明太祖之子得以为受宠的孙贵妃服丧三年。[③] 这一改革的核心,正如明太祖在“御制孝慈录序”结尾写到的,“礼乐制度出自天子,于是立为定制。子为父母,庶子为其母,皆斩衰三年。嫡子、众子为庶母,皆齐衰杖期,使内外有所遵守”,[④]乃是对母服制度的调整。

按《明会典》所载,丧服“斩衰三年”的适用对象在洪武七年改制之后被大大扩充,其中包括了“子为父母,庶子为所生母,子为继母,子为慈母,子为养母”[⑤]这五类母亲,将妻、妾、续弦、收养等各种情况下产生的母子关系中的母,都在丧服上列为与父同等的地位,甚至非本生母的父妾只要有子,就具备了“妾母”的身份,去世时该父亲的所有子都必须为之服齐衰一年之丧服。在这种崇母之风的影响下,甚至有很多没有血缘关系的“母子关系”也在明代文人之间受到尊崇:比如杜环待父亲之友

---

① 丁凌华:《中国丧服制度史》,上海人民出版社 2000 年版,第 174 页。

② 《明史》卷一百十三,中华书局 2000 年版,第 2316 ~ 2317 页。

③ 按周代礼制,天子诸侯及其子原本为庶母无服。

④ 《明太祖集》,黄山书社 1991 年版,第 302 ~ 303 页。

⑤ 《明会典》,中华书局 1989 年版,第 562 页。

常允恭之母张氏如母，极尽孝顺之道，在万历年间被朝廷立祠表彰；[①]还有资料记载，五代时期一群盗贼认一贫妪为母，事之甚孝，乡里之人于是立五子庙纪念之，以为佳话。[②] 明太祖《孝慈录》改革最终成为明代以后母服的定制，无论这一改革是对重母道之风的巨大推进，或是对当时已经存在的民间风气的顺应，都必须承认的是，“母”的形象在明代得到了极大的强调。

在这个背景下，而如果说明太祖对母服制度的改革在什么意义上比之前所有丧服制度的变革都要激进，那就是它大大地重构了中国古代女性的生存图景，在这一图景中，一个女人作为母亲，在丧服制度中可以享有和男子作为父亲完全同等的地位；其后果是，从寡妇立嗣的行为中，衍生出了双重的意义：立嗣不仅意味着延续丈夫的宗嗣，还意味着成就一个守贞寡妇的“为母”之义，她作为一个母亲受到极高的尊崇，构成了守贞所展现出的道德力量。

（三）明代寡妇的立嗣与守贞的关系

在《折狱新语》记载的“一件虐节事”中，明代寡妇王氏在夫家守寡时受虐待至死。她的兄弟为她告官鸣不平，最终官员判决不仅惩罚她夫家的亲戚，还要求为其立嗣，“仍以应龙子子应凤、奉王氏祀，若有儿矣，灵其享诸”，[③]这里为王氏之亡夫立嗣和为作为节妇的王氏立后的需要，似乎合二为一了；类似地，在清代一件围绕寡妇范氏死后如何立嗣的案件中，“堂兄毓铣早故，二嫂范氏节烈，承嗣无人，迄今多年”[④]的讲法也显示出，守节的寡妇和亡夫似乎同样需要立嗣。是以纪昀写道：“古者世禄世官，故宗子必立后；支子不祭，则礼无必立后之文。孟皮不闻有后，亦不闻孔子为立后，非嫡故也。支子之立后，其为茕嫠守志，不忍节妇之无祀乎！……礼以义起，遂不可废，凡支子之无后者，亦遂沿为例。不可

① （明）顾起元：《客座赘语》，中华书局1987年版，第191～192页。
② （明）陆容：《菽园杂记》，中华书局1985年版，第94页。
③ （明）李清：《折狱新语》卷二，《续修四库全书》本。
④ 《曲阜孔府档案史料选编》第三编第一册，齐鲁书社1980年版，第443页。

废,而家庭从此多事矣。"[①]在他看来,后世的立嗣行为,在很大程度上已经和古代宗法制中的立嗣在意义上产生了区别,其中最大的差异就在于,后世往往是出于不忍一个寡母(茕嫠)守贞而无人祭祀而为之立嗣。

在这几条材料里,守贞和立嗣议题的交叠,体现出了白凯所说的,寡妇贞节具有某种道德规范性的力量。[②] 但必须注意到,这种道德性力量,实际上建立在时人对"节"的品德的理解之上。"节"并非是专属于女性的德性,明代的顾起元在《客座赘语》中曾详细描绘了士大夫阶层自身的"苦节"理想;[③]但在文人们看来,寡妇守节所具备的道德力量似乎更强,因为这种守节的过程往往面临更多的困难,正如明人吴廷翰所说:"妇之事夫,犹臣之事君也。故曰'妇人,贞吉',从一而终也。……故妇人之节,臣之忠,义同而势异,为其有难易也。"[④]对妇人"守节"的关注具有某种符号性,投射出了文人们对不分性别的某种崇高的道德理想的热忱,可见于明代叶子奇在《草木子》中记载了至少六位女子写下的守节之诗,[⑤]也往往有改朝换代之际女子以身死劝夫殉国的记载。[⑥] 文人们往往赋予女性守贞更加复杂的内涵,它们共同建构了白凯所观察到的守贞的道德性力量。

但如果我们追究贞节崇拜背后的理论逻辑,就会发现,为一个节妇立嗣的需要,既是为了彰显其贞节,也是为了帮助她成为一个母亲,因为

---

① (清)纪昀:《阅微草堂笔记》卷十四,收入《笔记小说大观》第二十册,广陵书社1983年版,第360页。

② 白凯:《中国的妇女与财产:960-1949》,上海书店出版社2007年版,第57页。

③ "苦节士大夫生平要以固穷为第一义,……趣操严冷,生事肃条,处人之所不堪,而皎然自好。"见(明)顾起元:《客座赘语》,中华书局1987年版,第286~287页。

④ 《吴廷翰集》,中华书局1984年版,第292页。

⑤ (明)叶子奇:《草木子》,中华书局1959年版,第75页。

⑥ 最有名的例子是顾炎武的母亲,对其的分析见卢苇菁(Lu Weijing):《矢志不渝:明清时期的贞女现象》,秦立彦译,江苏人民出版社2010年版,第49~50页。其他记载如:"闯贼围京城,……妹先自尽,德哭视其缢,其妾请继之,德痛不及视,入别其母张氏,哭尽哀。出而自缢。母见子女及妾皆没,亦自缢",见(明)李清:《三垣笔记》,中华书局1982年版,第83页;"文皇靖难后,召浙按察王公良,良谓其妻曰:'吾分应死,思所以处汝,未决耳。'妻曰:'君为男子,乃为妇人谋乎!'乃投池先死",见(清)张怡:《玉光剑气集》,中华书局2006年版,第939页。

一个女性无论是否立嗣,都不妨碍她守贞,成为一个"寡妻",甚至节烈而死;但纪昀"支子之立后,其为茕嫠守志,不忍节妇之无祀"的说法显示出:一个"寡妻"实际上并不被认为具有完全意义上的贞节,因为恰恰是在有子嗣能去祭祀她时,守贞的道德意义才能被完全表达出来。因此,守贞的意义必须通过一个女人从"寡妻"变成"寡母"的过程中体现出来,以至于,即使这个寡妇没有子嗣,也要通过立嗣的方式(在上文王氏的案例中,甚至是在她死后为她立嗣),在一种拟制的母道中完全她的"寡母"形象。因此寡妇守贞所具有的道德规范性力量,在很大程度上又是产生自明代社会对"母"的形象的强调的。一个寡妇在丈夫死之后成为家长,在立嗣等关系到宗脉存亡的问题上占据主导地位,①与她选择守贞,都是"母"的形象得到强调的后果。

这种对"寡母"的地位的强调,不仅仅限于立继之中,而是弥漫在明代的司法精神之中的。《明太祖实录》记载,洪武二十三年,"湖广阮陵显主簿张杰有罪罚输作,自陈:母贺氏当元季乱离,守节教子,期于有成,今年且老,而臣以罪戾不得奉养,愿乞自新,庶全子职。通政使司以闻,上怜而宥之曰:妇人当乱世能守节教子,可以励俗,命礼部榜示天下,仍加杰禄秩,俾终养其母"。② 可见在明太祖眼中,惩罚案犯的意义,远不如令其子奉养"寡母"的意义要来得重大。由此可见,明代由《孝慈录》中母服制度改革所的昭示的、对"母"的形象的强调,赋予了司法实践中"人情"因素新的内涵。③

---

① 参见滋贺秀三:《中国家族法原理》,张建国、李力译,法律出版社2003年版,第343~350页。

② 《明太祖实录》卷二〇〇,中央研究院历史语言研究所1962年版;转引自王伟凯:"从《王孝子》看明代的司法操作及法律与孝道的关系",载《明史研究》(第9辑),黄山书社2005年版。

③ 与对"母"的形象的强调相对应的另一方面,则是明代对子女孝德的尊崇,如明代笔记中诸多"孝子传"的记载,参见:(明)李诩:《戒庵老人漫笔》,中华书局1982年版,第159~160页;(明)黄瑜:《双槐岁钞》,中华书局1999年版,第43~44页;(明)张萱:《西园闻见录》卷二,民国二十九年哈佛燕京学社版,《明代传记丛刊·综录类》卷三十,第183~184页,等等。其集大成者,可见清人张怡的《玉光剑气集》中卷十四"孝友"章,参见(清)张怡:《玉光剑气集》,中华书局2006年版。

就守节寡妇自身而言,守节也往往并非是目的本身,而是她以“母”的身份为夫家承担更多责任的必然选择。吴廷翰记载了这样一个故事:寡妇林氏年幼丧夫而无子,族人欲其改嫁,林氏于是守节二十年,至四十岁时立侄为嗣,说“吾不死者,以待此也。此儿立,吾夫为不死也”。[①] 林氏意识到自己以“寡妻”的身份守贞是远远不够的,只有立嗣、成为“寡母”后,才真正完成了她对亡夫的责任,也实现了自己的生存价值。林氏实际上是在代表丈夫行使立嗣的权利,而赋予了她这一权利的,并非守贞本身,而是她通过守贞最终得以成为一个“寡母”、进而成为一个家长的事实。在吴廷翰为另一位节妇林氏所写墓志铭里,提到这一位林氏在夫死后曾“以节自誓曰:‘所以忍死者,上以慰二亲,下以存一脉耳……’”,[②]其铭曰:“泣抱遗孤,逮其曾孙。孰谓夫死,宛如生存。”[③]这两位节妇林氏的形象都体现出了,在明代尊崇“母道”之风气下,一个女性也因此感到她有更多的责任,在夫死之后担负起丈夫的未尽之事。[④]

不难想象,作为这种强调的产物,一个明代的“寡妻”比起通过改嫁而净身出户、另起炉灶,她现在或许更倾向于通过立嗣的方式,变成一个“寡母”。在她可以凭自己的意愿成为一个母亲,而又不必承担改嫁的风险的意义上,我们很难评价守贞对她而言是一种束缚,或者是解脱;但无论如何,这一幅图景或许并不像白凯所描绘的那样,是贞节崇拜赋予了明代寡妇某种特出的继承权利。她选择守贞的倾向和她在立嗣上所拥有的权利,这二者更像是一体两面的关系。而对一个明代的寡妇而言,最根本的变化在于,她可以作为一个母亲,为夫家承担更多的责任,而这种责任自然伴随着白凯所关注的权利,以及她以守贞的方式对这种责任的确认。而对明代官员而言,一个节妇之为“母”的身份,由于明太祖《孝慈录》变革,恰恰构成了其司法实践中的人情因素的全新内涵;对

① 《吴廷翰集》,中华书局1984年版,第292~293页。

② 《吴廷翰集》,中华书局1984年版,第296页。

③ 《吴廷翰集》,中华书局1984年版,第296页。

④ 还可见“治家教子亦如公在时,阃以内斩如之”的李氏,见《吴廷翰集》,中华书局1984年版,第298页;“封邱庠生彭仪妻吴氏,丧夫时年甚少,亟欲以死殉,顾姑老子幼,乃止”,参见(明)黄瑜:《双槐岁钞》,中华书局1999年版,第154~155页。

节妇在立嗣上的意愿的尊重，反过来也成为人情原则在明代继承法实践中的表达形式。

四、结论

针对白凯在《中国的妇女与财产：960～1949》一书第二章中提出的“强制侄子继嗣”与“贞节崇拜”的理论，本文对于明代继承法中如下问题做了如下澄清：

首先，白凯所提出的在明初被引入法律的“强制侄子继嗣”原则，实际上来源于她对明初洪武二年立法中“须凭族长择昭穆相当之人继嗣”一句的误读。从洪武二年之制内部，以及《大明律》“立嫡子违法”条的规定中，可以判定这一句乃是对寡妇立嗣所必须遵循的法律程序的规定，而并非白凯所说的寡妇必须立嗣的“法律义务”。

其次，通过对宋、明、清三代立嗣案件的分析，本文指出，在古代继承法的司法实践之中，人情原则往往占据核心地位，构成了制度和实践之间的张力。明代后期出现的“爱继原则”并不意味着寡妇在立嗣中拥有某些特出权利，而止是立嗣中的人情原则的体现。因此，理解明代继承法时，有必要跳出白凯等研究者的“寡妇权利”的问题意识框架，探寻人情背后所渗透的理念。

最后，针对明清诸多案例里，官员纵容寡妇违越继承法的事实，白凯认为这是由于明代之后贞节崇拜的愈演愈烈抵消了继承法对寡妇立嗣权利的限制。然而，如果把立嗣的问题，还原为一个寡妇从“寡妻”到“寡母”的身份转换过程，就会发现这一理解不足以解释“寡妇守贞”的问题。本文首先反驳了对明初贞节崇拜成因的一种错误理解，指出明太祖针对胡元政权的复古改制与禁止寡妇再嫁无关；其次通过对洪武七年《孝慈录》对亲属法的变革的分析，我们发现《孝慈录》破坏了家内“不二斩”的原则，从而改变了女性的生存图景，表现为明代以后“母”的形象得到了特别的强调。对于一个寡妇而言，她选择守贞和她在立嗣上的意愿受到尊重,都是这种强调产生的后果,她也因此更愿意通过守贞的方式"为母";而对官员而言,"母"的形象构成了明代继承法实践中人情原则的全新内容。这是本文对明代的寡妇守贞现象所提出的另一种解释路径。

白凯对明代继承法提出的理论判断,更多的是在接续滋贺秀三"夫妻一体"理论的思路,强调寡妇在中国古代继承法中作为财产转移中继意义上的存在。① 她对此所做的修正在于,"夫妻一体"的理论只有限定在明代以后"强制侄子继嗣"原则的框架之下才成立,即,只有寡妇通过立继延续丈夫的宗脉成为了一种法律义务之后,"夫妻一体"才真正地实现了。② 但从"夫妻一体"的原则理解古代继承法的思路,归根结底,是把继承问题当做了一个权利问题,而本文所力图凸显出的是:仅仅从权利问题理解古代继承是远远不够的,必须要加上人情、礼制的变化维度,才能厘清古代继承法的具体开展。白凯的修正虽然可能是一个美丽的误会,但她从女性角度切入中国古代法律秩序的思考路径,无论是对具体法律制度的研究而言,还是对中国古代法律理论的研究而言,毕竟依然不失为一条极具活力的进路。在这个意义上,本文所做的仅仅是一项清理性工作,以俟对相关问题更加细致的理论探讨。

---

① 滋贺秀三:《中国家族法原理》,张建国、李力译,法律出版社2003年版,第336页。

② 白凯:《中国的妇女与财产:960-1949》,上海书店出版社2007年版,第48页。

《法律和社会科学》(2013)
第11卷,第311~314页

小人物，大历史

陈柏峰*

朱晓阳教授的《小村故事:罪过与惩罚(1931~1997)》是一本以人类学田野调查为基础的惩罚社会学著作。① 这本书也可以当小说来读,因为它的主题就是讲"故事"——滇池东岸小村"罪过与惩罚"的故事。在文化人类学的视野中,惩罚凝聚了整个社会关系和文化网络。朱晓阳沿着这个传统,用"延伸个案"的方法,专注于变革时代的小村,阐释小村故事在时间流中的动态及其与特定条件和特定行动者的联系,并解释了惩罚在特定社会语境中的文化意义。

作者在20世纪70年代曾是落户小村的知识青年,当年就收集了写村史的素材,加上后来陆续不断地回访小村,完成了这部著作。我敢说,这是当代中国人类学界最好的一部田野著作,它做到了对惩罚的"连根拔起",完成了对小村的"深描"。本书"连根拔起"的意义,不仅仅在于认识小村的具

---

* 作者单位:中南财经政法大学法学院,电子邮箱:chbfeng@163.com。

① 朱晓阳:《罪过与惩罚——小村故事:1931~1997》,天津古籍出版社2002年版。其修订版以《小村故事:罪过与惩罚(1931~1997)》为书名于2010年由北京大学出版社出版。

体惩戒故事,更在于可以通过"小人物"的惩戒故事来反观"大历史"。

对于新中国成立以来的中国乡村社会变革,通常的认识框架认为,国家以阶级斗争之名,通过各种各样的政治运动,对乡村传统精英进行无情打击,用社会主义的国家规范及其意识形态将传统的村落进行改造,并破除传统文化及其相应的关系网络。一些人进而借此展开对全能国家、集权主义的批判,对革命运动的反思。他们将历史过程中的一切错误和悲剧都归咎于政治运动及其发动者和执行者,这将乡村社会置于完全被动、完全受制于国家权力的地位。

然而,朱晓阳对惩罚的"连根拔起"却告诉人们,乡村社会虽然受到国家的集中性权力的限制,但是在政治运动中并不是被动地任由国家渗透。事实表明,政治运动中,政治受害者与施害者之间往往有着异常紧密的联系和复杂的爱恨情仇。国家层面的政治运动总是和村庄层面的政治和权力搅在一起,国家政治运动总是被用于适合行动者的当地性目的。历次政治运动中的惩罚,总是先有个人间、家庭间、宗族间或地方派系之间的长期矛盾,然后才有人利用国家的政治运动来谋取他们个人或集团的利益。[①] 这一特征一直延续到今天的村庄政治,村委会选举、村庄反腐败斗争等,无不深嵌在这种长期矛盾之中。[②] 无论是过去的政治运动,还是当前的选举、上访等制度,都可能为个人、家庭、宗族、地方派系之间提供斗争的平台和工具。

近五十年以集体主义为核心的国家价值,常常被当做是村庄惩罚的依据,这在20世纪50年代至20世纪70年代的政治运动中尤其明显。1951年的清匪反霸运动中,小村的黄崇道被村里人控告欺压民众和指使杀人,因此被工作组定为"恶霸",并被县司法部门判处死刑,后侥幸得以释放。然而,现实并非如阶级斗争叙事那样一目了然,它有"前历史"。那就是20世纪30年代,黄崇道因鸦片纠纷指使人杀死了黄营长,这间接导致了小村在20世纪40年代的衰败。黄营长是一个

① 朱晓阳:《罪过与惩罚——小村故事:1931~1997》,天津古籍出版社2002年版,第136页。

② 陈柏峰:"北方村庄的派性政治与日常生活",载《开发研究》2008年第1期。

勇敢强悍的侠盗和“仁义之人”，曾是小村的保护人。黄营长之死是导致黄崇道被惩罚的主要原因，黄崇道的孙子黄大育还认为，爷爷因宅基地纠纷得罪了邻居，邻居趁着运动的机会告发了他。① 对于黄大育而言，半个世纪以前的事件仍然是他们的“现实”，这个事件及其“延伸后果”成了这个家庭中的成员为人之道建构的资源。黄崇道的孙子后来在村委会选举竞争中获胜，因为他有更强烈的社区利益倾向，这在一定程度上与其对家庭所遭惩罚的反思相关。

总之，20 世纪 30 年代的谋杀事件后来成为小村历史上的传奇，这一传奇在 20 世纪 50 年代以后的急风暴雨式政治运动中支配了阶级关系和其他的国家言辞。此后，小村又经历过多次国家发动的政治运动，每一次政治运动都或多或少重复清匪反霸时期的情形：即国家实施的惩罚是以村落内个人关系为根据的。也就是说，社区内个人间纠纷的“前历史”经常给国家暴力提供最终的资源。而在这些国家发动的运动中，往往会有地方的行动者出于个人行动事项考虑而一次又一次地再定义和再解释过去的“老账”。它甚至影响到当代村庄政治，教化小村的后人们在激变的时代“做人”。

黄崇道的故事只是小村很多故事中的一个。小村故事，不是国家至上而下地愚弄农民，将农民裹胁进政治运动的故事；而是农民自下而上地主动利用国家，实现其地方性目标的故事。

朱晓阳之所以做到了对小村故事的丰富认知和通透分析，重要的原因大约是他使用的“延伸个案”方法。延伸个案方法最早是人类学家对菲律宾部落社会的断案方式的概括。这种断案方式下，“法官”在“司法过程”中必须考虑诉讼当事人之间关系的全部历史，考察纠纷的前因和最终结果，并从特定社会关系或社会情景考虑来决定如何判决。延伸个案也是一种研究过程和方法，法人类学家从当地人的观点或主位角度出发，来研究所谓的“司法过程”或“社会过程”，它要求研究者不仅要收集个案材料和调查个案本身，而且要将个案产生的社会脉络

① 朱晓阳：《罪过与惩罚——小村故事：1931～1997》，天津古籍出版社 2002 年版，第 84～134 页。

或情景也纳入考查的范围,关注个案的前历史和社会后果。① 延伸个案下的研究过程与部落社会的断案过程本质是相通的。

延伸个案方法决定了作者必定会超越一般法学学者的规范视野。法学学者习惯于从法律规范出发,以法律规范给定的权利、义务、价值倾向来对问题进行评判,反对所谓"法律事实"之外的信息影响法律裁判,他们往往将法律事实之外的信息影响下的判断斥为反法制的。如此,法律的规范视野就变得日益狭窄,尽管从法律规范上其判断有合法性,但往往缺乏社会正当性和历史正当性,面对社会历史问题必然迷失方向。中国是一个后发现代化国家,近代以来尤其是改革开放以来学习西方建设法治国家,但法治在中国社会还缺乏社会基础和心态基础,这种背景下,中国的任何法律问题都不是单纯的法律问题,必然涉及复杂的历史和社会因素。因此,法律人类学的方法和视野尤其值得法学学者关注和学习,这也是朱晓阳讲述"小村故事"所带来的方法论启示。

① 朱晓阳:《罪过与惩罚——小村故事:1931~1997》,天津古籍出版社2002年版,第36~37页。

《法律和社会科学》(2013)
第 11 卷,第 315 ~321 页

土地之上的农民与国家

李伟华*

《小村故事:地志与家园(2003 ~2009)》是一部关于小村的水、土和家宅的地志。① 地志学视角(topographic perspective)"是一种将地理、居住、综合型边界、法律现实、过去历史的踪迹、地方——名字等包容进特定空间的综合知识"。② 它"是从以自然主义或人文主义阐释学(或两者合一)为前提的西方社会科学出发,试图通过融合他者的'地方性'视域来寻求更普遍的解释力"。③ 人类学近年来出现"地志学"转向。在转向的背后,"隐藏着的或弱或强的理论和实践关怀是要超越现代性和后现代性的争论,是人类学回到'面向实事'和以具有实践紧迫性的问题为起点的研究上来"。④ 这种

* 作者单位:北京大学社会学系,电子邮箱:wheiwalee@gmail. com。

① 朱晓阳:《小村故事——地志与家园(2003 ~2009)》,北京大学出版社 2011 年版。

② Kirsten Hastrup, " social anthropology: Towards a pragmatic enlightenment?" Social Anthropology, Vol 13, Issue 2: 133 -149(2005).

③ 朱晓阳:《小村故事——地志与家园(2003 ~2009)》,北京大学出版社 2011 年版,第 4 页。

④ 同上注,第 3 页。

地志学与中国传统景观的风水观也十分接近,但使用的话语不同。“如果说地志学是在恒久的‘形式’与易变的‘质料’(物质)相互关系的格局之下讨论景观,风水则是以‘气’和‘势’来将景观的形式(理)和质料(形)统合起来。”①两者之间如何“共度”,本书作者试图以“风水”的语言来表达“地志学”的关怀。他认为:“对面向中国经验的社会科学来说,更重要的问题是如何在一个共同主体的世界中,寻求使‘传统的知识’获得普适性的地位。”②这一点从作者用“水”、“土”、“居”等特色鲜明的词语作为各章的小标题,就能够很明显地看出来。

作者在书中指出:“我想通过书写地志,能够获得对于农民所处的社会、经济和精神世界的深入理解,能够获得对于中国这个社会的转变与延续的深层逻辑的理解。”③在本书中,作者最想处理的,是农民与国家的关系。在近年发生的城市化和国家征地过程中,滇池小村的土地在被征的时候,补偿费远远低于市场价格。这个现象并不容易被许多西方社会科学家,特别是以斯科特为代表的关于农民与国家“抵抗/支配”的二分框架所能够解释。如果经由地志学的解释,或者更具体一点来说,“所有关于农民与国家关系的解释都必须以在那片土地上到底发生了什么的基础上获得”,④那么,这一现象得以发生的原因在于,“农民与地方政府官员之间的‘(工具)理性交往’”,是以对国家的信任为背景的。这个可以信赖的“父母”国家,成为农民和地方官员关于地权归属的起源。正因为如此,农民会轻易放弃土地,同时农民也愿意轻易接受政府的补偿费标准。

作者从“水”、“土”、“居”三个方面来进行地志学的阐释。在他看来,“水和土地是小村人的历史与现实中两个重要的物质性因素。这两种物质性因素及其变迁又与小村人的社会观念、对国家的看法,总之,对世界的看法有密切的关系”。⑤ 水、土地和家宅,共同以空间化的

① 朱晓阳:《小村故事——地志与家园(2003~2009)》,北京大学出版社2011年版,第4~5页。

② 同上注,第5页。

③ 同上注,第9页。

④ 同上注,第10页。

⑤ 同上注,第23页。

面向成为小村一百多年历史的焦点。在“水”这一章中，作者首先追溯了小村人用水的历史，至少到清末民初，小村村民便以耕种庄稼和蔬菜为生，由于地处河流下游，小村人面临与周边尤其是上游村落争水与分水的问题，且时常落于下风。村落间的用水纷争最后常常通过百姓与官府之间的复杂关系来解决。作者通过对“水”的历史民族志描述，把我们带入了农民与国家关系的深层根源。小村大庙边立着一块石碑的碑文，为我们揭开了一段往事。碑文内容是一份光绪年间云南省府的一份裁决书，从碑文推断，1890 年，大概是大村人违背“古规”，将沟水堵截起来，独自占用，使下游的小村人用不上水。而小村人则可能扒开大村人在河沟里设置的堵水坝放水，从而引致两村纠纷。此后大村人告到官府，于是便有省府的当堂断决。从碑铭来看，裁决书是“在考虑过时间和空间的‘情景’后，官府才作出非常具体的断决”。[①] 碑铭是清帝国时期的人与水、民与官的世界秩序的缩影。作者进一步指出，“这种秩序符合当地人与当时水情的具体关系。这种关系是数代人栖居在宝象河和马料河流域上讨生活形成的。因此，分水断决既有来自对环境的直接感知，也包含遭遇水的问题时以‘习性’和‘原则’表达出来的既有观念与水利环境间的相互侵入”。[②]

村民还流传着一段发生在 20 世纪 30 年代的分水传奇。同样因为与大村产生用水纠纷，村中的强人黄营长向负责裁决的官员要求分给小村人“一金竹竿粗”的水流，官府表示同意。结果在修筑分水涵洞那天，黄营长叫全村人每人拿一支竹竿来到现场，然后将竹竿捆成一捆，说这才是一金竹竿，我们要这么粗细的一管水。官员很无奈，但还是同意按金竹竿捆的粗细挖涵洞。从此小村分得一股常年流进村庄的水。将这个传说进行图式化分析，便是“本村英雄如何以聪明才智，使用语言（隐喻）游戏，使官员对其才智既惊恐又佩服，最终只有答应其要求”。[③] 故事的意义在于它试图通过民间英雄与分水的叙事模式来处

---

① 朱晓阳：《小村故事——地志与家园（2003～2009）》，北京大学出版社 2011 年版，第 29 页。

② 同上注，第 30 页。

③ 同上注，第 32 页。

理农民与官府或其所代表的国家的关系。"在这种语境中,官府与农民之间体现出父母官与子民的关系,或者说礼治秩序模式。"①小村邻近的村庄也有一个结构类似的传说,但具体内容则并不相同。这些故事隐含了中国农民与官府间理想关系的美好想象。但如果从"彻底解释"的地志学进路来说,更重要的不在于发现结构的相似性,而是其相似结构中内容的特殊性。"彻底解释要求阐释必须从当地的公共话语、表征或表征性事件(包括对这种事件的当地叙事)开始,在对话和参与体验共同世界的基础上,获得关于这个共同世界的真的知识。"②当争水与分水的纠纷被表述为一段如同戏剧脚本的传说时,作者认为:"小村人的世界秩序是在这种日常事件及其戏剧化/仪典化的追述中来回交织而成的。这种对日常事件的戏剧化/仪典化表述,使小村人的生活获得了普遍意义,从而使他们成为一种有自己的地位和历史的社会人"。③ 书中对水的解释(包括水利景观、碑铭和传说),展现了小村人生活世界的秩序,它表征了小村人关于本村与外部世界的关系,表征了他们与"他者"、英雄和官府的关系等。这些因素及其秩序表征既是农民关于"水的宇宙观"的表达,④同时也是"生活的现实"。⑤

在"土"这一章中,作者着力想解决这样一个问题:为什么在很多时候,农民在国家的现代化项目中比国家还"激进"。以小村为例,无论是毛泽东时代的农业社会主义建设中耕地的条田化,还是最近几年的城市化运动,小村人都没有坚持"传统",在涉及改田、征地以及拆老房子盖新房子的时候,他们"顺势而行"。这种现象并不能为乡村政治研究中主流的"抵抗/支配"框架所解释。作者指出:"特定地方的大地景观的形成是当地农民与国家协力的历史和社会过程",⑥这其间,农

① 朱晓阳:《小村故事——地志与家园(2003~2009)》,北京大学出版社2011年版,第32页。

② 同上注,第35页。

③ 同上注。

④ 对水的宇宙观的探讨可参见王铭铭:"水的精神",载王铭铭:《心与物游》,广西师范大学出版社2006年版,第150~163页。

⑤ 朱晓阳:《小村故事——地志与家园(2003~2009)》,北京大学出版社2011年版,第40页。

⑥ 同上,第70页。

民并不简单只是一个被动接受者的角色，而是具有充分的理性，在土地问题上，农民和地方政府官员存在一种共识和信念。

也就是说，农民和政府官员可能将土地根本上就视为“国家的”，即所谓“普天之下，莫非王土”。而就滇池沿岸来看，在50年代初，由社会主义国家组织的土地改革和集体化，在体现出国家神圣的同时，也造成了土地属于国家的想象。这些都仍然是小村人的集体记忆。说到底，农民对于国家既畏惧又怀有信任心。他们相信国家所承诺的今后将实现“城市和乡村一体化”、失地的农民将享受城市居民的待遇和失业者将享受低保等，因此不必再紧紧抓住土地不放。①

在小村征地过程中，农民与政府官员之间的关系是一片混乱，农民并不坚持以土地市场价格转让土地（政府出价16万元一亩，如果非政府出面买地，则达到六七十万一亩），当然，他们也希望得到土地交易之外的补偿，比如说政府许诺的关于“预留安置用地”的更宽松的政策。对征地问题的处理，尤为体现了小村人在处理国家与自身关于土地问题的“前历史”认识，或者说是对土地的“综合知识”。书中谈到，在条田化过程中，小村“多出来”200亩黑地，而政府是默许黑地的产出不缴纳农业税和其他费用来回报小村人对条田化运动的支持。“他们相信国家将来会回报他们的。”②与此同时，小村的土地已经“病了”，同样一块土地，种出来的水稻与蔬菜产量已大不如前，而“土地之病”的根源与土地承包制以及农业专业化、市场化都密切相关。简言之，土地似乎并不值得留恋。围绕着各种争议，我们可以看到征地确实得以进行。上面一段话即是作者对“混乱中的秩序”的解释。

第三章“居”也即家宅的研究，更能体现作者对传统与现代“共度”的学术关怀。他并不认为传统与现代存在一条难以跨越的鸿沟，正如小村人的新房是在老房子的传统样式与结构中得以“生长”，小村的现代性与所谓的传统之间也有其内在的一致性。这一致性也能在地志学

① 朱晓阳：《小村故事——地志与家园（2003～2009）》，北京大学出版社2011年版，第102页。

② 同上，第76页。

中得到解释，即文章之前已提到："特定地方的大地景观的形成是当地农民与国家协力的历史和社会过程。"①以村委会主任老皮对新村的规划为例，根据《小村村民小组2005年度新批建房管理协议》规定，共有503所房子，统一为5层，统一标高，统一户型，统一尺寸，统一层高等。该宅基地分配和规划"可以说是新时代平等主义的体现"，②也是对国家在规划新农村建设纲领的积极响应。然而，如果对新房子细细观察，便发现很多玄机。尽管每户人家都是三间房子的基本格局，但观察一些房子内部使用空间的划分后，"我发现它们体现着三间四耳的格局"，③也就是说，外观上的整齐划一，并不能阻止小村人对理想建筑"一颗印"的遵循，而且，由于他们与环境之间"对话"的结果，他们对"三间四耳"的理想型进行了现代化的呈现，比如说把与房子平行的天井创造性地移到了房子的顶部。这样，他们"是将家宅的灵魂——即三间房子体现的宇宙空间性，请到城市化的大楼上"！④

不仅如此，借助房子垂直空间上的扩展，小村人在平均主义的表象下重新建构村内的等级格局。原则上，每户人家只能盖5层，但是村主任老皮就是要把自己的房子盖上7层，当一个有钱的老板和一位上门女婿也跟他盖得一样高时，他借助行政手段逼迫他们强制拆除高出5层的部分。从这里我们可以看出，农民是如何自如地在现代话的语境中重新找到自己的位置。在他们眼里，他们并不关心传统与现代，他们所要处理的，永远都是从当前现实出发，寻找自身与周遭环境的对话，寻求自身与国家的对话，以使自己得到一个足够美好的栖居之地。

从现实中的紧迫问题开始（在本书中即小村面临城市化进程中大规模的征地且征地过程中发生纠纷），通过对地志的研究，作者试图探讨人类学的基础论题，如农民的世界观、农民与国家的关系以及人类学知识论等。限于篇幅，我这篇书评主要意图在于梳理书中对农民与国

---

① 朱晓阳：《小村故事——地志与家园（2003～2009）》，北京大学出版社2011年版，第70页。

② 同上注，第140页。

③ 同上注，第136页。

④ 同上注，第138页。

家的关系探讨。本书在社会实践与理论关怀上实现了美妙的结合。一方面,我们对小村人在面临征地等国家的现代化项目时的“激进”与妥协态度达到充分的理解;另一方面,作者也使得地志及其相关理论在面对实际问题时的解释力得以外显。必须指出,在本书所考察时间之外(2009 年以后),小村在征地与拆迁问题上与政府之间发生了剧烈的冲突。作者在本书最后也感慨此后发生的故事,与书中所强调的农民与国家之间和平主义的“共谋”竟是那么的脆弱。对小村发生的巨大社会变革,作者并不单单保持一个学者的客观立场,而是以高度的学术良知和社会责任感深刻介入小村与地方政府之间的土地纠纷并为村民争取最大的权利。本书副标题为“地志与家园”,相比起“地志”,作者在本书中对“家园”似乎没来得及做更多的探讨,这不能不说是一个遗憾。我有幸听过作者在课堂上对“家园”的解读,这一概念似乎对理解小村与政府或者国家之间围绕拆迁而导致的问题大有帮助,这个问题值得进一步讨论,即:从“家园”的角度如何看待拆迁引起的社会性事件。或许只有期待作者下一本著作的尽早面世了。

《法律和社会科学》(2013)
第11卷,第322~336页

小村之变与中国之变

刘　磊

朱晓阳教授的著作《小村故事:罪过与惩罚(1931~1997)》(以下简称《罪过与惩罚》)和《小村故事:地志与家园(2003~2009)》(以下简称《地志与家园》),是当前我国学界具有重要代表性的法律人类学作品。《小村故事》也成就了作者在法律人类学研究领域中的学术地位。两本书的研究对象都是昆明滇池边的宏仁村(作者将之称为"小村"),《罪过与惩罚》更多关注的是小村内的纠纷、调解以及惩罚等问题,《地志与家园》则结合宏观社会沧桑变迁下的小村变动情况,扩展了研究的具体问题。但两本书所运用的研究方法、理论资源以及关注的更为基础性的理论问题,却有很大的相近之处。两本书中的小村的故事时间跨度70多年,在这70多年里,国家之法与乡村之法的相遇,不断碰撞、冲突、交织,共同构成了小村的故事。

《罪过与惩罚》和《地志与家园》这两部书在精神气质上是连为一体的。两部作品共同关注的核心问题是如何认识国家之法与乡村之法的相遇,如何认识国家权力,如何认识农民与国家的关系。书中呈现的其他问题以及意义世界,也基本上围绕这个核心关注点而展开。这两部作品所描绘的"小村故事”,展现了一幅幅异于很多人既有“常识”(其实可能是偏见)的国家权力运作画面。这有助于我们反思之前所接受的关于国家权力以及农民与国家关系的种种想象。“国家”是各种法制/法治观中的关键维度,这两本书中我们所获得的一些关于“国家”的认识,可能会进而促使我们法律人对于当前广泛流行的一些观点保持必要的警醒。

一、惩罚的发生:国家与村落的相互渗透

《罪过与惩罚》一书中“把非正式的社会控制视为与法相互贯通的概念”,[①]运用“个案延伸”的方法对小村中发生的惩罚活动进行描述,并解释其在特定社会脉络中的文化意义。书中对个案的讨论没有局限于个案本身,而是结合其“前历史”、个案本身的发展过程及其后果,也就是在事件之流的时间长河中探讨个案的意义。本书选择自然村落作为分析单位,在作者看来,这是研究农民与国家关系的一个比较好的分析单位,“处于国家与社会的交道口”。选择这样的分析单位,有助于达成作者的写作目的,“从自然村角度可以观察国家法、村落法和次村落权威(如宗族和家庭)的法是如何互相补充和互相冲突的”。[②]书中所选择的个案正是在国家与村落社会的模糊界限上发生,它们一方面是国家权力向村落渗透的表现,另一方面也是村落向国家权力渗透的表现。这是国家权力与村落之间的互动过程,村落在这个过程中并不是被动接受国家权力,相反它也在积极地利用国家权力。

作者考察的是1931~1997年之间小村的惩罚变迁历程,大致可以分为三个阶段,即新中国成立之前、毛泽东时代和改革开放时代。不同时代的宏观社会变化对于小村的惩罚方式都有很大影响,小村的惩罚史在不同阶段都有不同的表现。因此,小村的故事展现的不仅仅是小

---

① 作者单位:中南财经政法大学法学院,电子邮箱:lawyerll89@163.com。朱晓阳:《小村故事:罪过与惩罚(1931~1997)》,法律出版社2011年版,第10页。

② 朱晓阳:《小村故事:罪过与惩罚(1931~1997)》,法律出版社2011年版,第28页。

村的村史,它有一种宏大的历史视野,是一部权力运行史,展现的是国家社会的大变迁。

在20世纪前半叶,国家对村庄的渗透能力比较弱。民国时曾开展过一次人口普查,但在小村人的记忆中没有什么印象,“这次普查实在是当时国家与农民社会关系的一个缩影”。① 毛泽东时代是小村中国家权力高度渗透的时期。随着集体化建设的开展,小村出现了越来越强烈的社群主义价值观念和实践,这种社群主义价值观念嵌入村落社会文化的网络之中,与村落中“报”的观念密切相连。不过,随着集体化建设的消退,国家对村落和个人的控制逐渐放松,人的流动性加大,这种社群主义观念也逐渐被削弱,集体主义道德言说的作用也在消减,不少人敢于无所顾忌地以村落的利益为代价来追逐个人的利益。但是,即便如此,地方政府与村落社区之间也存在讨价还价的互惠交往,这也成为国家权力向村落渗透的一项策略。② 可见,无论是在上述哪个阶段,国家权力都不是单向性向村庄渗透并绝对支配性地运作的。

许多人习惯于对新中国成立后的前30年作出全能国家、集权主义的批判,以此来对以阶级斗争为纲的运动路线进行反思。但如果进入村庄真实生活中去,正如《罪过与惩罚》一书中所呈现出来的那样,我们或许会发现,这样的反思路径是有问题的,至少是不全面的,遮蔽了许多东西。

在1951年的“清匪反霸”运动中,黄崇道等几个旧社会时候的会长人遭受严重打击,甚至差点为此丢了性命。他们之所以会遭受这样的境遇,并不单是阶级斗争话语所说的那样直白。在这次“清匪反霸”运动中,很多年前发生的小村“保护人”“黄营长”被杀和卖公田的案件又被小村人重新提起,村民不仅要追究这几个人在这些案子中的责任,而且还将最近十几年的苦日子都与他们所做的坏事联系起来。在斗争中,黄崇道、马文鸿等人彼此都想利用运动来打击对方,于是纷纷揭露

---

① 朱晓阳:《小村故事:罪过与惩罚(1931~1997)》,法律出版社2011年版,第84页。

② 参见朱晓阳:《小村故事:罪过与惩罚(1931~1997)》,法律出版社2011年版,第187页。

对方的罪恶，这样一来，原来许多小村村民不知道的很多事情就都被揭露出，小村人对他们的这些行径感到十分震惊和愤怒。在运动中，黄崇道、马文鸿、陈洪等人都被正式逮捕。在当时，国家实施的惩罚得以发生，与这几个人的“前历史”有密切关系。黄崇道等人所受到的惩罚与他们个人之间存在的纠纷也有很大关系，这也是工作组和农会得以借机对黄崇道等人进行斗争的重要原因。总之，黄崇道、马文鸿等人在运动中受到严重打击不是单由国家力量介入造成的，而是由许多复杂因素交织在一起而引发的，既有国家力量发动政治运动的原因，也有小村人对他们越轨行为反击的原因，还有他们个人间的恩怨。

在当时，国家阶级斗争话语进入村庄后，具体的阶级成分和运作过程也会受到村庄中社会关系等因素的影响，有些处于剥削阶级划分标准边缘线附近的人，如果平时在村庄里得罪人较多，就很可能被划到剥削阶级成分中，而成为孤立和打击的对象。在黄崇道的孙子黄大育看来，其祖父黄崇道如果不是因为曾得罪过小村人，在划定阶级成分时实际上可能只是中农，而不会被划定为“富裕中农”。[①]

这些都是与我们关于新中国成立后前30年国家权力运作的主流历史叙述、历史想象和分析解释框架极为不同的。书中没有用任何简约的决定因素（例如国家权力的渗透和控制）来解释小村惩罚史，而是依据莫斯所说的“总体社会事实”的方法来把握多样化的原因、影响和惩罚意义。在朱晓阳教授看来，虽然不可忽视国家权力的作用，但人际间的关系才是国家权力施行惩罚的最终起源，[②]“新创立的政治架构和正式的网络虽然说是应该以阶级路线为基础，但在很大程度上还是以分殊性纽带为核心。分殊性纽带的形成在这里体现为客从依附关系和家族关系等”。[③] 毛泽东时代一系列政治运动之所以能在村落中开展，

① 朱晓阳：《小村故事：罪过与惩罚（1931～1997）》，法律出版社2011年版，第119页。

② 朱晓阳：《小村故事：罪过与惩罚（1931～1997）》，法律出版社2011年版，第147页。

③ 朱晓阳：《小村故事：罪过与惩罚（1931～1997）》，法律出版社2011年版，第121页。

也正是凭借了这些复杂人际关系。政治运动中并不只有国家力量的介入,也有地方行动者个人按照自己的需要对国家权力的利用,以此来规制他们之间原先存在的复杂关系、纠纷和矛盾。在这种利用过程中,集体主义等社会主义意识形态塑造出的概念成为了村落成员的解释框架或公开话本,他们将自己的利益追求巧妙地包装在"集体主义"这类概念之中,并用这些概念来达成自己的目的。

在这六十多年里,国家之法与乡村之法不断碰撞,并且还将会继续着。或许作者已经预计到可能会发生什么,于是在书的结尾处写上了这样的话:"乡村之诗意的法的终止之时就是国家之平淡叙事的法制进入之时。"①

二、家园的消逝:两种世界观的错位

两本《小村故事》的写作时间相距仅8年,这8年里,小村发生了翻天覆地的变化,以至于作者感慨道:"一个弹丸之地的变迁也是如此不可预料。"②《地志与家园》讲述的就是近些年发生的"小村故事",主要是2003~2009年之间小村所发生的种种变化以及因此而产生的一系列问题。虽然是云南昆明小村的事,但我读的时候感觉就好像是发生在身边。学校旁的城中村正在拆迁,满眼看去都是瓦砾碎片,这里会不会上演又一出"小村故事"?

《地志与家园》中记述的小村变迁是城市化进程的一部分,在小村人看来也是一个"失地"的过程。③ 小村"失地"的巨变过程是近十年的事,土地成为国家之法与小村的乡村之法又一次相互遭遇的焦点。国

① 朱晓阳:《小村故事:罪过与惩罚(1931~1997)》,法律出版社2011年版,第294页。

② 朱晓阳:《小村故事:地志与家园(2003~2009)》,北京大学出版社2011年版,第1页。

③ 朱晓阳:《小村故事:地志与家园(2003~2009)》,北京大学出版社2011年版,第1页。

家之法与乡村之法相遇所产生的问题，也可以转化为“农民的世界秩序观”的问题，即农民是如何看待自己与国家的关系。

本书中第二章“土”，是“水、土、居”三章中作者用以展现农民与国家关系、乡村之法与国家之法遭遇的最集中的一章。作者起先对“失地”中一些问题感到困惑，不明白为何农民会轻易放弃土地以及为什么农民会轻易接受政府远低于市场价格的补偿标准?① 这是斯科特式二分法分析框架②所难以解释的。而要对这些问题有清晰的认识，则需依据彻底解释中民族志作者(解释者)、当地人(说话者)和共同面对的世界这三角关系才能认清。③ 这也是现实把握农民与国家关系的重要认识路径。

书中运用地志学方法，通过将水利、土地、房屋等“物质性”因素纳入到小村“总体社会事实”中，通过“栖居”进路，进行“彻底解释”，以理解中国农民的世界观、农民与国家关系。所谓地志学，则是指：“是一种将地理、居住、政治性边界、法律现实、过去历史的踪迹、地方——名字等包容进特定空间的综合知识。”④“彻底解释”要求“(外来)解释者与当地人(说话者)或‘他者’在共同面对的世界中，可以将他者的可观察句子作为理解/解释的‘起点’”，⑤为了达到这种“彻底解释”，就非常强调解释者的参与观察和对话，这也是“彻底解释”得以实现的基础。在这个基础上，作者“从当地人的公共话语、表征或表征性事件开始，特别是从与这些地方表征相关联的物质性因素，例如从地景开始的……透过这些当地人的公共表达，精确描述与之相关联的景观或物

① 参见朱晓阳：《小村故事：地志与家园(2003～2009)》，北京大学出版社2011年版，第10页。

② 参见[美]詹姆斯·C·斯科特：《弱者的武器》，郑广怀、张敏、何江穗译，译林出版社2011年版。斯科特主要采取“传统/现代”、“国家/社会”、“反抗/支配”这样的二分法。

③ 朱晓阳：《小村故事：地志与家园(2003～2009)》，北京大学出版社2011年版，第9页。

④ 朱晓阳：《小村故事：地志与家园(2003～2009)》，北京大学出版社2011年版，第3页。

⑤ 朱晓阳：《小村故事：地志与家园(2003～2009)》，北京大学出版社2011年版，第7页。

质性世界”。[①] 这样的“彻底解释”离不开基于长期参与观察所获得的对当地人生活及意义世界的体察。这种认识路径,有助于超越主体/客体、国家/社会等传统社会科学的二分法。

其实,《罪过与惩罚》中已经体现了超越主体/客体、国家/社会等二分法的努力,在小村诸多惩罚个案的分析中,作者非常注意对国家与农民之间相互渗透关系的细致把握和展示。但在此书中,作者尚未明确反对国家/社会二分法。而作者在《地志与家园》中则在更加自觉的层面上明确反对这种二分法,并在国家与农民之间关系的认识上达到了新高度,认为在中国,二者间关系更为混融并体现差序性,具有互惠或互补性。[②] 中国农民也正是由此来想象其与国家的关系。作者对此问题的认识之所以在这几年内会有这样的改变,很重要的原因则是对小村近些年征地问题的观察。[③]

在小村,政府征地时给的补偿远远低于市场价格,但是最终小村人却接受了。这是为什么?最终政府补偿款的确定,是农民与政府间不断讨价还价的过程。在这个过程中,有政府给农民作出的承诺(如:允许小村人建新村),有以法治为名的“依法行政”,也有农民对政府的抵抗和政府对农民的压制与支配。这一切看似混乱,却融贯在一起。之所以如此,则源于在农民以及不少地方政府官员那里,仍有对国家的美好想象,认为土地是“国家的”,国家会实现“城乡一体化”,让农民享受到城市人的生活待遇。也就是说,这是以当事者对“国家”承诺给出的预期回报作为前提的。这样就体现出了一种“最根本的法的原则”,即“国家可靠或国家本位”。[④] 例如,小村中有村民在谈到失去土地之后如何生活时,就这样说:“我不怕,我的妹子嫁去的村子一九八几年土

---

① 朱晓阳:《小村故事:地志与家园(2003~2009)》,北京大学出版社2011年版,第9页。

② 参见朱晓阳:《小村故事:地志与家园(2003~2009)》,北京大学出版社2011年版,第13~14页。

③ 朱晓阳:《小村故事:地志与家园(2003~2009)》,北京大学出版社2011年版,第4页。

④ 朱晓阳:《小村故事:地志与家园(2003~2009)》,北京大学出版社2011年版,第106页。

地就被占完了,人家过得好好的。”①

这显然不是斯科特式“弱者的武器”这种“反抗/支配”这样的二分框架能够充分解释的。虽然《地志与家园》一书中也有小村人对政府滥用公权力的反抗,有作者针对权力—资本联手所做的尖锐的社会批判,但是这些与斯科特式二分法很不一样。

斯科特所言的农民更主要是一个属于他所区分的传统/现代这种二分之中的“传统”的一类,“传统的”农民使用“弱者的武器”反抗国家的支配,抗拒现代性过程。但是农民/国家、传统/现代这样的二分法,对解释当前中国农民的抗争而言,在解释力上都大打了折扣。在中国,无论在传统社会还在当代,农民对国家的想象、二者之间的关系都不是简单的这种“农民/国家”二分法。

城市化发展有一个渐进过程,就当前来看,至少在未来相当长的时期里,中国绝大多数农村地区和绝大多数农民都不会面临像小村所遭遇的“失地”过程。或许,这也正可能是中国的希望所在。就发展的地域空间看,遭遇“失地”问题的基本是像小村这样的城中村或城郊村。由于种种现代因素的进入,这样的村庄和村民已很难说还是传统意义上的村庄和农民,他们与现代化之间的关系可能更主要的不是抗拒,而是积极参与,有时甚至正如作者所言的,农民以比国家更为“激进”的方式介入到现代之中。在这里,现代性对于村民来说已经不是一种“外生”力量。这一点也为作者在小村中的观察所证实,作者发现大多数小村人在耕地不断消失的过程中,并未对农业生计和传统农耕方式表示难以割舍并捍卫以前这种生存方式,甚至对待土地有“弃之如敝履”的态度。②

此外,作者所作出的社会批判以及小村人的“反抗”与斯科特式的“反抗”的出发点及所欲追求的归宿不一样。如上文所述,两本《小村

---

① 朱晓阳:《小村故事:地志与家园(2003~2009)》,北京大学出版社2011年版,第99页。

② 参见朱晓阳:《小村故事:地志与家园(2003~2009)》,北京大学出版社2011年版,第80页。

故事》选择自然村落作为分析单位,这是“处于国家与社会的交道口”。书中(以及作者后续的一些文章中)所展现的画面告诉我们,作者的叙述和批判以及小村人的反抗,都不是基于个体意义上的单个农民,他们是为了“家园”,为了这片生活的乐土。因此,农民与国家间的互动就不只是个体意义上的单个农民与国家间的互动。而斯科特式的理论中往往没有自然村落这样一个研究对象和分析单位,相反,他所用的是方法论上的个人主义,使用的分析单位基本是个体意义上的单个个人(及其家庭),[①]似乎在农民与国家互动过程中就再没有其他因素介入。这样一来,就会把目前小村人正在进行的抗争所体现的丰富的家园中的生活意义世界淡化以致消解。这种淡化和消解,无论对小村村民,还是对国家,都可能是没有出路的。

不过,现在农民对国家的这种想象却正在遭遇由于现代法制/法治推进所产生的困境,进而这种状况甚至可能造成“悲剧性的结果”:一方面是不少农民仍持有对国家的那种互惠、互补的想象;另一方面,地方政府却以“法治/法制”之名脱掉农民对其想象中所赋予的“父母官”责任,这就可能造成官僚与开发商等利益集团联手剥夺农民的悲剧。这是两种世界观的错位。[②] 这对于当下中国农民和国家而言都是一个困境。这一困境也是当代农民与国家关系的死结所在。这在很大程度上也是源于西方的现代法治话语中所必然包含的结果,也是“语言混乱”[③]的体现及其进一步产生的后果。现有的许多关于农民和国家关

① 斯科特在《弱者的武器》一书中区分了两种“反抗”,第一种是“真正的反抗”,指“(a)有组织的、系统的与合作的,(b)有原则的或非自利的,(c)具有革命性的后果并且/或者将观念或动机具体化为对统治基础的否定”。第二种是“象征的、偶然的甚至附带的行动”,这种行动是“(a)无组织的、非系统的和个体的,(b)机会主义的和自我放纵的,(c)没有革命性的后果而且/或者(d)就其意图或意义而言,含有一种与统治体系的融合”。斯科特在该书中主要研究的是第二种意义上的“反抗”。参见[美]詹姆斯·C·斯科特:《弱者的武器》,郑广怀、张敏、何江穗译,译林出版社2011年版,第354页。

② 朱晓阳:《小村故事:地志与家园(2003~2009)》,北京大学出版社2011年版,第14页。

③ 参见朱晓阳:“‘语言混乱’与法律人类学的整体论进路”,载《中国社会科学》2007年第2期。

系问题的讨论和实践,时常有意或无意地将以新自由主义[①]为前提的现代西方法治话语作为出发点,以此来“捍卫”农民的“权利”或者以此来推行国家的权力。但这样的讨论大都没有对当前农民与国家关系的这种困境给予足够关注并对自己所使用的分析框架保持必要警醒。

如何走出这样的困境?或许可能很难走出这样的困境,但作者为我们提供了一条值得重视的思路。在《地志与家园》中,作者提出现在需要对那种将法制/法治与德治和礼治相对立的所谓现代政治法律文化观念进行“拨乱反正”,以回归处理国家与农民关系所需遵循的“常识”。[②] 虽然作者只是在脚注中提出这一观点,但这对于当前中国法制/法治建设来说,确实是非常值得警醒的问题,也潜藏着走出困境的可能性。[③] 此时,突然想起先贤的话:“政者,正也”,[④]“为政以德,譬如北辰,居其所而众星共之”。[⑤]

三、小村故事的继续:自残、自毁与寻根

但是,事情正在起变化。征地拆迁与城市化(国家的发展主义)使农民与国家关系更加复杂,而不只是讨价还价的互惠交往和混融的差序性。在这种变化中出现的画面让人触目惊心。

“自卫”、“自残”、“自毁”,这是作者对近两年小村(不仅指小村,还包括滇池东岸,甚至可能还包括更广泛的地方)中继续发生的“故

① 关于对新自由主义的详细批判,可参见[英]阿尔弗雷多·萨德—费洛、黛博拉·约翰斯顿编:《新自由主义:批判读本》,陈刚等译,江苏人民出版社2006年版。

② 参见朱晓阳:《小村故事:地志与家园(2003~2009)》,北京大学出版社2011年版,第103页脚注①。

③ 甚至在一定意义上,这种对道德原则在法律及其实施中的作用的重视,体现出来的可能是一种更高级别的法治。例如,夏勇教授认为:“儒家的德治论、礼治论乃是最高级的法治主义。”参见夏勇:《法治源流——东方与西方》,社会科学文献出版社2004年版,特别是第二章“重新认识古代中国的法治思想”。

④ 《论语·颜渊》。

⑤ 《论语·为政》。

事"的概括。这种概括让人心痛。其实,在《地志与家园》中,作者就已在字里行间透露出了对这种变化的担忧:如果不进一步有效防范公权力滥用,就可能不断地透支农民对国家的信任心,"小村个案表明这种信任心正是乡村秩序在当前的巨大转变中能够维持的根源。但从历史来看,这种透支不是没有限度的"。[①] 在书中附录《鱼肉昆明螺蛳湾——一场权力—资本的欢宴》一文里,作者进一步阐述了这种信任心的来源:"这种信任不是无根之木,它是过去半个多世纪以来社会主义国家对滇池沿岸农民帮助和施恩所获得的回报。这些帮助包括:50年代初的土改,使耕者有其田;50~60年代的水利建设,使整个地区变成旱涝保收的鱼米之乡和昆明市的菜篮子;等等。这种基于历史的农民对国家的信任,正是当下国家社会稳定的基石和最宝贵的资源。依靠这种信任心,地方政府官员们在征地过程中发挥的聪明才智才会有如此大的成效",但是"可以说,新螺蛳湾征地的过程几乎透支了农民对国家几十年的信任。可能的社会问题将抛给未来的地方官员去收拾"。[②] 在附录中另一篇文章《守护滇池和我们的家园——"鱼肉螺蛳湾"之后》中,作者几乎是在向人们,特别是权势者,提出警告:"强力抗拒征地的社会冲突一触即发。冲突一旦发生将造成更大的社会损伤。"[③]

这样的社会损伤可能正在发生。在作者看来,近两年小村所受到的冲击"甚至可以说比整个二十世纪的灾难加总起来还要甚"。因为这不仅从有形的物质层面,而且从无形的精神层面摧毁了小村。现在,随着"城市恐龙化"推进,地方政府不断加大力度推动征地拆迁,村民与村官之间冲突加剧,甚至成为仇敌;很多家庭内部矛盾日益增长,甚至出现父子因拆迁签字和补偿款而相屠。村庄已经"被撕裂",村民对

---

① 朱晓阳:《小村故事:地志与家园(2003~2009)》,北京大学出版社2011年版,第110页。

② 朱晓阳:《小村故事:地志与家园(2003~2009)》,北京大学出版社2011年版,第115~116页。

③ 朱晓阳:《小村故事:地志与家园(2003~2009)》,北京大学出版社2011年版,第122页。

基层政府的言行只能用一个词来形容,即“骗子”,村民对政府的信任已荡然无存。① 现在,“城市恐龙化”所带来的很可能是一个“无根”的生活空间,摧毁和撕裂的已不只是一个个村庄,而更是人们得以生活的家园,是人得以存在的“根”。

人的生存需要有这样的“根”,权力与资本联手形成的市场力量所推动的城市化进程也不应脱离这样的“根”。这个“根”是什么? 是家园。但现在很多人的家园正在城市化的铁蹄下被无情摧毁。“根”在哪里? 家园在哪里?②

卡尔· 波兰尼早就说过:“经济并非像经济理论中说的那样是自足的,而是从属于政治、宗教和社会关系的。”③他指出:“近期历史和人类学研究的突出发现是,原则上,人类的经济是浸没在他的社会关系之中的。他的行为动机并不在于维护占有物质财物的个人利益;而在于维护他的社会地位,他的社会权利,他的社会资产。只有当物质财物服务于这些目的时,他才会珍视它。不管是生产的过程还是分配的过程,都不曾与维系于财物占有的特定经济利益相联系;相反,这种过程的每一步都链合于一类特定的社会利益,是这些社会利益最终保证了必要的行动步骤被采取。”简言之,“经济体系都是依靠非经济动机得以运

---

① 参见朱晓阳:《滇池东岸这两年——自卫、自残与自毁》,载 http://wen.org.cn/modules/article/view.article.php? a2987。

② 从《地志与家园》一书以及朱晓阳教授在自己博客中撰写的有些有关小村征地拆迁问题的文章来看,朱晓阳教授所关注的已经不只是补偿款是否到位的问题,而更涉及城市化进程、如何建设适于人们生活的家园,甚至还涉及了人们的信仰精神层面等方面问题。特别需要注意的是,小村人现在正在进行的反抗拆迁的活动,多是由老年人组织起来的。这一现象就很值得我们思考。此外,朱晓阳教授也对目前这种大拆大建的城市化发展思路进行了反思和必要的批判。当然,这与本文所论主题关系不大,所以就不在此展开。读者如感兴趣,可参见关于这方面问题进行反思的有代表性的两部作品,分别是[美]詹姆斯·C·斯科特:《国家的视角:那些试图改善人类状况的项目是如何失败的》,王晓毅译,社会科学文献出版社 2011 年版;俞孔坚:《回到土地》,生活·读书·新知三联书店 2009 年版,特别是第一篇“城市篇”,作者批判了那种以资本和权力作为驱动并且是服务于资本和权力的城市建设规划误区,并且提出城市“反规划”理论。

③ [英]卡尔·波兰尼:《大转型:我们时代的政治与经济起源》,冯钢、刘阳译,浙江人民出版社 2007 年版,导言第 15 页。

转的。”[①]19世纪以前,人类经济嵌入在社会关系中,这时的经济是一种“伦理经济”。而19世纪以后到20世纪初的百年间,经济从社会“脱嵌”,人类社会却被嵌入经济关系中,经济凌驾于其他领域,这正是波兰尼所谓的“大转型”,一场人类历史上根本性的转型。但这时出现了非常严重的贫穷和社会混乱,如果任由市场这样放纵发展,社会将面临灭顶之灾。当然,社会最后没有崩溃,但之所以即便摇摇欲坠也能维系,因为它始终“由一种双向运动支配着:市场的不断扩张以及它所遭遇的反向运动(即把市场的扩张控制在某种确定方向上)”。[②] 这些论断是否足以让现在一些以“发展主义”和“以‘人治’推进‘法治’”自居的地方当政者反思自己所推崇的执政思路?

在波兰尼那里,这种反向运动主要是指来自于政治领域的规制。但“反向运动”并不限于来自政治领域。现在小村人在保卫自己的家园,希望能维持一种“伦理经济”以享受生活意义。这难道正是一种来自社会的“反向运动”?只是这样的“反向运动”是否来得有点惨烈了?

在书中,作者批判了权力—资本的合谋。小村最近几年所遭受的处境的背后有两大推手,即权力和资本。在小村所在的昆明,地方主政者后面形影不离地跟随着一群开发商,其中有的开发商几乎就是沿着主政者的政治轨迹一起来到昆明。在2011年3月16日,昆明这一年以来面积最大、总价最高的27块需整体竞买地块的竞拍程序竟然只走了不到10分钟,这些地块就被这样的开发商收入囊中。人们在质疑:“作为地方官员,究竟是为民服务还是在为开发商利益服务?”[③]须知,“民罔常怀,怀于有仁”。[④]

现在,滇池东岸小村不再是一片宁静乡土,小村人赖以存在的家园几乎就要消失。伴随小村的宁静一同消失的还有农民对国家的信任,

---

① [英]卡尔·波兰尼:《大转型:我们时代的政治与经济起源》,冯钢、刘阳译,浙江人民出版社2007年版,第39~40页。

② [英]卡尔·波兰尼:《大转型:我们时代的政治与经济起源》,冯钢、刘阳译,浙江人民出版社2007年版,第112页。

③ 参见陈无诤:“新螺蛳湾的空壳道场”,载《时代周报》2011年9月12日。

④ 《尚书·太甲下》。

随之而来的则是国家权力运行过程的变化甚至异化,进而农民与国家的关系可能会发生重大的变动。

这种变动的一个突出的表现就在国家权力运作所凭借的话语上。随着法治国家建设的推进,现代国家越来越重视用现代法制/法治话语,也越来越淡化中国传统政治中的关系模式,逐渐脱离中国文化中的世界观所要求的角色定位,利用农民对政府的信任作出种种承诺,却常常使得那些承诺成为空话,不断透支农民对政府的信任。法律在权力—资本交织的贪婪中近乎无所作为。如果我们的法制/法治话语的运作带来的竟是这种状况,那么,危险会不会到来?

四、尾声:信任、反抗还是绝望?

或许,危险总是难免的。但是,这是什么样的危险?这种危险从哪里来,又将往哪里去?在法制/法治建设中,为什么会形成权力—资本合谋的局面?这对于法治来说意味着什么?我们又到底应该如何认识国家权力,如何认识农民与国家的关系?这是我们需要思考的。

在像小村这样随城市化推进而出现的城中村或城郊村中,村民与国家关系在权力—资本合谋操纵的"城市化"推土机下,正一点一点地变化。现在,在越来越多的地方,渐渐有越来越多的民众对"国家"(而不仅仅是地方政府)不再抱有很强的信任感,这也就是非常突出地表现为政府公信力日益不足。如果公信力不提高,我们的法治/法制建设过程带来的将不是普遍的有序,而可能是普遍的失序和无序,这将使得当前以及以后仍将继续的巨大社会转型难以稳步进行。如果从观念认识层面看,当前这种国家信任力透支的病症处正在于我们将源于西方的种种分析框架生搬硬套于对中国民众和国家间关系以及对国家定位的认识和实践上。现在,农民对于国家可能既不是单纯的信任,也不是单纯的反抗。那是什么?会是绝望吗?面对权力和资本的合谋,人们可能不得不得出这样的结论。但是,就只能这样吗?

中国农民的抗争不是用斯科特式的二分框架所能解释清楚的,有的不是反抗;有的虽有反抗,但也不单纯是斯科特意义上的"反抗",它有自身特点。西方社会民众与政府间呈现"反抗/支配"的格局,这与其历史的长期演变过程密切相关。在中国古代,与西方相比,政府与民众的关系就有不同特点,这种特点打破了斯科特式国家/社会、反抗/支配这样的二分法。如钱穆所言,若将西方政权看做契约式的,中国政权就可算是信托式的。契约政权有对抗的特点,重在监督;而在中国,民众对政府常抱有信托与期待的态度,而非对立与监视,这样一来,在中国传统心理上,政府与民众是上下一体的。[①] 近代以来,特别是近二三十年来,政府与民众间的关系也在渐渐发生变化。现在不少人(不管是从政府的角度,还是从民众的角度)基于"国家/社会"二分法,试图将中国政府与民众间的关系塑造成是契约式的。但是传统的历史惯性却并未完全退去,仍然是我们理解和践行当前政府和民众关系的一个重要因素,甚至可以说也是我们难以简单抛弃的沉甸甸的"历史遗产"(或许,在有的人看来,这也可能是"历史负担")。无论是中国古代,还是近现代革命以来(特别是共产党的革命和建设)的历史时期,都为我们留下了这样的"遗产"。在当前中国,这个问题就不可能简单地是政府太强还是太弱的问题,也不可能只是是否要以及如何制约政府公权力的问题,而更涉及政府代表谁的利益的问题。古人云:"民惟邦本,本固邦宁。"[②]这是一个政治判断,而非单纯的法律判断,这是一个合法性问题。

这仅仅是"小村故事",仅仅是小村之变吗?或许这也是"中国故事",也是中国之变。

---

① 参见钱穆:《国史新论》,生活·读书·新知三联书店2005年版,第100~101页。此外,西方的人权观念,体现出来的也是一种"对抗主义",西方人不怕政府,政府被看做人权的客体。(参见夏勇:《人权概念的起源——权利的历史哲学》,中国政法大学出版社2011年版,第118页)而这种"对抗主义"与中国传统中所强调的"和"、"中庸"等观念是冲突的。即使历代也有民众的抗争,但是抗争者多以"替天行道"作为旗帜。"天"既指行天道的上天,也可能包括皇帝,也就是"只反贪官而不反皇帝"。对于当前来说,由于古代传统的影响以及共产党革命建设实践的影响,在中国的人权观念中,政府与民众之间的关系也并不是完全对抗式的,"人民政府"的观念已深入人心,政府并不简单地是人权的客体。

② 《尚书·五子之歌》。

《法律和社会科学》(2013)
第11卷,第337~351页

对《小村故事》的"延伸"分析

焦长权*

近年来,法律人类学(或广义的政治人类学)研究在国内学界快速兴起,逐渐成为社会人类学中的一个热点话题。在这一过程中,朱晓阳教授的《小村故事》系列研究(以下简称《小村》系列研究)成为这一辽阔草原中的一道亮丽风景,《小村》系列研究目前已面世的有两本著作,其中《罪过与惩罚》是作者在博士论文基础上修订而成,另一本《地志与家园》则是作者近几年对小村的一次系统性的再研究。① 两本著作虽在具体题材、分析视角和方法上都有差异,但是二者又有很大的贯通性,在一些核心思想上始终如一,形成了一个既在研究对象上、又在核心思想上有贯通性的系列研究。

在下文中,笔者试图对《小村》系列研究这一学术生产个案进行一个粗略的"延伸"分析,或者说是一种类知识社会学式的评介。这里的"延伸"分析,是借用作者在《罪过与惩罚》中对自身研究方法的一

---

* 作者单位:北京大学社会学系,电子邮箱:jiaochangan@163.com。

① 朱晓阳:《罪过与惩罚》,天津古籍出版社2003年版,又见:朱晓阳:《罪过与惩罚》(修订版),法律出版社2011年版;朱晓阳:《地志与家园》,北京大学出版社2011年版。

种陈述,简略地说,是在分析个案时不仅仅聚焦于个案的"当下",更注重将之延伸至个案的"前历史"及其"社会后果",使个案成为"内在于时间的个案"。但是,在分析中,我想将顺序稍加打乱,即先直接进入《小村》研究本身进行分析,再回溯其前历史和学术后果,同时在这些分析中也有交叉。

一

《罪过与惩罚》是一本法律人类学领域的专著,全书前两章为理论和方法论的交代,最后一章为结论,中间四章对小村内不同时段的惩罚性事件进行了"厚描"和解释,其中三、四章以时间为序,对小村从20世纪30年代至90年代中期的一些惩罚性事件进行前后"延伸"的分析,五、六章则对惩罚的日常形式和对社区"外人"的惩罚事件进行了专题讨论。全书以小村历史中的惩罚性社会控制为研究题材,以延伸个案方法为分析策略,对围绕惩罚事件为中心的多重社会关系和复杂的地方性情境进行了"连根拔出"。作者"连根拔出"的往往是一束叠加和缠绕起来的因果丛结,而不是一种以概念裁剪后的归纳模式,从而在这一过程中展示了一幅立体而丰满的"惩罚"图景,惩罚事件成了一种"总体性的社会事实",成为国家与乡村社会互相"渗透"的载体或容器。因之,作者不仅注重对村落中诸多绵延的惩罚个案的事件流进行描述,同时也基于本土概念对这些事件在特定社会脉络中的文化意涵进行了解释,也正是因为有前一方面对惩罚性事件流的"厚"描,所以作者在对其进行解释时才较好地规避了文化论和还原论的双重陷阱。

所谓文化论,也就是文化决定论,这种思路在传统的海外汉学中比较流行,在具体解释中往往试图用一些抽象的文化概念将许多复杂的社会现象"一劳永逸"地解释掉,例如作者所指出的"用'报'这种概念当做理想的原则来直接解释惩罚行为"。① 有时候,这与其说是一种解

① 朱晓阳:《罪过与惩罚》,法律出版社2011年版,第25页。

释,不如说是一种以概念对深层逻辑进行规避的行为,以文化特殊论的盾牌遮蔽了来自社会科学理性的深层拷问。所谓还原论,是指在解释过程中"常常将多样化的社会条件归结为要么是具体的社会结构,要么便是个体自由行动",①这种思路往往在西方结构化的社会科学中表现得较为明显。所以,作者才指出"本书对中国村落惩罚的解释是基于普遍性的原则,不想以'东方特殊'或'中国文化特殊'来对抗普遍主义",所以马林诺夫斯基等发展"报和互往性等概念也是分析中国村落惩罚的基本概念,但另外,村落社会控制的体系是以本土化的表征系统组成的,如以关系、人情和报等位表征的个人交互关系的复合构成控制体系,而惩罚事件的产生还与地方性条件、个人性利益、政治图谋以及偶然性条件等交织在一起"。② 可见,这两种陷阱实质都是一种"简化论",而作者所要尝试的正是要规避各种简化论,将惩罚事件的多重复杂性条件、情境及其后果给揭示出来,使解释"厚"起来。

作者能够实现对惩罚性事件的"厚"度解释,还与研究材料的来源和所采取的研究方法有关。作者调查的村落是其70年代作为知青曾经插队落户的村落,同时,碰巧在那个强调"政治历史"和"阶级斗争"的年代,作者和其他知青们在带队干部的组织下成立了村史小组,作者为小组负责人,他们白天劳作,晚上加班撰写村史,由于农民们有了土地改革等数次政治运动的启蒙,加之村史调查者作为知青的特殊身份,所以他们在向农民搜集村庄"阶级斗争史"时就有了天然的有利条件,农民们可以说不敢隐瞒村庄中任何阶级斗争的动向,因为那是立场问题和政治问题。这就诞生了那批村史材料。与此同时,作者在小村时还写了下大量日记和创作了一些速写绘画,这都成为本书的"史前"材料。幸运的是,这些材料虽在一只大木箱中沉睡了20余年,但也没被当做"历史垃圾"处理掉,它们成了来自"时间隧道另一侧的烛光",照亮了作者在黑夜中隐藏的记忆。但是,仅此是不够的,作者在做知青时的另一项人格展现,意外地为作者后来重返小村调查做了"史前"铺

---

① 朱晓阳:《罪过与惩罚》,法律出版社2011年版,第26页。

② 同上,第26页。

垫。作者在小村插队时,是一个劳动卖力,不偷懒的青年,按当时的话说,是肯虚心向"贫下中农学习"的代表,而当地乡民对劳动有一种敬仰和崇拜。作者进入小村后不久便加入了当地最重要的劳动组合——驶田组之中,驶田是当地最有社会地位的农业劳动,驶田是一种能干、能吃苦的象征,作者在驶田组中的表现,给当地农民留下了有德性的形象。① 作者这一能吃苦、会驶田的形象,为作者从一个"外部人"成为小村的"内部人"增加了筹码,这才使作者在20多年后重返小村时村民一眼就能认出他来且不显生疏。

笔者之所以不厌其烦地叙述这一点,是想强调作者之所以能够搜集到村落内部的深度材料,将惩罚故事背后复杂的社会关系和文化网络进行连根拔起的一个重要前提是作者能够顺利进入小村的"现场",在一定程度上实现"内部人"的讲述。所以,作者在讲述小村故事的时候,给读者的感觉是在讲述"我家村子"的故事,这才是真正的"厚"度描述。作者的"厚"度讲述还得益于其采用的"延伸个案"分析方法。延伸个案分析方法是法律人类学的传统分析方法,又称之为情境分析法,其起源于20世纪初,初始是一种考虑社会关系和社会情境的断案方式,20世纪40年代以后逐步被人类学者所采纳来作为一种分析初民社会法律的基本分析方法。简单地说,"可以讲延伸个案方法就司法过程和研究过程两方面来定义,从司法过程来说,它是一种社区性司法权威采用的对社区成员间的纠纷进行调查和'裁决'的司法工具;而从研究过程来说,法人类学者从'当地人观点'或'主位'的角度,用延伸个案方法或情境分析方法来研究国家法的'司法过程'或研究'社会过程'"。具体而言,"用延伸个案方法不仅要搜集和调查个案本身,而且要将个案产生的社会脉络或情境也纳入考察的范围,其中,特别要注意的是个案的前历史以及个案平息的社会后果"。②

为摆脱传统延伸个案方法所受的结构功能主义的限制,作者将之导入了诠释学和后经验主义的背景之中,将延伸个案方法作为一种整

① 朱晓阳:《罪过与惩罚》,法律出版社2011年版,"前言"。

② 同上,第36~39页。

体论的实践策略。同时,作者也将其与比较性事件——历史分析、人生历程分析和聚焦性事件分析等方法结合起来使用,从而克服了延伸个案方法的结构功能主义弊病,使作者的叙述具有多维度性和复调特点,比如,作者对村庄两个公认领袖的生活史的分析,在暂时跳出惩罚性事件叙述的同时,为事件流的分析做了很“厚”的情境勾连,从而将结构功能主义笔下可能被隐藏的行动者解放出来。正是得益于一批厚重的材料和对故事的延伸个案处理,作者才得出了“村落层面的惩罚是多样性的实践、社会关系和行动者间复杂交叉”的认识,才得以发现国家得以实施相关惩罚的地方性根源和地方社会对国家的反“渗透”和在实施地方性惩罚中国家集体主义话语的工具性角色等复杂面相。

最后,作者以平和的口吻结束了《小村故事》第一部的讲述。但是,一个平凡之地的变迁也是如此的不可意料,几年之后,小村又陷入了一次历史的漩涡,这是以城市化之名而展开的,这才有了《小村故事》的第二部。

二

如果说《罪过与惩罚》是一部中规中矩的法律人类学专著,那么《地志与家园》在研究主题上既是一种延续,也是一种拓展。说是延续,因为其属于典型的政治人类学范畴,而这可以说是一种大的法律人类学领域;说是拓展,是因为它的主题已经延伸到人类学的更基础和宽广的论题。总体来讲,《地志与家园》主要讲述了两个大的问题:一是小村的土地、水利和房屋地志变迁中所涉及的农民的宇宙世界观,国家与农民关系,地方性规则的生成与延续等广泛的政治人类学问题;二是通过这一研究所试图表达的后经验主义的知识论。从研究视角上,作者主要从地志学和栖居视角进入,所谓地志学视角中的地志,不是(或不仅是)“一般意义上的地志,即那种对地方的景观/地景作‘客观’描述的地志,这种地志也不像传统人类学那样,将景观仅仅当做人活动/

行动的场景的描述,而是如一个最近的人类学地志所说的:它是一种将地理、居住、政治性边界、法律现实、过去历史的踪迹、地方—名字等包括进特定空间的综合知识,从综合性着眼,地志可以看作和莫斯所称之‘总体性社会事实’相当”。[①] 因之,地志学视角与当代地理学关于“第三空间”的研究视角有异曲同工之处,同时和人类学中的栖居视角也有很大的“家族相似性”,这些进路的共同特点是主张超越主客二分和文化—自然二分的传统社会科学框架。同时,地志视角与中国社会中的景观观念亦十分接近,只是二者处于不同的知识传统之中,使用了不同的表达话语,作者正是试图这二者之间进行翻译和找到共度性的解释概念,其采取的策略是以地志学的语言去解释风水,以让“传统的知识”获得普遍性的地位。

地志学视角的核心概念和实践策略是“彻底解释”,或者说是一种“起点解释”,它主要是指“解释者和当地人(说话者)或‘他者’在共同面对的世界中,可以将他者的可观察句子作为理解/解释的‘起点’”……“在此基础上,解释者可以获得关于当地人的世界看法、理论性观念的约定或‘真值’”,这种“真值”取决于“说话者、解释者和共同面对的世界连接起来的一种三角形关系”。[②] 由此可见,这是一种从知识论或真理观的角度来穿透主客二分或物质—精神二分的努力,传统经验主义往往主张一种符合真理观,强调知识与研究对象之间的符合关系,这在很大程度上排除了解释者(或研究者)的角色,也就是说,无论谁去解释对于知识的生产和真值的产生不甚重要,这种知识是可以重复检验的,是与研究主体无关的知识。而在“彻底解释”的视角看来,“解释者这一只角是不同切掉的,说话者所表达的关于外部世界的信念之对错必须依赖于另一个说话者(即解释者)才可能确定”,因之,解释者能获得真值的另一个必要前提是:“我们必须相信他者所表述的东西是合理性的,而且大部分是为真”,这就是彻底解释中的“施惠原则”。[③] 所

---

① 朱晓阳:《地志与家园》,北京大学出版社2011年版,第3页。

② 同上,第7页。

③ 同上,第8页。

以，作者认为“在彻底解释的时代，地方性、本土性知识的理论化和普适化药通过民族志作者（解释者）、当地人（说话者）和共同面对的世界这样一种三角关系获得”，“就人类学而言，这就需要强调解释者的参与观察的必要性，对于民族志作者来说，在一个地方通过参与观察和对话，写成民族志正是彻底解释的基础”。[①] 显然，这是一种类似于哈贝马斯所说的“共识真理观”的一种知识论进路，强调在研究者、言说者和研究对象之间取得一种“共识”性真值。当然，这种解释路径就不可避免地具有一种“我族中心主义”甚至是“作者中心主义”的特征，但这也是不得不如此的事情。

借助于“彻底解释”的研究视角和策略，作者对小村的水利、土地和房屋三种地志现象的历时性变化进行了考古学式的深度挖掘，并对与之相关的农民的地权观念、国家观念、宇宙观念、国家与农民关系认识等进行了分析，在分析中特别注重物质性因素与精神性因素的融贯和传统与现代的“共度”。比如，从这种角度来分析集体化时期的治水运动，作者发现，水利对农民而言就不仅表现为一张客观展现出来的渠道网络，而且是一种集体劳动中的仪典，同时还与村落风水吉凶勾连了起来。因之，居民与其周遭的环境世界是持续性地相互进入和缠绕的，自然和人文的绝对二分就被打破，物质与精神的隔膜也不再那么明显。

运用“彻底解释”的视角来理解国家与农民关系时，作者发现，国家与农民的关系并非如国家—社会模式下的互为外在主体的对方项，相反，国家与农民的关系是一种更加混融的和差序性的存在，它们更像费老笔下的由己身向外推的差序格局，或者说路易·迪蒙所说的包含式的阶序性对反项。这实质是指出了国家与农民关系的多层次性，正是因为这种多层次性的存在，国家与农民在很多时候才有了协力或共谋的行为发生，比如小村内部黑地的产生和延续，又比如农地征用过程中基层政府和农民共同持有的国家会对失地农民负责的“信念”，这种“信念”存在的前提是另外存在一个高层次的国家（或者说中央）。在作

① 朱晓阳：《地志与家园》，北京大学出版社2011年版，第8~9页。

者看来,这种“信念”的发现,正是解释者、农民的自我言说和共同面对的地权对象三角关系互动中产生的一种“真值”,是一种“彻底解释”的发现。而目前的征地行为的致命要害也正是权力和资本一起通过透支农民对国家的这种朴素的政治信任来低成本的完成土地交易。本来,农民对国家的多层次的差序性想象使国家与农民之间有了弹性空间和缓冲地带,但是,一旦基层政府利用这种弹性(甚至透支这种弹性)的时候,二者的差序性格局就会变得扭曲。通过这一番“彻底解释”之后,国家与农民关系就再不是那种国家与社会二元对立下形成的“支配—抵抗”模式那么简单,二者之间的复杂性和“厚”度得以外显出来。

当然,国家与农民关系的复杂性不仅体现在多层次性,也体现在其多维度性,传统的解释之所以容易陷进“支配—抵抗”的模式,除了作者所指出的受西方政治学中权力/暴力,传统与现代这些虚假二元对立的建构以外,笔者以为另一个重要的原因是20世纪中国国家政权建设的实践和理论笼罩。“支配—抵抗”模式是国家政权建设理论及其实践在国家与农民关系上的投影,这一理论模式强调国家的资源抽取、权力下渗、对地方权威中心的支配与收编等各种方面,这也正好反映了20世纪中国国家政权建设的主旋律,从这个角度看,“支配—抵抗”模式受到青睐就不仅是作者所指出的各种理论框架的建构,也是一种社会实践本身的反映。

但是,即使在20世纪国家政权建设中,国家与农民关系也绝非仅仅表现为国家的压榨与农民的反抗这种单一维度,至少,国家作为一个公共服务者的角色就是二者关系的另一个重要维度,比如,作者所考察的水利问题,它反映了国家与农民关系的多层次性,同时更反映了二者关系的多维度性,在这里,虽然国家的宏观意图是想通过水利建设以加速国家资本原始积累,但实践的效果也确实大力改善了农村的公共服务,所以才有了作者所发现的农民参与水利建设的真实积极性。

所以,更确切地说,国家与农民关系是一个多层次性、多维度性的立体实践,二者之间是一束缠绕着的链式关系,而不是单向度的直线关系。在作者对小村房屋景观变迁的“彻底解释”中,最能体现物质性—

精神性相融贯的片段是对"石猫猫"搬家的解释,在小村人的生活世界中,"石猫猫"是嵌入于小村之中的,"石猫猫"会如小村内的一个人一样,随着环境变化、世情变迁而成长,小村人和"石猫猫"之间就根本不存在人神之间的主客二分,"石猫猫"本身也因与小村的融贯而获得了实在的社会"生命"。

与《罪过与惩罚》那种祥和的结尾相反,《地志与家园》的结尾是略带悲怆色彩的,作者希望那些血的教训能够教会幸存的人如何"栖居"在这个世界上。

三

前后两部《小村故事》在具体切入点和解释视角上虽然都有差异,但是二者也有很多的贯通性,具体如:

第一,"厚"度解释。这不是指书的页数和字数,而是作者所采取的解释策略,作者始终试图穿透一种与中国经验错位的"薄"的理论概念和工具,通过"厚"描的方式达到一种"厚"的解释。在《罪过与惩罚》中,作者主要是运用延伸个案方法来达到这种效果,《地志与家园》则采取了"彻底解释"的策略。笔者以为,"延伸个案分析"与"彻底解释"有其相通之处,延伸个案强调对个案的"前历史及其后果"的分析,其实是为了避免解释者把个案裁剪成符合或证伪某种一般模式的个案,反而是让个案自身的逻辑得以展开,给解释者和读者留下解释的空间和余地;而"彻底解释"则强调在解释者、言说者和共同面对的世界(解释对象)这种三角关系之间的互动,是一种现象学和阐释主义的知识生产路径。两种方法都强调尊重个案本身的逻辑和多元主体对于"真值"外显的重要性,这表现在具体叙述策略上就是"厚"描。

第二,在分析和表述策略上,都特别注重从当地人和普通人的公共表达出发,注重归纳研究对象自身的社会言说。比如,在第一部中,作者尝试从本土主位出发,普通人的"面子"、"丢脸"、"关系"、"人情"等公共话语成为作者主要的解释概念,并认为“报应说”是在村落中建构规矩人的最主要道德言说。在第二部故事中,由于作者采取“彻底解释”的知识论策略,更是将被解释者的社会言说当做“真值”产生的一个前提条件,比如,作者对土地景观的解释中,“病地”、“失地”和“黑地”的话语都是来源于农民自我的解释,就连国家与农民之间的代理人的称呼,作者也更愿意采纳农民的话语——“官儿”,正是透过这些当地人的话语,作者才能挖掘这背后的文化意涵。

第三,都在探索一种具有可翻译性和可共度性,能够将远经验与近经验结合起来的概念工具。如何在一个共同主体的世界中,使中国传统的“知识类型”获得普同性的地位,进而消解舶来的社会科学与中国人日常生活世界的内在紧张,是作者两本书共同关注的一个知识论问题。在写作第一部时,作者坦言“应该承认,我在写作本书的时候……正在为如何理解中国社会的经验现象而苦苦挣扎,我和许多受到西方社会科学训练的前辈一样在盯着自己的中国人这双脚的时候,为已经穿上西方社会科学这双鞋之夹脚而无可奈何”。① 但是作者还是试图从本土主位出发,将中国人日常实践中的概念与西方社会科学已有的理论框架勾连起来,或者说是一种“实证挂帅的‘本上观’”。在写作第二部时,作者则借助“彻底解释”的策略来调和文化相对主义和普同性之间的张力。作者认为,“近年来队伍越来越壮大的(海外)中国学仍然围绕着西方社会科学语境下的老问题打转……中国学所设定的问题经常是非索引性的,换句话说,这些命题成为真理的条件与中国这个地点有些错位”,国内学者所研究的问题的索引性则要强得多,但是在处理这些问题时所采取的知识论进路则完全与海外中国学学者无异,所以造成的问题是“所讨论的问题和进入问题的进路之间发生错位”。② 作者的目的是用这个索引性和现实针对性很强的问题将实践和理论诸层面的问题融贯起来,并贯穿为一种“世界知识”,或者说普同性的知识。显然,作者在感受到中国经验与进入经验的进路之间的张力时采

① 朱晓阳:《罪过与惩罚》,法律出版社2011年版,第71页。

② 朱晓阳:《地志与家园》,北京大学出版社2011年版,第187页。

取了一种“走钢丝”式的调和路径。

海外中国学者之所以会囿于西方社会科学的语境，提出与中国地点错位的问题，一方面是由于他们深受西方社会科学理论逻辑的规训，另一方面则没有机会（是否有可能也是个问题）像作者一样彻底进入中国的“现场”，从而“贴住”中国地面进行思考，中国的经验或模式只能成为他们已有的理论的装饰品。而国内学者由于有更多的机会深入到中国变革的经验之中，从而提出了许多具有实践紧迫性的也更具索引性的问题，但是在对其解释的时候，由于自身社会科学理论建构的薄弱（包括学术自信心的不足），则很容易援引海外中国学同行的解释路径，从而发生讨论的问题与进入问题的进路之间错位的问题。那么，为何作者最为强烈地感到二者在自己身上的“内在紧张”，这得回溯到《小村故事》的前历史。

四

本文第一节中已经稍微触及到了作者写作小村故事的“前历史”，即作者作为插队青年在小村的历史，即作者“土插队”的历史，但是，要深刻理解作者上述的“内在紧张”，可能还得结合作者“土插队”和“洋插队”的两种经历来理解。在我看来，作者“土插队”的历史不仅限于在小村两年多的劳作经历，如果将“土”的范围再“延伸”一些，作者后来在新疆教师进修学校两年多的教书历史，又后来在北京 4 年左右的“北漂”经历，甚至是作者刚毕业时在云南省物价局工作的一年多时间，这些都可以算做一种“土插队”的经历。正是在这些经历中，作者开始深深地嵌入到中国大地的“土壤”之中，同时虽然还没有正式进入社会学、人类学科班学习，但已经在从事着类似社会人类学的思考工作，如写作报告文学，作为总撰稿人参与央视《中国人》大型栏目制作和策划，拍摄《流浪北京》的记录片等。① 正是作者的这种长时期的“土

① “朱晓阳老师访谈录”，载《北京大学研究生学志》2006 年第 2 期。

插队”经历,使其无法像许多海外中国学同行一样“心安理得”地将中国的故事仅仅当做已有的概念模型的点缀。

后来,世情变换,作者到澳洲开始长达10年的所谓“洋插队”的学习生活。作者刚开始就在凯利(Kelly)家里做寄住学人两年多时日,作者坦言:“通过参与观察这个家庭,我对澳大利亚这种类型的西方社会的微观单位有了人类学式的田野知识,也可以说通过这种微观单位,我对它所连接的人、地方、网络、组织和文化都有了精微的认识”,“我现在突然意识到小村人对我的帮助与kelly家庭对我的帮助正好是对称的两端……一边是‘土插队’,另一边是人称的‘洋插队’,两边的‘插队’都对我思考生活和看世界有着很深的影响,用社会学的语汇来说,我在小村完成了社会化的过程,在凯利家又经历了‘再社会化’的过程”。①

作者的“洋插队”经历,也不能仅限于凯利家里的寄居,至少还有两方面:第一,作者在澳洲社会的长期生活和“打工”,作者不仅在学术机构“打工”,也在澳洲真正的农场劳作过,这些为作者获得了一种异文化的思考经历。第二,作者经历了完整的西方社会学、人类学知识体系训练,这为其提供了后来从事学术研究的“工具箱”,但这些框架与作者已有(和后来接触)的“厚”重中国经验的抵牾也就造成了作者的“内在紧张”。这种“内在紧张”,也许是许多类似于作者这种既具有深厚中国经验又穿上了西方社会科学那双“夹”脚的鞋的学人的共同体验。

这也可能是那些试图(和可能)立基于中国经验去建构具有普同性的社会科学理论的一批学人所必需的一种“煎熬”。这不得不让我们回想起以吴文藻、费孝通为代表的老一辈社会人类学学者的类似经历,费老在燕京大学完成本科学业后,又在清华大学完成了两年的体制人类学训练,而后准备出国受训。在出国之前,根据老师建议,准备先到大瑶山从事一年人类学式的田野工作,后遇不测,在休养期间又在江

① 朱晓阳:《罪过与惩罚》,天津古籍出版社2003年版,前言。

村从事一月有余的田野调查，正是这两次的田野工作，铺垫了费老出国前对中国本土经验的认识，他后来回忆中无数次肯定了这种在国内先有“底子”后出国受训的优势，在晚年谈到目前这种从“校门”到“校门”的出国学习方式时也表达了相应的忧虑，他担心许多学生在对中国社会了解甚少的情况下去国外学习是否能够真正取得良好的效果。① 也是历史捉弄人，和《小村故事》的作者一样，当年那批“土插队”的知识青年，许多人后来又踏上了“洋插队”的路子，甚至也以插队村庄写出了优秀的学术著作。② 貌似“土插队”和“洋插队”的结合还促成了中国社会科学研究的一次学术探险，这里面的代价和张力则只有亲历者本身感受得最强烈了。③

我和作者一样不会因这一些“意外后果”的存在而为强迫两千万人下乡这样的政策做任何辩护，如果那样做，我想这种立基点本身就是站不住脚的。但是，如何面对（和获取）深“厚”的中国经验和西方舶来（包括如何更好地舶来）的社会科学理论之间的张力，这无论对于中国的社会科学理论建构还是一些具有实践紧迫性的时代命题都是不可回避的。

黄宗智曾经从近代中国学人掌握双重语言和双重文化的角度讨论过这种“双重文化人”和“文化双重性”的问题。他说“文化双重性是指一个人对两种不同文化的共时性参与，语言双重性指一个人对两种语言的使用，语言双重性是文化双重性的一个有力的、具体的例证，一个既使用英语又使用汉语的人不可避免地要参与到这两种语言各自蕴含的观念和思维过程，因此一个双语者几乎必然也是一个双重

① 费孝通：《从实求知录》，北京大学出版社1998年版，第404～405页，第495～496页。

② 在人类学界，阎云翔可以算做一个例子，他根据在黑龙江插队村庄写出了几部优秀的人类学著作。

③ 我们还可以举出另一个强烈感受到这种内在张力存在的学者的例子，那就是法学界的朱苏力教授，他的这种强烈感受表现在他的许多著述之中。典型的如：苏力：《法治及其本土资源》，中国政法大学出版社1996年版。

文化人……此时,语言双重性便变成了文化双重性”。[①] 他发现在近现代的美国中国研究中,文化双重性和语言双重性以一种集中的方式向世人展示了双重文化共存、混合乃至融合成某种新事务的可能性。因此,他是试图以此概念调和民族主义意识形态和后现代主义潮流共同促成的非此即彼的二元对立的思维倾向。这虽然在一定程度上隐含了二者之间真实存在的内在张力,但是毕竟从立场上给我们指出了一个可能的方向。作者在《地志与家园》中也指出了类似的方向,在看到二者之间存在内在张力的情况下,也得承认不同知识传统和话语存在可共度性和可翻译性,并在二者之间“走钢丝”,因为偏执任何一端都没有解决问题的可能性,当然,这也是不得不如此的事情,也许这就是这一代学人的集体“无奈”。显然,如何“以直面传统与现代相互‘共度’的思路,超越既有的典范或理想类型,寻求与中国经验相融贯的社会理论概念”[②],我们还有很长的路要走。

五

《小村》系列研究,为90年代以来中国社会科学的转型作出了自己的贡献。

90年代初开始,国内法学界为推动中国的法律现代性而大力引介西方成熟的规范法学,立法部门也加紧法制建设,期望在短期内将“市场经济”建设成为“法治经济”。但是,很快就有学人发现了现代的国家法与乡土社会的习惯法之间的不合,[③]并发出了“什么是你的贡献”的知识拷问。而后,法学与其他社会科学(尤其是社会学、人类学)的

① 黄宗智:《经验与理论:中国社会、经济和法律的实践历史研究》,中国人民大学出版社2007年版,第203~204页。

② 朱晓阳:《地志与家园》,北京大学出版社2011年版,第70页。

③ 参见苏力:《法治及其本土资源》,中国政法大学出版社1996年版。

沟通开始多了起来,[①]相应的学人期望通过借助其他社会科学的知识和方法为建构中国特色的法律现代性提供可靠的知识平台。《罪过与惩罚》一书刚开始时完全是依据西方法律人类学的脉络而来,但其在国内的出版则与90年代中期以来法学界的论争和转向发生了偶遇,从而较早地为这一转向提供了一个学术标杆,参与到了这一知识平台的搭建过程并在其中起到了引领作用。

不止于此,《小村》系列研究还为我们如何建构中国社会科学的实验站提供了示范和反思。抗战期间,费老等在云南魁阁所创建的社会学工作站,陈达等在呈贡建立的国情普查研究所,都在艰难环境下取得了丰硕成果,成为中国社会科学发展史上的一座丰碑。朱晓阳教授则说,"就我自己所作的村落个案的研究而言,如果还有什么基本法则能够提出的话,那就是'熬时间'",虽然短期的社区接触和参与观察也能得到一些重要和深刻的发现,但是"对一个地方进行长时段、甚至超长时段的实地调查基础上的研究能够提供比固定在某一点(往往是进入田野地点的那一天),基于历史材料(无论是文献还是口述史)的回溯,或考古式的对不同文化层之间的关系进行想象联系,能获得更多的有关社会变迁的联系性和内在逻辑的洞见"。[②] 从这个角度看,《小村》系列研究确属是凤毛麟角了。也许,学问就是这么"熬"出来的。

《小村》系列凭借其独特的研究视角和方法,已经成为一个"内在于学术史"的学术个案,但作为读者,我们总是贪心不足地期待着作者讲解新的《小村故事》。当然,我们也该反问:什么是我们的贡献?

---

① 90年代中期以来法学和社会学、人类学的对话,最近的一次应该是1997年由北京大学社会学人类学所王铭铭教授和英国伦敦城市大学王斯福教授组织召开的"乡土社会的秩序、公正与权威研讨会",相应的论文得以结集出版。参见:王铭铭、王斯福:《社乡土社会的秩序、公正与权威》,中国政法大学出版社1997年版。2006年5月,北京大学中国社会与发展研究中心(北京大学社会学人类学研究所)、北京大学法学院、《中国社会科学》编辑部、中国农业大学人文与发展学院社会学系又联合召开了"法律和社会科学第二届研讨会",来自不同研究单位的法学、人类学、社会学、政治学者进行了一次跨学科交流。而由苏力、侯猛等学者发起主办的《法律和社会科学》杂志,则为法学和社会科学的沟通对话提供了一个较好的制度化平台。

② 朱晓阳:《地志与家园》,北京大学出版社2011年版,第19~20页。

《法律和社会科学》(2013)
第 11 卷,第 352 ~354 页

编辑手记

在2012年初策划本卷主题的时候,关于《婚姻法解释三》的讨论正如火如荼地进行着。每一次婚姻家庭方面的立法、修法和司法解释都会牵动着社会的神经。《婚姻法解释三》引起了高涨的社会情绪、各方媒体的热情参与和法律学者的普遍质疑。这一契机让我们重新审视社会急剧变化过程中的婚姻、家庭和法律。本卷以“私人生活和法律”为主题,从历史、社会、法律等多重视角审视现代背景下的婚姻家庭关系。既有人类学的深描,又有社会学的实证;既有法律政策的分析,也有深沉有力的批判。这些研究丰富了我们对于日常生活中的婚姻关系、财产继承、老人赡养等问题的整体理解。

家产制是理解中国家庭、家族秩序和伦理的重要切入点。杨龙的文章以侯家营村多次实地访问调查为基础,综合各方面的材料,展现出清代至今独子家庭财产继承的形态和历史变迁。李湘宁和徐书鸣的文章中关于“感情破裂”的分析,有其动人之处。如其所言,“感情破裂”的表述,往往关切着生存、情欲、暴力和无法言说的生活之苦。而现代化背景下私人关系的变迁,在“村庄拆迁改造中的家庭关系与老人生活”一文中有更剧烈的反映。这篇颇具典型的法律人类学的观察,让人想起阎云翔所提出的"无公德的个人主义"。[1] 在拆迁带来的高额补偿的巨大利益之下,传统的家庭关系受到急剧冲击,基本的家庭伦理破碎瓦解,而老人的处境日益恶化。贺欣、吴贵亨的文章取材于民族志观察方法下司法调解的真实过程。即使法官通过艰苦的法庭调查发现并确认了家庭暴力,但这一努力往往在法庭调解阶段被淡化。文章不仅呈现出女性的权利如何在调解的司法政策下被牺牲的现象,而且从微观视角透视和反思了调解的意义和局限。李斯特的文章试图从伦理重建和社群主义的立场,理解隐私权概念中所隐含的社会阶层、社会空间和社会组织的变迁。"闪婚闪离"这一当代婚姻状况成为魏程琳的文章的主题。在"闪离"纠纷中,运用民间法的策略和方式解决矛盾纠纷进行私力救济,以利于保持社区稳定和人际关系平衡。和魏程琳文章中推崇民间法形成鲜明对比,肖惠娜关于漳州市朝阳镇"庙会宴客禁令"的个案分析则是对国家法加以肯定。她的研究表明,政府通过恰当的政策、灵活的手段和有效的治理,在改变"庙会宴客习惯"的问题上实现了移风易俗的效果。在村社自治与政府治理合作的背景下,形成了乡村的新秩序。

在同一主题之下"评论"一栏,则收录了草半的文章"真实的谎言或真诚的谎言"。他对《光棍儿》的批评可谓辛辣而够味:《光棍儿》在人事、时间和地域三重虚假基础上的中国农村性事叙述,所追求的不过是对外国观众的冲击力。艾佳慧的文章则是借助简约规则的理论对婚姻法解释三的两个条款予以批判,认为它们既无法保证个案公平,也无助于制度效率。柏宇洲的文章反思白凯提出的"强制侄子继嗣"和"贞节崇拜"理论,尝试跳出权利之外去理解中国古代的继承制度。

这一卷还组织评论了朱晓阳教授的《小村故事》著作系列。[2] 实际

---

① 阎云翔:《私人生活的变革:一个中国村庄里的爱情、家庭与亲密关系(1949~1999)》,上海书店出版社2006年版,第20页。

② 朱晓阳:《小村故事:罪过与惩罚(1931~1997)》,法律出版社2011年版;朱晓阳:《小村故事:地志与家园(2003~2009)》,北京大学出版社2011年版。

上,朱晓阳先期在《法律和社会科学》发表过两篇关于“小村”的论文。[①] 而这次收入的四篇评论文章则全面讨论了《小村故事》的方法使用、因果分析和理论解释。我们期待这种认真的批评和交流点滴推进我们的研究。

汪庆华
2013年3月31日于云会楼

① 朱晓阳:“水利、‘天助’与乡村秩序——滇池小村的地志”,载《法律和社会科学》(第五卷),法律出版社2009年版;朱晓阳:“物的城市化与神的战争”,载《法律和社会科学》(第十卷),法律出版社2012年版。

图书在版编目(CIP)数据

法律和社会科学. 第11卷/苏力主编. —北京:法律出版社,2013.7
ISBN 978-7-5118-5167-3

Ⅰ. ①法… Ⅱ. ①苏… Ⅲ. ①法律—文集 Ⅳ. ①D9-53

中国版本图书馆CIP数据核字(2013)第165958号

法律和社会科学(第11卷) | 苏 力 主编 | 责任编辑 董 飞 装帧设计 马 帅

开本 720毫米×960毫米 1/16 **印张** 22.5 **字数** 307千
版本 2013年8月第1版 **印次** 2013年8月第1次印刷
出版 法律出版社 **编辑统筹** 学术·对外出版分社
总发行 中国法律图书有限公司 **经销** 新华书店
印刷 北京北苑印刷有限责任公司 **责任印制** 陶 松

法律出版社/北京市丰台区莲花池西里7号(100073)
电子邮件/info@lawpress.com.cn 销售热线/010-63939792/9779
网址/www.lawpress.com.cn 咨询电话/010-63939796

中国法律图书有限公司/北京市丰台区莲花池西里7号(100073)
全国各地中法图分、子公司电话:
第一法律书店/010-63939781/9782 西安分公司/029-85388843
重庆公司/023-65382816/2908 上海公司/021-62071010/1636
北京分公司/010-62534456 深圳公司/0755-83072995

书号:ISBN 978-7-5118-5167-3 **定价**:52.00元
(如有缺页或倒装,中国法律图书有限公司负责退换)